全国翻译硕士专业学位(M

MW01708135

总主编：何其莘 仲伟合 许 钧

交替传译（第二版）

A Coursebook of Consecutive Interpreting

主编：任 文
编者：任 文 胡敏霞 克 非 秦 丹
雷丽敏 熊 庭 狄丹奇

外语教学与研究出版社
FOREIGN LANGUAGE TEACHING AND RESEARCH PRESS
北京 BEIJING

图书在版编目（CIP）数据

交替传译 / 任文主编 ；任文等编．— 2版．— 北京 ：外语教学与研究出版社，2012.3（2018.12 重印）
（全国翻译硕士专业学位（MTI）系列教材 / 何其莘，仲伟合，许钧主编）
ISBN 978-7-5135-1728-7

Ⅰ．①交… Ⅱ．①任… Ⅲ．①英语－口译－研究生－教材 Ⅳ．①H315.9

中国版本图书馆 CIP 数据核字（2012）第 041141 号

出 版 人　蔡剑峰
项目负责　都帮森
责任编辑　都帮森
封面设计　刘　冬
版式设计　付玉梅
出版发行　外语教学与研究出版社
社　　址　北京市西三环北路 19 号（100089）
网　　址　http://www.fltrp.com
印　　刷　三河市北燕印装有限公司
开　　本　730×980　1/16
印　　张　24.5
版　　次　2012 年 4 月第 2 版　2018 年 12 月第 6 次印刷
书　　号　ISBN 978-7-5135-1728-7
定　　价　48.90 元（附赠 MP3 光盘一张）

购书咨询：（010）88819926　电子邮箱：club@fltrp.com
外研书店：https://waiyants.tmall.com
凡印刷、装订质量问题，请联系我社印制部
联系电话：（010）61207896　电子邮箱：zhijian@fltrp.com
凡侵权、盗版书籍线索，请联系我社法律事务部
举报电话：（010）88817519　电子邮箱：banquan@fltrp.com
物料号：217280001

全国翻译硕士专业学位（MTI）系列教材
编写委员会

总 序

改革开放30年，助推中国翻译事业的大发展、大繁荣，勃勃生机，蔚为壮观。今天的翻译，无论在规模、范围上，还是在质量、水平上，以及对中国社会发展的贡献上都是史无前例的。随着我国经济持续、健康、快速的发展和改革开放的不断深入，我国综合国力不断增强，政治、经济、文化等各方面的国际交往日益频繁。作为服务于改革开放的先导力量和与世界沟通的桥梁，翻译的作用愈发突出。然而，在翻译需求不断攀升的同时，作为翻译人员主要培养阵地的高校，却日益暴露出其在翻译教学与实践之间的脱节问题。毕业生翻译技能不扎实，知识面狭窄，往往难以胜任不同专业领域所需的高层次翻译工作，致使翻译领域特别是高级翻译领域的供需矛盾日益突出，不能满足目前的经济和社会发展需要。这从数量上和质量上，都对高水平翻译人才的培养提出了迫切的要求。

为适应我国改革开放和社会主义现代化建设事业发展的需要，促进中外交流，培养高层次、应用型高级翻译专门人才，国务院学位委员会2007年1月23日第23次会议审议通过设置翻译硕士专业学位（MTI）。翻译硕士专业学位是我国第18个硕士层次的专业学位，其设立无疑是继2006年教育部批准试办翻译本科专业后我国翻译学科建设取得的又一里程碑式的成果，为我国培养高层次、应用型、职业化的翻译人才提供了重要途径，为我国翻译学的学科发展奠定了基础，同时也给我国的外语学科发展带来了机遇与挑战。

翻译硕士专业学位培养德、智、体全面发展，能适应全球经济一体化及提高国家国际竞争力的需要，适应国家经济、文化、社会建设需要的高层次、应用型、专业性口笔译人才。翻译硕士专业学位教育在培养目标、师资要求、教学内容以及教学方法和手段这四点上都与传统的翻译方向研究生教育有很大的不同。首先，翻译硕士专业学位教育着重对学生实践能力的培养，按口译或笔译方向训练学生的口笔译实际操作能力、跨文化交际能力，并为满足翻译实践积累所需要的百科知识。这一点与传统的外国语言文学学科中的翻译研究方向侧重培养学生的外国语言文学理论研究能力、学术研究能力以及以就业为导向的教学能力的培养目标差别很大。第二，对学生实践能力的高要求和培养目标的应用型导向，也要求承担翻译硕士专业学位教学任务的教师必须具有丰富的口译或笔译实践经验，并了解翻译教学的原则。第三，翻译硕士专业学位教育中的翻译教学有别于外语教学中的教学翻译。翻译训练不是作为一种检测学生语言能力、水平的手段，而是建立在学生双语交际能力基础之上的职业技能训练，包括译前准备、笔记方法、分析方法、记忆方法、表达方法、术语库的建立等，专门训练学生借助语言知识、主题知识和百科知识对源语信息进行逻辑分析，并用另一种语言将理解的信息表达出来。最后，在教学方法和手段上，专业化的翻译教学需要的是双语交际环境、特定的交际对象和交际主题，还要考虑到翻译用人单位的需求等，要求学生不仅要具备扎实的中文基础和至少通晓一门外语，同时还要具备广博的其他学科（如经济、管理、法律、金融等）知识和实际翻译操作技能。另外，专业翻译人员培养还特别强调要忠实地表达讲话人 / 作者的想法或信息。因此，翻译作为一个职业（无论是兼职还是全职），专业化程度高，应用性和操作性都很强。要培养职业化高级翻译人才，现行外语教学体制是难以完成的。

职业化的翻译教育也因此需要专门化的教材。该教材体系应根据职业翻译人才的知识结构“双语知识、百科知识、翻译技能知识”三个部分来设计。专业翻译课程的设置也都是根据培养单位的师资特点及教学资源围绕上述三个板块安排的。因此，专业翻译教材应该至少包括口译技能类、笔译技能类、通识教育类、口笔译理论类等类别。正是在上述原则及《翻译硕士专业学位研究生指导性培养方案》的指导下，我们在 2007 年底组织国内多位了解翻译硕士专业学位并一直从事翻译教学与研究的专家、学者进行研讨，并着手编写国内第一套专门面向翻译硕士专业学位教育的系列教材。该套教材包括口译技能、笔译技能、翻译理论、通识教育及翻译工具书五个类别。整套教材以翻译职业技能训练为核心，以适当的应用型翻译理论为指导，配合不同学科领域的专题训练，旨在完善学生翻译学科知识结构，提高学生口笔译实践能力。在本系列教材全体编委的努力下，呈现在读者面前的这套“全国翻译硕士专业学位（MTI）系列教材”具备以下特点：

（1）口笔译训练的技能化。翻译技能的介绍全面。以口译类教材为例，包括口译的记忆、笔记、数字口译、口译语篇分析、口译预测、语义识别、口译译前准备等技能；同声传译则介绍同声传译的概论、视译、应对策略等。

（2）口笔译训练的实战性。笔译的选材基本是经济、社会、文化教育等领域的真实文本材料；口译则尽可能选用全真会议资料，而且题材范围涉及政治、外交、经济、文化、高科技、法律等多方面。

（3）口笔译训练的专业化。所介绍的口译技能、笔译技能等均为目前国内外口笔译质量评估及口笔译专业认证考试测试的主要方面，通过对本系列教材的学习可以了解职业化翻译培训的程序与内容。

（4）**口笔译理论的指导性**。对应用型的高水平翻译人才来说，树立正确的翻译观，掌握相关的翻译基础理论是非常重要的，应务力领会和掌握本系列教材所涵盖的翻译基础知识和口笔译理论。

（5）**通识教育的融通化**。口笔译实践要求掌握英汉两种语言的相关知识及跨文化交际知识，本系列教材中的通识类各分册对拓宽学生的知识面、提高其跨文化交际的意识和能力将起到重要的促进作用。

MTI 职业化人才培养的教学理念和面向实践的教学导向在目前的翻译教学界还是新事物，对其进行不断的探讨、丰富并开展教与学的交流是必要的，也将对翻译硕士专业学位发展大有裨益。外研社这套翻译硕士专业学位系列教材在开发之初就考虑到了这一点，在教材出版的同时，也将推出翻译硕士专业学位教学资源网，不仅指导系列教材的科学使用，也希望能够汇教学实时动态、集各方反馈意见、倡教学经验交流、促学科长远发展。

中国职业化翻译人才的培养才刚刚起步，需要译界、学界同仁“筚路蓝缕，以启山林”。教材建设是专业建设的核心任务之一，我们也希望借编写本套翻译硕士专业学位教材的机会为刚刚起步的中国职业翻译教育尽一份绵薄之力。本系列教材的编写力求体现科学性、指导性和前瞻性，但内容等方面也难免有不尽完善的地方。希望通过本系列教材的编写，与关心中国翻译事业和从事翻译职业的同仁、同行一起，关注我国翻译和翻译教学事业的发展现状以及翻译硕士专业学位教育的实施和发展，进一步探讨高层次专业化翻译人才培养的模式和途径。

全国翻译硕士专业学位（MTI）系列教材编写委员会

2009 年 3 月

前 言

本书是受全国翻译专业学位研究生教育指导委员会委托，为口译及笔译方向的专业必修课“交替传译”课程所编写的教材，其目的在于帮助具备了一定基础口译能力或较好的英汉口头表达能力的学生（也包括水平相当的其他职场或社会人士）进一步提高英汉交替传译的实战能力。

本教材编写原则

1. 口译技能训练的系统性。本教材对每一种口译技能都力图进行较为详细的分析讲解，包括相关理论解释、举例说明、训练窍门推介等，使学生对各种技能及训练方法不仅要知其然，还要知其所以然。同时，本教材在介绍口译技能时力求全面，涵盖了公众演讲、记忆、笔记、意义听辨、语言转换、跨文化交际、数字转换、综述、人名的处理、幽默的处理、应急策略、译前准备等。此外，还对口译人员应该掌握的外事 / 外交礼宾知识作了较全面的介绍。

2. 技能训练与话题训练的关联性。注重将某一技能的训练和与该技能关联紧密的话题的训练进行有机结合，如把公共演讲技巧与礼仪祝词的练习结合起来，将数字转换技能融入数字频繁出现的经济、外贸类话题的练习中，让记忆能力训练出现在“旅游”单元，因为译员往往是在陪同观光旅游的过程中，或是在宴会餐桌上等无法记笔记时，最需要运用自己的短期记忆能力。

3. 话题的全面性和时效性。本教材话题范围宽广，包括礼仪祝词、旅游观光、体育、教育、文化、经济、外贸、外交政策及国际关系、港澳台问题、环保、人口、社会与家庭、少数民族与宗教、医疗卫生、科技、金融等。同时，由于口译本身所具有的时效性，我们在选择练习材料时尽量注意内容的时间性，并兼顾内容的国际性、全国性和地方性。

4. 练习材料的真实性和多样性。这主要体现在两点：一是训练材料大部分属于讲话材料，符合口译文本自身的特点；二是录音人选的多元性。除了部分材料属于“原音重现”外，还特别邀请来自不同国家和背景的人来录制口译材料，避免了从头至尾由一两人包揽全部录音的单一性，目的是使学生有机会接触到更多国家的人所说的英语。

5. 教材使用的方便性和实用性。本教材的篇章练习材料非常丰富，部分材料还可用于学生课外练习或自主学习之用。同时，所有的篇章练习都配备了参考译文，但不出现在纸质教材中，而是发布在外研社全国翻译硕士专业学位（MTI）教学资源网（http://mti.fltrp.com）上。这样既方便教师的教学，又可督促学生在首次练习时进行独立操作，而非依赖参考译文。

本教材的构成

本教材由十六个单元构成：第一单元是“口译简介”，旨在对口译的发展简史、定义、分类、特点、标准、方法、译员素质等基本理论作较为全面的介绍；第二至第十六单元结构大致相同，每一单元介绍一种口译技能和训练方法，并与相关话题结合起来进行演练。具体内容包括：

一、技巧讲解

二、话题练习

1. 热身词汇
2. 英译汉
3. 汉译英

三、注释

由于本教材主要针对具有一定基础口译能力或较好的英汉口头表达能力的学生，因此没有设计对话口译环节。如有必要，对话口译可以在模拟口译的教学环节进行练习。

教学安排的建议

授课教师可以根据本校学生的基础、开设课程的时间、每周学时数等具体情况，将本教材作为学期或学年教材；如果“交替传译”是作为学期课程开设，周学时最好不少于 4 学时。下列建议仅供参考：

1. 技能的讲解一般只需一个学时，但训练的方式和时间长短则因事而异、因人而异。比如，“记忆”、“笔记”、“数字转换”等技巧一般需要 2–4 周的专门训练，而“公共演讲”、“语言转换”、“ 应急策略”等则可通过每一单元的篇章口译练习得到训练，而不必专门耗费时间来演练。

2. 在“话题练习”部分，英译汉和汉译英的课堂演练至少各自不少于 2 学时，难度较大的话题至少保证 3–4 学时，比如“经济”、“外贸”、“医疗卫生”等。如果学时数达不到要求，则可视情况对某些不太常用或是难度较大的话题进行删减。“热身词汇”应由学生课前预习，属于译前准备的要求，教师不必在课堂上为此耗费时间。同时，由于本教材配备了大量的练习材料方便学生的课外自主学习，每一话题的课后练习时间应不少于 4 学时（英译汉和汉译英各 2 学时）。

3. 建议每学期在课堂上进行 1–2 次“模拟口译”演练。具体操作方式如下：由老师提前一周通知学生作准备，每两名学生组成一组，就某一学习过的话题自行设计一个场景并编制一段对话，一人扮演中方人员，另一人扮演外方人员。在模拟练习课堂上，由老师随机抽取一名学生充当译员，独立进行口译工作。其余学生一边观摩，一边同步进行“mental interpreting”练习。每完成一组练习，学生和老师都应针对三人（特别是“译员”）的表现（包括语言和非语言部分）进行点评。模拟练习既是对日常课堂练习的一种调剂，又是对教材内容的有益补充，更能让学生产生一种身临其境的现场感和参与感。

4. 对于每个单元中的话题练习选篇，我们考虑到各个学校学生口译基础不同，就没有采用双斜线等符号进行语段的切分。各校可以根据自己学生的实际情况自行决定。

教材编写队伍介绍

本教材的编者全部来自四川大学外国语学院，均为国家级精品课程“英汉口译”教学团队中的主讲教师，都拥有丰富的口译实践和口译教学经验。主编任文负责整部教材的总体设计、修改和终稿的审定，并编写了第一单元全部，第三、五、七、九单元的绝大部分，以及第二、四、六、十、十二、十四单元的一部分。其余老师均参加了某些单元全部或部分内容的编写及校对工作。本教材编者简介如下：

任文：四川大学外国语学院副院长、教授、博士、硕士生导师；美国威斯康星大学麦迪逊总校富布莱特访问学者；全国翻译专业资格（水平）考试英语专家委员会委员、中国翻译协会专家会员、中国译协翻译理论与教学委员会委员、中国比较文学协会翻译研究会理事、四川省译协理事；国家级精品课程“英汉口译”课程组负责人；新加坡新跃大学同声传译课程校外评审专家。在数百场各类重大外事活动和国际会议中担任首席交传和同传；指导学生在全国口译大赛中获得冠亚季军，并在全国英语演讲大赛及各类英汉口译大赛中担任评委及点评嘉宾。曾荣获宝钢教育奖“全国优秀教师”称号、四川省翻译工作者协会社会科学研究成果一等奖、四川省第12次哲学社会科学优秀成果三等奖、四川省优秀教学成果一等奖等。

胡敏霞：四川大学外国语学院讲师、口译研究方向博士生、国家级精品课程“英汉口译”主讲教师；曾担任“外研社杯”全国英语辩论赛一等奖获得者及最佳辩手指导老师、韩国首尔亚洲英语辩论赛评委、全国大学生英语竞赛总决赛特等奖获得者指导老师；有100场以上国际会议和重大外事活动的同传及交传口译经历，口译实践和教学经验丰富。

克非：四川大学外国语学院讲师、美国文化研究方向博士生、国家级精品课程“英汉口译”主讲教师；曾担任“CCTV杯”全国英语演讲大赛四川赛区冠军指导老师、“外研社杯”全国英语辩论赛西南赛区“最佳辩手”指导老师；

曾获四川大学青年骨干教师称号；有 20 场以上同传和近百场重大外事活动的交传口译经历，口译实践和教学经验丰富。

秦丹：四川大学外国语学院副教授、硕士生导师；国家级精品课程“英汉口译”主讲教师；所编教材《综合英语》曾获四川大学优秀教材奖；口笔译（特别是医学领域的口笔译）实践和口译教学经验丰富。

雷丽敏：四川大学外国语学院副教授、美国波特兰州立大学访问学者；国家级精品课程“英汉口译”主讲教师；已出版 6 本文学译著、参译 3 本医学教材；曾获四川大学第四届教学优秀奖二等奖；口笔译（特别是医学领域的口笔译）实践和口译教学经验丰富。

熊庭：四川大学外国语学院讲师、四川大学历史文化学院世界史方向博士生、国家级精品课程“英汉口译”主讲教师；曾获四川大学优秀教学 / 科研奖；口笔译实践和口译教学经验丰富。

狄丹奇：四川大学外国语学院讲师、英国爱丁堡大学语言学硕士、国家级精品课程“英汉口译”主讲教师；曾担任“外研社杯”全国英语辩论赛指导老师，指导学生获得一等奖；口笔译实践和口译教学经验丰富。

受全国翻译专业学位研究生教育指导委员会的委托，我们于 2009 年为口译及笔译方向的专业必修课“交替传译”课程编写了本教材（第一版），其目的在于帮助具备了一定基础口译能力或较好的英汉口头表达能力的学生（也包括水平相当的其他职场或社会人士）进一步提高英汉交替传译的实战能力。经过一段时间的试用，同时也听取了部分学生和老师的建议，我们推出了第二版。第二版在保留第一版教材优势的基础上对某些已经过时，以及不太适合进行口译练习的篇章进行了替换；同时在目录的编排上更加体现突出技能训练的特点。此外，我们对教材的总体长度也进行了适当压缩，以更加利于教学实践的展开。总的说来，第二版在全书编排的合理性、材料的新颖性和恰当性等方面更为突出，相信能给广大学习者更大的帮助。

本教材在编写过程中得到了外语教学与研究出版社高等英语教育出版分社常小玲社长，祝文杰、都帮森编辑的大力支持；四川大学外国语学院美籍教师 Paul Mahr 对部分参考译文进行了审校；四川大学外国语学院研究生杨雨红、夏皓也对本教材的编写提供了热情帮助，在此一并表示感谢。由于编写时间较紧，书中的错误或遗漏在所难免，欢迎使用者批评指正。

任　文
2009 年 6 月第一版
2011 年 7 月第二版

目　录

第1单元

交替传译概述

1 交替传译活动的简史

毋庸置疑，口译活动的出现远早于书面文字产生之前，迄今已有五千多年的历史，而早期的口译活动即是交替传译的雏形。当语言不通的部落之间因战争、贸易、生产、宗教祭祀、异族通婚等事件必须进行跨部落、跨语际的交往时，夹杂着大量手势和其他表达方式的非正式交替传译活动就业已出现。在西方，最早以某种方式被记录下来的口译活动出现在公元前3000年前的古埃及法老统治时代，在当时的寺庙和墓碑上刻载了作为囚犯或臣仆的异邦人向埃及朝廷卑躬屈膝、进献贡赋的场景。据此可以推测，译员对于语言不通的双方不可或缺。而到了金字塔时期末年（即公元前3000年左右），就有了关于译员的史料记载（Alfred Hermann, 2002: 15-16）。

在我国，与周边各国的交往可追溯至夏商时期。“夏启即位七年，于夷来宾”与“少康即位三年，方夷来宾”（《册府元龟・外臣部》）等记载，说明早在公元前21世纪我国就有了需有译员在场的外交活动（黎难秋，2002: 1）。公元前11世纪的周朝时期也已有了通过“重译”（多重口译）而进行交流的史实，而史料对于“象胥”（古代对翻译官的称呼）的记录距今已有3000年的历史（陈福康，2000: 2–3）。从一定程度上说，如果没有“陈说内外之言”、“能达异方之志”的译员的努力，人类跨越民族、种族、国界和地区以及跨越历史的物质文明与精神文明的交流将成为“不可能完成的任务”。

尽管口译（交替传译）实践活动历史悠久，但口译的职业化却肇始于20世纪初。在此之前，重大国际会议和外交场合通用的工作语言是法语，并无大规模使用口译人员的必要。但随着国家和地区间的国际交流日益增多，法语渐渐失去了在国际外交事务中唯我独尊的地位，英语迅速崛起成为另一种通用语言。1919年的“巴黎和会”被公认为是口译职业化的开端，这不仅是因为英语与法语一起成为此次会议的工作语言，打破了法语在国际舞台上独霸天下的局面，还因为这也是首次在国际会议中较大规模使用交替传译人员，而且这些译员已经能熟练运用各种可供推广的交替传译技巧。

在两次世界大战期间，交替传译依然是占主导地位的口译形式。1926年两位美国工程师发明了一套同传设备，并与IBM公司一道获得这项技术发明的专利。同声传译这一崭新的口译形式开始在某些场合得到试验性的使用，其第一次大规模应用则是在1945年的纽伦堡军事法庭审判期间。当时审判涉及英、法、德、俄四种语言，如使用交传将极其费时耗力。同声传译使得几种语言的同时使用成为可能，极大地节约了审判时间，提高了工作效率，从此这一新颖高效的口译形式被迅速推广，并于1947年开始被联合国正式采纳。现在，同声传译已成为许多大型国际会议所采用的口译形式。

在中国，口译实践的日趋活跃以及对口译人员需求的增加以1971年我国重返联合国为起始标志，但口译事业的快速发展则是在改革开放之后。自20世纪80年代以来，我国国际地位日益提升，对外开放日趋深入，与其他国家和地区在各个领域的交流与合作蓬勃发展。与此同时，对各种类型、各个层次口译人才的需求也日益迫切。在90年代中期以前，占主导地位的口译形式是交替传译。从90年代后期开始，特别是进入21世纪以来，大型国际会议的口译工作大多由同传译员来完成。但是，在外事会见、商务谈判、新闻发布会、大型户外活动，以及各种陪同、联络口译活动中，交替传译依然是主要的口译方式。

2 交替传译的定义

交替传译（consecutive interpreting, CI）是根据译员的时间工作模式来划分、不同于**同声传译**（simultaneous interpreting, SI）的一种口译形式。其基本特征是译员不与讲话人在同一时间开口说话。

交替传译也称连续口译、即席口译、即席传译（台湾地区也称为“逐步口译”），简称“交传”或“连传”，是指译员在讲话人讲完一段话停下来的间隙进行口译，讲话人等译员完成该段话语的翻译后又接着往下说，并在适当的时候再次停顿让译员翻译，如此循环往复。换言之，讲话人和译员交替“发言”，完成各自的讲话或翻译。交替传译可进一步细分为短交传和长交传。尽管口译界人士对 “长”与“短”并无明确的规定和共识，但译员一次性、不停顿地传译超过两三分钟以上便可视为长交传。

同声传译又称同步口译、同步传译（港台地区也称“即时传译”），简称“同传”，是指译员在不打断讲话人讲话的情况下将其所说话语不停顿地传译给听众，讲话人的“说”与译员的“译”几乎同步开始，同时结束，译员只是稍稍滞后于讲话人。同声传译一般包括：常规会议同传（regular conference SI）

和耳语同传（whispered interpreting or chuchotage）。

还有一种被称为**视译**（sight interpreting）的口译形式，可根据具体情况分别归属交传或同传。如果译员将现场提供的文字材料逐段阅览或全文通看一遍后口译给在场的听众，这种情况属于交传中的视译；如果译员看着讲话人的书面发言稿原文，一边听讲话人的发言，一边传译，就属于同传中的视译。

手语翻译或**哑语翻译**（signed language interpreting）也可视情况采用同传或交传的方式。还有一种专为聋哑盲人（the deaf-blind）提供的特殊手语翻译，即通过用手指在对方手上进行拼写抹画的方式进行翻译，称为**手指语翻译**（fingerspelling）或**触摸口译**（tactile interpreting）。

根据译员的空间工作模式，即交际各方（译员与当事人）是否同时在场的情况，口译又可分为**现场口译**（live interpreting）和**远程口译**（remote interpreting）。前者是指当事双方和译员同时在场的口译活动（包括会议同传）。后者指当事双方和译员分处两地或三地，译员通过电话、视频、互联网等多媒体手段接收信息并进行传译的口译形式。无论是现场口译还是远程口译，都可以选择交传或同传方式。

按口译活动发生的具体场景和主题内容，口译可分为会议口译（conference interpreting）、外交口译（diplomatic interpreting）、医疗/医学口译（medical interpreting）、商务口译（business interpreting）、陪同口译（escort interpreting）、导游口译（guide interpreting）、法庭/法律口译（court/legal interpreting）等等。一般来讲，在外事会晤、商务谈判、参观陪同、医学诊疗、法律服务等场合的口译，或是由于对译语准确性的严格要求，或是由于条件所限，大多采取交传的形式。

根据口译活动的性质和正式程度，口译还可粗略地分为**会议口译**（conference interpreting）和**联络口译**（liaison interpreting）两种。一般来讲，会议口译是指在各种正式会议、会晤、谈判、讲座、酒会、正式仪式（如开幕式、闭幕式）或其他大型活动中，由译员在现场或通过远程技术（电话、视频等）以交传或同传方式进行的口译活动类型。联络口译是指发生在社区、医院、学校、旅游景点、公司企业、生产或建设工地、政府部门、媒体机构等场合，由译员以双向即席传译的方式，或借助电话、视频、互联网等媒介手段进行的口译类型。不同国家对联络口译类型的称谓并不十分统一。例如，英国多使用“公共服务口译”（public service interpreting），澳大利亚常用“三方口译”（three-cornered interpreting）或“对话口译”（dialogue interpreting），斯堪的那维亚地区多用“联系口译”（contact interpreting），加拿大则用“社区口译”（community interpreting）或“文化口译”（cultural interpreting），还有些国家采用“陪同口译”（escort interpreting）、“临时口译”（ad hoc interpreting）的说法。联络口译大多采用交替传译的方式进行。

按译语的流向，口译可分为**单向口译**（one-way interpreting）和**双向口译**（two-way interpreting）两种。前者指译员始终从一种语言传译成另一种语言，源语（source language）与目的语（target language）固定不变，译语呈单向流动。后者指译员对两种语言进行传译，译语呈双向流动。无论是单向还是双向口译，都可根据情况采用交传或同传。

依照源语到译语的直接性程度的不同，口译又可分为**直接口译**（direct interpreting）和**接续口译**（relay interpreting），简称“接传”。前者是指译员可以在两种语言之间进行直接传译，而后者则是必须经过第三种语言将两个或多个译员的工作加以连接的间接口译。例如，会议听众中有来自中国、意大利、德国、西班牙和英语国家的代表，发言人用西班牙语发言，中/意、中/德、中/西、中/英译员在现场进行同传（或交传），但除了中/西译员外，其他译员无法直接听懂西班牙语，因而必须等待中/西译员将西班牙语译成中文后，再根据中文译语分别译成意大利语、德语和英语。尽管直接口译和接续口译都可以采用交传或同传形式，但接续口译多发生在会议同传中。

本教材以交替传译的技巧介绍和相关训练为主。除非有特殊说明，在大多数情况下，教材中所提及的口译主要是指交替传译。

3 口译/交替传译的特点

在这一部分，我们首先谈谈口译（包括交替传译和同声传译）不同于笔译的特点，然后再分析一下交替传译相较于同声传译的特点。

（一）口译（包括交传和同传）的特点

毫无疑问，口译与笔译都同属翻译的范畴，都是在不同语言之间进行意义转换和重新表达的跨语言跨文化的交际行为，两者之间确实存在着一些共性。例如，口笔译者都必须精通或熟练掌握至少两种语言，拥有较为广博的百科知识和较强的求知欲，能熟练运用语言转换和信息传输技巧；两种活动都包含两种基本的运作程序：理解译出语信息，并将此信息在译入语中进行重新表达。然而，口译和笔译毕竟是两种不同的传译方式，主要反映在两者的信息接受方式不同（视听不同于阅读），需要处理的文本类型不同（口头文本不同于书面文本），信息处理的具体方式不同（前者具有即时性和即席性，短期记忆作用很大），同时信息再表达的方式也不一样（口头不同于笔头）。在我们看来，口译的基本特点主要体现在以下几个方面：

1. 口译工作的时效性和即席性　口译是一项时效性很强的语言交际活动，

这一方面表现在讲话人话语的一次性和转瞬即逝性，另一方面则表现为译员译语生成的即时性。为了保证交际双方的信息能够得到及时、连续、顺畅和有效的传递与交流，译员必须在很短的时间内完成信息的理解和传输任务。从理论上讲，口译的过程可分为信息的输入（视听与理解）、处理（记忆与转换）、输出（言语和非言语表达）几个步骤，但这几项工作是在极短的时间，甚至几乎是在同一时间内发生并完成的。口译人员不可能像笔译人员那样可以对输入的信息仔细斟酌，反复推敲，有时为了"一名之立"可以"旬月踯躅"，过后还可以对完成的译文再三润色修改，以求完美。尽管译员偶尔可以就没有听懂或是遗忘的内容请讲话人予以重复、解释，但这样的情况不允许经常发生。译员的译语一说出口，驷马难追，这体现了口译工作的时效性和即席性。

2. **口译工作的不可预测性和独立性**　从某种意义上说，口译是一项独立性、不可预测性很强的信息交流活动。在许多情况下，笔译人员可以自行选择工作场地，可以在图书馆、办公室、自家的书房，甚至在咖啡屋或茶楼进行翻译。遇到问题时，译者可以查阅相关资料，可以向他人请教，也可以将难以翻译的语词句段或章节暂时搁置一边，先易后难，先简后繁。而对于口译员来说，一旦接手一项口译任务，就无从自行选择工作场景，而且在多数情况下要独立完成口译工作。无论译员进行了怎样细致的译前准备，他/她依然可能在工作中遭遇这样或那样难以预知的问题，如理解、记忆、笔记和沟通协调问题，还可能出现心理压力过大或体力不支等问题。有些问题即使不是译员自身造成的，也会对口译质量和效果产生很大影响，如音响效果不好，工作环境很差，讲话人声音很小、语速过快等等。尽管在某些情况下译员可以请讲话人、工作同伴，或是其他人员提供帮助，但这些均属不得已而为之的办法，不能常用，用了也未必能解决问题。在绝大多数情况下，译员必须依靠自己的语言和非语言知识，充分利用各种口译技能，发挥对自身和现场的掌控能力，独立完成语符转换和跨文化协调的中介任务。

3. **信息内容的多元性和广泛性**　译员在口译工作中要应对处理的信息可谓包罗万象、复杂而多元，有语言文化知识方面的，有专业知识方面的，还有百科知识方面的问题。尽管译员在一定程度上可以称得上是两种语言文化的专家，但在口译过程中依然可能会被某个陌生的单词术语卡住，无法理解，或是理解了却无法传译出讲话人即兴讲出的双关语、幽默笑话等文化内涵丰富的话语内容。而且，尽管译员事前对话题和相关专业知识进行了精心准备，讲话人讲话内容的广博性依然可能超出他/她的预期。例如，在一场医学研讨会中，讲话人可能在发言过程中即席引用一位古代诗人的诗作，在茶歇的时候跟他人聊起自己对橄榄球的爱好和某场比赛的精彩赛况，在用餐的时候谈到时下的金融危机，话题的跨度之大，涉及的领域之宽，出现的术语之多，实在为初学者所难以想象。难怪口译圈有这样一种流传甚广的说法：An interpreter should know something about everything and everything about something。这是说译员除了应该是某些领域的专家（specialist）（语言专家以及其他个别专业领域的行家）外，还必须是一名“万事通”（generalist），对上至天文地理，下至鸡毛蒜皮，深奥至人生哲理、新兴科技，简单如家事料理、市井八卦，最好都能略知一二，以应不时之需。只要保持一种类似新闻记者一样的好奇心和强烈的求知欲，对任何新事物，或自己感到陌生、但又极有可能出现在日常谈话中的事物都尽量有所了解，这样的要求也并非无法达到。

4．**使用语言的口语性** 口译中使用的语言表现出较强的口语性，这在讲话人和译员使用的语言中都有体现。首先从讲话人的角度看，只要他/她不是按照事先准备好的讲稿“照本宣科”，而是不时有自己的临场发挥，甚至完全是即兴讲话，就可能在自己的语言里体现出口语的特点，主要包括：

1）**冗余性** 这主要是指口语中的重复话语，包括语词的重复和意义的重复，有意重复和无意重复。有意重复的主要原因是讲话人为了强调某个意思、帮助译员或听众更好地理解，或是给自己留出一定的时间思考接下来要说的话等等。无意重复则大多是源于讲话习惯、话语连贯性和衔接性欠缺以及紧张等原因。口语的冗余性对译员是有好处的，便于他们跟上讲话人的速度，更准确地把握讲话人的意思。不过，对于这类重复话语不能机械处理，如果讲话人表意冗余并不是为了突出或强调某个意思，那么译员在翻译时大可不必进行无谓的重复，而是尽量做到简洁明了即可。

2）**模糊性** 口语不可能总是像书面语那样用词恰当、表意精准，可能出现语词不够准确，句法结构松散，缺乏流畅性、衔接性和连贯性，频繁使用模糊语词（比如sort of，kind of，stuff，like，“这个东西”，“那个什么”，“好像”，“似乎”等等），甚至表述不清的情况；加之歧义（semantic ambiguity）是许多语言中存在的现象，更有可能增加语义的模糊性。比如，He talked with a woman with a cup of red wine，这句话究竟应该译成“他手里端着一杯红酒，与一位女子交谈”，还是译成“他与一位手持红酒的女子交谈”呢？在这种情况下，译员应根据具体语境来把握讲话人的真实意义。如果无法确定，可向讲话人求证，如果条件不允许，就只有根据上下文进行合乎逻辑的猜测了。

3）**韵律性** 口语是指讲话人运用发声学原理直接说出来、让人听得见的话，讲话人可以通过使用升降语调、停顿、重音、节奏、语速变化以及其他音韵技巧来传达真实的思想感情和意义之间的微妙差异。讲话人语言的抑扬顿挫往往可以增加感染力，获得更好的交际效果。对于译员来说，可通过一定程度的音韵变化来准确传达讲话人的话语内容和表达技巧，而不是始终如一的monotone。但是，这种语音语调和节奏重音等方面的变化一定要适度，一味去模仿讲话人的讲话特点可能会给人拿腔作调、鹦鹉学舌的感觉，效果反而适得其反。

其次，从译员的角度讲，由于口译活动的时效性和现场性，译员往往使用未经深思熟虑的临时对应语词来表达转瞬即逝的语言内容，而且译语在说出的一瞬间就要明白易懂，因此译员的语言常常体现出下列一些口语体的特点：

1）在词汇层次，多使用常用词、小词、单音节词，或少音节词。例如，在see/behold，ask/interrogate，tired/fatigued，begin/commence这些同义词或近义词的语对中，更常使用前者而非后者，因为这些词无须费神思索，可以信手拈来，脱口而出，也易于被听众接受，可谓经济实用。

2）在句法层次，常使用较为简短，结构较松散、灵活的句式，多使用单句、并列句以及简洁的主从复合句，较少使用过于冗长、结构过于复杂的句式。比如，如果书面语用下面一句话来表达：

Indeed, the lesson of the past century has been that where the dignity of the individual has been trampled and threatened—where citizens have not enjoyed the basic right to choose their government, or the right to change it regularly—conflict has too often followed, with innocent civilians paying the price, in lives cut short and communities destroyed.

口头语则可能用几句话来完成：

Indeed, in the past century we have had this lesson. In places where the dignity of the individual has been trampled and threatened, where citizens have not enjoyed the basic right to choose their government, or to change their government regularly, conflict has too often followed. When the conflict took place, innocent people were paying the price: Their lives were cut short and their communities destroyed.

3）在语音层次，充分利用口语体发音流畅、容易上口，且大量使用单音节和少音节词的特点，在翻译时常出现略音、合成音位音节和连读现象。例如，将because和state-owned分别发成/kɔz/，/s'teitəʊnd/。

4）在语义层面上，译员的语言有时也会体现出冗余性、模糊性的口语体特点，也可能进行自我重复，也可能使用“这种东西”，“那个什么”，somewhat，kind of等模糊语词，有时则可能表现出一定程度的简略性，比如将universalization of nine-year compulsory education译成“普九”，将nuclear issue of the Korean Peninsular译成“朝核问题”等。

5．译员技能的综合性　在口译活动中，译员要在至少两种不同的语言文化系统中游走，接收和处理来自不同渠道的复杂信息，应对极其丰富的话题内容，还要通过不同方式进行信息的再传递，这就决定了译员技能的综合性和多样性，包括听、视、记、写、读、说，以及分析、决策与应变能力。

“听”是译员接收信息的主要渠道，合格的译员必须做到在绝大多数情况下对讲话人信息的一次性听解，即使讲话人语速很快，或是说话带有浓重的口音，也要能够准确地把握其发言的要旨，同时还能通过讲话人的副语言（语调、语气、语速等）和类语言（笑声、叹气、有意的咳嗽、口头禅等）特点领会其“弦外之音”。“视”既包括对讲话人提供的多媒体文字图表等信息的接收和理解，也包括对讲话人非言语信息（比如面部表情、手势、身体朝向等体态语）的留意，还有对现场听众反馈的观察和感知。“记”是指译员的记忆能力，包括长期记忆和短期记忆能力，前者指译员对平日积累的各种语言文化知识、专题知识和百科知识的记忆；后者指现场翻译时对讲话人话语内容的储存和记忆。此处的“写”专指口译笔记。无论一个译员的短期记忆能力有多强，笔记依然是他/她必须学会且能熟练使用的技巧，这不仅是因为讲话人可能一口气讲很长的内容，而且其中还可能包含数字、人名、地名、时间等极易遗忘和混淆的信息。“读”主要是指译员要具备快速浏览、阅读并理解视译材料和现场演示的PPT等文字和图表信息的能力。“说”当然是指译员能够快速使用至少两种工作语言进行准确、流畅、清楚并且符合目的语语法规范的表达。

分析、决策与应变能力也是译员必须具备的能力。对处于工作状态的译员来说，口译过程其实就是一个对种种情况不断作出分析、判断、决策并采取行动的过程，主要体现在语言与非语言两个方面。语言方面的分析、决策与应变能力主要是指译员能够根据具体的语境对可能产生歧义或误解的讲话内容作出合乎逻辑的分析推断，并生成正确的译语。比如，不会英文的中国人、不通中文的印度尼西亚人和译员正在讨论去哪个餐馆吃饭，中国人说：“我常去巴厘岛，那儿的环境真不错，你肯定会喜欢的。”如果译员将此直译为：I often go to the Bali Island. It has very agreeable environment. I'm sure you'll like it，印尼人多半以为这是说话人在由衷地赞美自己国家那个被称为“巴厘岛”的旅游胜地，要么印尼人会觉得讲话人此时“文不对题”，要么印尼人与中国人的对话将被引向“歧途”。如果译员通过对上下文、双方背景情况、谈话事件发生的时间地点以及其他语境性因素的分析，对讲话人的实际意义做出判断，将讲话人的讲话处理为：I often go to a restaurant called Bali Island. It has very agreeable environment for dining. I'm sure you'll like it，这才使得讲话人的真实意图可以为印尼人理解，并使谈话顺利进行下去。

译员非语言方面的分析、决策与应变能力主要体现在对交际现场其他非语言因素的协调掌控和灵活处理上。比如，当现场出现了长时间的冷场，当事双方都没有人说话时，译员必须通过对形势的分析来决定是任由这种沉默持续下去呢，还是自己主动提出一个新的话题来打破沉默、活跃气氛；当交际双方即将发生或已经发生了激烈争吵时，译员也要迅速作出反应，判断究竟是保持局外人的身份还是以某种恰当的方式及时介入并调停。无论译员作出怎样的决定、打算采取怎样的行动，都应该以不牺牲任何一方的利益、并且有利于推动交际双方的理解与合作为基准，而不应随心所欲、不负责任地任意介入。

（二）交替传译的特点

如果说上述特点多为交传和同传所共有，那么以下内容则体现了交传不同于同传的特点。

1．交传的时间性 与同传的同步性不同，交传是在讲话人停顿以后才开始翻译，因此，交传活动所耗费的时间往往是同传活动的一倍左右。为了保证跨语交际活动的顺利进行，在多数情况下交传译员应以适中的语速进行传译。语速过快会造成错误率、漏译率升高，而且还可能让自己和听众都觉得上气不接下气，而过慢则显得拖沓费时，让讲话人和听众都难以忍受。一般来讲，在讲话人保持正常语速的情况下，译员英译汉的用时可为讲话人时长的三分之二左右，或接近讲话人时长；汉译英时则可略长于讲话人，或与之大体相当。

2．交传的准确性 在同传活动中，由于听说同步带来的认知负荷过大，译员又往往无法与讲话人和其他人员进行及时交流沟通，翻译的准确性和完整性会受到不同程度的影响。而在交传工作中，译员可以记笔记，可以有短暂的思考时间，偶尔还可以就没听懂的地方请讲话人重复或解释，或向现场其他人员临时求助，有时甚至可以请讲话人适当提高音量，放慢语速，或缩短话轮长度，也有机会对译错译漏的地方进行纠正或补足，因此译语的准确性和完整性通常会高于同传。

3．交传的交际性 与同传相比，交传活动涉及的在场人际因素更多，更有利于包括译员在内的各方之间及时进行沟通、交流与互动，具有更强的现场交流感。通常情况下，译员与讲话人和听众近距离接触，除了听到有声语言外，还可以通过感知讲话人的体态语（眼神、表情、动作、姿态等）和副语言（语气、语调、音量变化等）信息更准确地理解把握其话语的真正含义，就不确定的地方向讲话人发问或向他人求教，并通过观察现场听众的反馈及时调整自己的用语、音量、语速等。

4．交传译员的显身性 会议同传译员通常待在位于会场两侧或后面的同传箱里，听众只闻其声不见其人；而交传译员往往面朝听众一方，或是与活动参与者混坐在一起，“言谈举止”均在讲话人和听众的视线之内，受到的关注度较高，具有较强的显身性。正因如此，交传译员在工作时声音里要充满自信，并保持精神饱满、举止稳重、仪态大方。

4 交替传译的标准

一方面，口译具有不同于笔译的种种特点，因此“信、达、雅”和“神形兼备”等笔译标准并不完全适合口译；另一方面，交传在认知负荷等方面不如同传高，却有着高于同传的现场参与度和交流性，因此应该具有严于同传的译语标准。鉴于此，有必要将“完整准确、通顺流畅、及时快捷、适度得体”作为衡量交替传译质量的基本标准。

（一）**完整准确**　是指在传达讲话人的“真情实意”时，在“量”的方面要做到完整，在“质”的方面做到准确。当然，这里是指讲话人发出的有效信息，不一定是指在任何时候都要百分之百的精准，也不包括对讲话人的无心口误和口头禅的刻板再现，具体包含以下几方面的含义：

1. 译员的翻译要忠实反映讲话的内涵意义、语用意义和感情色彩，而不一定是所指意义或语法层面的意义。比如“您慢走”这样的告别语就不能译成You walk slowly，而是See you / Goodbye或Take care；寒暄问候语“路上一定很辛苦吧”可根据情况译为How was the trip或Did you have a good trip；一般不直译成You must have had a tiring/hard trip；对他人的赞誉进行谦虚回应的“哪里哪里”或是“没有没有”，只需简单译成Thank you即可。又如，译员应结合讲话人的表情、语气、语调以及其他语境性因素正确判断究竟是把Is he a PhD翻译成“他是博士吗？”，还是译成“他也称得上博士？”巴黎高等翻译学院（ESIT）前任院长塞莱斯科维奇（Danica Seleskovitch）曾经为一位担任讨论会主席的英国人做英/法现场口译，那位英国人说了一句They are there for attention, not retention，乍一听这句话很可能被翻译成：“那些小册子（的内容）是为了（引起大家）注意，而不是（让大家）去记忆。”但她通过对讲话人激动的表情和举止以及当时的具体情况（有些小册子已经不翼而飞）所做的分析判断，将这句话正确地译成了“那些小册子是让大家看一看的，而不是带走的”的法语意思。(Seleskovitch, 1998: 102)

2. 注意选词用句的可接受性。有时候把讲话人的真实意义完整表达出来，实现了传意性功能，并不说明译员就一定出色地完成了任务。译员在翻译时还应重视信息接受者对某些语词句段的可接受程度。比如，我们常说“解放前”，将其直译为before liberation似乎理所当然，但对许多外籍人士来讲，这一措辞就显得意思不太明确，译成before 1949或before the founding of the People's Republic of China在多数情况下更为妥当。

3．**译员传递的信息量应与讲话人的信息量等值**。如果不是当事人要求译员进行概略性翻译，译员不应自作主张对讲话人的话语信息进行综述性、省略性处理。当然，如果讲话人的发言逻辑性不强，有过多无谓重复或无实际意义的内容，那又另当别论。

4．**译员使用的语体风格应尽量向讲话人的语体风格靠近**。在本教材中语体风格是指讲话人根据具体的交际环境和交际目的在谈话中表现出来的言语特点，如正式语体与非正式语体，幽默风格与严肃风格等。对语体风格的准确再现很难做到，因为这对译员的语言文化水平和理解感悟能力提出了相当高的要求。译员应根据口译活动发生的具体语境尽可能地传达语体风格。比如，如果是正式场合的高层会晤，就尽量采用较为正式的语体；如果讲话人幽默风趣，就要尽量让这一风格为听话人感知。

（二）**通顺流畅**　通顺是指译员传译的讲话人的话语在目的语中听起来同样明白易懂，自然地道，不生硬，不费解，符合目的语的表达习惯。流畅是指发音清楚，说话流利，很少自我重复或自我修正，避免使用uh，I mean，well，How should I say it或"噢"、"呃"、"就是说"、"那么呢"之类的口头禅或犹豫不决的填补语词（hesitation fillers），中间不出现长时间的停顿，尽量做到一气呵成，等等。"顺"与"不顺"是衡量译员是否成熟的一个重要尺码。即便一位译员可以做到完整准确地传达讲话人的意思，但如果缺乏通顺流畅的表达，依然不能算是出色的译员。

（三）**及时快捷**　这里包含几层意思。首先是指反应及时，译员要能一听即懂，得"意"忘"形"，快速理解讲话人的"真情实意"，反应迟缓就无法胜任译员高强度的工作，其次指记笔记要快，以快捷务实的方式记下一些关键词、省略语、符号等，否则就跟不上讲话人的节奏，再次指从讲话人终止讲话到译员开口翻译的时间差（即EVS，ear-voice span）要短。如果发言人已停顿了好一会儿，译员依然没有开始翻译，会让讲话人和听众对译员产生不信任感，译员自己也会感到尴尬和窘迫。

（四）**适度得体**　这更多的是指译员的副语言表现。一是指译员的音量要适度，无论是否有扩音设备，译员都要让自己的声音被现场所有听众清楚地听到，但也不必高到不自然的状态；二是指译员的语速要适中，既不宜过快或过慢，也不宜忽快忽慢，以中速匀速为佳；三是指译员的语调要适度，不能过于单调乏味，但也不必在语调上去一味地模仿讲话人，否则就有点像鹦鹉学舌，反而可能弄巧成拙；四是指不要对着麦克风大声咳嗽、打喷嚏、清嗓子，等等。如果非做不可，应避开麦克风，以手捂口，尽量小声一些。

对口译标准的理解应当是灵活、动态的，并以语境为基础。总体来说，如果译员的翻译能够以适当的语速、语流较为顺利地使目的语听众在信息内容和思想感情两方面获得与源语听众相同或相当的感受，就可被视为达到了口译的要求和标准。

5 交替传译的方法

根据交传活动的特点以及每个讲话人的具体情况，我们可以在口译过程中采取不同的翻译方法来传递讲话人的话语信息，主要包括直译、意译、简译、音译、硬译、不译或零翻译等等。

（一）**直译** 是指翻译时除准确传达讲话人的信息内容外还要尽量保持原话的语言形式，包括用词、句式结构和比喻等修辞手段。直译的优点在于在达意的同时还能最大限度地保留原话的语体风格和语言效果。口译中常说的“顺译”或“顺句驱动”（即尽可能依照源语中出现的意群和句子的先后顺序把原话的整体意思翻译出来）其实就属于直译的范畴。直译的方法在高层外事外交口译以及专业性较强的口译类型（比如法庭口译、医学口译等）中用得较多。比如，对于这样一句话：

江泽民主席强调指出，全党同志和全国上下一定要高举邓小平理论伟大旗帜，全面贯彻“三个代表”要求，努力开创建设有中国特色社会主义事业新局面。

如采用直译的方法就可产生这样的译语：

President Jiang Zemin emphatically pointed out that the entire Party and the country should hold high the great banner of Deng Xiaoping Theory, fully implement the requirements of the Three Represents and strive to open up the new prospect of building socialism with Chinese characteristics.

（二）**意译** 指在翻译时只力求传达讲话人的话语意思，并不拘泥于原话的句法结构、修辞手段等语言表达形式。由于英语和汉语在词汇、句法、表达方式、语言习惯等方面存在很大差异，直译在许多情况下并不适用，或是直译的效果不好，不如意译来得明了易懂。比如：

I am no Hamlet.

直译：我可不是哈姆雷特。

意译：我可不是犹犹豫豫的人/我可不是多愁善感的人。

Hamlet是莎士比亚戏剧中的人物，略有西方文学常识的人对此暗喻的指代都十分清楚，如果听者/听众多是受过高等教育的人，译员采用直译的方式一般没有问题。但如果听众中熟悉相关背景知识的人不多，直译的结果往往让人不得要领、不解其意，不如意译来得清楚自然。

当然，如果译员不愿舍弃源语中生动的修辞手段，希望能完整传达出其中的文化韵味，也可采取“直译+意译”的方式，将上面那句话译成：“我可不像莎士比亚笔下的哈姆雷特那样爱犹豫/多愁善感。”

（三）简译　在这里简译不是指综述性翻译，而是指用更精练、更简洁的语言表达同样的意思。例如，把universalizing compulsory elementary education and nine-year compulsory education译成“‘普初’和‘普九’”，把Shakespeare’s drama简译为“莎剧”，把前中国男子足球队教练、南斯拉夫人米卢蒂诺维奇（Bora Milutinovic）简称为“米卢”。当然，前提条件是听众对这些缩略语或简称的指代是明确的，在当时的语境下不会产生误解或混淆。

（四）音译　音译是指在目的语中用发音近似的字、词或字母组合将源语中的语词翻译（其实是“挪用”）过来。音译多用于专有名称（如人名和地名）、新出现的事物，以及目的语中暂无对应词的情况。汉语中有不少来自英语的音译词已为大家接受，如：酷（cool）、比基尼（bikini）、披头士（Beatles）、欧佩克（OPEC）、托福（TOEFL）、雅皮士（Yuppies）、朋克（punk）、克隆（clone）、博客（blog）等等。英语中也吸纳了一些来自汉语的音译词，比如kowtow（叩头）、kungfu（功夫）、coolie/koolie（苦力）、Fengshui（风水）、tofu（豆腐）、typhoon（台风），等等。

随着中国经济实力的日益增强和国际影响的不断扩大，汉语通过音译的方式成为英语新词汇的现象也屡见不鲜，比较经典的是这么一件趣事：2008年12月18日在纪念党的十一届三中全会召开30周年大会上，胡锦涛总书记在讲话中连续用三个“不”来表明中国走社会主义道路的决心：“不动摇、不懈怠、不折腾”。其中“不折腾”的英文翻译难倒了不少国内外翻译高手，有译成don’t flip flop（不翻来倒去）或是don’t toss（不摇摆）的，有译成no trouble-making（不制造麻烦）、no major changes（没有重大变化）或no dithering（不踌躇）的，也有译作no self-consuming political movements（不搞自我消耗的政治运动），有译don’t sway back and forth（别反复）或是don’t get sidetracked（别走岔路）的，也有译成avoid futile actions（不做无用功）的，还有翻译成avoid self-inflicted setbacks（避免自我造成的失败）的，可谓五花八门，似乎都有一定道理，但似乎都没有把“折腾”一词深刻而丰富的含义体现出来。有趣的是，在12月30日国务院新闻办的发布会上，当有记者问到与“不折腾”有关的问题时，现场的翻译干脆用汉语拼音直接念出buzheteng。事后，中国媒体在报道中说buzheteng或许将成为英语中的专属名词。无论buzheteng最终是否会以音译的方式进入英语词库，但已经有、并且还将有越来越多反映“中国特色”的汉语词汇被音译入英语却是不争的事实。

汉语中有的音译词还采取了与“意译”（此处指意思的翻译）相结合的方式，音意兼顾，形声谐义，令人印象深刻，如可口可乐（Coca Cola）、百事可乐（Pepsi Cola）、奔驰（Benz）、嬉皮士（Hippies）、黑客（hacker）等等。

口译中的音译主要用于人名、地名等专有名称的翻译。在某些特殊情况下，译员不知讲话人某一术语的意思，由于条件所限无法向他人求助，又无法跳过不译，往往采取模仿发音的方式做临时的应急处理，严格地讲，这属于“不译”而非“音译”的范畴（详见第六点）。

（五）硬译 口译中的硬译或死译（或称逐词对译）是指用目的语中的语词一一对应翻译源语中的语词的翻译方法，其结果是译语显得生硬，欠自然，不够地道，但或能为听话人基本理解。一般来说，在交传过程中硬译是不值得提倡的，但由于口译活动的现场性和即时性以及译员工作的独立性，译员在某些万不得已的情况下，在词汇层面或个别句子上采用硬译的方式也不失为替自己解围的方法。比如朱镕基总理在九届人大一次会议的中外记者招待会上提到“吃饭财政”一词，意思是指国家财政收入中的相当部分被用于支付过于庞大的公务员的开支，比喻形象生动、明白易懂，但英语中似乎并无直接的语用对应词，大致译成payroll finance或mouth-feeding budget。现场时间紧迫，译员在一时想不到非常贴切的表达法又无法向他人求助的情况下采取了硬译的方式，翻译为eating finance，略显生硬，但听众根据上下文能够大致猜想到朱总理的本意，至少好于出现张口结舌、过长停顿或是放弃不译的窘况。

（六）零翻译/不译 零翻译这一概念是由上海外国语大学的邱懋如教授于2001年首先提出来的，是指不用目的语中现成的语词译出源语中的语词。比如人们现在常说PK（Player Killer的简称，即“玩家杀手”，是指在游戏中杀死其他玩家的玩家，本来作名词用，但在引入中国后，通常被当作动词来使用）而不说“单挑”、“对决”；爱用EP（Extended Play，原来是指慢速唱片或密纹唱片）而不直接说“小专辑”或“单曲”，而WTO、GDP、MP3等英语缩略语更是早已成为中国人家喻户晓、无需任何翻译的常用语。

在译学界，人们对“零翻译”和“不译”的概念进行了区分，认为两者并不是一回事。“零翻译”是指故意不用译入语中现成的语词去翻译源语中的语词，其目的是把源语文字符号带入译语，又把译语读者/听者带入源语进行文化间的转换和理解，具有双语交际和文化传播的目的。有学者认为“零翻译”不是不翻译，而是一种特殊的翻译方式；而“不译”则否定翻译的目的，认为没有翻译的必要，也没有翻译的行为，起不到翻译作为交际的作用。（罗国青，2005: 89）比如将What does “Player Killer” mean?译成“Player Killer是什么意思？”，在这里Player Killer就属于不译，因为既无翻译的必要，也无翻译的行为。又如，如果讲话人说：The patient should be referred to a gynecologist，译员因不知道gynecologist（妇科医生）一词的意思，将这句话译成“应该让病人去找一位gynecologist”，那么gynecologist也属于不译（而不是音译）。

在口译过程中，对于一些现场听众已经耳熟能详的缩略语、常用词，译员完全可以采用零翻译的策略，省时省力，有助于减少认知负荷；而不译则是因一时无法翻译而作出的不得已而为之的选择。

6 交传译员的素质

口译作为一项要在至少两种不同的语言文化系统中进行“传情达意”、协调沟通，帮助人们实现跨文化交流的复杂语言文化行为，必然对译员这一专门人才的综合素质与能力提出很高的要求。一般来讲，合格的译员应具备这样一些基本素质：扎实的双语知识、广博的非语言知识、娴熟的口译技能、过硬的心理素质、良好的职业道德。需要指出的是，在这些基本素质中，除了在口译技能方面交传和同传各有其特点外，大多数都为交传和同传所共有。

（一）**扎实的双语知识** 坚实的双语基本功是合格译员的先决条件。国际会议口译工作者协会（简称AIIC，*Association Internationale Des Interpretes De Conference*）对译员的工作语言A语、B语和C语进行了区分。A语一般指译员的母语，或称第一语言，即最精通的语言；B语指译员非常精通的第二语言，或第一外语，精通程度仅次于A语；C语则是译员的第二外语，可以听懂，但很难进行流畅的表达。对于那些从小就移居国外或另一语言区且很快掌握了第二门语言的人来说，他们最初的第二语言就上升为A语，而母语则可能下降为B语。中国绝大多数的口译学生都没有在外国长期生活和学习的经历，能有较高的B语水平已属不易，C语水平大多不高，不能成为口译时的工作语言。

对于一名合格的译员来说，扎实的双语功底就是指掌握了丰富的A语和B语语言知识（包括语音、语法、词汇、篇章、语义、语用等方面的知识），能在实际生活、学习和工作中进行熟练运用，而且能在两种语言之间进行自由转换。具体地讲，这首先是指译员应该具有一次性的听解能力，因为听与理解是口译过程的第一步。译员不仅要对发音标准的语言一听即懂，还要能够听辨和理解带有浓重口音的语言，如带有广东、上海、四川口音的普通话，以及带有印度、巴基斯坦、尼泊尔、意大利、日本口音的英语等。绝大多数学习口译的学生并无在国外长期生活的经历，B语的一次性听解能力很难达到自动化处理的程度，在开始正式接受口译训练之前必须进行大量的听力训练，而且即使在进入口译训练后，每天也需保证足够的“磁带小时”（tape-hours）。其次，译员还应掌握远远大于普通双语人士的词汇量，就像一部活字典。译员除了要通过扩大阅读量来增加词汇储备，并通过有意识的运用来巩固对这些词汇的记忆外，还要随时关注每天新出现的词汇和用法。在每次接受口译任务之后，还要通过译前准备（详见第16单元）来补充专业术语。第三，合格的译员还应该具备使用合乎目的语语法规范的地道语言进行流畅表达的能力，这实际上包括了两个方面：一是译员要口齿清楚、说话流利；一是译员翻译时要做到语法正确、表达自然。国际会议口译工作者协会曾经规定，会议译员只能“译入”自己的A语，以确保译语自然、地道、流畅，方便听众理解。但由于中国人和阿拉伯国家的人中精通双语的人很少，因此，中文和阿拉伯语译员常常必须进行双向传译（即从A语到B语以及从B语到A语），这就对译员用外语进行规范流利的表达的能力提出了很高的要求。此外，在塞莱斯科维奇（Danica Seleskovitch, 1998: 69）看来，掌握一门语言还包括对其“结构”（structure）的了解和感知，因为一门语言不只是一个个单词的堆砌组合，它还代表了一种思维的框架模式，一种世界观，因此，即便是讲话人在某段话里少说了一个单词，译员也可以根据这段话的内部结构推断出其正确的意义。

（二）**广博的非语言知识**　除了扎实的语言基本功外，合格的译员还必须具有宽广的知识面。译员要与不同背景的各色人等打交道，接触各种话题，现场应对各种可以预见的和不可预见的突发情况，因此必须掌握百科全书般丰富的知识（encyclopedic knowledge）。这些知识有些是在长期的生活、学习和工作中日积月累起来的，有些则是在口译过程中现场获得的，具体包括常识性知识（common sense / general knowledge）、文化知识（cultural knowledge）、主题知识（subject/domain knowledge）和语境/情景知识（contextual/situational knowledge）。

对于译员来说，常识性知识除了指在日常生活中应该了解的一般信息外，还包括自己不知道的或新出现的、并且随时可能在口译工作中碰到的陌生信息。例如，听他人提到“协和式飞机”这一说法，就立刻想起这是一种超音速飞机，英文是Concord，如果不了解这个知识点，就应该马上去查阅；从报纸上看到“磁悬浮列车”，就至少应该了解：1. 这是一种什么样的列车？ 2. 用英文怎么表达？又如，“5·12汶川大地震”发生后，就应该立即去了解一些地震方面的常识以及相关术语的英文表达，搞清楚地震震级（magnitude）和烈度（intensity）不是同一个概念等等。

从广义上讲，文化知识可谓包罗万象，包括一个国家、民族或群体所创造出来的所有物质财富和精神财富，如语言、文学、艺术、教育、科技、政治等等。合格的译员必须积累广博的双文化和多元文化（本民族文化和外国文化）知识，树立跨文化交际意识（参见第10单元），培养文化敏感性，在日常生活中就学会去感知、了解，并尊重不同文化间的差异性，摒弃本族中心主义（ethnocentrism）和文化霸权主义（cultural imperialism）思想，树立文化平等观念，才能在跨文化交际情景中承担起中介和协调人的角色。比如，在文化障碍或冲突出现之前通过预先告知和适当解释的方式加以预防，在障碍或冲突出现的过程中要积极进行缓冲和调停，在事后予以必要的说明和斡旋，尽可能避免因为对他者文化的不解和误会而引发的交际失败，从而帮助当事人跨越语言文化鸿沟，实现交际目的。

主题知识是指译员在每次具体的口译任务中需要应对的中心话题，比如一场商务谈判的主题知识就涉及外贸领域和相关技术、产品和服务的信息；“清洁煤技术研讨会”的主题毫无疑问就是清洁煤技术的相关知识。译员要应对的话题很多，而且有不少话题是自己以前从未接触过的，或是知之甚少的。译员或许可以算得上是双语专家，但却不可能成为所有专业领域的行家。不过，如果译员通过细致而充分的译前准备了解了某一专题的基本信息、基础原理和背景知识，熟悉该领域的专业术语，依然能够做到对讲话人信息的听解和重新表达。译员即使没有亲自操刀或观摩外科手术的经历，但如果掌握了相关手术的流程、工作原理和双语专业词汇，就完全可以用两种语言来清楚地叙述整个手术的过程。译员在每次口译任务中积累起来的不同领域的专题知识又可以成为服务于今后口译任务的广义上的非语言知识（主题知识或常识性知识）。

语境知识又称情景知识，在这里是指口译活动发生的具体的言语环境，包括“语言性语境”和“非语言性语境”，前者指的是交际过程中某一话语结构表达某种特定意义时所依赖的上下文，包括讲话人本人或其他人的前言后语，而后者指的是交流过程中某一话语结构表达某种特定意义时所依赖的各种主客观因素，包括时间、地点、场合、话题，交际活动参与者的身份、地位、性别、年龄、文化背景、教育背景、心理背景、交际目的、交际方式、交际内容所涉及的对象，以及与话语结构同时出现的各种非语言符号（如包括姿势、手势、眼神等的体态语，语速、语气、语调、音高等副语言符号，以及笑声、有意咳嗽、叹息等类语言符号）。

日内瓦大学翻译学院的克劳德·纳米（Claude Namy）教授认为，在开始任何一次口译活动之前，译员必须向自己提出如下问题并设法找到答案：

Who is the speaker? What is his nationality? What is his cultural background? What is his “thought world”? What is he hoping to get out of the conference? What is the position of his Government in the negotiation? What are his personal views?（转引自 Seleskovitch & Lederer, 1995: 56）

当然，语境性知识的具体内容远不止这些，了解这些信息非常有助于译员进行有针对性的译前准备、翻译过程中的准确理解和表达，并为下一次的翻译任务积累更多的经验和语境知识。比如，如果知道自己即将要为一位印度教授的文学讲座进行现场口译，就要提前了解印度的国情现状、文化特点（风俗习惯、风土人情、宗教信仰等）、文学传统、印度人讲英语时的发音特点；提前查阅那位教授的背景材料和相关著述。如果那位教授是一位坚定的女性主义者，就要提醒自己注意在翻译时尽量不使用暗含性别歧视的词汇，比如用his or her而不用his，用chair或chairperson替代chairman，用human beings取代man或mankind等等。如果听众大多是接受过良好文学教育的研究生、或是有着较深文学修养或文学批评功底的教授和学者，就要提前熟悉尽可能多的文学术语。如果了解到多数时候要站立翻译，就要带上硬面抄、竖翻式笔记本，并多带几支按压式钢笔或圆珠笔。如果现场没有麦克风，就要提醒自己音量要足够大等等。情景信息了解得越多，译前准备越充分，就越能够增加自信，越有可能在翻译过程中做到从容应对。

常识性知识、文化知识、主题知识和语境知识构成译员非语言知识的整体，与双语知识同等重要。学识再广博的人也存在知识的盲区，而语言再好的人也可能会因为相关主题知识或语境知识的欠缺难以对讲话人的信息进行准确把握和传达。非语言知识在一定程度上可弥补语言知识的不足，当然反之亦然。要成为合格的译员，既要在日常生活和译前准备中积累和学习各种语言和非语言知识，还要在工作过程中将这些知识与不断接收获取的新信息加以结合，达成对源语内容的准确理解，并通过各种口译技能的灵活运用，对这些信息进行完整准确的重新表达。在每次口译任务完成后，这些知识中的相当部分就会进入译员的长期记忆，成为下一次口译任务的知识储备。

（三）**娴熟的口译技能**　对知识的掌握并不等同于对知识的运用，而技能就是指将掌握的知识与智力相结合在实践中进行创造性运用的能力与技巧。我们在第三点“口译/交替传译的特点”中谈到了译员技能的综合性，译员的技能其实就是要确保各种语言和非语言知识在口译过程中得到合理的、熟练的和富于创造性的发挥和运用。具体而言，交传译员必须熟练掌握和运用的口译技巧包括公众演讲、意义听辨、记忆、笔记、语言转换、注意力分配、综述、数字转换、跨文化交际、应急处理、译前准备等等。

1. **公众演讲**　口译是一种以口头语言为主要媒介的语言和跨语言交流行为，交传译员经常需要在各种各样的工作场合向不同国籍、不同文化背景、人数不一的公众传译讲话人表达的信息，他们的工作也具有公众演讲的性质，适用于普通公众演讲的技巧也大多适用于交替传译中译员的演讲。例如，普通公共演讲中所涉及的种种语言因素（语言规范、用词准确、逻辑思路清楚、表述连贯等）以及副语言和非语言因素（包括音量、语速、语音语调、仪表、服饰、眼神交流等）也同样是译员在交替传译中必须注意的问题。学生们要想成为合格的译员，首先要掌握公众演讲的种种技巧。提高演讲技巧的方法详见第2单元。

2. 意义听辨 听与理解是口译过程的第一步，而意义听辨、得“意”忘“形”则是口译初学者必须首先掌握的一项重要技巧。口译的“听”跟普通外语学习（比如听写、填空和判断对错的练习等）以及日常生活中的“听”是不一样的。口译的“听”是为了听辨意义，得“意”忘“形”。这样的道理听起来似乎简单，但口译的初学者却往往是听懂了字词，却没有理解原文中表达的实际意义，也就是只注意了语言的表层结构而忽略了语言深层的意义结构，因而翻译常常是生硬的、不地道的，甚至是逐词逐句对应的硬译、死译，用了很多分散的字词，却是“见树不见林”，自己觉得别扭，听众听起来也十分吃力。普通人常常惊叹于资深译员能将大段大段的讲话完整准确地翻译出来，以为这是译员能够将讲话人所讲的字、词、句段通过大脑记忆和笔记的方式全部记录下来的结果，其实不然。记忆分“实质内容的记忆”（substantive memory）和“字词记忆”（verbatim memory）两种（Seleskovitch, 1998: 31-36），而译员的正确记忆方式应该是前者，即对信息的理解式记忆，是在对实质内容理解的基础上不受原文语言形式束缚的一种记忆，是听懂意义之后的记忆。口译初学者常常会犯的一个方法上的错误，就是听“字词”，而不是听“实质意义”，这样的习惯必须从一开始就要得到及时的纠正。具体训练方法见第3单元。

3. 记忆 是指人脑对信息（个人经历、知识、概念、情感等）的储存、加工和提取，包括感官记忆（sensory memory）、短期记忆或工作记忆（short-term/working memory），以及长期记忆（long-term memory）。口译是一项高强度的信息处理活动，在很大程度上依赖于译员的记忆能力来储存处理各种信息。一方面译员要利用长期记忆来积累储备各种知识、经验，另一方面在进行交替传译工作时要使用听觉和视觉（即感官记忆）接收并识别各种信息，同时利用短期记忆（也称工作记忆）对正在理解和已经理解、但尚未翻译的意义进行短暂的储存，而短期记忆对于交传译员来说最为重要。尽管交传译员通常可以借助口译笔记来减轻记忆的压力，但仍需依赖短期记忆将简单的笔记符号与刚才所听到的大量内容联系起来。同时，译员在有些情况下并不具备记笔记的条件，比如行走途中、在行驶的汽车里、宴会餐桌旁等等，因此必须具备良好的短期记忆能力。尽管人的记忆力与先天基础有一定关系，但可以通过有意识的训练加以改善和提高。具体训练方法详见第4单元。

4. **笔记** 笔记是交传译员必须掌握的一项非常重要的技能。笔记与记忆有着紧密的关系，其目的是为了减轻“脑记”所产生的认知负荷，起到辅助记忆的作用。有时讲话人会一口气讲上四五分钟甚至更长的时间，其间还常常出现数字、人名、地名、时间等信息，对大多数译员来说，完全依赖大脑记忆显然不行，必须采取某种方式暂时将其储存下来，而笔记就是一种非常有效的避免信息流失的手段。交传笔记与会议笔记、课堂笔记不同，更不是听写或速记，它的目的不是为了供事后整理成完整的书面文字，而是为了帮助译员在现场瞬间回忆起讲话人刚才讲过的内容，起提示和激活存储信息的作用，不可能也没有必要记录下听到的每个单词、每一句话，因此具有即时性、简洁性和个人性的特点。在文字发明以前，我们的古人常常“结绳记事”，而我们为了提醒自己不要忘记在未来某个时间做某件事情，往往会在日历上的某个日子画个圈，只要看到那个圈（尽管没有任何文字说明）就会立即想起要做的事情。在一定程度上，口译笔记的功能就像那个起提醒作用的小结或圆圈一样，简单却管用，而且“手记”与“脑记”必须同步进行，不能顾此失彼。详细的笔记训练方法参见第5单元。

5. **注意力分配** 对于初学口译的学生来说，口译实践最大的挑战之一就是：这是一项违反常规的心智活动，不能“一心一意”，而必须“一心多用”。法国口译学者吉尔（Daniel Gile）教授将交替传译视为协调处理多个任务（听与理解、记忆/笔记、译语生成）的认知过程，提出了交传的“多任务处理模式”（effort models，另译“精力分配模式”），其实就是指译员的“一心多用”问题。吉尔将交传的多任务处理过程分为两个阶段，在第一个阶段译员要同时协调处理三项任务（即“一心三用”）：

Interpretation = L + N + M + C

L	Listening and Analysis
N	Note-taking
M	Short-term Memory Operations
C	Coordination

这也就是说，译员在集中大部分注意力聆听并通过分析理解（L）讲话人话语内容的同时，还要分配一定注意力采用适合自己的笔记方式记录（N）相关信息点，而短期记忆力（M）要确保信息在从讲话人说出、到被理解、再到被记录下来那一刻不被遗忘，这也得占用一定的注意力。这三项任务的时间段不是截然分开，而是互有交叉，有些甚至是相互重叠的，必须依靠译员的认知处理能力进行相互协调（C）才能顺利完成。对合格的译员来说，听辨与理解几乎是同时发生的，也就是已经可以做到听解的自动化处理，而记录下的信息

是理解之后的信息。译员在理解、记忆和记笔记的同时，大脑其实已经开始了一种初始的、常常是粗糙的mental translation。正如有学者指出的，口译的“特殊性恰恰在于译员在信息搜觅的同时还要产生另一言语的表述动机，形成语义初迹，为随后的言语表述作准备。”（刘和平，2002）

一旦讲话人暂停讲话，译员就要开始第二阶段的多任务处理程序，这一阶段也要同时处理三项任务：

Interpretation = Rem + Read + P

Rem　Remembering

Read　Note-reading

P　Production

译员一边阅读笔记（Read），一边根据笔记符号回忆（Rem）刚才听到的讲话内容，一边进行译语产出，而在说出译语的同时，眼睛还要扫向下面的笔记，以便在上下文之间建立起连贯的逻辑，确保译语的顺畅。这期间的每项任务都需要分配一定的注意力。吉尔教授还特别区分了这一多任务处理模式中的“短时记忆”（M）与“回忆”（Rem）这两个概念，前者是指对源语语音从被听辨到意义被理解的过程的记忆以及即将说出的译语在记忆里的短时显现，而后者是指对整段源语意义的回忆。（Daniel Gile, 1995: 168-169, 178-180）

由于译员们在信息处理能力、笔记方式、语言能力和非语言知识的掌握等方面存在很大的个体差异，很难用量化的方式要求译员在处理每一阶段的每项任务时分配多少注意力。不过对于口译学生来说，基本原则是：将较多的注意力集中于对讲话人信息的理解和“脑记”上，将较少的注意力分配到笔记上。在刚开始进入笔记阶段，学生们往往发现自己注意去听就忘了笔记，而一旦记笔记又会影响到对接下来讲话人信息的听解，顾此失彼、不知所措是常有的事。学会“分心”、“一心多用”是口译初学者必须经历的“痛苦”阶段。只要坚持练习，心手并用，就一定可以逐渐找到适合自己的注意力分配方式，在听解、记忆和笔记方面做到游刃有余。

6. 语言转换　尽管口译和笔译在信息接受方式、待译文本类型、信息处理以及信息再表达的方式等方面存在差异，但同属翻译范畴，而且都是在不同语言之间实现意义转换和重新表达的跨语言交际行为。因此，许多适用于笔译的语言转换技巧也大多可以为口译借用，主要包括增译法、省译法、转换法、拆句法、合并法、顺句推动法、适当调整法、倒置法、包孕法、插入法和重组法等等。语言转换技巧的具体运用方法详见第6单元。

7. 综述　口译中的综述是指对讲话人的话语信息进行简明扼要的、概括性的翻译。形象地说，就是剔除原文的皮肉，保留原文的筋骨，因此，它是对原文信息的忠实浓缩，既要涵盖原文的主要内容和有效信息，不应有重大遗漏或添加，又要提纲挈领、简洁概括。综述既可以作为一种口译训练的手段，也可能成为实际运用的交传技巧。前者是指在口译练习中，译员在听完一段或一篇完整的语篇后用相当于原文三分之一的长度用自己的话进行概括，可以用源语，也可以用目的语，目的是提高学生对所听信息的驾驭和统筹能力；后者是指在实际交替传译工作中，有时译员服务的当事人或活动主办方会要求译员不必对讲话人的原话照译，而只是进行概要性的翻译，以节约时间。一般来讲，如果没有当事人或活动主办方的要求，译员不应在工作中擅自决定进行综述性翻译。不过，综述翻译作为一种技巧却是译员应该掌握的，具体方法详见第7单元。

8. **数字转换**　数字转换是口译中的一大“拦路虎”，未经专门训练的译员很难做到口译数字时准确无误。这主要有两大原因：一是因为人的短期记忆能力有限，能够记住的信息单位很少，数字符号往往被嵌置于语言信息中，与上下文之间有时并无必然联系，往往也没有规律可循；二是英汉两种语言中表达数字的方法不尽相同，汉语中的某些表数字的汉字“万”、“亿”等在英语中并无直接对应词。尽管口译数字很难，但却又是译员必须熟练掌握的技巧，因为我们生活在一个数字无处不在的时代，任何话题的口译活动中都可能出现大小不一的数字和数字组合，而在经济、外贸、金融、商务等话题中，数字的出现频率还非常高。在口译数字时出现错误，轻者会让当事人感到疑惑不解，严重的甚至可能给当事一方或双方带来损失。数字转换技巧不容小视，具体训练方法参见第8和第9单元。

9. **跨文化交际**　一般而言，跨文化交际技能是指以开明的胸襟和多元的视角跨越不同文化之间的差异和障碍，在保持、延续和传播本国或本民族文化的同时，也理解、尊重和接纳异国/族文化的技巧与能力。

在跨文化交际语境中，当对彼此文化规约并不十分了解的当事双方为了某个目的坐在一起交谈时，由于文化差异所造成的交际障碍就有可能发生。比如，由于思维方式、风俗习惯和价值观念的不同，在一种文化中被认为是习以为常的话题在另一文化里则可能不妥，甚至是禁忌；在一种文化中是正常恰当的表达方式在另一文化里则可能显得过于直接或过于委婉；在一种文化里是司空见惯的行为举止在另一文化里则不被接受。一旦出现在目的语文化中被认为是失当的话题内容或行为方式时，就可能引发文化障碍乃至文化冲突，导致交际失败。译员应当在平时的学习过程中不断积累双文化和多元文化知识，培养文化敏感性和跨文化交际意识，才可能在实际工作中充分发挥自己作为文化中介的协调功能。译员应做到灵活主动、见机行事，在障碍尚未发生时通过提前告知、征询意见等方式及时加以预防；在障碍产生后积极斡旋调停，进行适当解释说明，帮助双方成功地跨越语言和文化的鸿沟。译员并不是交际过程中被动的"传声筒"，而是可以发挥自己主观能动性的交流活动参与者。关于跨文化交际技能的详细介绍参见第10单元。

10. **应急处理**　无论译员事前做了怎样精心准备，在口译过程中依然可能出现意料不到的紧急情况。比如，没听懂讲话人的某句话或某个单词，或是听懂了却不知如何翻译，由于精力不集中漏掉了部分讲话内容，讲话人语速太快使得译员的脑记和手记都无法跟上，或是突然笔没有了墨水无法继续记笔记，造成一些信息的遗忘等等。还有些紧急情况则可能跟翻译本身没有太多直接关系，比如当事双方突然发生了激烈争吵等等。当出现这些意外情况的时候，经验欠缺的译员往往大脑一片空白，紧张慌乱、不知所措。其实，即使是久经考验的资深译员也会多多少少遇到类似情况，但他们不会因过分慌张而乱了方寸，而是通过采取应急措施来应对这种场面。具体方法可参见第15单元。

11. **译前准备**　在一定程度上，公众演讲、意义听辨、记忆、笔记、注意力分配、语言转换、综述、数字转换、跨文化交际、应急处理等技巧的学习、培养和提高都可以被认为是译前准备的一部分，只不过这些技能当属长期译前准备。短期译前准备是指译员在参加某一次口译活动之前为该次任务所做的具体准备，包括口译任务背景的了解、主题内容和相关术语的准备、心理准备、行前准备（如着装准备、文具准备、文件准备、交通工具准备等）、工作开始前的最后准备几个部分。尽管任何一次成功的口译活动都有赖译员长期系统的学习、提高和经验的积累，但与译员细致充分的短期译前准备也是密不可分的。尽管这些准备工作的某些环节琐碎而繁杂，似乎不值一提，但它们将直接影响到译员的工作状态和最终的口译质量，其重要性不可忽视。相关内容详见第16单元。

（四）过硬的心理素质　紧张和怯场是大部分人即将要在公众面前讲话或进行表演时出现的一种常见心理现象，通常的表现是：心跳加速，喉咙发紧，腿脚发软，手心出汗，甚至大脑一片空白，而且在场人数越多，紧张感和焦虑感就越强烈。这些心理和生理状态是绝大多数口译学生在口译课堂上的共同反应，也是许多译员在刚开始涉足翻译职业时必然要经历的阶段。学习口译的学生要完成从课堂口译到职业口译的转变，他们要走出的最艰难的一步就包括克服面对听众时过于紧张的心态和怯场的心理。其实，一个人在面对公众时出现的紧张与焦虑属正常的心理和生理反应，即便是身经百战的译员在面对每一次富有挑战性的口译任务时也难免会有些许的不安与担心。因此，口译初学者一方面要了解紧张的心态人人都有，不必为此过虑，另一方面要通过掌握必要的减压技巧、大量的课堂训练和课外实习不断积累经验，逐步改善自己的心理素质。同时，我们必须清楚的是，扎实的双语功底、广博的非语言知识、运用自如的口译技巧以及充分的译前准备，都会大大有利于译员克服紧张心态，在工作时变得更加从容镇定。

过硬的心理素质主要体现在：进入工作场地时神色从容不迫，举止自信大方；开口翻译时语速不急不慢，音量不高不低，语调自然流畅；接人待物时有礼有节、不卑不亢、谈吐得体；遇到意外情况时沉着冷静，机智处理，灵活应对。这并不是说心理素质好的译员一点也不紧张，而是他们知道：1. 如何掩饰紧张情绪；2. 如何把紧张程度压至最低；3. 如何把这种紧张变成建设性的而不是破坏性的。其实适度的、可控制的紧张状态（positive nervousness）往往可以让人思维活跃、反应敏捷、情绪上扬，对译员的出色发挥有利无害。要达到这种境界并非易事，但也不是不可企及。只要坚持训练，大胆实践，任何人的心理素质都会变得越来越好。相关训练方法参见第2单元的“克服怯场”部分以及第16单元的“心理准备”部分。

（五）**良好的职业道德**　职业道德主要包括两方面：一是指达到职业特点所要求的业务水平，一是指遵循职业特点所要求的道德准则、道德操守与道德品质。就前者来说，良好的职业道德是指在确认自己掌握了足以胜任某项具体的口译任务所要求的语言和非语言知识、口译技能、心理素质以后才能接受该项任务，并在执行任务的过程中使自己的知识与技能得到最佳的发挥；不接受自己的业务能力与水平尚无法胜任的口译任务。就后者来讲，良好的职业道德是指在实际工作中按照国际或国内相关组织或行业协会制定的译员行为准则行事。同时，职业操守还应包括知晓外事礼仪知识、遵守外事纪律、严守国家和服务对象的机密，不做有损国家利益和人格尊严的事情。

不少国际和国内的行业组织都制定了翻译工作者应该严格遵守的行为准则或职业伦理，比如“国际会议口译工作者协会”（AIIC，即International Association for Conference Interpreters，网址为http://www.aiic.net）、“美国翻译工作者协会”（ATA，即American Translators Association，网址为http://www.atanet.org）、“澳大利亚口笔译职业协会”（AUSIT，即Australian Institute of Interpreters and Translators，网址为http://www.ausit.org）、“加拿大翻译工作者协会”（AVLIC，即Association of Visual Language Interpreters of Canada，网址为http://www.avlic.ca）、“中国翻译协会”（TAC，即Translators Association of China，网址为http://www.tac-online.org.cn）等，在它们的官方网站上都登载了相关规定的详细内容，有兴趣的同学可登录它们的网址进行查看。

素质是教化的结果，可以经过后天的努力获得并提高。但我们必须意识到，这些素质与能力绝不是一朝一夕就可快速获取，需要持之以恒的毅力和吃苦耐劳的精神去积累。只有坚持不懈地夯实语言基础，不断积累和丰富非语言知识，反复演练各种交替传译技巧，有意识地锻炼心理素质，树立高尚的职业操守和责任意识，并不断参与口译实践，才可以使自己的综合能力和素养得到循序渐进的提高，并最终成为符合社会需要的合格交替传译人才。

第2单元

公众演讲技巧

口译主题：礼仪祝词

一、技巧讲解

交传译员要面临各种各样的工作场合，需要向不同国籍、不同文化背景、人数不一的公众传译讲话人表达的信息。根据韦氏词典，公众演讲的定义有两条：1. 向公众发布演说的过程或行为；2. 与听众进行有效口头交流的艺术。从这两项定义来看，交传译员的工作也是一种公众演讲。学生们要想成为合格的译员，就必须学会跟不同的人进行有效的交流，不论是跟几个人讲话，还是面对人数众多的听众，适用于普通公众演讲的技巧也大多都适用于交替传译活动中译员的演讲技巧。例如，普通公共演讲中所涉及的种种语言因素（语言规范、逻辑思路清楚、表述连贯等）和非语言因素（包括音量、语速、语音语调、仪表服饰、眼神交流等）也同样是译员在交替传译中需要注意的问题。当然由于译员表述的内容不是出自本人，而是出自初始讲话人（primary speaker），交传中的演讲与普通公众演讲也略有不同。

调查表明，在美国每年有30万左右的大学生修读公众演讲这门课，而且，在西方，演讲艺术是从2,000多年前大学教育体系形成以来就一直存在的一门核心课程；而在中国，英语演讲还远未在大学的英语专业教学中得到普及，口译学生的中英文演讲水平都还有待提高。因此，教授口译课的老师要不断向学生们强调演讲技巧对口译工作的重要性，并注意传授提高学生演讲技巧的方法。

在这一章，我们将谈到与口译工作关系最为密切的几项演讲技巧，即：听众分析、讲话人分析、信息发布和克服怯场。

1 听众分析

译员从事翻译活动的直接目的是让讲话人的话语意义和目的为听众所理解，因此了解听众的基本信息以及他们的需求对于翻译目的的实现很有帮助。一般来讲译员可以通过以下三方面的资料收集和分析来更好地了解听众需求：

基本信息：听众主要来自哪个（些）单位？什么性质的单位？主要业务是什么？大部分听众处于什么样的年龄段？他们拥有什么样的经济、政治、教育、职业、种族、民族和文化背景？他们是专业人士还是普通听众？他们信仰什么宗教？是男性多还是女性多？译员在掌握这些相关信息之后，会在处理口译各个环节时感到更为自信。译员一般可以从会议或活动组织者那里得到一些基本信息，也可以通过网络搜索和现场观察获得一些关于听众背景的有用信息。

心理活动：大部分人对那些与自身生活、事业及价值观相关的信息会格外关注，也会根据自身的需求、兴趣、期待、知识和经验来解读所听到的信息。了解听众的基本心理特征有助于译员从容应对听众的一些现场反应。如果译员注意到现场有个别听众在打电话，与邻座低声交谈，或表现出心不在焉的样子，甚至在打瞌睡，只要确认这不是由于自己翻译不准确，表达不清楚，或是音量不够高造成的，就不必受到这种状况的影响。

口译场景：不同的口译工作场景会对译员有不同的要求，译员需要特别关注这样一些问题：大概有多少听众到场？译员是面对听众的吗？如果不是，在翻译时可以通过什么办法了解听众的现场反馈？有专门给译员准备的话筒吗？如果没有，需要多大的音量才能让听众听清楚？离讲话人的讲话位置有多远？这些问题译员只要多跟活动组织者沟通，或是提前到活动场地熟悉情况，就应该会有所了解，并及时根据具体情况做好相应准备。

适当的听众分析，包括主要听众的基本信息，心理活动特征，以及具体口译场景对他们产生的影响等，可以帮助译员做好心理准备，更好地扮演其作为交流推动者的角色，并运用一切语言和非语言的工具来保证讲话人信息交流效果达到最佳。

2 讲话人分析

要准确地理解和传达讲话人的信息，译员除了要进行适当的听众分析外，还需要了解讲话人的基本情况和相关信息，比如讲话人的讲话习惯、专业背景、交际目的等等。由于讲话人同时也是口译事件的参与者和听者，所以前面所讲的关于口译听众分析的技巧在这里也一样适用。此外，还有一些专门针对讲话人分析的方法与技巧。

了解讲话人的讲话习惯。讲话人（不管是讲英语还是汉语）的发音常常不是那么规范标准，常常带有浓重的地方口音。而且，不同的讲话人在语速、音高、音量和音质等方面也都存在差异。因此，经验丰富的译员总会在口译开始之前尽量寻找机会与讲话人进行口头交流，以掌握讲话人的发音规律和其他讲话习惯。

了解讲话人在交际活动中的目的。一般来说参与涉外交流活动的讲话人对其目标听众都有一定的了解，他们与对方交流的目的也较为明确：招待客人、表示友好、签订合同、保护我方利益、建立合作关系、说服犹豫不决或意见不一的听众，等等。只有在了解讲话人的具体目的之后，口译员才能更好地做到与讲话人“心心相印”。

了解讲话人的专业领域和在相关问题上的立场。有时候，译员对某一专业领域的了解可能远不及讲话人，但译员们仍然应该下功夫多了解讲话人的专业背景，准备一些有用的专业术语和行话。同时，弄清讲话人在一些重要问题上的立场也十分重要。例如，“税收上涨了”这个短语随着讲话人立场的不同，就可以翻译出赞同、反对或是中立的不同语气。因此，了解讲话人在核心问题上的立场会帮助译员正确传达讲话人的态度并预测讲话人下面要说的话。

了解讲话人以前是否有过使用口译服务的经验。对于许多讲话人来说，你可能是他们合作的“第一位”译员。如果是这样的话，尽量争取在口译开始之前与讲话人取得联系，交流一下你们将怎样合作来完成他/她希望达到的交际目的。如果有必要的话，提醒讲话人讲得慢一些、清楚一些，以及有节制地使用专业术语。如果讲话人打算讲一个笑话活跃气氛，最好让讲话人事先“透露”一下大致的内容，以免口译时达不到讲话人预期的效果。即使讲话人有丰富的使用口译服务的经验，也应事先取得联系，互相交流一下本次口译的一些特殊要求。如果讲话人对以前的口译服务有所不满，这也是一次改变其看法的好机会。

积累经验，更全面准确地分析讲话人。许多译员都有多次与同一位讲话人合作的经验。多次为相同的讲话人提供口译服务对译员来说是难得的了解讲话人的机会。对讲话人越了解，口译的效果也会越好。如果翻译的对象是以前接触过的讲话人，那么在口译任务之前，可以先在头脑里打一下“草稿”，回顾一下以前翻译的情景：讲话人的口音我已经完全熟悉了吗？讲话人说话逻辑性强吗？有习惯用语吗？他/她熟知的领域是什么？在上一次翻译的时候，我在哪些方面做得不错，哪些方面还需要改进？对以前的翻译场景进行理性的回顾，对讲话人进行更全面准确的分析，并根据情形制定这一次口译所需采用的策略，会使译员在翻译时更为自信，更得心应手。

译员对讲话人的相关情况越了解，翻译的时候就越能准确地抓住讲话人的意思，其提供的口译服务也就越能让讲话人满意。因此，对讲话人的分析与对听众的分析同等重要。

3 信息发布

处于工作状态下的译员无疑是一个公众演讲者。有时，听众人数比较少，比如联络口译中的陪同口译或社区口译，另一些时候，听众人数会比较多，比如大型的记者招待会、研讨会和论坛的口译。即使有时译员不在听众的视线中出现，如通过电话或视频进行远程口译时，他们的声音乃至形象也会通过耳机或屏幕传给公众。

无论译员身处何种工作环境，他们要翻译的讲话大致包括以下四种：1. 讲话人事前未经太多准备的即兴讲话；2. 讲话人按照事先准备的PPT或是讲话提纲和要点进行的讲话，有临场发挥和扩展；3. 讲话人宣读事先准备的讲稿；4. 讲话人背诵事先准备的讲稿。讲话人不同的发布方式要求译员采用不同的策略，比如，如果讲话人要使用PPT或是打算念稿，那么，在可能的情况下，译员最好可以先拿到讲话人的PPT或是讲稿，因为讲话人念稿的速度会比其自然的讲话速度快很多，从而加大口译难度，所以译员要尽可能地做好各方面的准备。

译员的基本任务就是要准确传达讲话人的意思，并使其交流效果达到最佳。要达到这个目标，译员就必须注意其信息发布的语言和非语言的方方面面。

信息发布的语言方面指的是译员翻译时的遣词造句。如果讲话人发表了清晰、恰当和生动的讲演，那么译员在翻译的时候也要在选词用语方面清晰、恰当和生动，这就要求译员掌握大量具体和抽象的词汇，并了解其字面意义（即词典里的解释意义）和引申意义（即文化内涵），而恰如其分地使用行话和术语也能增加听众对译员的信心和信任。

有时，讲话人在即席讲话中可能出现用词重复、意义冗余，甚至逻辑混乱、表述不清的情况，译员在准确把握讲话人所希望传达的真实话语意义的前提下，可以在翻译时省略无谓的重复用语，替讲话人理清思路，进行条理清晰的重新表述。

信息发布的非语言方面包括两个部分：**视觉部分和声音部分**。视觉部分包括了译员的个人仪表，身体动作，站姿或坐姿，面部表情和眼神接触；而声音部分指的则是译员声音的大小、语速的快慢、音量的高低以及发音和语调等。

视觉部分：

个人仪表：译员的仪表应整洁大方，赏心悦目，但不可过于招摇花哨，有损职业形象。总体说来，译员的装束应与场景相符，其服装、首饰和发型不应让观众分心。研究表明，观众比较容易对着装跟自己相似的讲话人产生好感，也就是说，如果你的听众是职业装束，那么他们希望你也是职业装束，并且服装的式样和颜色最好保守一些。

身体动作：一般而言，译员既无必要一味地模仿讲话人的手势，也并非不可以有自己的肢体语言。译员使用身体动作的多少要视其具体的工作环境来决定：在名胜古迹从事导游翻译的时候，译员可能需要用到大量的手势来进行沿途的指引和景点风情的描述；在译员身处庄严的会议室或宴会厅时，他们则应避免幅度过大和不恰当的手势；而在同传间工作的译员则因在观众的视线之外，可以不用在意手势是否恰当，不过也要避免大声地翻动纸张或搬动桌椅，以确保听众不受与讲话内容无关的声响的干扰。

站姿坐姿：译员的坐、立、行都应体现出大方、沉着与礼貌，切忌弯腰驼背、无精打采。好的姿势可以让译员呼吸通畅，消除紧张，也可以让观众感受到译员对于服务的对象和环境既有必要的尊重又有放松自信的心态。

面部表情：温暖热情的微笑可以拉近译员与在场人员的距离。有时，译员的面部表情甚至可以传达用语言文字无法表达的信息。但是，译员应注意避免夸张的和过多的表情，还应避免在翻译欠佳时做出尴尬表情，或是挠耳、抓头、吐舌和做鬼脸等不雅的小动作。

眼神接触：在日常生活当中，人们无论是以讲话人还是听话人的角色与他人交流都会尽量注视着交流的对象，表示对他们的尊重。同理，译员讲话的时候也要与讲话人和观众有适当的眼神交流。尽管译员工作时大部分的精力都用在理解、记忆、记笔记和话语表达上了，但好的译员偶尔会跟讲话人交换眼神，确认彼此的沟通是顺畅的；他们也会不时地跟观众进行眼神接触，通过眼神收集观众的反馈，做出适当的调整。

声音部分：

音量大小：译员可以通过控制讲话时的气流来控制声音的大小。不管有没有麦克风，译员的声音都应清晰洪亮，让所有的听众都能听见，但也不用大到似乎听众都在隔壁房间。我们的口译学生在声音的大小方面主要存在三个问题：1. 因为紧张导致声音太低、太轻；2. 声音在句子结尾时越来越低；3. 在句子说到一半就丧失信心的时候，有些学生就会把剩下的部分模糊带过。有经验的译员在可能的情况下往往会在活动开始前测试一下话筒的音量，让在场的其他人帮忙站在远端看看是否能听得清楚。如果不能事先测试，可在自己翻译了开始几句讲话之后观察一下坐（或站）在远处的听众，看看他们是否有皱眉、侧耳、身体前倾等表示听得费劲的非语言反馈。如果有的话就要马上适当提高音量，让所有人都能清楚地听到。

语速快慢：普通人讲话的速度一般在每分钟120–150个单词左右，所以译员要注意讲话的速度和节奏既不要太快也不要太慢。译员对一段讲话的兴趣和投入程度也会影响讲话速度。一般说来，在开场的几分钟，译员会比较紧张，经验较少的译员在这个时候往往会不自觉地加快讲话速度，或是半天开不了口。良好的开端是成功的一半，所以，学生在学习期间就要有意识地训练自己在刚开始时调整好心态，以合适的语速开始。另一个要避免的是，对于自己有把握的部分脱口而出，语速极快，而不熟悉或没有把握的部分就迟疑不决，吞吞吐吐。职业译员在交替传译时的语速应该适中，不要忽快忽慢。

音高：所谓音高就是指声音频率的高低。声音的高低取决于口腔肌肉的紧张程度，也取决于前两个因素：即音量的大小和快慢。一个人越紧张，他的声音就可能越高。当人们激动兴奋的时候，声音会升高；在悲伤低沉的时候，声音则会比较低。当一个人过分紧张的时候，其声音甚至会发出不受控制的怪声。跟上面提到的一样，当译员对讲话内容做到真正的关注和投入的时候，其声音的高低就会比较自然、容易控制。

发音清晰：译员的发音要做到准确、清晰。我们学习口译的学生要努力预防和纠正以下四种发音毛病：1. 发音不完整，如：going，doing变成了goin’和doin’，而regular and oriented变成了reg’lar and ori’nted；2. 发音错误，如：this，that和three 变成了zis，zat，sree；3. 增加了本来没有的音节和不必要的短语，如poverty alleviation变成了poverty allevigation，fat变成了fati，road变成了roada，或是使用了很多像like，uh，well，you know这样的口头禅；4. 连续多个单词的错误连读，如：that is the way就变成了thasaway。

语调：有些发言人讲话时抑扬顿挫、激情四溢，有些人的语调则波澜不惊、平淡无味。译员在口译时应适当传达出讲话人的感情和情绪，但也不必在语调上一味地模仿。

在现代教育技术不断更新的今天，学生们都可以通过一系列的录像和录音手段，并根据上面提到的关于译语发布的语言和非语言层面的注意事项找出自己在演讲技巧方面存在的问题，也可以与老师和同学相互合作，提供反馈，共同进步。

4 克服怯场

怯场是大部分人即将要面对公众发表讲话或进行表演时出现的一种常见心

理现象，通常的表现是：心跳加速，喉咙发紧，腿脚发软，手心出汗，甚至大脑一片空白，而且在场人数越多，紧张感和焦虑感就越强烈。口译人员在开始进行翻译时也会出现同样的心理状态。学习口译的学生要完成从课堂口译到职业口译的转变，他们要走出的最艰难的一步就包括克服面对人数更多、要求更苛刻的听众时的怯场心理。

在很多关于公众演讲的书籍和文章里都有过许多关于克服紧张和焦虑的信息。现将其中适用于译员的内容归纳成十条简单的应对原则，以供参考。

紧张的心态人皆有之

一个人在面对公众时出现的紧张与焦虑属于正常的心理和生理反应，人人皆有，只是程度不同而已。即便是身经百战的演说家在面对陌生的演讲环境时也难免会有些许的紧张与担心。因此，口译初学者一方面要了解紧张的心态人人都有，不必为此过虑，另一方面要通过掌握必要的减压技巧、大量的课堂训练和课外实习不断积累经验，学会将紧张压制在能为自己控制的范围。其实适度的紧张往往可以使人思维活跃、反应敏捷、情绪上扬，是有益而无害的，这也是在大型体育赛事中，在极其紧张激烈的竞争环境下，运动员常常能突破自我、超水平发挥的原因。我们经常看到优秀的译员能在各种场合都表现得镇定自若、从容不迫，其实并不是他们丝毫没有紧张心理，而是他们已掌握了控制紧张心理的方法。他们中的许多人在最初的时候也一样惧怕上台；在最初面对众多的听众时，他们可能也紧张过，声音可能也颤抖过，但他们最终都学会了克服怯场。所以，学习口译的学生也要坚定信心，明白带来压力的不是演讲本身，而是个人自己。

大部分的紧张状态别人是看不见的

其实，紧张情绪中的绝大部分生理反应只是自我感知，听众是看不见的，特别是当讲话人尽量面带微笑，使自己看起来“镇定自若”，并与观众进行较多的眼神交流时更是如此。我们常常觉得优秀的译员看上去总是那么沉着冷静、从容不迫，这一方面是因为他们口译经验非常丰富，知道如何去控制紧张心理，另一方面也是因为大部分的紧张状态别人是看不出来的。正确认识面对公众时的怯场心理有助于恐惧感的缓解以及应对策略的恰当应用。

你不需要做到完美就可以成功

这样一句话听起来似乎有失偏颇，因为译员工作的成功与否往往不是由译员自己决定的，而主要是由讲话人、听众和活动组织者主观判断得出的结论。那么这些不同的人群又是怎样定义“成功”的呢？讲话人在向听众传达了一些他认为有价值的信息、并得到一定积极的反馈后会觉得自己的讲话是成功的；听众在听到一些对自己有用的信息之后也会觉得会议是成功的；而在会议组织者眼里，只要一切按计划顺利进行，不出意外，那么他们也就觉得活动成功了。所以译员的职责就是尽最大努力完成任务，不要妨碍其他人取得他们的"成功"。译员不要老是想着如何让所有人满意，从而给自己施加巨大的压力，甚至因担心出错而出现整夜失眠的情况。有时，即使译员在某些地方出现较长停顿，在个别语词的使用上并不十分准确，或是在个别句子上未能进行完美的翻译，但只要讲话人和听众都达到了他们的主要交际目的，他们一般都会觉得译员的工作是令人满意的。

如果一名译员想在所有的时间内都得到听众100%的认同，这显然是不可能的，这种不切实际的想法只会徒增译员本身的焦虑。不管是对讲话人、译员，还是组织者的工作，不同的人肯定会有不同的看法和评价，有正面的，也可能会有负面的，所以译员应有的态度不是去获得所有人的肯定和认同，而是尽其最大的努力做好传译工作。在做好本职工作之后，认同和肯定自然随之而来，译员也会因为树立了正确的工作态度而避免不必要的患得患失。

抓住讲话的要点

在一段完整的讲话当中，会出现很多的例子、数据和事实这类的细节，但这篇讲话通常可以概括成几个要点。一般情况下，讲话人会在两三个大的要点下面各安排几个小点和支撑材料。有口译服务的使用经验的讲话人通常会在一个要点或小点结束的时候停下来让译员翻译。所以，摸清讲话的要点和脉络很重要，这样既能使译员增强信心，也能使其表达更具连贯性和逻辑性。

不要盲目自卑

学习口译的学生经常会崇拜和模仿有实际口译经验的老师或是职业译员，希望可以像他们一样沉着、冷静、自信和干练。但学生们千万不要因为比较而产生以下这样一些负面、自卑的想法：我永远都不可能那么聪明，反应那么快；我的声音永远都不可能那么流畅悦耳；我的英语永远都不可能像别人那么好；我永远都不可能知道那么多东西，等等。这些负面的想法会使学生们忘记一些基本事实：1. 即使是对拥有同样专业素质的译员来说，每个译员都是具有不同特质的个体；2. 口译能力是逐步培养起来的，没有人天生就会做口译。学生们需要记住的是踏踏实实地进行训练，一步一个脚印，在每一次口译实践的时候都以最好的身心状态尽到最大的努力。只要持之以恒，就一定可以成功。

抱着谦虚求教的态度

尽管理想的译员应该know something about everything and everything about something，但这更多的是对译员不断更新和丰富知识储备、不断追求卓越的一种理论要求，一种对译前准备重要性的充分认识。事实上，对各种专业知识都知之甚多的人并不多见，提前谦虚地向在场专家请教自己所缺乏的专业知识不仅会得到专家们的同情、理解和帮助，还会因负责任的工作态度赢得大家的好感，更重要的是这会让译员在翻译时感到心里踏实，从而有助于缓解紧张情绪。

不要试图控制听众的行为

在翻译的过程中，有些部分是译员能够也必须控制的，比如听力理解、注意力、笔记和表述等环节。但有一项译员不必也无法控制的就是听众的行为，因为听众的行为完全受他们自己的意志左右。如果在口译活动进行过程中或接近尾声时，听众中有人开始讲话、打瞌睡、接听电话、读报纸、或是左顾右盼，译员只要确认这不是由于自己声音太小、或是翻译不顺畅造成的，就不用太在意。译员需要注意的就是不要让这些因素干扰到自己，继续保持饱满的状态完成翻译任务即可。

尝试一些放松技巧

在工作日之前的晚上，译员要尽量好好休息，不要熬夜，充足的睡眠可以使译员保持良好的精神状态。也可以带上自己的“幸运物”，因为这其实是一种心理暗示，可以给你增加自信，也会让你心情更为放松。通常情况下，译员应该在活动开始前半小时左右达到现场，一方面熟悉一下场地、环境和气氛，另一方面可以和先期到达的活动参加者，特别是外宾交谈一会儿或主动向他们介绍自己。因为这样既可以熟悉他们的发音和讲话特点，了解更多的相关信息，就不清楚的地方向他们请教，同时也是正式工作开始之前的一种“热身运动”，对舒缓紧张情绪很有帮助。在等待翻译的时候，译员还可以采用“紧松法”来释放紧张和压力。比如，尽量的握紧双手或用力收紧双腿，再慢慢放松，如此反复几次，有助于缓解紧张情绪。另一种常用且有效的减压方法就在翻译之前缓慢地深呼吸几次，打乱因紧张而出现的急促的呼吸节奏。还有人会采用“模拟现场”的方法——译前尽量在心里模拟此次口译工作可能面对的各种情况，并想象自己克服各种困难，最后获得成功和奖励的情景。这有助于译员建立自信，缓解焦虑。

准备越充分，表现就会越好

对现场口译的恐惧除了源于经验的欠缺外，还出于对未知事物的担忧，担心听不懂讲话人的意思，或是听懂了又很难用准确的语言重新表达出来，等等。克服恐惧心理、提升自信的一个关键就是做好充分的准备：对要传译的话题做足够的调研和了解；拿到大部分的讲稿或PPT文档，并至少浏览一遍；查阅并熟记讨论话题所涉及的主要专业词汇；提前与讲话人进行一定的沟通；预先到现场测试音响设备等等。在进行了这些准备之后，译员对未知因素的恐慌就会被积极的期待和信心所取代。

听众们也希望译员能成功

要记住，听众们也真心希望译员能取得成功，他们当中的一些人甚至希望能像译员那样用两种语言进行流利的表达，并在众多的观众面前表现得大方得体、自信从容。也就是说，大部分的观众都是宽容大度的。译员一时说错了某个单词或是犯了某个语法错误在自己看来可能是大事，但对观众来说却是可以理解的。他们大多数人对于译员工作表现的评价可能比译员的自我评价要宽容和仁慈得多。

积极参加各种演讲活动

要真正提高演讲技能，学会克服怯场心理，最佳的办法就是实践，利用各种机会，尽可能多的参加各种中英文演讲活动，而这一点并不难做到。例如，多在课堂上发言，做展示，积极参加小组讨论，在他人的演讲或讲座上提问，参加演讲辩论培训及相关比赛，等等。这类活动参加得越多，就越知道如何去控制自己的心理状态，越不容易在面对众多听众时紧张过度。"熟能生巧"始终是可以为你提供帮助的有效法宝。

在这一章的技巧部分我们谈到了与口译员工作关系最为密切的一些公众演讲技巧，如听众和讲话人分析技巧、信息发布技巧和控制怯场技巧等。但任何技巧的习得都不是通过纸上谈兵实现的，学生们要根据自己的具体情况，进行有针对性的、持之以恒的练习，才能成为一名出色的公众演讲者，从容应对口译工作要求的各种公众讲演场合。

在本单元，我们要学习怎样翻译礼仪祝词。礼仪祝词指的是在各种社交场合和典礼仪式上的演讲词，常见的礼仪祝词包括：介绍词、欢迎词、开幕词、闭幕词、欢送词、颁奖词、领奖词、致谢词、祝酒词、餐后演讲、布道词、祷告词、颂词、主旨演讲、就职演说和毕业典礼演讲等等。在下面的练习中，我们将分别听到庆典祝词（anniversary speech）、领奖词（acceptance speech）、祝酒词（toast）、开幕词（opening speech）、闭幕词（closing speech）等。

二、话题练习：礼仪祝词

1 热身词汇

1. 英译汉

Passage 1

managing board 管理委员会
Siemens 西门子公司
to overdo 过度，过火
to outlive 比……长寿，比……经久
core value 核心价值
Werner von Siemens 沃纳·冯·西门子（西门子创始人）
corporate identity 企业形象，企业身份
St. Petersburg 圣彼得堡（俄罗斯第二大城市）
electromedical system 电子医疗系统
rapid-transit system 高速交通系统
power transmission line 电力传输线
metro line 地铁线
medical imaging system 医疗成像系统
cutting edge 尖端，前沿

Passage 2

Oslo 奥斯陆（挪威首都）
Your Majesty 陛下
Your Royal Highness 殿下
Norwegian Nobel Committee 挪威诺贝尔委员会
Grameen Bank 孟加拉乡村银行
borrower-cum-owner 借贷户兼储户
Bangladesh 孟加拉国
Nobel laureate 诺贝尔奖获得者
inextricably 无法摆脱地，解不开地
telling 生动的，说明问题的
to derail 出轨，转轨
abject poverty 赤贫，绝对贫困
crushing hunger and poverty 极度的饥饿与贫困
to eke out 勉强维持（生活），节约使用，弥补……的不足
exclusive right 独有的权利，全部的权利
out of the clutches 摆脱魔掌/毒手
creditworthy 可给予信贷的，信用好的
to stun 震惊，晕眩
collateral-free 免除抵押的，无需抵押的
micro-enterprise 微型企业，小型企业

pension fund　养老基金，退休基金
cumulative　累积的，累计的
repayment rate　还款率，还贷率
own resources　自有资源/资金
outstanding loan　未偿还的贷款
homegrown project　产于本国/本地的项目
to unleash　放开，释放
Jobra　贾布拉（孟加拉国的一个小村庄）
to reconfigure　重新组合，重新设置，改变
mindset　思维模式，思想倾向
bonsai　盆栽，盆景
microcredit　小额信贷

2. 汉译英

Passage 1

国际奥委会主席　President of the International Olympic Committee (IOC)
罗格　Jacques Rogge
名誉主席　honorary president
萨马兰奇　Juan Antonio Samaranch Toriello
国家元首　head of state
政府首脑　head of government
王室代表　representative of royal families
圆满落下帷幕　to come to a successful conclusion/ending
国际奥林匹克运动的魅力　charm of the International Olympic Movement
更快、更高、更强　Citius, Altius, Fortius
奋勇拼搏，公平竞争，挑战自我　to fight hard, compete fairly and dare to challenge oneself
高超的竞技水平和良好的体育精神　to display strong competitiveness and sportsmanship
弘扬团结、友谊、和平的奥林匹克精神　to promote the Olympic spirit of solidarity, friendship and peace
残奥会　the Paralympic Games
我提议为……干杯！　I now propose a toast to... Cheers!

Passage 2

环球企业家高峰论坛　the Global Entrepreneur Summit
管理团队　management team
财富论坛　the Fortune Global Forum
常务副委员长　executive vice-chairman
上海浦东新区政府　the Shanghai Pudong New District Government
品牌推广部　brand-promotion department
《环球企业家》　*Global Entrepreneur*

Passage 3

中非合作论坛北京峰会 the Beijing Summit of the Forum on China-Africa Cooperation (FOCAC)

梅莱斯总理（埃塞俄比亚总理）Prime Minister Meles Zenawi

本着友谊、和平、合作、发展的宗旨 in a common pursuit of friendship, peace, cooperation and development

共叙友情，共商推动中非关系发展、促进发展中国家团结合作的大计 to renew friendship, discuss ways of growing China-Africa relations and promote unity and cooperation among developing countries

我谨代表中国政府和中国人民，并以我个人的名义 on behalf of the Chinese Government and people and in my own name

亚的斯亚贝巴（埃塞俄比亚首都）Addis Ababa

部长级会议 ministerial conference

治国理政经验 experience in governance

务实合作 practical cooperation / cooperation in practical terms

中非人民友谊源远流长、历久弥坚。The friendship between the Chinese and African peoples has a long history and, having been tested by times, is strong and vigorous.

自强不息、坚韧不拔 unyielding and tenacious

不甘奴役、顽强抗争 to launch unremitting and heroic struggle against subjugation

谱写追求自由解放、捍卫人类尊严的光辉篇章 to write a glorious chapter in the course of pursuing freedom and liberation, and upholding human dignity

正当权益 legitimate rights and interests

坦赞铁路 the Tanzara Railway

派遣医疗队员和维和官兵 to send medical teams and peacekeepers

恢复在联合国的合法席位 to restore / resume the lawful / legitimate seat of the People's Republic of China in the United Nations

经受历史岁月和国际风云变幻的考验 to endure the test of time and changes in the world

始终坚持真诚友好、平等相待、相互支持、共同发展的正确原则。Never stray from / always adhere to the right principle of enhancing friendship, treating each other as equals, extending mutual support and promoting common development.

互利互惠的友好合作 mutually beneficial cooperation

和平、发展、合作是当今时代的主旋律。Peace, development and cooperation remain the calling of the times.

世界多极化和经济全球化的趋势深入发展，科技进步日新月异，区域合作方兴未艾，各国相互依存不断加深。There is a growing trend towards multi-polarity and economic globalization. Science and technology are making daily advance, regional cooperation is deepening and there is increasing interdependence among nations.

全球发展不均衡，南北差距拉大，传统安全威胁和非传统安全威胁相互交织，影响世界和平与发展的不稳定、不确定因素增多 imbalance in global development, widening gap between North and South, the combination of traditional and non-traditional security threats as well as increasing factors of instability and uncertainty

中非新型战略伙伴关系 a new type of China-Africa strategic partnership

公正合理的国际政治经济新秩序 a just and equitable new international political and economic order

建立定期高层政治对话机制，开展战略对话 to establish a regular high-level political dialog mechanism and conduct strategic dialog

增强政治互信，加深传统友谊，实现团结共进 to enhance mutual political trust and traditional friendship and achieve common progress through unity

互利共赢的经济合作 win-win economic cooperation

精神动力和文化支持 intellectual motivation and cultural support

市场准入 market access

减免债务 debt relief

促进……朝着……的方向发展 to steer... in the direction of

《联合国宪章》的宗旨和原则 the purposes and principles of the UN Charter

共同应对各类全球性安全威胁和挑战 to jointly respond to threats and challenges to global security

非洲发展新伙伴计划 the New Partnership for Africa's Development

经济振兴 economic revitalisation

人类文明的发祥地 cradles of human civilization

充满希望的热土 land of great promise

好朋友、好伙伴、好兄弟 a close friend, reliable partner and good brother

2 英译汉

Passage 1

Speech by Dr. Gunter Wilhelm, Member of the Managing Board of Siemens at the 150th Anniversary Celebration (Excerpt)

Excellencies, Valued Partners, Ladies and Gentlemen,

It is an honor for me to welcome you today to a very special occasion—the celebration of Siemens' 150th anniversary.

One hundred fifty years old. What does this mean? After all, we are in China—a country with an incredibly rich culture dating back more than 5,000 years. Isn't this talk about a mere 150 years just a bit over-done?

The answer, of course, is no. Company histories are measured on a different scale than cultures, countries, and cities. Did you know that companies usually last less than 20 years? That big companies usually only survive 20 to 30 years longer? We are talking about 50 years, with luck. Fifty years! The fact is, companies rarely outlive their own founders. We have been—and are one of the world's oldest industrial companies. Not only that, but we have remained an industry leader all these many years.

How did we achieve this, when so many competitors have come and gone? What core values have made Siemens so strong?

…

First: Siemens was international from the very beginning. Werner von Siemens could have built up a major business in Germany alone. He didn't. He chose to move out into the world, taking huge risks because he saw potential where others didn't even look. He built an international business generations before people even talked about globalization.

Second: He built his business on innovation. Werner had faith in the ability of technology to benefit mankind. Whether linking the world through telecommunications, or bringing electricity to all the continents, Siemens was always in the forefront.

Third: Werner von Siemens left far more than a thriving company. He created a corporate identity that stands for innovation, quality, dependability, and durability.

This reputation has survived generations and has spread throughout the world. The name Siemens is one of our greatest assets.

And fourth: Werner von Siemens founded a family enterprise. In Asia, strong family bonds are a special asset, a source of enormous strength, flexibility, stability and dependability. Werner sent his brother Wilhelm to England, where he built up a highly successful branch. His brother Carl opened an office in St. Petersburg, Russia, in 1855, and ran it until his death in 1906. Together, the three men were, as we say, "unbeatable". And this great family tradition has endured to this very day.

For generations, our company has continued to focus on creating and producing technologies that shape our modern world—from telephone systems to power plants, from electromedical systems to automated factories, from components to rapid-transit systems.

Today, Siemens is one of the strongest international companies operating in China. We are busy building power plants, power transmission lines, metro lines, telephone systems, and other key projects throughout the country. We are building computers, providing advanced medical imaging systems, automating industries. In short, we are part of the national economy, helping to build a great China.

…

Ladies and gentlemen, working here in China means learning here. We learn from local markets and customers, and use this input to make our company stronger, so we can serve our markets even better. A solution for the Shanghai Metro, for example, may end up improving our project processes in Berlin or Bangkok. Ideas that come from our telephone experts here might raise productivity in operations on the other side of the world.

China is not only redefining competition and innovation for us, but leading us to take new approaches to the way we do business. The challenges we face here are keeping us fit in a fiercely competitive, globalized world.

…

For 150 years, Siemens has led the industry and maintained a fine reputation built on trust, quality, and reliability. And for all those years, we have relied on strong partnerships with our customers. Ultimately, you—our customers and business partners—are the ones who determine whether we succeed or not. And you are the ones who keep us innovating and at the cutting edge of the industry. And you, in turn, are the ones who must benefit from what we do together.

Good partnerships rely on trust, on knowing one another, on knowing each other's requirements. We have excellent partners here in China, and a strong basis for growing in the future. Above all, I see a new spirit emerging in this country. I see the excitement building as good things happen and people see a new world taking shape before their eyes.

Together, we will help shape this future.

Passage 2

Nobel Lecture Presented by Prof. Muhammad Yunus at the Nobel Peace Prize Ceremony on December 10, 2006 in Oslo (Excerpt)

Your Majesties, Your Royal Highnesses, Honorable Members of the Norwegian Nobel Committee, Excellencies, Ladies and Gentlemen,

Grameen Bank and I are deeply honoured to receive this most prestigious of awards. We are thrilled and overwhelmed by this honour.

Since the Nobel Peace Prize was announced, I have received endless messages from around the world, but what moves me most are the calls I get almost daily, from the borrowers of Grameen Bank in remote Bangladeshi villages, who just want to say how proud they are to have received this recognition.

Nine elected representatives of the seven million borrowers-cum-owners of Grameen Bank have accompanied me all the way to Oslo to receive the prize. I express thanks on their behalf to the Norwegian Nobel Committee for choosing Grameen Bank for this year's Nobel Peace Prize. By giving their institution the most prestigious prize in the world, you give them unparalleled honour. Thanks to your prize, nine proud women from the villages of Bangladesh are at the ceremony today as Nobel laureates, giving an altogether new meaning to the Nobel Peace Prize.

All borrowers of Grameen Bank are celebrating this day as the greatest day of their lives. They are gathering around the nearest television set in their villages all over Bangladesh, along with other villagers, to watch the proceedings of this ceremony.

This year's prize gives highest honour and dignity to the hundreds of millions of women all around the world who struggle every day to make a living and bring hope for a better life for their children. This is a historic moment for them.

Poverty Is a Threat to Peace

Ladies and gentlemen, by giving us this prize, the Norwegian Nobel Committee has given important support to the proposition that peace is inextricably linked to poverty. Poverty is a threat to peace.

The world's income distribution gives a very telling story. Ninety-four percent of the world's income goes to 40 percent of the population while 60 percent of people live on only 6 percent of world income. Half of the world population lives on 2 dollars a day. Over one billion people live on less than a dollar a day. This is no formula for peace.

The new millennium began with a great global dream. World leaders gathered at the United Nations in 2000 to adopt, among others, a historic goal to reduce poverty by half by 2015. Never in human history had such a bold goal been adopted by the entire world in one voice, one that specified time and size. But then came September 11 and the Iraq war, and suddenly the world became derailed from the pursuit of this dream, with the attention of world leaders shifting from the war on poverty to the war on terrorism. Till now over $530 billion has been spent on the war in Iraq by the USA alone.

I believe terrorism cannot be won over by military action. Terrorism must be condemned in the strongest language. We must stand solidly against it, and find all the means to end it. We must address the root causes of terrorism to end it for all time to come. I believe that putting resources into improving the lives of the poor people is a better strategy than spending it on guns.

Poverty Is Denial of Human Rights

Peace should be understood in a human way—in a broad social, political and economic way. Peace is threatened by unjust economic, social and political order, absence of democracy, environmental degradation and absence of human rights.

Poverty is the absence of all human rights. The frustrations, hostility and anger generated by abject poverty cannot sustain peace in any society. For building stable peace we must find ways to provide opportunities for people to live decent lives.

The creation of opportunities for the majority of people—the poor—is at the heart of the work that we have dedicated ourselves to during the past 30 years.

Grameen Bank

I became involved in the poverty issue not as a policymaker or a researcher. I became involved because poverty was all around me, and I could not turn away from it. In 1974, I found it difficult to teach elegant theories of economics in the university classroom, in the backdrop of a terrible famine in Bangladesh. Suddenly, I felt the emptiness of those theories in the face of crushing hunger and poverty. I wanted to do something immediate to help people around me, even if it was just one human being, to get through another day with a little more ease. That brought me face to face with poor people's struggle to find the tiniest amounts of money to support their efforts to eke out a living. I was shocked to discover a woman in the village, borrowing less than a dollar from the money-lender, on the condition that he would have the exclusive right to buy all she produces at the price he decides. This, to me, was a way of recruiting slave labour.

I decided to make a list of victims of this money-lending "business" in the village next door to our campus.

When my list was done, it had the names of 42 victims who borrowed a total amount of US$ 27. I offered US$ 27 from my pocket to get these victims out of the clutches of those money-lenders. The excitement that was created among the people by this small action got me further involved in it. If I could make so many people so happy with such a tiny amount of money, why not do more of it?

That is what I have been trying to do ever since. The first thing I did was try to persuade the bank located in the campus to lend money to the poor. But that did not work. The bank said that the people were not creditworthy. After all my efforts, over several months, failed I offered to become a guarantor of the loans to the poor. I was stunned by the result. The poor paid back their loans, on time, every time! But still I kept confronting difficulties in expanding the program through the existing banks. That was when I decided to create a separate bank for the poor, and in 1983, I finally succeeded in doing that. I named it Grameen Bank or Village Bank.

Today, Grameen gives loans to nearly seven million poor people, 97 percent of whom are women, in 73,000 villages in Bangladesh. Grameen Bank gives collateral-free income-generating, housing, student and micro-enterprise loans to the poor families and offers a host of attractive savings, pension funds and insurance products for its members. Since I introduced them in 1984, housing loans have been used to construct 640,000 houses. The legal ownership of these houses belongs to the women themselves. We focused on women because we found giving loans to women always brought more benefits to the family.

In a cumulative way the bank has given out loans totaling about US$ 6 billion. The repayment rate is 99%. Grameen Bank routinely makes profit. Financially, it is self-reliant and has not taken donor money since 1995. Deposits and own resources of Grameen Bank today amount to 143 percent of all outstanding loans. According to Grameen Bank's internal survey, 58 percent of our borrowers have crossed the poverty line.

Grameen Bank was born as a tiny homegrown project with the help of several of my students, all local girls and boys. Three of these students are still with me in Grameen Bank, after all these years, as its topmost executives. They are here today to receive this honour you give us.

This idea, which began in Jobra, a small village in Bangladesh, has spread around the world and there are now Grameen type programs in almost every country.

…

To me poor people are like bonsai trees. When you plant the best seed of the tallest tree in a flower-pot, you get a replica of the tallest tree, only inches tall. There is nothing wrong with the seed you planted, only the soil-base that is too inadequate. Poor people are bonsai people. There is nothing wrong with their seeds. Simply, society never gave them the base to grow on. All it needs to get the poor people out of poverty for us is to create an establishing environment for them. Once the poor people can unleash their energy and creativity, poverty will disappear very quickly.

Let us join hands to give every human being a fair chance to unleash their energy and creativity.

Ladies and gentlemen, let me conclude by expressing my deep gratitude to the Norwegian Nobel Committee for recognizing that poor people, and especially poor women, have both the potential and the right to live a decent life, and that microcredit helps to unleash that potential.

I believe this honour that you give us will inspire many more bold initiatives around the world to make a historical breakthrough in ending global poverty.

Thank you very much.

3 汉译英

Passage 1

胡锦涛主席在奥运会闭幕式午餐会上的祝酒词

（2008年8月24日）

尊敬的国际奥委会主席罗格先生，尊敬的国际奥委会名誉主席萨马兰奇先生，尊敬的各位国家元首、政府首脑、王室代表，女士们、先生们，朋友们：

从8月8日到今天，我们共同度过了一段激动人心的美好时光。今晚，北京奥运会将圆满落下帷幕。在这里，我谨代表中国政府和人民，对各位嘉宾莅临北京奥运会闭幕式，表示热烈的欢迎！对国际奥委会和国际奥林匹克大家庭为北京奥运会成功举办提供的支持和帮助，表示诚挚的谢意！对各国各地区运动员在北京奥运会上取得的优异成绩，表示衷心的祝贺！

北京奥运会开幕以来，来自世界五大洲的朋友相聚北京，共同感受国际奥林匹克运动的魅力。各国各地区运动员牢记更快、更高、更强的格言，奋勇拼搏，公平竞争，挑战自我，体现了高超的竞技水平和良好的体育精神。中国人民以极大的热情欢迎各方嘉宾，同世界各国人民共享欢乐和喜悦。北京奥运会弘扬了团结、友谊、和平的奥林匹克精神，成为世界各国人民共同见证和参与的国际体育竞赛和文化交流的盛会。

北京奥运会的成功，是中国人民和世界各国人民共同努力的结果。荣誉属于国际奥林匹克大家庭，属于在比赛场上奋勇争先的运动员，属于来自世界各地的志愿者，属于以各种方式参与北京奥运会的五大洲朋友。

北京奥运会的举办，将更加有力地促进中国体育事业向前发展，将更加广泛地促进中国同国际奥林匹克大家庭的交流合作，将更加深入地促进中国人民同世界各国人民的相互了解和友谊。

女士们、先生们，朋友们！再过几天，北京残奥会即将开幕。我们将按照两个奥运同样精彩的要求，努力举办一届高水平、有特色的残奥会，继续为推动国际奥林匹克运动发展作出贡献。

我相信，在世界各国人民共同努力下，奥林匹克精神将得到进一步弘扬，人类的未来将更加美好！

让我们共同期待四年后在伦敦再次相聚！

现在，我提议：为奥林匹克运动蓬勃发展，为世界各国人民团结和友谊不断加强，为各位嘉宾的健康，干杯！

Passage 2

环球企业家高峰论坛闭幕词

（2005年9月）

尊敬的傅总经理，各位尊敬的嘉宾：

大家下午好。我知道大家现在已经非常非常疲惫，但是站在这里致闭幕词，我心情非常激动，也希望大家能够分享一下我的心情。虽然有千言万语，我最想说的，除了感谢还是感谢。这两天的会大概有80位演讲嘉宾参与演讲，约有150多人次参与我们的浦江夜宴，真的非常感谢。对于各位嘉宾来说，最宝贵的是时间，大家愿意参与我们一本小小杂志的活动，我想除了友情之外，还有对我们现在和将来的期待。我们的管理团队平均年龄不到28岁，但是我们是一群有梦想、有理想的年轻人，我们愿意把传媒事业作为我们终生的事业来追求。每次我参加财富论坛的时候，我都会很难过，因为美国的《财富》杂志在中国举行论坛，我们只有政府官员出席，而中国的本土杂志却没有一家能够参加，所幸我们还有机会向这个目标努力。我还要特别感谢上海市政府，昨天开幕式上冯国勤常务副主席给了我们一个美好的祝愿，他说《环球企业家》承载着伟大的梦想，我们希望把它做成中国最优秀的商业杂志。我还要特别感谢上海浦东新区政府给我们的鼎力支持，当然还要感谢媒体，这两天有100多家媒体对我们进行采访，新浪网等等还为我们做了直播。我还要感谢我们的赞助商，因为他们的支持让我们的峰会有了资金的保障。最后我想感谢一下我们自己，因为我们自己也为这个峰会整整准备了10个月。我想请我们的团队上台来，这次峰会所有的选题策划都由我们的编辑部完成。请大家给我们的编辑和记者一点掌声。谢谢！所有的组织策划和流程控制都由品牌推广部完成，大家看到的俊男靓女都是我们《环球企业家》年轻的员工们，请给一点掌声鼓励他们。谢谢！最后我想请我的同事站在前面给所有的贵宾们深深鞠躬，谢谢大家参与我们的活动。我提前跟大家预约明年9月再会，也希望每年的环球企业家高峰论坛都跟大家再相逢。让我们深深地为我们的嘉宾鞠躬，谢谢大家！ 2005年环球企业家高峰论坛闭幕！谢谢！

Passage 3

胡锦涛主席在中非合作论坛北京峰会开幕式上的讲话（节选）

（2006年11月4日）

尊敬的梅莱斯总理，尊敬的各位同事，各位嘉宾，女士们、先生们，朋友们：

今天是值得历史记住的日子。我们中非领导人本着友谊、和平、合作、发展的宗旨，相聚北京，共叙友情，共商推动中非关系发展、促进发展中国家团结合作的大计。首先，我谨代表中国政府和中国人民，并以我个人的名义，对各位同事和嘉宾前来出席会议，表示热烈的欢迎和衷心的感谢！我还要通过在座的非洲各国领导人，向兄弟的非洲人民转达中国人民的亲切问候和良好祝愿！

2000年10月，中非共同倡议成立了中非合作论坛。这是中非深化传统友谊、加强友好合作的重大举措。六年来，论坛先后在北京和亚的斯亚贝巴成功举办了两届部长级会议，已成为中国同非洲国家开展集体对话、交流治国理政经验、增进相互信任、进行务实合作的重要平台和有效机制。

各位同事，各位朋友！今年正值新中国同非洲国家开启外交关系50周年。中国与非洲虽然远隔重洋，但中非人民友谊源远流长、历久弥坚。在漫漫历史长河中，中非人民自强不息、坚韧不拔，创造了各具特色、绚烂多彩的古代文明。近代以来，中非人民不甘奴役、顽强抗争，谱写了追求自由解放、捍卫人类尊严的光辉篇章，创造了国家建设、民族振兴的辉煌历史。中国和非洲的发展进步，为推进人类文明进步事业作出了重大贡献。

50年来，中非人民紧密团结，中非友好不断深化。中非各领域交流合作全面发展，取得了丰硕成果。中非在国际事务中相互信任、协调配合，共同维护发展中国家的正当权益。

中国始终坚定支持非洲民族解放和国家建设，从培训技术人员到培训各类人才，从援建坦赞铁路到援建各项工程，从派遣医疗队员到派遣维和官兵，都体现了中国人民对非洲人民的情谊。中国人民不会忘记非洲朋友当年全力支持中华人民共和国恢复在联合国的合法席位，不会忘记非洲国家和人民真诚希望中国完成和平统一大业、热切盼望中国实现现代化建设的宏伟目标。

今天，中非友好已深深扎根在双方人民心中。中非友好之所以能够经受住历史岁月和国际风云变幻的考验，关键是我们在发展相互关系中始终坚持真诚友好、平等相待、相互支持、共同发展的正确原则。

——真诚友好，是中非友谊不断加强的坚实基础。我们双方都珍视中非传统友谊，诚心诚意致力于中非友好事业。

——平等相待，是中非互信日益增进的重要保证。我们双方都尊重对方自主选择的发展道路，高度重视对方的关切，认真学习对方的发展经验。

——相互支持，是中非合作长盛不衰的不竭动力。我们双方都衷心希望并真心支持对方发展进步，积极开展全方位合作。

——共同发展，是中非人民孜孜以求的共同目标。我们双方都坚持互利互惠的友好合作，让发展成果惠及双方人民。

各位同事，各位朋友！当前，国际形势正在发生深刻而复杂的变化。和平、发展、合作是当今时代的主旋律。世界多极化和经济全球化的趋势深入发展，科技进步日新月异，区域合作方兴未艾，各国相互依存不断加深，这些都为世界各国带来了难得的发展机遇。同时，全球发展不均衡，南北差距拉大，传统安全威胁和非传统安全威胁相互交织，影响世界和平与发展的不稳定、不确定因素增多，广大发展中国家实现可持续发展面临着严峻挑战。

中国是最大的发展中国家，非洲是发展中国家最集中的大陆，中国和非洲的人口占世界人口三分之一以上。没有中国和非洲的和平与发展，就没有世界的和平与发展。

在新形势下，中非共同利益在扩大，相互需求在增加。建立中非新型战略伙伴关系是中非合作的内在需要，也是促进世界和平与发展的必然要求。中非关系不断发展，不仅有利于中国和非洲的发展进步，而且有利于促进发展中国家的团结合作，有利于推动建立公正合理的国际政治经济新秩序。为进一步发展中非新型战略伙伴关系，中国愿同非洲国家在以下领域加强合作。

第一，深化平等互信的政治关系。保持高层互访和交往势头，建立定期高层政治对话机制，开展战略对话，增强政治互信，加强传统友谊，实现团结共进。

第二，拓展互利共赢的经济合作。发挥各自优势，密切经贸联系，拓宽合作领域，支持双方企业合作，提升人力资源开发合作水平，积极探索新的合作方式，共享发展成果。

第三，扩大相互借鉴的文化交流。加强人文对话，增进双方人民特别是青年一代的相互了解和友谊，加强教育、科技、文化、卫生、体育、旅游等领域的交流合作，为中非合作提供精神动力和文化支持。

第四，推动均衡和谐的全球发展。加强南南合作，推动南北对话，呼吁发达国家切实兑现市场准入、增加援助、减免债务等承诺，落实千年发展目标，促进经济全球化朝着有利于实现各国共同繁荣的方向发展。

第五，加强相互支持的国际合作。维护《联合国宪章》的宗旨和原则，尊重世界多样性，促进国际关系民主化，倡导互信互利的国际安全合作，加强磋商和协调，照顾彼此关切，共同应对各类全球性的安全威胁和挑战。

各位同事，各位朋友！中国珍视中非友谊，始终把加强同非洲国家的团结合作作为中国外交政策的重要组成部分。中国将一如既往地支持非洲实施非洲发展新伙伴计划，支持非洲国家为加强联合自强、谋求地区和平稳定、实现经济振兴、提高国际地位所做的积极努力。

中国和非洲都是人类文明的发祥地，都是充满希望的热土。共同的命运、共同的目标把我们紧紧团结在一起。中国永远是非洲的好朋友、好伙伴、好兄弟。

让我们携手并肩、昂首阔步，为实现中非发展，为造福中非人民，为推动建设持久和平、共同繁荣的和谐世界而共同努力！谢谢大家。

三、注释

1 尊称的译法

在寒暄、介绍、礼仪祝词中，对对方或他人的尊敬称谓十分常见，中文和英语中的尊称说法有很多，较为常见的是英译中时可将you，your company，your university译成“您”、“贵公司”、“贵校”，而中译英的情况则较为复杂。如果是泛称，比如“尊敬的来宾”，一般可译成distinguished guests，honourable guests或respected guests等。但对不同身份、不同地位的个人则常常需要使用不同的尊称方式，主要有以下几种：

1. 陛下：Majesty，是对King（国王），Queen（王后或女王）的尊称。

直接称谓：Your Majesty

间接称谓：His/Her Majesty

Majesty后面还可以加上人名：H. M. (Her Majesty) Queen Elizabeth

2. 殿下：Highness，是对Prince（王子），Princess（公主），Royal Duke（王族公爵）和Royal Duchess（王族公爵夫人）的尊称。

直接称谓：Your Highness

间接称谓：His/Her Highness

Highness后面还可以加上头衔及人名：Your Royal Highness Princess Diana

3. 阁下：Excellency，是对Prime Minister（总理），Secretary（大臣），Minister（部长），Governor（总督/省长），Bishop（主教），Ambassador（大使）等高官及教士的尊称。

直接称谓：Your Excellency

间接称谓：His/Her Excellency

后面还可以加上职衔及人名：Your Excellency Prime Minister Brown

4. 大人：Grace，主要用于对Duke（公爵），Duchess（公爵夫人），Archbishop（大主教）表示敬意。

直接称谓：Your Grace

间接称谓：His/Her Grace

5. 先生：Honour，是对法官或某些高官的尊称。

直接称谓：Your Honour

间接称谓：His/Her Honour

Honour后面还可以加上具体职务称谓：Your Honour the Judge（法官先生），His Honour the Mayor（市长先生）

6.（勋爵）阁下、大人：Lord，是对与Duke（公爵），Marquis（侯爵），Count（伯爵），Viscount（子爵），Baron（男爵）等贵族地位平等的人之间的尊称。例如，the Marquis Sade（萨德侯爵）可称为Lord Sade（萨德阁下）；此外，还可用于Mayor（市长），Bishop（主教），Judges of Supreme/Higher Court（最高/高等法院法官），Advocate（律师）等社会地位较高的人。例如：Lord Mayor（市长阁下），Lord Chief Justice（首席法官阁下）。

7. 阁下、爵士：Sir，是对Baronet（从男爵）和Knight（爵士）的尊称。一般称呼方法为：Sir + first name或full name。以Robert Cotton为例，既可称Sir Robert，也可称为Sir Robert Cotton，中文都译为"科顿爵士"；但一般不能用Sir + surname的方式，即不说Sir Cotton。

8. Lady用作尊称时一般有两种：一是指夫人，用Lady + surname的形式，主要是对有爵位的人的夫人的敬称；另一种是指小姐，采用Lady + first name的形式，主要是对有爵位的人的女儿的尊称，地位比她们高的人称呼她们时则不用。

9. 阁下：Honourable，对法官及某些高官的尊称，也可冠于下院议员名字之前，作为相互间尊称。

直接称谓：Your Honourable

间接称谓：The Honourable，如The Hon. Mike Moore，麦克·摩尔阁下。

以上多为英国及英联邦体制下的尊称系列，美国不存在贵族名号，其尊称方式要简单得多，一般在Mr.后面加上职衔即可。例如，Mr. President（总统先生），Mr. Ambassador（大使先生），Mr. Governor（州长先生）。当然，Excellency，Honorable等敬称也常用在高官、法官及国会议员身上。（田惠刚，1998：459–464）

2 Citius, Altius, Fortius

奥林匹克格言（Olympic Motto），拉丁语，意为Swifter, Higher, Stronger，即“更快、更高、更强”。这一格言是国际奥委会创始人顾拜旦（Pierre de Coubertin）的好友、修道院院长，同时也是体育爱好者的迪东（Henri Didon）首先提出来的，顾拜旦借用过来，在1894年国际奥委会成立时提议将这句话用于奥林匹克运动。1924年巴黎奥运会时正式将其作为奥林匹克格言使用。

3 诺贝尔奖（Nobel Prize）

诺贝尔奖是根据瑞典化学家阿尔弗雷德·诺贝尔（Alfred Nobel，1833–1896）的遗嘱所设立的奖项。诺贝尔是炸药的发明者，并因此获得了巨大的财富，但他对自己的发明被用于破坏感到震惊，因此于1895年11月27日立下遗嘱，用其遗产中的3,100万瑞典克朗（约920万美元）成立一个基金会，每年将基金所产生的利息奖给在前一年中为人类做出卓越贡献，或做出伟大研究、发明以及实验的人士。诺贝尔奖于每年12月10日，即诺贝尔逝世那天举行正式的颁奖典礼。

4 诺贝尔和平奖（Nobel Peace Prize）

由瑞典发明家阿尔弗雷德·诺贝尔创立。根据诺贝尔的遗嘱，诺贝尔和平奖不能与其他四个奖项一起在瑞典颁发，而是在挪威首都奥斯陆颁发。和平奖的评奖委员会是由五人组成的挪威诺贝尔委员会，其成员由挪威议会任命。根据诺贝尔的遗嘱，和平奖应该颁给“为促进民族团结友好、取消或裁减常备军队以及为和平会议的组织和宣传尽到最大努力或作出最大贡献的人”。不过该奖项也可以授予符合获奖条件的机构与组织。由于和平奖的本质，受奖的对象往往不能够受到所有人的认可，相较于诺贝尔奖的其他奖项，具有更多的争议性，其选择的条件往往受限于和平奖评奖委员会的立场。

5 穆罕默德·尤努斯（Muhammad Yunus，1940年–　）

孟加拉国银行家、经济学家、教授。尤努斯开创和发展了“小额贷款”的服务，专门提供给因贫穷而无法获得传统银行贷款的创业者。他也是孟加拉乡村银行（Grameen Bank）的创建人。2006年，“为表彰他们从社会底层推动经济和社会发展的努力”，他与孟加拉乡村银行共同获得诺贝尔和平奖。尤纳斯还曾获得过包括世界粮食奖（The World Food Prize）在内的多个国际荣誉。

第3单元

意义听辨技巧

口译主题：教育

一、技巧讲解

交替传译实践的第一步便是"听"，但是口译的"听"跟外语学习（比如听写、填空和判断对错的练习等）以及日常生活中的"听"又不一样。口译的"听"是为了听辨意义，得"意"忘"形"。这样的道理听起来似乎简单，但口译初学者却经常是听懂了字词，却没有理解意义，往往要花上几周乃至数月的时间才能学会口译员的正确"听法"。在学好方法后还要不断、持久地练习才能有熟练的掌握和自动化的反应。本单元技巧讲解部分将主要对初学者在"听"上常犯的错误及其原因、意义听辨的诀窍以及在实践中"听"的操作要点做一个简要介绍。

1 错误的"听"

口译初学者在最初几周或几个月里常常会犯的一个方法上的错误，就是听"字词"，而不是听"实质意义"，也就是只注意了语法结构而没有关注意义单位，或者说是只注意了语言的表层结构而忽略了语言深层的意义结构。这样的趋势如果得不到及时纠正的话，就会在以后的学习和实践中大大影响其口译质量，导致生硬、不地道的翻译，甚至可能是逐词对应的硬译死译，听众听起来十分吃力。所以，从一开始我们就要教会学生正确的"听法"。

2 "分析"是关键

译员正确的"听法"是一种有意识的、集中精力的、不断分析和判断的听，所以说"分析"是关键。心理学家也证实，深层次的信息处理如分析、联想或合成有利于信息的理解和记忆（Craik & Lockhart: 1972）。边听边分析既可以帮助学员集中精力，又能加速对信息的理解。塞莱斯科维奇曾经记录过这样一件口译圈内的趣事：一架联合国的飞机在刚果金（Congo-Kinshasa）上空盘旋了一个小时都没降落，译员询问一位比利时联络官员发生了什么事，得到的答复是The pilot does not know how to land，似乎是说飞行员能力有限，不能让飞机安全落地。译员通过大脑的快速分析，认为这一定不是比利时官员的本意，因为飞行员既然知道怎么起飞，就肯定知道怎么降落，于是追问了一句："Isn't the runway clear?"（跑道还没有腾出来吗？）（Seleskovitch, 1998:45-46）。

口译初学者有必要了解一些分析技巧，如：调用自身已有的知识积累、对发言人的信息积极表明心理立场、视觉化、分析语体风格等（Seleskovitch, 1998:43-51）。使用这些分析技巧是为了在"听"的过程中可以积极、理性、全方位地领会和理解讲话人的意思和意图。

3 意义听辨的具体操作要点

抓关键词、意群和意义单位：在一个句子里，关键词通常包括核心主语、主要动词、宾语、数字、表时间地点的词，以及表强调的语词等等。而意群或意义单位（sense group or sense unit）则是可以帮助译员切分和理解信息的较小的翻译单位。比如：

1. 首先，我代表中共喀什地委，喀什地区行政公署向各位领导一行莅临喀什指导工作，表示热烈的欢迎。

在这句话中，"喀什地委"、"行政公署"、"欢迎"是关键词，只要听清、记住并知道如何正确地表达这几个词的意思，整个句子的翻译就迎刃而解：

First, on behalf of the CPC Kashi Prefectural Committee and the Kashi Prefectural Administrative Office, I wish to extend a warm welcome to all the leaders for coming to inspect our work.

又如：

2. We must pursue financial sector development / that creates in each country / a diverse and competitive financial services industry / that fosters innovation and growth of national economies / as they become increasingly integrated in the global economy.

在这句话中出现了一个定语从句套另一个定语从句和一个状语从句的情况，语法结构比较复杂。但通过抓意义单位，我们就可以对这句话做如下处理：

"我们必须推动金融部门的发展，以使每个国家创造出多元化、竞争性的金融服务行业，促进国民经济的创新与增长，而各国的经济正日益与世界经济融为一体。"

如果我们无法识别意义单位，合理断句，就可能在翻译时过多受制于表层的语法结构，导致这样生硬拗口的译语：

“我们必须推动能在每个国家创造出多元的、竞争性的金融服务行业的发展，而这一行业能够促进日益与世界经济融为一体的国民经济的创新与增长。”

两种译文哪一种听起来更自然、更易懂不言而喻。由此可见，抓住意义单位是听辨意义、得“意”忘“形”的好方法。

抓时态：时态在英语中是一项必不可少的表意工具，因此非常重要。从一定程度上说，表时态的语词也可称之为关键词，忽略了时态就可能带来意义传达的错误。时态在口译中比不像想象中那么简单，往往是一个难点，需格外注意。

1. 中华民族历来爱好自由和和平。

   The Chinese people have always been cherishing freedom and peace.

   The Chinese people always cherish freedom and peace.

   The Chinese people are always cherishing freedom and peace.

2. By 2010, the per capita GDP in China is expected to reach US$ 2,400.

   预计2010年中国人均国内生产总值将达到2,400美元。

确定主语：由于英语是主语显著语（subject-prominent language），因此主语决定了句法结构；汉语为语义性语言，其中主语的重要性相对较低，无主语的现象比比皆是。因此在汉英转化中最重要的就是确定主语，主语选择成功了，句子越翻越顺；选择失败，就会越翻越累。主语的确定归根结底有三种方法：使用原主语；重新确定主语；增补主语。第一种方法比较简单，关键是后两种方法：

1. 必须看到，中国尽管取得了巨大的发展成就，但仍是世界上最大的发展中国家，人均国内生产总值仍排在世界100名之后，中国人民的生活还不富裕，中国的发展还面临着不少突出的矛盾和问题。要彻底改变中国的面貌和改善中国人民的生活，需要继续持之以恒地艰苦奋斗。

I need to point out that, despite the success in its development, China remains the world's largest developing country, with per capita GDP ranking behind the 100th place. The Chinese people are yet to live a well-off life and China still faces daunting challenges in its development endeavor. Therefore it requires sustained and unremitting efforts to transform the country and make life better for its people.（增补主语）

2. 具体来说，就是要使中国国内生产总值到2020年达到40,000亿美元左右，人均达到3,000美元左右，使经济更加发展、民主更加健全、科教更加进步、文化更加繁荣、社会更加和谐、人民生活更加殷实。

To be more specific, we aim to raise China's GDP to $4 trillion by 2020, averaging $3,000 per person. By then, China's economy will be better developed and its democracy will be further enhanced. More progress will be made in science and education. Its culture will be further enriched, the society will become more harmonious and the people will lead a better life. （重新确定主语）

听出四字词组和富含文化底蕴的表达的实际含义：在处理中文中常见的四字词组和富含文化底蕴的表达的时候，更是要注意一定先理解意义，再传达意义，不要只是进行字面翻译，否则国外听众可能无法体会发言人的深意，有时更是觉得"一头雾水"。如：

周虽旧邦，其命维新（《诗经》）；如将不尽，与古为新（《诗品》）。

Although Zhou was an ancient state, it had a reform mission; only innovation could ensure the growth and vitality of a nation.

民之所忧，我之所思；民之所思，我之所行。

What people are concerned about preoccupies my mind, and what preoccupies people's mind is what I need to address.

游历名山大川，承天地之灵气，接山水之精华。

Find pleasure in enriching themselves mentally and physically through traveling over famous mountains and rivers.

听出句群之间的逻辑关系：英语重形合，汉语重意合，因此汉语中句群之间的逻辑关系（因果、转折、条件、让步、假设关系等等）有时是通过上下文的意思而不是连接词来表示的。在译成英语时应当让这种逻辑关系显化，以符合目的语的表达习惯。

1. 出国留学，能让你充实自己，提高自身能力，结识更多的朋友，体验不同文化与国家风情，是很有价值的经历。准备出国学习，也要做好克服一切困难的必要准备，这也很重要。

Overseas study can help you enrich yourself, improve yourself, make more friends, and experience different cultures and foreign charms. Therefore, it will be a valuable experience for you. However, those who plan to study abroad are also required to make preparations for all kinds of difficulties, which is equally important.

2．今年恐怕是中国经济最为困难的一年。我们遭受了严重的雨雪冰冻和特大地震灾害，又面临国内外复杂多变的环境。我们克服了重重困难，保持了经济平稳较快发展的态势。

This year could be the most difficult year for China's economy. We experienced heavy snow and sleet storms and the devastating earthquake and faced a complex and changing situation both at home and abroad. Yet, we have overcome difficulties one after another and maintained the momentum of steady and fast economic growth.

关注具体语境：语境（context）既包括口译活动发生的现场情景（时间、地点、人物等），也包括谈话内容的上下文，这对确定讲话人想要表达的真实意义非常重要。塞莱斯科维奇在为一个研讨会担任现场口译时就是通过对现场语境的观察正确理解了讲话人的意思。当时一位英国代表说了一句“They are there for attention, not retention.”乍一听这句话很可能被翻译成：“那些小册子只是为了让大家看一看而已，并不是要大家去记忆。”但塞莱斯科维奇通过对讲话人激动的表情举止以及当时的具体情况（有些小册子已经不翼而飞）所做的分析判断，将这句话译成了正确的法文：“那些小册子是让大家在这里看的，而不是带走的。”（1998:102）

关注上下文还可以让译员正确地判断出讲话人的口误。英国外交大臣威廉·黑格在一次发言中呼吁人们关注环境，走向低碳，但其中一句话却是这样说的：

To drive that shift in investment from low to high carbon, we need a global climate change deal under the United Nations.

通过对黑格前面所讲内容的分析，我们就可以做出这样的翻译：

要让投资从高碳转向低碳领域，我们需要在联合国框架下建立一个全球气候变化协议。

听出讲话人的弦外之音：讲话人的表情、语气、语调往往可以准确反映他/她希望传达的真实情感和意义，因此在听的同时，也要关注讲话人的副语言和肢体语言。“Is he a PhD?”这可以是一句问话：“他是博士吗？”，也可以是一种揶揄和嘲讽：“他也算得上博士？”我们可以从讲话人的语气、语调和表情等方面判断其真实意图。

上面我们介绍了几种意义听辨的方法，对于口译初学者来说这些方法在开始时可能显得有些抽象。因此，在过渡到正式翻译练习之前，我们可以先采用外语专业学生非常熟悉的一种训练方法：paraphrasing。听一段语言地道的篇章，然后用自己的话复述源语内容，尽量不用原文中出现的单词、术语和句型，其目的是让学生尽量不受原文语言形式的约束。训练的节奏要循序渐进，篇章的语言从母语到外语，长度由短至长，内容从易到难。对这种复述方式熟悉以后，就可过渡到从源语到译语的得“意”忘“形”的训练了。

二、话题练习：教育

1 热身词汇

1. 英译汉

Passage 1

community college 社区学院，社区大学
college of liberal arts 文理学院
humanities 人文学科（通常指语言、文学、哲学等）
special subject area 专门的学习范围，专业方向
a high school diploma or its equivalent 高中文凭或者同等学历
professional degree 专业学位
dental technology 口腔技术（课程）
auto mechanics 汽车修理
sewing 缝纫
an associate of arts or associate of science degree 准文科或准理科的学位（我国称为“专科毕业”，不授予学位）

Passage 2

Super Bowl 超级碗比赛
Race to the Top “冲顶赛跑”
No Child Left Behind《不让一个儿童落后法》
mandate 指示、指令
school board 校董事会
turf 地盘、势力范围
rival gangs 敌对黑帮
unwarranted 没有充分根据的
tuition tax credit 学费税收抵免
Forsyth Tech 福赛斯社区技术学院
undocumented worker 非法工人
to pledge allegiance to 向……宣誓效忠
deportation 驱逐

Passage 3

satellite site 卫星站

Moore’s Law 摩尔定律

computing power 计算处理能力

Ford Taurus 福特金牛座汽车

Apollo 11 “阿波罗11号”

CWA (Communications Workers of America)美国通讯业工人协会

Morty Bahr 莫顿·巴哈尔（美国通讯业工人协会主席）

Dana Carvey 达那·卡维（美国著名喜剧演员）

Small Business Administration 小型企业管理局

The National Institute for Literacy 美国国家识字研究所

dislocated worker 下岗工人，失业者

John Jasinowski 约翰·贾西诺斯基（美国制造业协会主席）

National Association of Manufacturers 美国制造业协会

Clarence Anthony 克拉伦斯·安东尼，美国佛罗里达州南湾市（South Bay）市长

up-to-the-minute information 最新信息

2. 汉译英

Passage 1

京师大学堂 the Imperial University of Peking

新文化运动 the New Culture Movement

循思想自由原则，取兼容并包主义 following the principle of freedom of thinking and allowing for the coexistence of different schools of thought

卢沟桥事变 the Lugouqiao Incident

长沙临时大学 Changsha Temporary University

西南联合大学 Southwest Associated University

抗日战争 the Anti-Japanese War, the Resistance War Against Japan

“两院”院士 academicians (members) of the Chinese Academy of Science (CAS) and Chinese Academy of Engineering (CAE)

百年校庆 centennial celebration

北京医科大学 Beijing Medical University

北京医学专门学校 Peking Medical School

北平大学医学院 Medical School of Peiping University

北京医学院 Beijing Medical College

Passage 2

"海纳百川，有容乃大"（四川大学校训） Just as the ocean embraces all rivers, Sichuan University is all inclusive.

严谨、勤奋、求是、创新 strictness, diligence, seeking truth and innovation

仰副国家，造就通才 Relying on our own country and fostering all-round talents.

崇尚学术，启用新派 Advocating learning and making use of the new force.

学术自由，兼容并包 academic freedom and all-embracing spirit

涵乾纳坤的宏大气魄 all-embracing mind

崇尚学术，追求卓越 prizing learning and pursuing excellence

厚德博学，虚心从善 great virtue and profound knowledge, open-mindedness and following good advice

华西协合牙科医院 Dental Hospital of West China Union University

口腔医学 stomatology

通识教育 general education

美学家 aesthetician

植物学家 botanist

数论 number theory

高分子 polymer

广育英才，德渥群芳 educate a large number of outstanding talents with profound knowledge and great virtues

妇产科学 gynecology and obstetrics

英国皇家工程院院士 member of the British Royal Academy of Engineering

（英国大学）副校长 Pro-Vice-Chancellor

成都科技大学 Chengdu University of Science and Technology

华西医科大学 West China University of Medical Sciences

强强合并 merger of the strong

长江学者 "Cheung Kong" scholars

约翰·霍普金斯大学 Johns Hopkins University

亚利桑那州立大学 Arizona State University

克劳斯塔尔大学 Clausthal University of Technology

揭牌仪式 unveiling ceremony, inauguration

2 英译汉

Passage 1

Higher Education in the United States

In the United States, a student who has finished high school may want to continue in higher education. There are several ways to continue in higher education in the United States. There are universities, colleges, community colleges, and technical and vocational schools. Each of these kinds of higher education will be described below.

A university is much larger than a college. It is larger for two reasons. First, a university in the United States usually has several different colleges in it. Each college within the university has a special subject area. There may be a college of liberal arts where humanities, social science, natural science and mathematics are taught. There may be a college of education where students learn to be teachers. There may be a college of business where business subjects are taught. All of these colleges may be part of one university. Sometimes, in a university, each college is called a "school": "The School of Liberal Arts", "The School of Business", or "The School of Education". Second, the university always has programs for advanced or graduate study in a variety of subjects. There may be a medical school, a law school, and other advanced programs.

Students in the United States must have a high school diploma or its equivalent, to enter one of the colleges in the university. Most students have completed regular high school programs. Some older students may have the same amount of education even though they have not completed high school. Those students have the equivalent of high school degree. University students may study for an undergraduate degree in the arts or sciences. If they complete a course of study in the arts, they receive bachelor of arts degrees. In the sciences, they receive bachelor of science degrees. Students may leave the university at this time, or they may choose to go on for a graduate or professional degree.

The university may get money for its expenses from several different sources. It may get some money from the state government. If so, it is a publicly funded university. The university may get money from private sources: contributions, tuition, investments, and other sources. If this is the case, it's a privately funded university.

Finally, a university may be funded by a religious group.

A university program for undergraduates usually takes four years. In this way, a university and a college are alike. College students usually spend four years in school also. A college, however, usually has only one or two kinds of programs. A college does not have graduate or professional programs in a variety of areas.

A college is also like a university in the kinds of students it has. College students, like university students, usually have a high school diploma when they enter college. If college students want to continue for a graduate or professional degree, they must go to a university. The college is usually funded in one of the three ways already described. It may be publicly or privately funded. Or, it may be funded by a religious group.

Compared to universities and colleges, community colleges in the United States are quite different. The program of study in the community college usually last only two years. Many different subjects are taught in the community college. Not all of the subjects are the usual school subjects. The community college may give courses in dental technology, auto mechanics, sewing, and many other nonacademic subjects. The community college may also have courses in the regular academic subjects like science, math, languages, literature, and other courses in the humanities.

Many different types of students study at the community colleges. Not all students have a high school diploma. Many students are adults with children, and sometimes with grandchildren, of their own. The community college serves the community, and anyone who lives nearby may go. When community college students complete two-year program, they receive an associate of arts or associate of science degree. They may then go to a college or a university for two more years to get a bachelor's degree. However, the student may get a job instead, or just stop going to school.

Community colleges are nearly always publicly funded, by the state, country, or city governments. They are not usually funded by religious groups. The community college gives training for a variety of jobs, and also has an academic program. The technical or vocational school, however, has only job training. Its programs may last a short time or a long time. Some programs take six months, while other programs may take two years or more to complete.

Students in technical or vocational school may have a high school diploma. Many, however, do not have the diploma. Many people go to a technical or vocational school instead of going to high school. When they complete their training, they may be able to get a good job right away. The technical or vocational school provides training for work in areas such as electronics, carpentry, plumbing, and others. The technical or vocational school may be funded in any of the ways already described. It may be publicly or privately funded, or it may be funded by a religious group. Other sources of money for this kind of school are trade unions or charity organizations.

Students who have finished high school, and even some who do not go to high school, may choose from these four kinds of higher education in the United States. High school students who want further academic or professional training may go to college or university. Students who want both academic and nonacademic training may go to the community college. Students who want to learn a job may go to a technical or vocational school. Students may choose the kind of higher education that they like best.

Passage 2

Obama's 2011 State of the Union Address (Excerpt)

(January 25, 2011)

…

Think about it. Over the next ten years, nearly half of all new jobs will require education that goes beyond a high school education. And yet, as many as a quarter of our students aren't even finishing high school. The quality of our math and science education lags behind many other nations. America has fallen to 9th in the proportion of young people with a college degree. And so the question is whether all of us—as citizens, and as parents—are willing to do what's necessary to give every child a chance to succeed.

That responsibility begins not in our classrooms, but in our homes and communities. It's family that first instills the love of learning in a child. Only parents can make sure the TV is turned off and homework gets done. We need to teach our kids that it's not just the winner of the Super Bowl who deserves to be celebrated, but the winner of the science fair. We need to teach them that success is not a function of fame or PR, but of hard work and discipline.

Our schools share this responsibility. When a child walks into a classroom, it should be a place of high expectations and high performance. But too many schools don't meet this test. That's why instead of just pouring money into a system that's not working, we launched a competition called Race to the Top. To all 50 states, we said, "If you show us the most innovative plans to improve teacher quality and student achievement, we'll show you the money."

Race to the Top is the most meaningful reform of our public schools in a generation. For less than one percent of what we spend on education each year, it has led over 40 states to raise their standards for teaching and learning. And these standards were developed, by the way, not by Washington, but by Republican and Democratic governors throughout the country. And Race to the Top should be the approach we follow this year as we replace No Child Left Behind with a law that is more flexible and focused on what's best for our kids.

You see, we know what's possible for our children when reform isn't just a top-down mandate, but the work of local teachers and principals, school boards and communities. Take a school like Bruce Randolph in Denver. Three years ago, it was rated one of the worst schools in Colorado—located on turf between two rival gangs. But last May, 97% of the seniors received their diploma. Most will be the first in their families to go to college. And after the first year of the school's transformation, the principal who made it possible wiped away tears when a student said "Thank you, Mrs. Waters, for showing that we are smart and we can make it."

Let's also remember that after parents, the biggest impact on a child's success comes from the man or woman at the front of the classroom. In South Korea, teachers are known as "nation builders." Here in America, it's time we treated the people who educate our children with the same level of respect. We want to reward good teachers and stop making excuses for bad ones. And over the next 10 years, with so many baby boomers retiring from our classrooms, we want to prepare 100,000 new teachers in the fields of science, technology, engineering, and math.

In fact, to every young person listening tonight who's contemplating their career choice: If you want to make a difference in the life of our nation; if you want to make a difference in the life of a child—become a teacher. Your country needs you.

Of course, the education race doesn't end with a high school diploma. To compete, higher education must be within the reach of every American. That's why we've ended the unwarranted taxpayer subsidies that went to banks, and used the savings to make college affordable for millions of students. And this year, I ask Congress to go further, and make permanent our tuition tax credit—worth $10,000 for four years of college. It's the right thing to do.

Because people need to be able to train for new jobs and careers in today's fast-changing economy, we are also revitalizing America's community colleges. Last month, I saw the promise of these schools at Forsyth Tech in North Carolina. Many of the students there used to work in the surrounding factories that have since left town. One mother of two, a woman named Kathy Proctor, had worked in the furniture industry since she was 18 years old. And she told me she's earning her degree in biotechnology now, at 55 years old, not just because the furniture jobs are gone, but because she wants to inspire her children to pursue their dreams, too. As Kathy said, "I hope it tells them to never give up."

If we take these steps—if we raise expectations for every child, and give them the best possible chance at an education, from the day they're born until the last job they take—we will reach the goal I set two years ago: By the end of the decade, America will once again have the highest proportion of college graduates in the world.

One last point about education. Today, there are hundreds of thousands of students excelling in our schools who are not American citizens. Some are the children of undocumented workers, who had nothing to do with the actions of their parents. They grew up as Americans and pledge allegiance to our flag, and yet live every day with the threat of deportation. Others come here from abroad to study in our colleges and universities. But as soon as they obtain advanced degrees, we send them back home to compete against us. It makes no sense.

Now, I strongly believe that we should take on, once and for all, the issue of illegal immigration. And I am prepared to work with Republicans and Democrats to protect our borders, enforce our laws and address the millions of undocumented workers who are now living in the shadows. I know that debate will be difficult. I know it'll take time. But tonight, let's agree to make that effort. And let's stop expelling talented, responsible young people who could be staffing in our research labs, starting new businesses, and who could be further enriching this nation.

Passage 3

Speech at the Lifelong Learning Summit by Al Gore

I want to thank all of you for joining us today for this important summit—at over 1,000 satellite sites, in every state in America. We're here to talk about one of our greatest challenges: How do you give every American the chance to learn 21st-century skills, so they can fill high-paying 21st-century jobs?

This is a time of great prosperity for America. Just four days ago, President Clinton marked what is now the longest peacetime economic expansion in the history of the United States.

Today's economy is also a changing economy. We are now in the early stages of an information revolution—not just in our high-tech industries, but in our core industries and manufacturing as well. Some of you may be familiar with a new fact of life known as Moore's Law, which explains that we are now doubling our computing power every 18 months, while the cost of computing power drops by almost 25 percent a year. Just think about the new productivity that is being unleashed—at large and small businesses alike. Consider this one example: A Ford Taurus now has more computing power than the *Apollo 11* that took us to the moon.

At the same time, car manufacturers have trimmed about 1,000 pounds from the weight of an average car by using lighter materials, smarter engineering, and more efficient engines. Throughout our economy, skills, intelligence, and creativity are replacing mass and money—which is why, in the past 50 years, the value of our economy has tripled, while the physical weight of our economy as a whole has barely increased at all.

Clearly, today's workplace is becoming more high-tech, and more high-skilled. It is becoming more competitive, as we sell our products to billions of global customers. And as CWA President Morty Bahr puts it: "Skill is the new source of security in the 21st century."

With all that change comes a significant challenge: How do we make sure everyone has the chance to compete and win in this new knowledge-based economy?

The central answer must be a good education, and the ability to keep learning for a lifetime. Education can no longer stop after you leave high school, or even college.

Right now, our skill needs and our workplaces are changing quickly—yet 75 percent of the people who will be working in the year 2010 are already in the workforce. That's one reason why the average age of students at community colleges is now 29 and rising.

The comedian Dana Carvey once put it this way: "I'm only 30 years old, but I read at the 34-year-old level."

In the 21st century, we must make sure that everyone—even those 30-year-olds,

40-year-olds, 50-year-olds and beyond—get the education and skills to rise with the tide of our new and renewed economy.

Many of our most crucial industries are facing shortages of the skilled workers they need. In manufacturing, 88% of companies are having trouble finding qualified applicants for at least one job function. One in five says they can't expand their business because their workers don't have the right skills. Think about that: The lack of skills and training is actually slowing down our economy.

Here are some compelling facts from a new report I am releasing today from our Departments of Education, Commerce, and Labor, our Small Business Administration, and the National Institute for Literacy:

In 1997, college graduates earned 77% more than high school graduates—up from 58% in 1975.

Adults with higher levels of education earn more, have greater job security, are less likely to be unemployed, and are more likely to find re-employment quickly if they are displaced.

In fact, dislocated workers with an associate's degree or higher are finding new jobs that pay more than the jobs they lost!

And higher skills are one of the best investments a company can make. According to our new report, a 10% increase in education investments leads to an average productivity gain of 8.6%—nearly three times the return on capital investments.

No wonder Jerry Jasinowski of the National Association of Manufacturers told me earlier today that there is no higher priority than lifelong learning—that it is a way to increase productivity and workers' earnings at the same time.

Yet too many of our people are not getting the education and training they need—especially those that need it the most. As Mayor Clarence Anthony of South Bay, Florida reminded me at our roundtable this morning, for all our economic strength, too many are still being left behind. There are other challenges: Some employers may worry that those who receive training will take their new skills elsewhere, or have very limited resources. Some individuals face serious barriers: lack of money, time, and information. In today's breakout session on the role of community colleges, you spoke about the special challenges of part-time learners—those who have to keep working while they expand their skills.

We must overcome all these barriers together, for we are at the next great economic frontier. Once, land and capital were the key strategic resources. Now, knowledge is our key strategic resource and learning is our key strategic skill.

In the past six years, with President Clinton's leadership, we have opened the doors to higher education wider than ever before—simplifying our nation's job training system, helping to make at least two years of college universally available, and passing a tax credit of up to 20% off tuition for courses throughout one's lifetime. Now we must take the next bold step: We must find a way to make sure every American has access to the resources they need to keep learning for a lifetime. Buying lifelong learning should be as affordable and routine as buying a new appliance or financing a car.

That is why I am pleased to announce today that President Clinton and I will create a new advisory committee of outside leaders to explore ways to meet this challenge—such as low-income loans, grants, tax incentives, and other ways to help adults get 21st-century skills for 21st-century jobs. In particular, we should explore ways to help Americans pool their own savings, contributions from their employers, and possibly also federal funds to pay for lifelong learning. We should consider creating lifelong learning savings accounts, to help people pay for the higher education they need to get ahead.

At the same time, we need to make high-quality education and training more widely available—in the community and on-line. And we must ensure that all of our people have good, up-to-the-minute information and counseling on available jobs, the training needed to get those jobs, and the where to get the resources to pay for it.

...

Let us realize that if we truly want to meet this challenge—if we want to give every American the chance to reach their highest potential, and soar as high as their dreams can carry them—then we must do it together. It will take the best thinking of business, labor, educators, and community groups across the country. That is what I hope this Summit will unleash—and it is why I am so eager to hear from you.

3 汉译英

Passage 1

北京大学简介

北京大学创办于1898年，初名京师大学堂，是中国第一所国立综合性大学，也是当时中国最高教育行政机关。辛亥革命后，于1912年改为现名。

作为新文化运动的中心和“五四”运动的策源地，作为中国最早传播马克思主义和民主科学思想的发祥地，作为中国共产党最早的活动基地，北京大学为民族的振兴和解放、国家的建设和发展、社会的文明和进步做出了不可替代的贡献，在中国走向现代化的进程中起到了重要的先锋作用。爱国、进步、民主、科学的传统精神和勤奋、严谨、求实、创新的学风在这里生生不息、代代相传。

1917年，著名教育家蔡元培出任北京大学校长，他“循思想自由原则，取兼容并包主义”，对北京大学进行了卓有成效的改革，促进了思想解放和学术繁荣。陈独秀、李大钊、毛泽东以及鲁迅、胡适等一批杰出人才都曾在北京大学任职或任教。

1937年卢沟桥事变后，北京大学与清华大学、南开大学南迁长沙，共同组成长沙临时大学。不久，临时大学又迁到昆明，改称国立西南联合大学。抗日战争胜利后，北京大学于1946年10月在北平复学。

中华人民共和国成立后，全国高校于1952年进行院系调整，北京大学成为一所以文理基础教学和研究为主的综合性大学，为国家培养了大批人才。据不完全统计，北京大学的校友和教师有400多位“两院”院士，中国人文社科界很多有影响的人士也出自北京大学。

改革开放以来，北京大学进入了一个前所未有的大发展、大建设的新时期，并成为国家“211工程”重点建设的两所大学之一。

1998年5月4日，北京大学百年校庆之际，国家主席江泽民在庆祝北京大学建校一百周年大会上发表讲话，发出了“为了实现现代化，我国要有若干所具有世界先进水平的一流大学”的号召。在国家的支持下，北京大学适时启动“创建世界一流大学计划”，从此，北京大学的历史翻开了新的一页。

2000年4月3日，北京大学与原北京医科大学合并，组建了新的北京大学。原北京医科大学的前身是国立北京医学专门学校，创建于1912年10月26日。20世纪三四十年代，学校一度名为北平大学医学院，并于1946年7月并入北京大学。1952年在全国高校院系调整中，北京大学医学院脱离北京大学，独立为北京医学院。1985年更名为北京医科大学，1996年成为国家首批“211工程”重点支持的医科大学。两校合并进一步拓宽了北京大学的学科结构，为促进医学与人文社会科学及理科的结合，改革医学教育奠定了基础。

近年来，在“211工程”和“985工程”的支持下，北京大学进入了一个新的历史发展阶段，在学科建设、人才培养、师资队伍建设、教学科研等各个方面都取得了显著成绩，为将北大建设成为世界一流大学奠定了坚实的基础。今天的北京大学已经成为国家培养高素质、创造性人才的摇篮，科学研究的前沿，知识创新的重要基地，以及国际交流的重要桥梁和窗口。

Passage 2

四川大学校长谢和平院士在庆祝四川大学建校110周年大会上的致辞（节选）

(2006年8月27日)

尊敬的至立国务委员，尊敬的梅颖副主席，尊敬的周济部长，尊敬的学忠书记、中伟省长，尊敬的各位领导、各位贵宾，尊敬的各位校友，老师们、同学们：

今天，我们欢聚江安河畔，隆重举行庆祝四川大学建校110周年大会，共同见证四川大学110年的光荣历史，共同领略这所世纪名校的厚重历史与青春活力，共同祝福她更加美好而辉煌的明天。

在此，我谨代表四川大学十万师生员工，向莅临大会的各位领导、各位嘉宾表示热烈的欢迎！向全体海内外的川大校友表示亲切的问候！向长期以来关心、支持四川大学的各级领导、各界朋友、国际友人表示诚挚的感谢！

作为四川大学校长在这里致辞，对我来说，既是一份崇高的荣誉，更意味着责任和使命。因此，今天我所表达的既是对四川大学厚重历史的真情感悟，更是代表川大全体师生员工表达我们建设新川大、再创新辉煌的豪迈情怀。

大学的生命在于大学精神。大学精神是大学活力常在、青春永驻的不竭源泉。翻开川大历史，处处都能感受到精神的魅力、理性的光芒。四川大学之所以能够历经沧桑而走向辉煌，正是得益于她“海纳百川，有容乃大”的校训和“严谨、勤奋、求是、创新”为核心的川大精神。

从1903—1909年胡峻校长制定的“仰副国家，造就通才”，1922—1924年吴玉章校长提出的“崇尚学术，启用新派”，到1926—1930年张澜校长倡导的“学术自由，兼容并包”……在历代川大老校长们的精辟概括和深遂思考中，始终蕴含着一个恒久不变、一脉相传的价值取向，这就是涵乾纳坤的宏大气魄，追求真理的崇高境界，报效祖国的赤子情怀。这种价值取向，集中体现了川大人对科学的态度，对社会的责任和对理想的追求……今天，我们响亮地提出“崇尚学术，追求卓越”和“厚德博学，虚心从善”的理念和精神，正是对学校传统精神的继承和弘扬。

……

大学的天职在于人材培养。大学的价值要得到社会的认可，就必须培养社会需要的人才，这是衡量大学对国家、对社会贡献大小的重要尺度。四川大学是在教育救国的历史背景下诞生的，输入世界智识，创获现代智慧，光大科学文明，培养杰出英才是四川大学始终不渝的理想和追求。在中国特别是西部地区高等教育发展史上，川大人书写了自己辉煌的篇章，创造了很多第一：在中国，1911年建立的华西协合牙科医院，第一个开创了现代口腔医学及教育，成为中国现代口腔医学的发源地；1936年开始招收研究生，成为中国第一批培养研究生的大学之一；1953年，创建了全国第一个高分子专业；1992年，第一个在全国高校中获得宗教学博士学位授权点……在西南，川大于1906年第一个开办了现代体育教育，1910年第一个实施了现代通识教育，1910年第一个引进外籍教师来校教学，1914年第一个设立了系统的英语课程……110年来，川大先后汇聚了文学家李劼人、物理学家吴大猷、生物学家童第周、历史学家顾颉刚、哲学家冯友兰、美学家朱光潜、中国最杰出的植物学家方文培、中国公共卫生之父陈志潜、中国近代数论的创始人柯召、中国高分子学科创建者徐僖等等大师巨匠，他们广育英才，德渥群芳。历史上，从川大校园走出来的朱德元帅，成为了共和国的开国元勋；郭沫若、巴金成为了文坛巨匠；江竹筠、毛英才成为了感动中国、感动世界的一代英烈；川大培养的第一位女博士乐以成先生，成为了中国现代妇产科学的开拓者和先驱。在今天，毕业于我们校园的84级校友宋永华先生，在留英华人中第一个当选为英国皇家工程院院士，并成为布鲁奈尔大学副校长。

……

无论是过去还是现在，无论是翻开共和国的革命史、建设史，还是科学文化史，到处都能找到川大人的身影，看到川大人的名字，感受到川大人对国家、对民族、对社会的忠诚与奉献。

大学发展的动力在于改革，在于与时俱进，勇敢地走在时代的前列。110年的川大历史，就是一部在改革中不断发展、不断壮大、不断创造新辉煌的历史。1994年，原四川大学和原成都科技大学以敢为天下先的勇气，抢抓机遇，率先进行“强强合并”，首开重点高校并校改革先河。2000年，合并后的新川大又与原华西医科大学再次“强强合并”，实现了“三强合一”，为建设高水平研究型综合大学提供了雄厚的资本，奠定了坚实的基础。我们通过凝聚发展力量，整合发展资源，创新发展思维，转变发展方式，在短短几年间，又为川大的发展翻开了新的一页。

在这个喜庆的日子里，我可以自豪地向各位领导、各位校友和各位来宾报告：四川大学已经成为目前中国高校学科齐全，办学规模、质量、效益最好的大学之一。一级学科博士学位授权点从2000年的12个增加到现在的27个，跻身全国高校前四位；二级学科博士点从65个增加到了213个，列全国高校第6位；硕士点从135个增加到了330个，列全国高校第3位。同时，学校教育教学的水平和质量也明显提高，2005年获国家级教学成果奖一等奖2项、二等奖9项，处于全国高校前列。

四川大学的科学研究取得跨越式发展。科研经费从2000年的1.72亿元增加到2005年的7.015亿元，5年内增长近5倍；国家三大奖获奖数从3项增加到了15项；部省级科技及社科成果从36项增加到了401项，5年里攀升10倍；在医学领域三年内实现了院士、国家重点实验室和“973”项目首席科学家等三个“零”的突破。近几年，国家基金项目数和国内外论文发表总量分别列全国高校前9位和前6位。

四川大学师资队伍水平已显著提高。院士从2000年的5人增加到现在的9人；长江学者从6人增加到了16人；国家杰出青年基金获得者从9人增加到了30人。学校近两年从MIT、耶鲁大学、约翰・霍普金斯大学等世界一流大学引进了杰出的中青年科学家30多名，包括3名非华裔科学家。可以说，四川大学迎来了又一个精英汇聚、人才辈出的繁荣时期。

四川大学国际化教育已迈上一个新的台阶。四川大学已经与42个国家和地区的130余所大学及科研机构建立了交流合作关系。今天，我们又将与美国加州大学、亚利桑那州立大学和德国克劳斯塔尔大学举行三个国际科研合作平台的揭牌仪式。这不仅为我们的校庆又献上了一份厚礼，更是标志着四川大学已经开始在更高的层次和更广的领域与世界著名大学携手并进，共同促进世界高等教育的繁荣和发展。

面对四川大学110年的奋斗历程，我们可以骄傲地说，过去和现在，四川大学都没有辜负时代的期盼、祖国的希望和人民的重托。今后的四川大学，也一定会以更加出色的成就报效人民、报效祖国。

川大的荣誉归功于党，归功于国家，归功于党中央、国务院的正确领导……川大的荣誉归功于教育部、四川省和成都市的大力支持和关心……川大的荣誉属于历届川大领导和全体川大师生，是一代又一代川大领导和师生们的艰苦奋斗、探索实践、辛勤奉献，铸就了川大今日之辉煌。

川大的荣誉属于全体海内外校友。大学的品牌是校友们铸就的。你们在对社会的奉献中，在对人生和事业的追求中，在自己平凡的工作岗位上，不断弘扬着川大精神，不断为母校名字增辉添彩，不断为川大这个品牌注入生机与活力。母校永远因你们而感到无限的光荣与自豪。

川大的荣誉属于所有关心支持我们的社会各界。当今世界是一个开放的世界。大学只有与社会互动才能获得更多的发展机遇，只有得到社会的理解与支持，才能获得更广的发展空间。四川大学的发展与成就，离不开社会各界对川大的信任、关爱和慷慨支持。

各位领导、各位来宾、各位校友、老师们、同学们，校庆既是对昨天的回顾，又是对今天的检阅，更是进军未来的新起点。

……

在这个具有历史意义的庆祝大会上，我代表四川大学全体师生员工庄严承诺：我们将坚持“科学发展、重点跨越、培育英才、引领社会”的理念，努力把四川大学建设成为一所始终站在科学前沿、攀登科学高峰的创新型大学，一所以培养国家栋梁和社会精英为己任的研究型大学，一所面向世界、汇聚人类学术思想和先进文化的开放型大学，一座守望大学良知、弘扬大学精神、以崇高的价值追求来引领社会进步的中国一流的高水平综合性大学。

我们坚信，我们今天种下的理想之树，必将硕果累累，我们今天放飞的希望之梦，必将成为美好现实！谢谢大家！

三、注释

1 Super Bowl

超级碗，是美国国家美式足球联盟（也称为国家橄榄球联盟）的年度冠军赛，胜者被称为“世界冠军”。据说，当年堪萨斯城酋长队和美国橄榄球联盟的创始人拉马尔·亨特（Lamar Hunt）偶然看到女儿的“超级球”(Super Ball)，这激发了他的灵感，于是就把美国橄榄球联盟和国家橄榄球联盟（现改为美国橄榄球联合会和国家橄榄球联合会）之间的冠军赛称为“超级碗”，这就是“超级碗”这个名字的由来。超级碗一般在每年1月最后一个或2月第一个星期天举行，那一天称为超级碗星期天（Super Bowl Sunday)。超级碗是比赛的名称，其奖杯名称为文斯·隆巴迪杯（Vince Lombardi Trophy)。超级碗多年来都是全美收视率最高的电视节目，并逐渐成为一个非官方的全国性节日。

2 Race to the Top

“冲顶赛跑”简称R2T，是由美国教育部提出的旨在鼓励在各州和地方中小学进行改革的项目计划，金额高达43.5亿美元，资金来源于2009年出台的《美国恢复与再投资法》，由奥巴马总统和教育部部长阿恩·邓肯于2009年7月24日共同宣布。

3 No Child Left Behind

《不让一个儿童落后法》是美国联邦政府于2001年颁布的一部针对公立学校的教育法，支持基于标准的教育改革，体现了美国政府当时对教育公平理念的认识，即建立高标准和可测量的目标来提升教育给个人带来的改变。这项法律要求，如果一个州要想获得联邦资金对其学校的支持的话，必须设计出各年级所有学生基本技能的评估标准。该法并未提出成绩评价的国家标准，而是要求各州自行设立。

4 Moore's Law

Gordon Moore是Intel公司的创始人之一，他曾对半导体技术的发展作出预言：半导体芯片的集成度将每两年翻一番。此后芯片的集成度实际是每18个月就翻一番，这种发展速率被公认为摩尔定律。

5 一些关于教育的常见术语的翻译

科教兴国 to rejuvenate the country through science and education
教育方针 education policy
有中国特色的教育体系 education system with Chinese characteristics
实现高等教育大众化 to strive for providing higher education to a majority of people
全面推进素质教育 to provide an education with all-round development in schools and higher-learning institutions
学前教育 preschool education
初等教育 elementary/primary education
中等教育 secondary education
大专教育 post-secondary education
职业教育 vocational education
通才教育 general education
特殊教育 special education
在职教育 in-service education / on-job education
教师资格认定 teacher qualification accreditation
教学方法创新 innovation in pedagogy
考评 evaluation of one's professional work
教师教学质量评估 instruction performance quality assessment scheme
评教评学 assessment on teaching and learning
应试教育 exam-oriented education system
启发式教学 heuristic education
因材施教原则 principle of individualized instruction
减轻学生负担 to reduce burden for students
学校管理体制 school administration mechanism

经费充足　sufficient funding
经费不足　under-funded
提高教学水平　to enhance the level of instruction
提高教学质量　to improve the quality of teaching
社会力量办学　to manage a school with societal resources
入学标准　entrance requirements
入学资格　admission qualification
招生简章　prospectus
择优录取　merit-based enrollment
准考证　exam admission card
勤工助学　work-study
品学兼优　intellectual and moral excellence

第4单元

记忆技巧

口译主题：旅游

一、技巧讲解

交替传译是一种高强度的信息处理活动，很大程度上依赖于译员的记忆能力。没有良好的记忆力，就很难成为一名优秀的交传译员。一方面译员要利用自己的长期记忆来积累储备各种知识、经验，另一方面在进行交传工作时要使用听觉和视觉（即感官记忆）接收并识别各种信息，同时利用短期记忆对正在理解和已经理解、但尚未翻译的信息进行短暂的储存。尽管译员处于工作状态时通常可以借助口译笔记来减轻记忆的压力，但仍需依赖短期记忆将简单的笔记符号与其对应的大量内容联系起来。同时，在有些情况下译员往往不具备记笔记的条件，如陪同观光旅游，在宴会餐桌上，或是译员未随身携带笔或笔记本等等，因此需要具备良好的短期记忆能力。

学习口译的学生在开始笔记训练前最好先进行记忆力的训练，而要想提高自身的记忆效率，一方面需要了解人脑记忆的工作机制，另一方面要通过一些恰当的方法有意识地进行训练。只要坚持不懈，定会有所收获。

1 记忆机制

记忆指的是人脑对信息（个人经历、知识、概念、情感等）的存取及加工。认知科学家们认为人脑记忆由三个部分组成，即感官记忆（sensory memory）、短期记忆或工作记忆（short-term or working memory）以及长期记忆（long-term memory）。

感官记忆指的是人体感官（听觉、视觉、嗅觉、味觉、触觉）在受到外界信息源刺激时产生的信息记忆。一个正常人的感官每时每刻都在接受大量的外界信息的刺激，如果输入的信息没有立刻引起听者的注意，那么该信息几秒钟之内就会从感官记忆消失。译员主要是通过听觉和视觉来接收信息，从一开始就要立刻进入工作状态，始终保持警觉性，全神贯注，这样才能及时捕捉听觉和视觉接收到的信息。译员的感官记忆接收的信息是以源语的形式储存的。在感官记忆阶段不分心，聚精会神，才能保证信息可以从感官记忆转入短期记忆或是工作记忆进行进一步的加工处理。

短期记忆就像电脑中被打开的文档，处于被激活的工作状态，因此，短期记忆又称工作记忆。短期记忆存储了来自两方面的信息：一是来自感官记忆的，二是来自长期记忆的。在短期记忆的存储空间里，译员利用来自长期记忆中的知识和经验来理解新接收到的信息的意义。短期记忆是记忆机制的瓶颈，受到空间和时间上的限制，也就是说，它的信息存储空间有限，而且，新信息如果不被重复的话，很快就会从短期记忆里消失。

第一，就空间限制而言，科学家们一般认为短期记忆可以存储4到9个信息单位，在这里，根据个人不同的情况，一个信息单位又可以包括或多或少的信息。例如：

2003年6月29日//中华人民共和国//商务部副部长//安民//代表中央政府//与香港特别行政区//财政司司长//梁锦松//共同签署了//《内地与香港//关于建立更紧密经贸关系的//安排》//总体目标包括//货物贸易//和服务贸易//自由化//以及贸易投资便利化三个方面

假如译员对这一话题完全不熟悉，那么这段话就可能代表十六七个信息单位（如斜线标示），从而使该译员的短期记忆严重超载，根本无法记住所有信息。如果译员对这一话题比较了解，这段话就可能仅由四五个信息单位组成：

2003，6,29//签署人//CEPA//3Gs

CEPA是closer economic partnership arrangement的缩略语，即“内地与香港更紧密经贸关系的安排”，3Gs是指CEPA的三个主要目标（货物贸易自由化、服务贸易自由化、贸易投资便利化），总共是四个信息单位，这样译员的记忆储量就还有一定空间。对于非常熟悉此话题的译员来说，只需要在大脑里输入“CEPA…”这一个信息单位，就足以让自己想起所有内容（省略号代表全部相关内容），那么他的短期记忆就还可以接纳存储更多的新信息。这就说明，口译学习者平时应该多熟记一些常用短语或句式，多了解掌握时政要闻，就可以增加每个信息单位的容量，从而增加短期记忆的容量。

第二，时间上的限制是指新信息如果不被重复的话，会在15到20秒内从短期记忆里消失。因此，许多有经验的译员在交传的时候一边听一边同时在脑子里瞬间“回放”讲话人刚刚讲过的以及较早前讲过的话，这种在大脑里有意识的重复可以强化记忆，使信息不易被马上遗忘，也可以使记笔记更轻松。口译初学者可以采用同样的方法训练自己的短期记忆能力。

长期记忆可以长久地存储很多的信息。存储在长期记忆里的信息主要分为三类：情景记忆、语义记忆和程序记忆。情景记忆是对个人亲身经历的、发生在一定时间和地点的事件（情景）的记忆；语义记忆存储的是抽象事实和一般性知识；程序记忆存储的是做某件事情的程序。长期记忆对于译员来说非常重要，因为译员要利用存储在长期记忆中的知识、经验和程序来理解输入信息的意义，以及解决口译工作中出现的许多问题。一名译员的知识越渊博，经历越丰富，处理应对过的状况越多，就越能胜任口译这门职业。长期记忆里的资源很多，但并不是所有的信息在我们需要的时候都能及时重现，只有那些在学习阶段就记忆牢固、有系统、并不断复习和更新的信息，才能在我们需要的时候及时出现。

2 记忆训练窍门

在译员把源语表达的信息用译语翻译出来之前，要依赖于自己的记忆体系来完成信息的接收、存储、重现和理解的工作。在此期间，译员要充分调动和协调感官记忆、短期记忆和长期记忆的各项资源，才能快速准确地理解输入信息的意思。

在交传过程中三种记忆机制各司其职，扮演着不同的重要角色：感官记忆的重要性在于它是口译信息处理过程的第一步，译员需要不断提高自身的源语听力水平，耳聪目明，集中精力，才能快速捕捉源语信息；长期记忆的重要性在于它包含了译员对于这个世界所有的认知信息，译员要依赖它来理解感官记忆捕捉到的源语信息的意义。但是，对于一名正在进行交传的译员来说，其记忆机制当中承受最大压力的恐怕是短期记忆。因为，在对形势基本无法控制和预期的情况下，译员的短期记忆可能要存储讲话人发布的从不到一分钟到十来分钟不等的讲话内容。即使译员通常可以依赖口译笔记来减轻短期记忆的负荷，但仍需利用其短期记忆将笔记符号与刚才所听内容联系起来。同时，译员在有些情况下往往没有记笔记的条件，如在行走时，或是在餐桌上，等等。此时，译员除了依靠自己的短期记忆力别无他法。

我们在上文提到了短期记忆在时间和空间上的限制，在这里我们提供几个提高短期记忆的小窍门供大家练习参考，这些方法对于提高其他两种记忆机制也会有一定的帮助，即信息组织（organization）、大脑重复（mental repetition）、信息视觉化（visualization）、信息组块化（chunking）以及信息联想（association）。

信息组织

在听取信息的过程中，应尽可能迅速地找出信息内容的组织方式和上下文之间的逻辑关联，这对于提高短期记忆的效率比较有帮助。下面这五种信息组织的方法值得借鉴：

1. 顺序法：时间顺序；因果顺序；渐进高潮的顺序；从问题到解决办法的顺序。

2. 方向（方位）法：南北、东西；前后、左右；从下至上；从上至下等等。

3. 过渡法（连接词）：表示逻辑关系变化发展的词或短语（如英语中的however, on the other hand, conversely, also, but；汉语中的"尽管"、"然而"、"此外"、"再者"等等）。

4. 成分法（整体与部分）：根据种类和概念进行分类（例如，"人脑记忆机制包括三部分：感官记忆，短期记忆或工作记忆，以及长期记忆"）。

5. 关联法：话语内容围绕某个中心话题展开。通常第一或第二两句话是有关该中心话题的主题句（subject sentence），其他的是阐发、支持、证明该主题句的支撑句（supporting sentences）。抓住了中心话题，相关联的话语内容也更易被理解和记住，短期记忆的压力就减轻了。

举例说明，有这样一段话：

The Eiffel Tower, both a global cultural icon of France and one of the most recognizable structures in the world, is divided into three sections from bottom to the top. The lowest section of the tower contains the entrance, a gift shop, and a restaurant. The middle section consists of stairs and elevators that lead to the top. And the top section includes an observation deck with a spectacular view of Paris.

当听到"from bottom to the top"时，就要立刻意识到这段话很可能要描述埃菲尔铁塔自下而上的方向结构（方位法），并随着更多信息的输入，在大脑里逐渐"绘制"出一幅铁塔从下至上的完整方位图，也就很容易记住所有的主要内容。

大脑重复

短期记忆最大的特点就是它的短期性，即它只能在很短的时间内保存信息。但如前所述，对同一信息的重复可以延长其在短期记忆中的存储时间。因此，许多有经验的译员在交传的时候会在大脑快速重复一遍讲话人刚讲过的话，把重要的信息点联系起来。例如，某讲话人一口气讲了好几点内容，在说到中间的时候，译员通常会在心里瞬时回忆一下前面的主要内容，这样，即使在无法作笔记的情况下，译员也不会忘记主要内容，同时还能把上下文顺利地串联起来。例如，如果听到这样一段话：

中国政府在1987年提出了中国经济建设分三步走的总体战略目标：第一步，实现国民生产总值比1980年翻一番，解决人民的温饱问题，这在20世纪

80年代末已基本实现；第二步，到20世纪末国民生产总值比1980年翻两番，这也已在1995年提前完成；第三步，到21世纪中叶基本实现现代化，人均国民生产总值达到中等发达国家水平，人民过上比较富裕的生活。

当听到第二步目标的内容时，快速在大脑里重复一下第一步目标的主要内容（GNP1980翻一番，温饱，80s末已实现）；在听到第三步目标的内容时，又在脑子里迅速回忆一下前两步的要点（1. 1980翻一番，温饱，80s末；2. 20C末两番，1995提前完成），这样不仅可以增强对三个步骤主要信息的记忆，还可以在三点之间更好地建立起逻辑关联。

信息视觉化

记忆的效果除了跟个体的记忆效率有关以外，还与记忆材料的类型有一定的关系，比如，新奇有趣的材料会比普通平常的材料好记。因此，为了使记忆更加深刻，学生们可以不断对自己进行心理暗示（“这段话很重要，很有趣”），也可以发挥想象力，在脑海里将听到的内容幻化成一幅幅生动有趣的画面，即便是在相当长的一段时间后，依然可以记起比较详细的内容和细节。比如在听到“黑龙江与乌苏里江的汇合处”这一短语时，可立刻在脑海里呈现出一幅“涛涛江水，奔流而下”的图画，而且还是“乌黑”的江水！这种信息视觉化的方法对于记忆叙述性和描述性的信息材料尤其有效。例如，当听到这样一段话时：

市树市花是一个城市的标识。成都的市花是芙蓉，而成都也有着“蓉城”的别称。那么成都为什么会被称为“蓉城”呢？据说在五代时期，后蜀国的王妃花蕊夫人有一天外出游玩，于百花丛中发现了美如天上红云的芙蓉花，惊喜不已，十分喜爱。后蜀国王孟昶得知后，为了取悦花蕊夫人，命人在城苑上下遍植芙蓉。到第二年秋天花开时，成都便“四十里芙蓉如锦绣”，美不胜收，自此也就有了“芙蓉城”的美誉。

译员可立即在脑海里描绘出一幅幅美图：凤冠霞帔的王妃……红红的芙蓉花……颐指气使的国王……忙碌的种花人……秋天怒放的芙蓉花……有了这样一幅幅被视觉化了的鲜活的图景，就不会有多少信息被遗忘了。

信息组块化

信息组块化指的是把相关信息集中归类到一个信息/意义单位，便于储存记忆，并扩大短期记忆的容量。例如，在一段关于中国地形的讲话里，我们可能会听到“青藏高原、云贵高原、东北平原、华北平原、长江中下游平原、四川盆地……”等等一长串名字，如果不加分析的话肯定会觉得十分复杂，但经过信息组块化处理后，我们会发现这段话其实只包括了三个主要的信息单位，即“高原”、“平原”和“盆地”，其余的信息都是包含在这三个信息单位下的具体内容和细节。

信息联想

信息联想有两个层面的意思。一是指译员在听到某一信息的时候，会立刻在脑海里联想起与之相同、相似或是有关联的另一信息，以此来强化对所听信息的记忆。例如，当译员听到I'm William. Nice to meet you这句话时，他/她可能会在脑海里刻意将此人的名字与美国前总统William Clinton的名字关联，以增强记忆；在听到"322"这一数字时，特意将其与自己某个朋友的生日联系起来，以加强对这一数字的记忆。

信息联想第二个层面的意思是指将刚听到的新信息与以前已有的知识、经验进行链接，以获取理解和记忆。许多认知科学家都认为，人一旦记住的许多东西可能一辈子都不会忘记，但在某个时刻想不起某些需要的信息则是因为他/她丢失了获取这些记忆的联想链接，而链接越直接，越清晰，距离上次被激活的时间越短，联想起来就越容易。这也是为什么译员的译前准备如此重要的原因：通过预习话题知识、熟悉相关术语的意义和表达、了解讲话人背景等准备工作，译员可以激活存储在大脑的相关记忆，使翻译时的信息联想更快速准确。

以上提到的提高短期记忆的方法——信息组织、大脑重复、信息视觉化、信息组块化以及信息联想，可以融入到源语复述和译语复述的记忆训练方法当中。具体操作程序如下：

1. 听一段源语材料，可由老师或是练习伙伴来朗读，也可以听录音，材料的长度和难度逐渐增加；

2. 凭短期记忆存储材料内容，尽量运用上面提到的信息组织、大脑重复、信息视觉化、信息组块化以及信息联想等记忆方法，不可以做笔记；

3. 进行源语复述，先要求记住大意，再要求细节；

4. 分析遗漏信息的性质和遗忘原因；

5. 按以上步骤重复练习，直至能较好地完成源语复述，即基本做到内容完整准确，所花时间一般不超过源语发布时间；

6. 转入听源语，用译语复述阶段，步骤同上。

出众的记忆力往往会成为众人艳羡的资本，但天生就拥有超常记忆力的人毕竟是凤毛麟角。译员和大多数人一样，并没有与生俱来的过目不忘的本领，他们是通过长期不断的练习才练就了让人称奇的短期记忆力。因此，只要了解了人脑记忆的工作机制，并根据正确的方法进行持之以恒的练习，我们的学生也一定能提高自己的记忆力和学习能力，为将来从事交传工作或是其他涉及高强度信息处理的工作打下良好基础。

二、话题练习：旅游

1 热身词汇

1. 英译汉

Passage 1

Caucasian 白种人，高加索人种
river valley 河谷
volcanic topography 火山地形
the Star-spangled Banner 星条旗（美国国旗）
bald eagle 秃鹰
happening 时髦的，时尚的
Five Great Lakes 五大湖
Rocky Mountains 落基山脉
heartland 中心地带，心脏地带
Lake Huron 休伦湖
Lake Ontario 安大略湖
Lake Michigan 密歇根湖
Lake Erie 伊利湖
Lake Superior 苏必利尔湖
a host of 许多，一大群
dog sledding 狗拉雪橇
the Horseshoe Falls 马蹄瀑布
the American Falls 美国瀑布
the Bridal Veil Falls 新娘面纱瀑布
Hudson River 哈得逊河
spiked crown （自由女神头戴的）尖芒头冠，尖形冠冕
stone tablet （《独立宣言》的书形）石板
semi-arid 半干旱的
avant-garde 先锋，先驱，先进的
without any hassle 毫不费劲地，轻而易举地

Passage 2

Commonwealth of Australia 澳大利亚联邦
East Timor 东帝汶
Papua New Guinea 巴布亚新几内亚
New South Wales 新南威尔士州
Queensland 昆士兰州
South Australia 南澳大利亚州
Tasmania 塔斯马尼亚州
Victoria 维多利亚州
Western Australia 西澳大利亚州
Northern Territory 北部地区
Australian Capital Territory 澳大利亚首都直辖区
Western Plateau 西部高原
Eastern Highlands 东部高地
golden sandy beach 金色沙滩

flora and fauna 动植物
Great Barrier Reef 大堡礁
Gold Coast of Queensland 昆士兰黄金海岸
Ayers Rock 艾尔斯岩石
Alice Springs 爱丽斯泉
Adelaide 阿德莱德（南澳州首府）
Brisbane 布里斯班（昆士兰州首府）
Melbourne 墨尔本（维多利亚州首府）
cosmopolitan city 国际性大都市
boutique 精品店
shopping arcade 购物拱廊，商业街
Sydney Opera House 悉尼歌剧院
indigenous Australians 澳洲土著居民，原住民

Passage 3

to sprawl from the rolling crests of the Pacific to the crashing breakers of the Atlantic 从波涛翻滚的太平洋一直延伸到浪花汹涌的大西洋
cedar 雪松
fir 冷杉
shady grove 蔚然成荫的树丛
maple 枫树
poplar 白杨
the Rockies 落基山脉
granite 花岗岩
the Canadian Shield 加拿大地盾
lush ranchland 草色青葱的牧场
rolling prairie 绵延起伏的大草原
to plunge into 插入，跳入
logging camp 伐木者营地
mining settlement 矿工居住区
fishing outpost 渔港
soaring skyscraper 高耸入云的摩天大楼
the French flair of Montreal 蒙特利尔的法国风情（蒙特利尔是加拿大第二大城市，魁北克省第一大城市）
fortress 堡垒，要塞
Quebec 魁北克（此处指魁北克市，而不是魁北克省）
St. Lawrence 圣劳伦斯河
Halifax 哈利法克斯（加拿大港市）
menacingly 威胁地，险恶地
the four Atlantic provinces 四个大西洋省，包括新布伦瑞克（New Brunswick）、新斯科舍（又译诺瓦斯考地亚，Nova Scotia）、爱德华王子岛（Prince Edward Island）、纽芬兰及拉布拉多（常简称纽芬兰省，Newfoundland and Labrador）
the Appalachian Mountains 阿巴拉契亚山脉
the British Isles 英国（由于英国是个岛国，而且包括不止一个岛屿，故有此称谓）
"Maritimers" "沿海人"
Quebec and Ontario 魁北克（省）和安大略（省）
parish church 教区教堂
the floor of the St. Lawrence Valley 圣劳伦斯河谷谷底
dairyman 奶农

fruit grower 果农
the Niagara Peninsula 尼亚加拉半岛
bleak wilderness 荒凉的旷野
to live off 以……为生
Oshawa 奥萨瓦（安大略省境内的城市）
granary 粮仓
British Columbia 不列颠哥伦比亚（另译卑诗省）
Northwest Territories 西北地区
the Yukon 育空地区
Inuit 因纽特人（的）
prospector 探矿者
radar line 雷达线
air base 空军基地
the Arctic Ocean 北冰洋
British stock 英国人的后裔
New Brunswick 新布伦瑞克省
virgin soil 处女地
construction boom 建设热潮
haven 避难所，避风港
"boat people" "船民"（指20世纪70年代末期被越南当局强迫乘船离境的难民）
brains and muscles 智慧和力量（即脑力劳动者和体力劳动者）
hockey rink 冰球场
cultural mosaic 文化多样性

2. 汉译英

Passage 1

交通通讯枢纽 transportation and communication hub
四川盆地 Sichuan Basin
成都平原 Chengdu Plain
特大城市 mega city / metropolis / cosmopolitan city / super city
县级市 county-level city
亚热带季风气候 sub-tropical monsoon climate
无霜期 frost-free period
"天府之国" "the Land of Abundance"
织锦业 brocade-making industry
"锦城" "City of Brocade"
前蜀和后蜀 the Former Shu and the Later Shu
"蓉城" "the City of Hibiscus"
郡（相当于现在的省） prefecture or province
太守 chief of a prefecture or governor
木刻印刷术 woodcut printing technology
漆器 lacquerware
蜀绣 Shu embroidery
都守 governor
水利工程 Irrigation System / Water Conservancy Project
相提并论 to put/place... on a par with
造福后人 to bring benefit to posterity / future generations

三国时期　the Three Kingdoms Period
丞相　prime minister
武侯祠　Wuhou Temple / Temple of Marquis Wu
杜甫草堂　Du Fu Thatched Cottage
佛教名山　famous Buddhist mountain
避暑胜地　famed summer resort
世界自然/文化遗产名录　World Natural/Cultural Heritage List
成都大熊猫繁育研究基地　Chengdu Research Base of Giant Panda Breeding
珍稀野生动物　rare wild animals
“烹饪王国”　“Kingdom of Cuisine”
菜系　style/school of cooking/cuisine
川菜的特点是品种多、口味重、尤以麻辣著称。Sichuan food is famous for its numerous varieties of delicacies, strong flavors and is best known for being hot and spicy.
麻辣鲜香　hot/tongue-numb, spicy, fresh and tasty
龙抄手　*Long Chaoshou* / the Long's wonton
钟水饺　*Zhong Shuijiao* / the Zhong's dumplings (boiled dumplings)
赖汤圆　*Lai Tangyuan* / the Lai's sweet dumplings (dumplings made of sticky rice, rolled into balls and stuffed with sesame paste or minced meat)
韩包子　*Han Baozi* / the Han's steamed bun with stuffing (steamed bun with meat and vegetable stuffing)
夫妻肺片　“husband and wife” beef slices
麻婆豆腐　*Mapo Tofu* / Mapo bean curd (spicy bean curd with shredded pork meat)
“好吃嘴”　gourmet
老式茶馆和时尚酒吧　old-fashioned teahouses and modern stylish bars
休闲生活方式　leisurely lifestyle
银杏树　gingko

Passage 2

“元谋人”　“Yuanmou Man”
原始人类　hominid
“北京人”　“Peking Man”
现代人　[*Latin*] homo sapiens
西周　the Western Zhou Dynasty
春秋时期　the Spring and Autumn Periods
战国时期　the Warring States Periods
诸侯　princes
统一的中央集权的多民族封建国家　unified, centralized and multi-ethnic feudal state
“始皇帝”　“the first/founding emperor of the Qin Dynasty”
度量衡　weights and measures
郡县制度　the system of prefectures and counties

行宫 temporary regal lodge / imperial palace for short stays away from the capital

秦始皇陵 the mausoleum of Qin Shi Huang

兵马俑 terra-cotta horses and warriors

世界第八大奇迹 the Eighth Wonder of the World

使臣 court official

西域 Western Regions / Central Asia

《三国演义》 *The Romance of the Three Kingdoms*

南北朝 the Southern and Northern Dynasties

冶炼 smelting and metal casting

五代十国 the Five Dynasties and Ten Kingdoms

兵变 mutiny

成吉思汗 Genghis Khan

蒙古汗国 Mongol Khanate

忽必烈 Kublai Khan

中原 the Central Plain

造纸、印刷术、指南针、火药 paper-making, printing, compass and gunpowder

满族人 Manchu

盛世 times of prosperity

《红楼梦》 *The Dream of Red Mansion*

封建贵族家庭 feudal aristocratic family

傣族泼水节 Water Sprinkling/Splashing Festival of the Dai people

蒙古族那达慕大会 Nadam Fair of the Mongolian people

彝族火把节 Torch Festival of the Yi people

瑶族达努节 Danu (Never-Forget-the-Past) Festival of the Yao people

白族三月街 Third Month Fair of the Bai people

壮族歌圩 Antiphonal Singing Day of the Zhuang people

藏历年 Tibetan New Year

望果节 Onghor (Expecting-a-Good-Harvest) Festival of the Tibetan people

苗族跳花节 Jumping Flower Festival of the Miao people

除夕 the lunar New Year's Eve

守岁 seeing the year out

拜年 to pay new year calls

狮子舞 lion dancing

龙灯舞 dragon lantern dancing

划旱船 land boat rowing

踩高跷 stilt walking

滩涂 shoal / tidal-flat area

东北平原 Northeast Plain

华北平原 North China Plain

长江中下游平原 Middle-lower Yangtze River Plain

大兴安岭 the Greater Hinggan

小兴安岭 the Lesser Hinggan

长白山区 Changbai mountain ranges

热带阔叶林区 tropical broadleaf forest

大陆性季风气候 continental monsoon climate

偏北风 northerly wind

偏南风 southerly wind
四季分明 four discernable/distinct seasons
雨热同季 The rainy season coincides with the hot season.
西伯利亚 Siberia
干寒的冬季风 dry and cold winter monsoon
蒙古高原 Mongolian Plateau
夏季风 summer monsoon
暖湿气流 warm and humid current
温度带 temperature belt
干湿地区 dry and moist zone
赤道带 equatorial zone
暖温带 warm-temperate zone
寒温带 cold-temperate zone
水分 moisture
半湿润区 semi-humid zone
半干旱区 semi-arid zone
行政区划 administrative division
直辖市 municipality directly under the Central Government
自治州、县、乡 autonomous prefecture / county / town
民族自治 ethnic autonomy

2 英译汉

Passage 1

The United States

1. Basic Information About the United States

The United States of America is located in North America, bordering both the North Atlantic Ocean and the North Pacific Ocean, between Canada and Mexico, with a total area of over 9.8 million square km.

According to the estimation of July 2007, the United States has a population of 301 million with a population growth rate of 0.894%. In terms of population, it is the third largest country in the world, after China and India. With regard to its ethnic groups, the Caucasians make up about 82% of the country's total population, the African Americans, nearly 13%, and the Asian Americans, 4.2%.

Topographically, America has a vast plain in the central area, mountains in the west, hills and low mountains in the east, rugged mountains and broad river valleys in Alaska, and rugged, volcanic topography in Hawaii.

America has 50 states and District of Columbia, with Alaska as the largest state and Rhode Island, the smallest. Its largest cities include New York, Los Angeles, Chicago, Houston, Philadelphia, Phoenix, San Antonio, San Diego, Dallas and San Jose.

The Americans celebrate a variety of holidays throughout the year. Their holidays can be secular, religious, international or uniquely American. They include New Year's Day, Martin Luther King Day, Presidents' Day, Valentine's Day, Easter, Memorial Day, Independence Day, Labor Day, Columbus Day, Halloween, Veterans Day, Thanksgiving Day and Christmas Day.

The national flag of America is the Star-spangled Banner, its national bird is bald eagle, and its national flower is the rose.

2. Tourist Attractions in the United States

The United States is one of the most visited countries in the world. People from different regions of the world visit the country for different purposes. The tourist attractions in America are countless. It boasts some of the most happening cities in the world, like New York, Washington, Los Angles and Las Vegas. You will find here everything from spectacular natural wonders to some of the most visited historical and cultural landmarks that showcase the rich historical legacy of America. The country features some of the most fascinating natural wonders like the Five Great Lakes, the Niagara Falls, the Grand Canyon and the Rocky Mountains. Some of the major landmarks of the country are the White House, the Statue of Liberty, the Pentagon, the Empire State Building and many others. The country is also the cultural hub of North America as it nestles Hollywood, boasting all the major studios and the biggest film stars on earth, and Broadway, the heartland of theater and entertainment in North America.

One of the most popular natural wonders of the country is the Great Lakes, comprising of five lakes that include Lake Huron, Lake Ontario, Lake Michigan, Lake Erie, and Lake Superior. All of these lakes are extremely popular with the tourists. The lakes provide you with the opportunity to participate in a host of sports and activities, like swimming, mountain biking, canoeing, fishing, hiking, golfing, dog sledding and sailing. The lakes are the best places for sunbathing on white sandy beaches, witnessing spectacular glimpses of sunrises and sunsets and for general sightseeing.

Niagara Falls is one of the most visited natural wonders in the world. Located on the border between the United States and Canada, it actually comprises of three waterfalls, the Horseshoe Falls, the American Falls, and the Bridal Veil Falls. It is renowned for its breathtaking natural beauty and is also a significant source of hydroelectricity. The spray of the waterfall is amazing and the experience of visiting this magical site cannot be expressed in words.

A trip to America is incomplete without a tour of some of the most economically strong and technologically advanced cities in the world such as New York. New York is a must-visit for all those who are planning a trip to America. It is a city that is rich in culture and is also one of the biggest commercial centers in the world. The city features some of the most visited tourist attractions of the world like Times Square, Broadway Theaters, the Empire State Building and the Statue of Liberty.

The Statue of Liberty is one of the popular icons of New York and has become synonymous with the existence of the United States. It is situated in the mouth of the Hudson River in New York and welcomes all the people visiting America. The statute portrays a woman wearing a flowing robe and a spiked crown, and holding a flaming torch in her right hand and a stone tablet in her left hand. The statue symbolizes liberty and democracy.

Once the tallest building in the world, the 102-storey Empire State Building, is still a must-see attraction for all the people touring America. It features in the list of the Seven Wonders of the Modern World. After the destruction of the World Trade Center, it has again become the tallest building in New York. Along with the Statue of Liberty, the Empire State Building has become synonymous with New York and subsequently with the entire country.

The climate of the country is varied. It is mostly temperate, but tropical in Hawaii and Florida, arctic in Alaska, semi-arid in the Great Plains which are west of the Mississippi River, and arid in the Great Basin of the southwest. The best time to visit America is during the summer. You can also visit the country during Christmas, but during this period most of the popular destinations are crowded.

Transportation facilities are of top-class quality in America. Almost all the cities boast of avant-garde road and railway networks that will allow you to conveniently travel from one place to another without any hassle. Apart from this, air travel is also another popular mode of transport. You can experience the luxury of flying to your desired destinations at a low cost.

From a cultural perspective, the United States offers you unique variety; you will find here different people of different ethnic groups and with different religious beliefs. The dominant languages that are spoken here are English and Spanish. The dominant religion is Christianity, but people of other religions like Hinduism, Islam and Buddhism also live in this country. Overall, tourism in America is all embracing, offering you an unlimited variety that you will cherish for the rest of your life.

Passage 2

Australia

Located in the Southern Hemisphere, with an area of nearly 7.7 million square km, Australia is the smallest continent and yet the sixth largest country in the world, after Russia, Canada, the United States, China and Brazil. It is officially known as the Commonwealth of Australia. Australia comprises six states, two mainland territories and numerous islands that lie on the Pacific and Indian oceans. Its coastline runs for more than 34,000 kilometers or 21,000 miles. The total population of the country is said to have exceeded 21 million. Australia is one of the world's most urbanized countries. Most of its people live along the eastern coast and southeast corner of the continent. Countries that lie close to Australia include Indonesia, East Timor and Papua New Guinea to the north and New Zealand to the southeast.

The six states in Australia are New South Wales, Queensland, South Australia, Tasmania, Victoria and Western Australia. The two major territories of Australia are the Northern Territory and the Australian Capital Territory, with Canberra as its capital city.

Australia has extremes of climate and topography. It is the flattest and driest among all the human inhabited continents. There are many rainforests and snowfields that stretch to the eastern as well as the western parts of Australia. Towards the southeast lie deserts and fertile croplands.

The geography of Australia is extremely diverse and ranges from the snow-capped mountains of Tasmania to deserts, forests, plains and hills. The western part of Australia consists of the Western Plateau. The Eastern Highlands separate the narrow eastern coastal plain from the rest of the continent.

Australia is one of the most beautiful countries in the world. There are numerous tourist attractions in Australia that attract a large number of international tourists throughout the year. It boasts rain forests, golden sandy beaches, and unique flora and fauna that contribute immensely to the growth of tourism in the country. Some of its major tourist attractions include the Great Barrier Reef, the Gold Coast of Queensland, Ayers Rock, Alice Springs and much more.

Australia is a land of fun and excitement. Some of its most interesting cities include Adelaide, Brisbane, Canberra, Melbourne and Sydney. Adelaide is known as the city of festivals since over 400 festivals are celebrated there a year. Brisbane is a fascinating and modern cosmopolitan city. It is the capital of Queensland and now is the hub of the major agricultural industries that have developed. Canberra is located in a valley in the Southern tablelands of New South Wales. It has beautiful suburbs and also has some beautifully designed buildings. It is the country's center of political and cultural activities. Melbourne is the second largest city in Australia and is a paradise for shoppers. The city has an exciting range of shops, boutiques and malls. Fashion and fine art find equal spaces in the minds of the people here. Sydney is the capital city of New South Wales and offers some of the finest shopping arcades in the world, is visited by some of the most famous personalities in the world, has a happening nightlife, art and music and much more. A must-visit place is the Sydney Opera House.

The culture of Australia has its roots in numerous sources, but primarily the United Kingdom and also the indigenous Australians who are thought to have arrived around 50,000 years ago. This would most likely have been at a time when the sea levels were low, the land was more humid and animals were larger. Australia has one of the most ethnically diverse populations in the world and is a melting pot for different cultures.

Australia has a diverse economy and a well developed services sector that includes a range of secondary manufacturing and an expanding base of new technology. Australia is famous for its milk products, especially different variants of cheese. Australia has received world recognition for its wonderful contributions to film, music, painting, theater, dance and crafts.

Passage 3

Canada

The sheer size of Canada is overwhelming. Smaller only than the former Soviet Union, it sprawls from the rolling crests of the Pacific to the crashing breakers of the Atlantic. Its northern boundary is the frozen Arctic, and its southern, the American border.

Canada is a land of infinite variety: of majestic stands of cedar and fir and shady groves of maple and poplar; of the towering peaks of the Rockies and rounded ancient granite of the Canadian Shield; of the lush ranchland and seemingly endless, rolling prairie; of rivers that reach thousands of miles inland and of possibly more lakes than the rest of the world combined; of quiet sandy beaches and coasts where the mountains plunge into the sea.

It is a land of small towns, logging camps and mining settlements, and of fishing outposts. It is a land of cities: the breath-taking beauty of Vancouver, the soaring skyscrapers of commercial Toronto; the French flair of Montreal; the old fortress of Quebec overlooking the St. Lawrence; the port of Halifax whose ancient guns still frown menacingly over the harbor. Not one has seen it all. Few can imagine its vastness and its variety.

The four Atlantic provinces are the northern-most extension of the Appalachian Mountains which run along most of the Atlantic seaboard of North America. The Atlantic provinces have been little affected by modern immigration. Most of the inhabitants are descendants of people from the British Isles and have lived in the region for generations or centuries. Poorer than the average Canadian, the people of the Atlantic provinces have a strong sense of independence, a distinctive outlook rooted in their past, and a sense of identity as "Maritimers" —those who live by the sea.

United by geography but divided by history and language, the provinces of Quebec and Ontario form two distinctive Canadian regions and societies. For almost 400 years Quebec farmers have cultivated narrow strips of land running back from the St. Lawrence. Most of the people in Quebec are French-speaking. While most of them now live in the industrial cities which produce almost one third of Canada's manufactures, the quiet villages and farms and the white towers of the parish church constantly reveal what the province was like for several centuries, and what for some it still is.

Ontario is Canada's most populous province. Over the border in Ontario, the floor of the St. Lawrence Valley broadens. The farms become larger, and settlement runs many miles north from the river. Prosperous farmers and dairymen, and fruit growers in the Niagara Peninsula produce one third of the nation's agricultural wealth. In the bleak wilderness of the Shield, a string of towns and cities live off the rich yield of the forests and mines. But the pulse of the province comes from the large manufacturing cities that sweep around Lake Ontario from the Niagara Falls to Oshawa.

The southwestern portion of the Canadian Shield gradually disappears into the wheatlands of the Canadian prairies, one of the great granaries of the world. Beyond the Rockies lies British Columbia, a province extremely rich in the products of its forests, waters and mines. With an abundance of hydroelectric power, much of it exported to the United States, it boasts of a rapidly growing manufacturing industry bases on its raw materials.

Stretching across the top of the four western provinces are the great Northwest Territories and the Yukon. Governed partly from Ottawa, but hoping eventually to become provinces, the north makes up 40% of Canada's area. Yet in that vast Arctic region there are only 70,000 people. Many of them are Inuit and Indian, although increasing numbers of "newcomers" now live in the north as prospectors, engineers, oilmen, merchants, government officials, and operators of radar lines and air bases that guard the northern approaches to the continent.

For a long time the distant north was far removed from the mainstream of Canadian life. But the discovery of large mineral deposits and oil and gas fields and the existence of powerful rivers for hydroelectric power have made Canadian look to the north.

Less than half of the population of Canada is of British stock. Of those are many emigrated from British and the United States in colonial days. Others arrived among the flood of immigrants in the first decade of the 20th century and in the years since the end of the Second World War. They are scattered all over the country, but form the bulk of the population in the Atlantic provinces, the rural Ontario and parts of the prairies and British Columbia.

About 25 percent of Canada's population is French-speaking. There has been little modern immigration from France. Quebec is the heartland of French Canada, but large numbers of French Canadians live in New Brunswick and Ontario. One quarter of the population is of neither French nor British origin. Most of these Canadians have come from the countries of Europe, seeking escape from tyranny, war or poverty. They came to break the virgin soil of the Canadian west, run the rapidly expanding factories in the east, or develop the mineral and forest resources on the northern frontier.

Then came the massive postwar immigration. There were 5,000,000 immigrants between 1945 and 1983 and most of them headed for the cities of eastern Canada or British Columbia where the skilled found their place in the booming industries and expanding classrooms and offices, and the unskilled became the labor force of the postwar construction boom. Canada has also been a haven for refugees. Over 80,000 Vietnamese "boat people" went there.

The immigrants have brought to Canada their own cultural heritage, as well as the brains and muscles that Canada has needed. Art galleries and concert halls, fashionable shops and general stores, hockey rinks and football field, university facilities and high school classrooms, foreign-language movie houses and bookstores, markets and restaurants, all reflect the Canadian cultural mosaic.

3 汉译英

Passage 1

游在成都

欢迎大家来成都旅游，我先给大家介绍一些成都的基本情况吧。成都是四川省省会，国宝熊猫的故乡，是中国西南地区的政治、经济、文化、科技、商贸、金融中心和交通通讯枢纽。它位于四川盆地的西部、成都平原的中部，东西长192公里，南北宽166公里。成都属内陆城市，距东海1,600公里，距南海1,090公里。

成都很大，总面积有12,400平方公里。全市总人口有11,000,000，在全国特大城市中，仅次于北京、上海、重庆，居第四位。成都下辖九个区、六个县和四个县级市。

成都属亚热带季风气候，终年温暖湿润，四季分明，年均气温在摄氏16度左右，年均降水量1,000毫米左右，全年无霜期达300天以上，年均日照时间达1,200多个小时。就因为这里气候温和湿润，沃野千里，水旱从人，物产丰饶，百业兴旺，自古就被称为是“天府之国”。

成都是一座历史文化名城，是灿烂的巴蜀文明发源地之一，是有着2,300多年历史的古都。汉朝时期，成都的织锦业很发达，一名专门的官员被指派来管理这一行业，从那时起，成都就被称为“锦城”。五代时期，成都是前蜀和后蜀的首都。后蜀有个皇帝叫孟昶，他让人在成都的城墙上广植芙蓉，“蓉城”因此而得名。

西汉景帝末年（公元前143–141年），蜀郡太守文翁于成都城南（即今四川省成都市石室中学所在地）创立了蜀郡郡学，开中国地方官办学校之先河。成都还诞生了世界上第一张纸币“交子”。成都的造纸术、木刻印刷术、漆器、蜀锦、蜀绣、戏剧、歌舞也曾一度风靡天下。

成都旅游资源得天独厚：一是人文景观多；二是自然景观全；三是旅游资源分布相对集中；四是成都旅游地理位置十分优越。比如在人文景观方面，您可以去看看2,250多年前秦国蜀郡守李冰和他的儿子为治理成都平原水患率众修建的都江堰水利工程，这项工程直到今天都还在发挥作用。后人常将李冰父子修筑都江堰水利工程的辉煌业绩与文翁办学促进蜀地文化发展的功绩相提并论。“李冰治水”与“文翁化蜀”同为秦汉时代四川的两项造福后人、功彪史册的不朽业绩。李冰和文翁也因促进、推动蜀地的经济和文化发展，千百年来为人们所称颂、景仰。

您也可以参观为纪念三国时期蜀汉丞相诸葛亮而修的祠堂——武侯祠，还有唐代大诗人杜甫在成都的故居——杜甫草堂。武侯祠和杜甫草堂就在市区，一天时间就足够了。同样用一天的时间您还可以到距成都38公里的广汉市参观建立在三星堆古遗址上的三星堆博物馆。三星堆距今已大约有5,000年历史，是迄今为止在中国境内发现的范围最大、延续时间最长、文化内涵最丰富的古城、古国、古文化遗址。

如果您喜欢自然风光的话，那更是来对了地方，成都周围都是些名山名水，像被列入世界自然文化遗产名录的佛教名山峨眉山，中国道教发祥地和避暑胜地青城山，景色迷人的龙池国家级森林公园，等等。如果您有三天时间，还可以乘飞机去位于川西阿坝藏族自治州境内的九寨沟。九寨沟是水的天地，水是九寨沟最富魅力的景色，是九寨沟的灵魂。无论是宁静的湖泊，还是飞泻的瀑布，都是那么的神奇迷人，让人过目不忘。现在九寨沟已被列入了世界自然遗产名录，是四川的旅游胜地。

我们都知道四川是国宝大熊猫的故乡，其实并不是所有的大熊猫都生长在野外。距成都市区仅10公里的成都大熊猫繁育研究基地模拟建造了适宜大熊猫及多种珍稀野生动物生息繁衍的生态环境，这里常年圈养着几十只大熊猫。每年都有很多中外游客去那儿看熊猫，单是境外游客2006年就达到了25万人次。

还有啊，我们都知道中国被称为“烹饪王国”，而四川又被称为“美食王国”，难怪人们常说“吃在中国，味在四川”。中国有八大菜系，川菜则是中国八大菜系之一，历史悠久。川菜的特点是品种多、口味重，尤以麻辣著称。四川火锅麻辣鲜香，川菜菜品丰富，花样多。而成都的小吃也很有名，什么龙抄手、钟水饺、赖汤圆、韩包子、夫妻肺片、麻婆豆腐，名堂可多了！大部分的成都人都是“好吃嘴”。成都的电视台和报纸每天都会有“美食情报”发布，朋友、同事间的聊天话题也常与吃有关，成都大街小巷遍布着又好吃又便宜的馆子，所以要找吃饭的地方很方便，而且大都不需要预订。

成都是一座典型的休闲城市，老式茶馆和时尚酒吧都很多，街边和河边比比皆是。晚上如果大家没事的话可以相约去茶馆品茶，或是去酒吧喝啤酒，亲身体会体会成都人的休闲生活方式。对了，成都的市花是芙蓉花，市树是银杏树。在银杏树树阴下读书、看报、与朋友聊天也是成都人喜欢的生活方式。总之，希望你们大家在成都玩得愉快！

Passage 2

中国简介

1. 历史

中国是世界上最古老的文明之一，有着近4,000年的有文字可考的历史。发现于云南元谋的“元谋人”化石，距今约170万年，是中国境内已知最早的原始人类。距今四五十万年前居住在北京周口店一带的“北京人”，能直立行走，能够制造、使用简单的工具，并知道了用火，已具备了现代人的基本特征。经过漫长的原始社会，约在公元前21世纪，出现了中国历史上第一个朝代——夏，开始进入奴隶社会。继夏而兴起的商、西周进一步发展了奴隶制度。之后就是春秋和战国时期，被认为是由奴隶社会向封建社会过渡的阶段。

公元前221年，雄才大略的嬴政结束了战国时诸侯纷争的局面，建立了中国历史上第一个统一的中央集权的多民族封建国家——秦，自称为“始皇帝”。秦始皇统一了文字，统一了度量衡，统一了货币，建立了郡县制度，修建了赫赫有名的万里长城，并分别在咸阳、骊山等地为自己修建了规模浩大的宫殿、陵园和行宫。如今，地上的建筑早已被兵火毁灭，但那些深藏地下的物品却被长久保留下来。仅以部分考古发现为例，真人大小、神姿英武的“秦始皇陵兵马俑”被誉为世界第八大奇迹，其雄伟壮观的浩大场面令纷至沓来的中外游客叹为观止。秦朝末期，平民出身的刘邦与贵族将军项羽共同推翻了秦王朝的统治，又经过数年，刘邦打败了项羽，于公元前206年建立了强大的汉王朝。

汉代的农业、手工业、商业都有了极大的发展。汉武帝时期，派使臣张骞出使西域，打开了从都城长安（今陕西西安）经新疆、中亚直抵地中海东岸的道路，被称为“丝绸之路”，中国绚丽的丝织品经此源源西运。汉朝共存在了426年，到公元220年，历史进入魏、蜀、吴鼎立的三国时代。

三国时代最出名的政治人物是曹操、诸葛亮和孙权。曹操奠立了魏国的基础；诸葛亮是蜀国的丞相，是中国古代智慧的象征；孙权为吴国的建立者，曾与刘备联合，大败曹操于赤壁。他们的故事集中体现在一部名叫《三国演义》的小说里。

三国之后，经历了晋、南北朝、隋等朝代。之后建立的唐朝有发达的农业、手工业和商业，纺织、染色、陶瓷、冶炼、造船等技术也都有了进一步的发展；全国水陆交通纵横交错，并与日本、朝鲜、印度、波斯、阿拉伯等许多国家建立了广泛的经济和文化联系。唐亡之后，经过五代十国时期，公元960年赵匡胤发动兵变，建立了宋朝。1206年，成吉思汗统一蒙古各部落，建立蒙古汗国。他的孙子忽必烈于1271年入主中原，建立元朝，定都大都（今北京）。宋、元时期，工商业和对外贸易都很发达，许多外国商人、旅行家纷纷来到中国。威尼斯人马可·波罗曾在中国广泛游历，在他的游记中，生动、具体地描述了当时中国的富强和工商业的繁荣。造纸、印刷术、指南针、火药是中国古代的“四大发明”，到了宋代、元代又有了新的发展，并相继传入世界各地，对世界文明作出了巨大的贡献。

1368年，明太祖朱元璋在南京建立了明朝。他的儿子朱棣即位后，于1421年迁都北京。明代，农业生产和手工业都有显著进步，到明末已出现了资本主义的萌芽。与此同时，中国同更多的亚非国家建立了友好关系。

清朝于1636年建立。清代最著名的两个皇帝是康熙和乾隆，人们把康熙、乾隆统治时期称为“康乾盛世”。在清代，还出现了一些艺术性很高的长篇小说，其中最著名的是曹雪芹描写封建贵族家庭由兴转衰的长篇小说《红楼梦》。

2. 节日

中国法定节日有1月1日的元旦节、春节（也就是农历新年）、3月8日的国际劳动妇女节、3月12日的植树节、5月1日的国际劳动节、5月4日中国青年节、6月1日国际儿童节、8月1日中国人民解放军建军节、9月10日教师节和10月1日的国庆节。

中国重大的传统节日有春节、元宵节、清明节、端午节、中秋节、重阳节等。此外，各少数民族也都保留着自己的传统节日，诸如傣族的泼水节、蒙古族的那达慕大会、彝族的火把节、瑶族的达努节、白族的三月街、壮族的歌圩、藏族的藏历年和望果节、苗族的跳花节等等。

每年寒冬将尽，春天快要来临的时候，中国人民照例要隆重而热烈地庆祝一年中的第一个、也是最重要的传统佳节——春节。春节的前一夜叫“除夕”，是家庭团聚的重要时刻，全家人欢聚一起，吃一顿丰盛的“年夜饭”；饭后，合家围坐欢叙或做游戏，许多人通宵不眠，称“守岁”。次日，大家便开始到亲朋好友家里“拜年”，相互问候，祝愿在新的一年里万事如意。春节期间，举办当地传统的文娱活动是必不可少的，以狮子舞、龙灯舞、划旱船、踩高跷最为普遍。

3. 土地

中国土地资源的构成和分布具有三大特点：一是类型多样，耕地、林地、草地、荒漠、滩涂等都有大面积分布；二是山地、高原多，平原、盆地少；三是分布不均，耕地主要集中在东部，草原多分布在北部和西部，而森林大都集中在东北和西南的边远地区。

中国现有耕地9,497万公顷。东北平原、华北平原、长江中下游平原、珠江三角洲和四川盆地是耕地分布最为集中的地区。中国现有森林面积13,370万公顷。东北地区的大兴安岭、小兴安岭和长白山区，是中国最大的天然林区。其次就是西南天然林区。云南省南部的西双版纳是中国少有的热带阔叶林区，森林植物多达5,000多种，有“植物王国”之称。

4. 气候

中国气候具有大陆性季风气候显著和气候复杂多样两大特征。冬季盛行偏北风，夏季盛行偏南风，四季分明，雨热同季。每年九月到次年四月间，干寒的冬季风从西伯利亚和蒙古高原吹来，由北向南势力逐渐减弱，形成寒冷干燥、南北温差很大的状况。夏季风影响时间较短，每年的四至九月，暖湿气流从海洋上吹来，形成普遍高温多雨、南北温差很小的状况。中国拥有多种多样的温度带和干湿地区，这是气候复杂多样的标志。依照温度指标，从南到北可划分为赤道带、热带、亚热带、暖温带、温带、寒温带六个温度带；根据水分条件，从东南到西北可划分为湿润、半湿润、半干旱、干旱四类地区。

5. 行政区划

中国现行的行政区划，基本上是省、县、乡三级建制：全国分为省、自治区、直辖市；省、自治区分为自治州、县、自治县、市；县、自治县分为乡、民族乡、镇。直辖市和较大的市分为区、县；自治州分为县、自治县、市。自治区、自治州、自治县都是民族自治地方。按照宪法的规定，国家在必要的时候可设立特别行政区。特别行政区是直辖于中央政府的地方行政区域。目前，全国共划分为23个省、5个自治区、4个直辖市、2个特别行政区。

三、注释

1 方位表述

表示地理方位的介词in, to 的意义和用法有所不同，应该加以区别。in 表示的是在某地区之内的某个方位，例如，“成都位于四川盆地的西部和成都平原的中部”应译为：Chengdu is located in the west of the Sichuan Basin and middle of the Chengdu Plain. 而 to 则表示处于某地区之外的某个方位，例如：“中国东邻朝鲜，北邻蒙古，东北邻俄罗斯”应译为：China borders DPRK to the east, Mongolia to the north, and Russia to the northeast.

2 朝代的翻译

中国朝代名称的翻译一般以音译（拼音）为主，但有时也由“直译+音译”的方式构成。如：“蜀国”译为the Kingdom/State of Shu，而“前蜀”、“后蜀”、“西汉”则分别译为the Former Shu，the Later Shu，Western Han Dynasty。以下是中国历史上主要朝代名称的英译和起始时间：

A Brief Chinese Chronology

Dynasty	Date
Xia Dynasty	21st–16th century BC
Shang Dynasty	16th–11th century BC
Western Zhou Dynasty	11th–770 BC
Eastern Zhou Dynasty (Spring and Autumn and Warring States Periods)	770–221 BC
Qin Dynasty	221–207 BC
Western Han Dynasty	206 BC–AD 25
Eastern Han Dynasty	25–220
Three Kingdoms (Wei, Shu and Wu)	220–265
Western Jin Dynasty	265–316
Eastern Jin Dynasty	317–420
Southern and Northern Dynasties	420–589
Sui Dynasty	581–618
Tang Dynasty	618–907
Five Dynasties and Ten Kingdoms	907–960
Northern Song Dynasty	960–1127
Southern Song Dynasty	1127–1279
Yuan Dynasty	1271–1368
Ming Dynasty	1368–1644
Qing Dynasty	1644–1911
Republic of China	1912–1949
People’s Republic of China	1949–

3 常用中英文度量衡的换算

中英文在常见的长度、重量、容量、面积、体积和温度的表达上有时会使用不同的单位。这种差异可能导致误解或不解，所以身为沟通桥梁的口译员应该尽量记住一些简单的换算公式，以备不时之需。例如：

长度单位（units of length）：中文现在已基本普及十进制/公制（metric），而英文中却常常出现英寸（inch）、英尺（foot）、码（yard）和英里（mile）等单位。它们之间的简单换算公式为：

1 km≈0.6 mile

1 meter≈1.1 yards

1 meter≈40 inches

1 foot=12 inches≈0.3 meter

重量单位（units of weight）：重量方面中国人多用公斤，西方人则常用磅。

1 kg （千克）≈2.2 pounds（磅）

1 ton（吨）=1, 000 kg≈2, 200 pounds

面积单位（units of area）：

1 sq km（平方公里）=100 hectares（公顷）≈247 acres（英亩）

I hectare=15 mu（亩）≈2.5 acres（eg. Sichuan University covers an area of 7,050 *mu* or 470 hectares or 1, 161.37 acres.）

温度：美国人大多用华氏（Fahrenheit），中国、英国等国则用摄氏（Celsius/centigrade）。

华氏度=（9/5 × ℃）+32；

摄氏度=5/9 × （℉-32）

熟记这些大致的换算公式的好处还在于，口译时即便没时间进行当场换算，译员依然可以告知听者某一计算公式，使听的人大致知晓某一数据代表的意义，不至于完全没有概念。例如，当某校长地向外宾介绍自己的学校时如是说："我们学校占地面积达7,050亩"，译员即使来不及换算也可以说：Our university covers an area of 7,050 *mu*, with one hectare approximating 15 *mu*.

4 旅游景点名称的翻译

在本课的翻译练习中出现了许多旅游景点的名字，我们可以从中总结出以下一些翻译方法：

1. 直译：如：熊猫基地→Panda Base；三峡→Three Gorges；黄山→Yellow Mountain；Grand Canyon→大峡谷；Five Great Lakes→五大湖区

2. 部分音译+部分直译：如：武侯祠→Wu Hou Shrine；杜甫草堂→Du Fu Thatched Cottage；少林寺→Shao Lin Temple；Niagara Falls→尼亚加拉瀑布；Rocky Mountains→落基山脉；Lake Huron→休伦湖

3. 拼音+解释：如：海子：*haizi*, which means lake

4. 意译，突出其性质、用途、主要特征等：如：颐和园→Summer Palace；避暑山庄→summer resort; 天府之国→Land of Abundance；行宫→temporary regal lodge

如果译员不知道某一景点名称的确切译法，英译汉时可采取上述方法2，即"部分音译+部分直译"，使听者大致知道该景点名称的发音及性质，汉译英时则可采用方法3，即"拼音+解释"的方式。

5 菜肴名称的翻译

中国的餐饮文化源远流长，各种菜肴小吃的名称也常常是妙趣横生，但恰恰是这些别具一格、有着丰富内涵的名称让译员非常头疼。其实，同旅游景点名称的翻译方法一样，菜肴名称的翻译也可以采用直译、部分音译+部分直译、拼音+解释、意译等方式来说明菜肴的特色、材质和做法，如果有约定俗成的译法，也可以采用，主要的目的就是要通过菜名传达出菜的内容和意趣。略举几例：

1. 直译

苹果咖喱鸡　curry chicken with apple

炸春卷　fried spring rolls

菜花虾羹　shrimps and broccoli soup

2. 意译

宫爆鸡丁　stir-fried spicy chicken dices with peanuts and green peppers

杂菜拌鸭舌　cold duck tongues with assorted vegetables

金包银、银包金　golden fish balls and silvery meat balls

3. 部分音译+部分直译

麻婆豆腐　Mapo bean curd

东坡肘子　Dongpo pork joint

四川火锅　Sichuan hotpot

4. 拼音+解释

龙抄手　*Long Chaoshou*—wonton of the Long's

钟水饺　*Zhong Shuijiao*—dumplings of the Zhong's

韩包子　*Han Baozi*—the Han's steamed bun with stuffing

5. 直译+解释

狮子头　lion's head—port meat balls

霸王别姬 the King parting with his concubine—turtle and chicken

孔雀开屏　peacock spreading its tail—cold dish with assorted vegetables

在口译菜肴名称时有两点值得注意，一是由于中国烹饪文化影响的日益扩大，来中国旅游的外国客人日益增多，越来越多的外国客人可以直接用拼音称呼某些菜肴或小吃，如：饺子→jiaozi，包子→baozi，担担面→dandan noodle，麻婆豆腐→Mapo Tofu，宫保鸡丁→Kongpao Jiding，等等，这对译员来说当然是件好事。二是即便翻译不准确也没关系，关键是要让客人知道某道菜品的主料是什么，口味如何，是beef还是pork，是spicy还是light，因为有些客人对某些食物有忌讳，或是对某种口味不适应。

6 文学名著名称的翻译

中国的古典名著大多有了约定俗成的译法，译员如能将其熟记于心，在翻译时不仅可以节省时间，还能使自己的译文更加流畅。略举几例：

四书：《论语》、《大学》、《中庸》、《孟子》

The Four Books: *The Analects of Confucius*, *The Great Learning*, *The Doctrine of the Mean*, *Mencius*

五经：《易经》、《尚书》、《礼仪》、《诗经》、《春秋》

The Five Classics: *The Book of Changes*, *The Book of Documents*, *The Book of Rites*, *The Book of Poetry/Songs/Odes*, *Spring and Autumn Annals*

四大小说名著：《红楼梦》、《西游记》、《三国演义》、《水浒传》

The Dream of Red Mansion, *Journey to the West*, *The Romance of the Three Kingdoms*, *Outlaws of the Marshes*

7 译文的可接受度

译员在口译时既要注意意思的准确性，又要了解说话人的真实意图，同时还要考虑译文对听者的可接受度，不能机械地理解译文对原文或原话的“忠实”问题。比如，在对话口译中有这样一句话：“在古代，成都的造纸术、木刻印刷术、漆器，蜀锦、蜀绣、戏剧、歌舞可以说是风靡天下”，在这里，“天下”译成throughout the country比译成throughout the world更恰当，也更易为听者接受。又如，在一般情况下将“解放以前”译成before liberation并无过错，也绝对忠实于源语，但如果译为before 1949或是before the founding of the People’s Republic of China对听众具有更高的可接受度。

同时，译文的可接受度还应包括语言的“政治正确性”（political correctness）问题，尽量注意不要让自己的翻译使听者感到某种程度的歧视或偏见。例如，在篇章口译中有句话：“The Caucasians make up about 82% of the country’s total population, the African Americans, nearly 13%, and the Asian Americans, 4.2%”，下划线部分是美国“白人”、“黑人（或非洲裔）”、“亚洲人（或亚裔）”的礼貌用语，至少是绝大多数人能够接受的中立用语。口译时一般不要用略带贬义或歧视色彩的the Whites，the Blacks，the Yellow（特别是后两个）。如果不是特指美国的“黑人”或“亚裔”，可分别译为people of African descent，people of Asian descent或是the Asians。

8 “人次”的译法

多少“人次”与多少“人”是不一样的概念，不能混为一谈。在对话口译练习中有一句话：“单是境外游客2006年就达到了25万人次”，“25万人次”

不应译成250,000 overseas visitors，而应翻译成250,000 visits by overseas tourists或是250,000 person-times。

9 The Rockies or Rocky Mountains:

落基山脉，又译作洛矶山脉，位于北美洲西部，最北部从加拿大的不列颠哥伦比亚省横越美国西部、直到新墨西哥州，绵延4, 800公里。该山脉的最高峰是美国科罗拉多州境内的埃尔伯特峰（Mount Elbert），高度为4, 401米，罗布森峰（Mount Robson）则是加拿大境内的最高峰，高度为3, 954米。

10 The Canadian Shield

加拿大地盾。地盾是大陆地壳上相对稳定的区域，长期处于相对隆起的状态，因此受到风化剥蚀很严重，表面的沉积盖层已经缺失或只遗留很薄的一层，褶皱基底广泛地出露地表。地盾的轮廓状如盾形，表面地势没有大的起伏。全球著名的地盾有：北美洲的加拿大地盾、南美洲的亚马逊地盾、欧洲的波罗的地盾、非洲的埃塞俄比亚地盾、大洋州的西澳大利亚地盾、阿拉伯–努比亚地盾、亚洲的淮阳地盾、南极洲地盾、西伯利亚地盾。

11 The Appalachian Mountains

阿巴拉契亚山脉，是北美洲东部的一座山系，南起美国的阿拉巴马州，北至加拿大的纽芬兰和拉布拉多省，绵延2,400公里。

第5单元

笔记技巧

口译主题：体育

一、技巧讲解

在认识了口译（主要是交替传译）的记忆机制后，我们顺理成章地来讲笔记技巧，因为笔记与记忆有着紧密的关系。口译笔记与会议笔记、课堂笔记不同，更不是听写或速记，因为后几者都不牵涉到“译”的问题。口译则要将信息的源语形式转换成目的语形式，因此口译笔记对信息的一切加工处理都是为了最终将信息“译”出来。了解口译笔记的性质、目的十分必要。只有在此基础上，学生才能接受口译笔记的方法模式。这是一种特别的信息记录方法，也是一项有难度的活动，需要大量训练和摸索才能最终得心应手地使用。

1 口译笔记的重要性

除了少数条件不允许的情况（如在行走或用餐时），译员在绝大多数的交替传译活动中都要记笔记，因为发言人往往要讲完一段话才停下来让译员做口译。有时一段话可能延续两三分钟甚至更长，其间还常常出现数字、人名、地名、时间等。这时，对于译员来说，完全依赖人脑的记忆能力是显然不够的。在信息还没转换成目的语输出之前，必须暂时将其储存下来。笔记就是一种非常必要的避免信息流失的手段。适当的笔记，是“脑记”的辅助，在译员回顾讲话内容时，有助于激活已经被理解分析过的源语信息，最后完整地传达发言人的意思。除此之外，数字、人名和地名与整个语境的关系不大，不能依靠大脑对于上下文逻辑语义的把握来保证其不被遗忘，所以必须做笔记。

2 交传笔记的性质和特点

口译的基本过程可以简单表示为“输入→理解→输出”。译员将听到的信息暂时储存在感知记忆里，而几乎在同一时刻，对信息的加工处理也开始了。

译员边听边对输入的信息进行分析理解。如果译员短时记忆能力强或接收到的信息简短，那么他可以不记笔记而在大脑里完成理解和记录；但如果译员接收的是大段大段的信息，那么就需要用笔记将感知到的信息保存下来，经过理解分析后用目的语传送出去。这时的笔记，不是信息的文字化，不是听到什么就写下什么，而是一种辅助记忆的手段，是在听解过程中用简单的文字或符号记下发言人表达的主要意思、观点。即使发言人讲出的句子之间缺乏逻辑关系，译员也要把句子理顺。因此笔记记的是释意过后的信息，强调层次清楚、逻辑通顺，它必须有助于提示译员对源语“内容”的回想，有助于译员传达发言人连贯的思路和意思。

一般来说，交传笔记具有以下几个特点：

1. **即时性**：在交替传译中，口译笔记的目的是帮助译员回顾发言人刚刚结束的一段话。发言人继续讲，译员不断译，短期记忆里储存的信息连续地更新，不可能也没必要再记住几分钟乃至更长时间之前发言人讲的内容，之前的笔记就基本没用了。因此，口译笔记只是辅助瞬时记忆，用完即无保存价值。

2. **简短性**：交传笔记不是听写，不求记“全”，而是用一些简单的字词、词组和符号，框架性地提示内容之间的逻辑关系，因此笔记不必详尽。译员应该把注意力集中在听和理解上，过多的笔记会分散注意力，使译员受困于字句，难以抓住发言人讲话的要点。在源语的逻辑条理不是很清楚的情况下，更需要译员在用心听的基础上正确地重组信息。

3. **个人性**：交传笔记只供译员专人使用，只要译员本人看到笔记后能够正确回忆起讲话内容即可。一名译员的笔记对另一位译员来说毫无意义。每个人都可以用自己独特的方式建立起一套笔记方法。记录所用的语言和符号可以在参考别人的基础上，由自己确定，没有必要全部照搬别人的笔记记录方法。

3 交传笔记的内容

不同的人记笔记的要求也各不相同：有些译员短暂记忆力强，很长一段信息都可以储存在大脑里；有些译员对所译内容了解很多，专业领域背景知识很丰富，因此做的笔记可能较少；每个人的思维习惯和方式也各异，因此口译笔记具有鲜明的个人色彩。

即使如此，有一些内容是任何译员记笔记时都应该记录下的：

1. 容易听过就忘的数字、人名、地点、时间、组织机构等专有名词。无论讲哪种语言，数字的表达方法基本是一致的，可以直接记录下来；在记录人名时，如果不确定怎样译，可以采用广义的名称（如秘书长、美国代表、韩国领事等等）来替代，因为译错名字是对别人极大的不尊重，应尽力避免。

2. 能够反映发言人主要观点的关键词和意群。

3. 动词的时态、语态。

4. 说明上下文逻辑关系如大小、先后、正反、上下、升降、因果关系等的符号或标记。

5. 发言人列举的一系列人物或事物。

6. 体现发言人意图，突出某一细微差别的具体文字修辞，如形容词、副词等。

4 交传笔记的语言

交传笔记究竟应该用什么语言做记录？很多专家建议用目的语或译入语（target language），因为用目的语做笔记显示了译员对信息的理解和重组，能够帮助译员脱离源语的语言外壳，使笔记成为表达的雏形，读起来更顺口。但在口译实践中，译员其实可以英汉并用，采用自己认为最迅速和最有效的方法记录。有时译员听到某个术语，一下想不起对应的译入语表达，可以先用源语记下，而不要停下思考，否则会遗漏接下来的信息。这时译员可能在稍后的语篇语义环境下再次碰到之前的术语，而忽然联想起长期记忆里与之相关的知识储存。这种潜意识的搜索过程可能很快，也可能要等到发言人讲完一段话之后才能搜索到相关的知识。另外，对我们而言，汉语是母语，用汉语记录，自然反应更快；当然还可以和符号、缩略语等并用。

5 交传笔记的格式及示例

建议大家使用带有活页圈和硬底的笔记本，可上下（而非左右）翻动，便于书写。但切忌在反面记，否则文字透射，给阅读造成困难，可能引起误译。笔记本大小，依译员可控空间而定。站立时，笔记本不宜超过手掌大小；有桌椅可用时，纸张或笔记本可大至B5或A4。记录时纸上行与行之间要留出空间，两边要有空白。书写虽快，但笔迹要清楚，字体和符号不宜过小，这样笔记才易于辨认。词组和意群之间也应该留出空白，不可过于拥挤。在一句话的结尾可划双斜线“//”，一段话的结尾划一道长长的横线，明确界定发言人已经结束的讲话，也同时标明下一次翻译的新起点。

具体来讲，交传笔记的格式有以下几种：

1. 纵写式，即将笔记信息自上而下安排，同时一行之内的字尽量精简，这样能够快速读取，节省阅读时间；纵向延伸的笔记还可以帮助我们对原文的结构进行处理，体现信息之间的逻辑关系，为译员有条不紊地表达创造前提。

示例：我认真听取了其他国家在这个议题下的发言。各国对信息和通信技术促进发展的重要性有着共同的认识，我为此感到鼓舞。中国是一个发展中的大国，我们对于信息和通信技术促进发展的重要意义有着切身的感受。

笔记：

听 □s：
  共识：ICT→devp
  ∴I！
  C 大d
  切feel：

2. 内缩式，主要通过缩进来体现上下笔记间的从属关系和主次关系。不同的意义单位用不一样的前后位置来显示，层次在视觉上变得更清晰。还可以在左边腾出空间，专门记下语气连接词，使各主要信息之间的逻辑关系一目了然。

示例：20世纪，人类文明得到了突飞猛进的发展，人类创造了辉煌的科技成就。但同时，人类也遇到了许多全球性的难题，其中之一就是，世界人口急速膨胀，严重威胁到人类的生存和发展。

笔记：

20c
人 文明：↑
  ☆tech成就
    但Gprobl：e.g.人口↑：
      threat生存 & dev

3. 分隔法，就是在一个完整意思结束的地方用双斜线隔开。一个完整的意思不一定是一句话，可以是几句话，几个段落，也可以是一个句子的片段。译员应该自己作出判断，把原文清晰地分为一个个完整的意思，使整个笔记井然有序。

示例：现在，世界多极化和经济全球化趋势深入发展，我们必须适应这种新的趋势，更好地推进我国的发展。今后五到十年，也是香港经济和社会发展的关键时期。香港特别行政区政府和各界人士同样要以与时俱进的精神，积极进取，努力创造香港更加美好的未来。

笔记：

Now,
multi & Eco.glob ↗
必适∴→better ↗□
//
Y5-10. =HK经&社dev关
SAR Gov &各人：
↗ time
->>
=>HK ☆ future

4. 叠加法，主要是用在讲话人开始列举的时候，如数字、日期、地名、人名或一系列实物等。把列举的内容无缩进地竖写叠加，让人一眼看出它们的地位相等，属并列关系，还可以在左侧或右侧划一道纵线来表明这一系列成分的密切关系。

示例：美国、英国、德国、日本、瑞士和法国的中央银行想扭转这种不良趋势，但都没有成功，而且还损失了几十亿美元。

笔记：

Am |
Uk |
Ger | 央行
Jap | attpt变 × trend
Swis |
Fran |

but All ×
& ×Bs $

6 交传笔记的符号系统和缩略语

译员多以汉英并用、文字与符号混合的方式记笔记。学习一些常规口译笔记中经常使用的符号与缩写词是很有好处的。当然，每个人也可以形成一套自己常用的、熟悉的、有效的笔记系统。下面归纳几种相对固定的符号和简写形式，供大家在练习和实践中参考。

1. 箭头

"→"表示到达、传达：go into, arrive at, give to, send to, present to, 等等；导致、引导：lead to, result in, in the direction of, 等等； 屈服：submit to, 等等

"←"表示来自于：be/come from, return, receive from, 等等；追溯到：come/go back to, originate in, 等等

"↑"表示上升：up/upward/rise, increase, arise, ascend, 等等；发射、起飞、升空：launch, ascend, skyrocket, 等等；发展、加强、推进：develop, strengthen, promote, 等等

"↓"表示向下、下降：down/downward/drop, decrease, jump, 等等；减少、恶化：reduce, deteriorate, go down, 等等

2. 数学符号

"+"表示和、还有、另外、加上、多：and, in addition to, furthermore, many, lots of, 等等

"–"表示减少、除去、少：minus, lack, in short of, little, few, 等等

"×"表示错误、没有、反对、冲突：wrong, something bad, negative, 等等

"＞"表示大于、超过、多于：greater, larger or more than, better than, surpass, more and more, 等等

"<"表示小于、不如、次于、比不上：smaller than, fewer/less than, worse than, inferior to, 等等

"="表示等于、相当于、一样：the same as, that is to say, in other words, be equal to, 等等； 对手：match/rival/competitor, counterpart，等等

"≠"表示不等于、不同：not equal to, be different from, 等等

"≈"表示大约、左右：about/around, or so, approximately, 等等

"∵"表示由于、因为：because, as, due to, thanks to, owing to, 等等

"∴"表示所以、因此、因而、结果：so, therefore, as a result, consequently, 等等

3. 标点符号

"："表示说：say, speak, talk, mark, announce, declare, 等等；意见、观点、主意：opinion, idea, viewpoint, 等等

"?"表示问题：question, issue, problem, 等等

"."点在不同的位置表示不同的概念："．d"表示yesterday，"d."表示tomorrow；"．y"表示last year，"．2m"表示two months ago，".y"表示last year，"y"表示this year，"Y."表示next year，"2y."表示two years later / in two years，"next week"可以表示为"wk."

“（ ）”表示在……之间：among, within, 等等

4. 其他符号

“√”表示好：right/good, famous/well-known, etc.；同意：stand up for, support, agree with somebody, certain/affirmative, 等等

“&”表示和、与：and, together with, along with, accompany, along with, further more, 等等

“☆”表示重要的、杰出的、优秀的、榜样：important, best, outstanding, brilliant, model, 等等

“∥”表示结束：end, stop, halt, bring something to a standstill/stop, 等等

“°”表示人、者：person, people, 如经济学家可以表示为“经°”，中国人可以表示为“中°”，等等

“⊙”表示会议、讨论、谈判：meeting, seminar, discussion, negotiation, 等等

“♂”表示男人：man, male, boy, 等等

“♀”表示女人：woman, female, girl, 等等

“□”表示国家：country, state, nation, 等等

“△”表示代表：represent, on behalf of, 等等

“∽”表示交流、交换、替代、相互：exchange, mutual, each other, communication, replace, 等等

“><”表示冲突、对抗：conflict，confrontation，等等

5. 缩略语

中英文里都有大量的缩略语，涵盖各个领域，以下举例有限，译员应主动积累整理一些缩略语，并且烂熟于心。如：

cf (compare), Co (company), e.g. (for example), etc. (and so on), esp (especially), i.e. (that is), max (maximum), min (minimum), ref (reference), std (standard), usu (usually), w (with), w/o (without), vs (against), ICT (information and communication technology).

UN (United Nations), EU (European Union), OPEC (Organization of Petroleum Exporting Countries), ASEAN (Association of Southeast Asian Nations), FDI (foreign direct investment), GDP (gross domestic product), GNP (gross national product), SOE (state-owned enterprise), NPC (National People's Congress), MOF (Ministry of Finance)

BL (-able/ible/ble), 如PSBL (possible); G (-ing), 如SHPG (shipping); D (-ed), 如ACPTD (accepted); N/TN (tion), 如CNDTN (condition)

ASAP (as soon as possible), AF (as follows), ICO (in case of).

D (developed country), d (developing country), dev (development) 等等。

总之，符号和缩略语很多，译员也可通过实践自己创造符号。但用于笔记的符号必须是自己经常使用、十分熟悉的，切忌现场新造符号，以免一时想不起它所代表的意思。

7 交传笔记的练习方法

第一步：边看边记

找来一段文字，边看边做笔记。这段话不需要别人为你读出，只用于练习笔记方法如笔记格式的设计、符号的使用等等。虽然在听方面节省了注意力，但仍然要注重理解分析原文的含义，使笔记能够为译做准备。

第二步：边听边记

边看边记的练习进行一段时间后，练习者对笔记方法的掌握达到了一定熟练程度，可以开始边听边记的练习。这种练习就是播放一段讲话录音，或由别人为你读出一段话，练习者边听边记。这种练习的目的是将听辨过程引入到笔记训练中来，使练习者逐渐学会将脑记与笔记相结合。

第三步：综合训练

笔记练习的最后阶段就是模拟口译训练，即边听讲话，边记笔记，然后译出。这个阶段的练习可以由教师扮演发言者、学生扮演译员完成，也可以由几个学生分别扮演交谈中的双方发言人、译员来完成。这样可以增强练习的现场感和真实感，同时使练习者的心理素质得到一定程度的培养和提升。

二、话题练习：体育

1 热身词汇

1. 英译汉

Passage 1

long-distance horse riding 长途骑马

hiking 徒步旅行

the National Baseball League 全国棒球联盟

cricket 板球
Intercollegiate Football Association 美国校际橄榄球协会
Springfield 斯普林菲尔德
box office income 票房收入
lacrosse 长曲棍球
squash 壁球
social glue 社会凝和剂
the President's Council on Youth Fitness 青年健身总统委员会
the President's Council on Physical Fitness and Sports 美国体育健身与运动总统委员会

Passage 2

rugby （英式）橄榄球（又称rugger）
day school 走读学校
boarding school 寄宿学校
trophy cup 奖杯
bat 球拍
the all-England cricket team 全英板球队
crack 劈啪声
village green 乡村的绿地
cricket pitch 板球球场
the batting team 击球队
batsman 击球手
stump 柱门
the fielding team 接球队
bowler 投球手
to bowl 投球给击球员
fielder 外野手
hoarse 声音嘶哑的

Passage 3

Pierre de Coubertin 皮埃尔·德·顾拜旦
doping 服用禁药

2. 汉译英

Passage 1

残奥会 Paralympic Games
菲利普·克雷文主席 President Philip Craven
北京奥组委 Beijing Organizing Committee of Olympic Games (BOCOG)
无障碍设施 accessible facilities
国际残奥委会 International Paralympic Committee (IPC)
“两个奥运，同样精彩” “Two Games, Equal Splendor”

Passage 2

奥运圣火 the sacred Olympic fire
不舍的温情 ceaseless tenderness
体魄 physique
动力 motive force
崎岖的 steep
从容不迫地 composedly
缩影 epitome
坚韧 tenacity
顽强 staunchness
奋斗 acute endeavor

2 英译汉

Passage 1

Sports in America

Early in the 17th century, European immigrants settled in North America. Facing the new and difficult environment, they had no choice but to fight hard for a living. As they worked day and night, there was nearly no time for them to entertain themselves or play certain games. Many of them were also pious Puritans who regarded entertainment as vicious. Meanwhile, the local Indians, who played native games such as long hockey, couldn't offer them much. Their games were suppressed by the colonial government.

In many other colonies, this hatred toward entertainments and games took the form of governmental bans with severe punishments, such as the ban on playing certain games in Massachusetts and Virginia. Anyone who was judged idle would be forced to do unpaid physical labor. In American colonial culture, it was also very common to restrict many sports activities on Sundays.

However, bans and restrictions could not extinguish the popular passion for entertainments and games. In certain places, sports activities were able to develop. These included long-distance horse riding, shooting, hunting and fishing—which were not only ways to make a living, but also entertaining. In the late 17th century, sports activities went through a remarkable development in the North American colonies.

In the early 19th century, North Americans had entertainments such as dancing, walking, hiking, riding, boating, playing chess, etc. Young men played football and cricket or went skiing and skating in winter.

After the Civil War, sports developed rapidly in the United States. The most popular sports in the 1870s were shooting, boating, walking, or hiking. The year 1873 witnessed the beginning of modern sports in America: the National Baseball League emerged as the agent to manage baseball.

In the same year, the Intercollegiate Football Association was set up in Springfield of Massachusetts, coordinated by the universities of Princeton, Yale, Harvard, Columbia, and Glasgow. Later, tennis, golf, track and field, and other sports set up their own professional or amateur organizations. Also in the late 19th century, America began to hold a series of sport competitions.

The golden age of sport in America came after the First World War. Great sport matches were broadcast live nationwide; newspapers gave a large amount of coverage to sports news; images of sports stars appeared, like those of movie stars, on the wide screen. Sports stars also appeared in commercial advertisements as spokesmen for certain products. The popular affection for sports was reflected by the box office income sports generated, which grew by leaps and bounds every year.

Sports were further popularized in the United States after the Second World War. With the adoption of a working system of 40 hours per week and the development of tertiary industry, the workers had more free time to engage in sports. Sports venues built by state governments also increased.

Modern Americans like to watch and participate in all kinds of sports. All through the year people can choose various sports in a very large country that enjoys diversified geographical conditions and climate. Some sports have been introduced from other countries. Among these one can even include football and baseball, which began as English sports under different names, but which became completely American as their rules, equipment, and names were changed in America.

Tennis and golf were also introduced from outside, but remained unmodified, while other sports such as lacrosse came from the native Indians. Basketball and volleyball are sports that originated in America. Basketball, baseball, football, and hockey (although still more Canadian than American) are now regarded as "the four sports events".

People in America can now watch the TV broadcasting of professional and amateur sport matches. These can be state, national, or international events. In fact Americans are keen on watching, and are able to watch, almost any sporting event.

Meanwhile, TV and other mass media also stimulate popular interest in sports.

Americans participate actively and widely in sports events like golf, swimming, tennis, marathon, track and field, bowling, shooting, skiing, skating, squash, badminton, boating, sailing, weight lifting, boxing, wrestling and so on.

Sports play an important role in American society. They enjoy tremendous popularity but, more important, they are vehicles for transmitting such values as justice, fair play, and teamwork. Sports have contributed to racial and social integration and over history have been a "social glue" for bonding the country together.

Early Americans like Benjamin Franklin and President Thomas Jefferson stressed the need for exercise and fitness, promoting, for example, running and swimming. In the 20th century, American presidents Theodore Roosevelt, Dwight D. Eisenhower and John F. Kennedy continued to encourage physical activity.

President Dwight D. Eisenhower founded the President's Council on Youth Fitness in 1956 to encourage America's youth to make fitness a priority. The Council later became the President's Council on Physical Fitness and Sports, which includes people of all ages and abilities and promotes fitness through sports and games. Today, the Council continues to play an important role in promoting fitness and healthy living in America.

The United States offers limitless opportunities to engage in sports—either as a participant or as a spectator. Various social rituals have grown up around athletic contests. The local high school football or basketball game represents the biggest event of the week for residents in many communities across the United States.

Passage 2

English Games

The most popular games in England are football and cricket. All boys are taught at least one of the two kinds of football: soccer and rugby. In soccer the ball can not be touched with the hands or arms, but must be driven forward by kicking or by striking it with the body. This is the football usually played at day schools. Rugby is more like American football than is soccer; it is the kind most often played in boarding school.

Every town of any size has one or more professional football teams. These town teams are divided into groups so that the best teams play off against each other.

When a local team reaches the final, everybody from the neighborhood who can do so goes up to London, where the final match is always held. The home-coming of the team that wins the final is something to see. The players ride through their local town, with the captain carrying the trophy cup. Everybody turns out to cheer, and there is a big reception at which the team is publicly congratulated by the mayor.

To most foreigners, cricket seems a dreadfully boring game. But English people think the sound of a wooden cricket ball striking against a wooden cricket bat is just about the most beautiful sound in the world.

The all-England cricket team is the most important one. Its players, who may be either amateur or professional, are chosen from the county cricket teams. The most important international matches are those played between England and Australia, and are held one year in one country, the next year in the other. While these matches are being played, if an Englishman says, "The news is terrible", he does not mean that an international disaster has occurred—merely that England is not doing well at cricket.

But to see real English cricket, a visitor should go to watch a village team. On Saturday and Sunday summer afternoons, on driving into any village, he is certain to hear the crack of a bat hitting a ball. Then presently he will come to a field or village green. All around it, sitting on the ground, on benches, in their cars, are the people of the neighborhood. They are not saying much, but their eyes are fixed on the cricket pitch.

There are eleven players in each team. The batting team sends in two batsmen who stand at each end of the pitch in front of the stumps. The other nine players wait their turns at the side of the field. The fielding team consists of two bowlers who stand behind the stumps at each end and bowl in turn to the opposite batsman. The other nine fielders take their places around the field to catch the ball when it is hit. When the batsman hits the ball a great distance, the onlookers get excited enough to call out, "Well hit, sir." Oddly enough, although it is proper for the English to cheer themselves hoarse at football, it is considered very improper to do much more than say things like, "Well bowled, sir" or "Well caught", and clap a little, at cricket. All the spectators keep as quiet as possible, although they feel very strongly inside. It is very important to them that their village do well at cricket.

Passage 3

Speech by Jacques Rogge, President of the International Olympic Committee at the Opening Ceremony of the Beijing Olympic Games

(August 8, 2008)

Mr. President of the People's Republic of China, Mr. Liu Qi, and members of the Organizing Committee, Dear Chinese friends, Dear athletes:

For a long time, China has dreamed of opening its doors and inviting the world's athletes to Beijing for the Olympic Games. Tonight that dream comes true. Congratulations, Beijing! *Zhu he Beijing*!

You have chosen as the theme of these Games "One World, One Dream". That is what we are tonight.

As one world, we grieved with you over the tragic earthquake in Sichuan province. We were moved by the great courage and solidarity of the Chinese people. As one dream, may these Olympic Games bring you joy, hope and pride.

Athletes, the Games were created for you by our founder, Pierre de Coubertin. These Games belong to you. Let them be the athletes' Games. Have fun!

Remember, however, they are about much more than the performance alone. They are about the peaceful gathering of 204 national Olympic committees, regardless of ethnic origin, gender, religion or political system. Please compete in the spirit of the Olympic values, excellence, friendship and respect.

Dear athletes, remember that you are role models for the youths of the world. Reject doping and cheating. Make us proud of your achievements and your conduct.

As we bring the Olympic dream to life, our warm thanks go to the Beijing Organizing Committee for its tireless work. Our special thanks also go to the thousands of gracious volunteers, without whom none of this would be possible.

Beijing, you are a host to the present and a gateway to the future. Thank you. *Gan xie ni*.

I now have the honor of asking the President of the People's Republic of China to open the Games of the 29th Olympiad of the modern era.

3 汉译英

Passage 1

刘淇在北京残奥会开幕式上的致辞

尊敬的胡锦涛主席和夫人，尊敬的克雷文主席和夫人，尊敬的各位来宾，女士们，先生们，朋友们：

在北京2008年残奥会隆重开幕之际，我谨代表北京奥组委，向来自世界各国家、地区的运动员、教练员和各位来宾表示热烈的欢迎！向国际残奥委会，向所有参与北京残奥会筹办工作的建设者、工作者和关心支持本届残奥会的朋友们表示衷心的感谢！

北京残奥会是全世界残疾人运动员的盛会。来自147个国家、地区的4,000多名残疾人运动员将在“超越、融合、共享”的主题下，参与各项竞赛，展示自强不息、顽强拼搏、热爱生活、超越自我的精神风貌，尽情享受残奥运动带来的激情与梦想。

北京残奥会是全世界残疾人的盛会。残奥会不仅可以激发人们对生活的热爱，也将给人们以激励和启迪，唤起人们对残疾人更多的理解、尊重与关爱，使人道主义精神得到大力弘扬，残疾人事业得到进一步发展。

北京残奥会还是全世界人民的盛会。来自五大洲的朋友们将在北京残奥会上加强交流与合作，共享团结、友谊、和平的精神，奏响“同一个世界，同一个梦想”的乐章，推动人类的文明进步，促进世界的和谐发展。

朋友们，中华民族崇尚自强不息的精神，具有扶残助残的美德。举办北京2008年残奥会是世界对中国的信任。中国政府和人民以极大的热情支持北京残奥会。北京奥组委本着“两个奥运，同样精彩”的要求，加强无障碍设施建设，努力为来自各个国家、地区的运动员和来宾提供特殊服务。我们热切地期盼，北京残奥会成为共享欢乐与友谊、梦想与成功的盛会。我们将把中国人民拥抱世界的热情呈现给世界。

北京欢迎你！

现在，我非常荣幸地邀请国际残奥委会主席菲利普·克雷文先生致辞。

Passage 2

光荣属于伟大的奥林匹克

燃烧了16天的奥运圣火，在国家体育场缓缓熄灭。放飞梦想的“鸟巢”，用不舍的温情点亮告别的夜晚，为第29届夏季奥林匹克运动会画上圆满的句号。

16天里，北京，这座有着光辉历史而又充满生机活力的城市，让我们经历了多少激情和欢乐。16天里，奥林匹克，这人类体魄与精神的大舞台，为我们呈现了多少精彩故事和传奇。

204个国家和地区，1万多名运动员，45亿观众，北京奥运会成为有史以来参赛国家和地区最多的一届奥运会。体育是天神的欢愉，体育是生命的动力，奥林匹克的旗帜，前所未有地将整个世界凝聚在一起，这是北京的光荣，更是奥林匹克的光荣。

我们不愿告别，16个日日夜夜，我们尽情享受属于奥林匹克的欢乐和自豪。

牙买加选手博尔特百米潇洒飞越，美国选手菲尔普斯泳池狂揽八金，中国选手刘春红举重力拔山兮……奥运会上不断刷新的纪录，书写着人类超越自我、挑战极限的梦想。这里有力与美的展示，更有精神和意志的壮歌——它来自南非游泳独腿健儿娜塔莉·杜·图伊托的抗争，50岁的中国击剑运动员栾菊杰挺剑而起的勇气，来自印度、蒙古等国激荡人心的“零的突破”（恩科巴特为蒙古夺得第一金，宾德拉成为印度在奥运会上首次获得单人项目金牌的运动员）。“更快、更高、更强”，无数运动员的精彩表现，将体育精神带到一个新的高度。

我们不愿告别，16个日日夜夜，我们奏响团结、和平、友谊的北京乐章。

不同国度、不同民族、不同文化，五环旗下的伟大聚首，让我们看到人类携手未来的热切向往。当那些从索马里崎岖的砍柴小道上，从阿富汗、伊拉克战后动荡中跑来的健儿，共同站在了北京奥运会的赛场，当各国家和地区的选手簇拥着冠军绕场向观众致谢，当热情的观众为所有选手欢迎加油，人们再次看到奥林匹克精神超越一切的力量。“同一个世界，同一个梦想”，北京奥运会展现了世界人民团结友谊的和谐图景，这是北京的光荣，更是奥林匹克的光荣。

我们不愿告别，16个日日夜夜，百年梦圆的中国与世界美好相遇。

带着举办一届“有特色、高水平”奥运会的庄严承诺，13亿人民以最大的努力和最大的热情，为人类搭建一座欢乐的舞台，也为中国打开一扇理解之门。中国从未以这样的角色走进世界的视野。

竞赛场上，中国健儿以51枚金牌100枚奖牌的优异成绩和崭新风貌令世界瞩目；赛场内外，百万志愿者以他们的亲切微笑和周到服务令世人称颂。奥运的契机，让我们在30年改革开放之后，从容不迫地呈现一个更加开放自信的中国。绿色奥运、科技奥运、人文奥运，北京奥运会必将在中国现代化进程中产生深远的影响，这是北京的光荣，更是奥林匹克的光荣。

激烈赛场的竞争只是人类理想的一个缩影。正如《奥林匹克宪章》所言："现代奥林匹克主义是一种生活哲学"。在这里，不仅有成绩、奖牌、冠军，也有汗水、泪水、艰辛；不仅有坚韧、顽强、奋斗，还有和平、自由、公正；不仅有对抗、竞争和拼搏，更有理解、宽容和超越。在这个挑战日益严峻的世界，在我们这颗越来越小的星球，人类从未像今天这样需要相互理解、相互包容、相互合作，也从未像今天这样渴望分享奥林匹克的价值和精神，搭建团结友谊的桥梁。

请世界记住北京，记住这奥林匹克大家庭和谐相处的欢乐时光；也让北京感谢世界，感谢世界人民的共同努力，谱写了人类和平进步的美好篇章。

沸腾的"鸟巢"渐渐平静，心中的梦想仍在飞翔。今天，我们并未告别，带着激情、回忆和热望，让我们相约伦敦，期待四年以后的又一次欢聚，期待奥林匹克的新的荣光。

三、注释

1 Lebaron Pierre De Coubertin

皮埃尔·德·顾拜旦（1863—1937）是现代奥林匹克运动的创始人，也是一位史学家和教育家，被称为"奥林匹克之父"。对主张恢复古奥运会和改革法国教育有重大影响。1889年建议恢复奥运会，从此便将全部身心投入到复兴、发展奥林匹克运动的艰难事业中。从1896年到1925年，他担任了近30年的奥委会主席。顾拜旦在任职期间，为奥林匹克运动的发展作出了重要贡献。

2 Philip Craven

菲利普·克雷文（1950— ）是第二任国际残奥委会主席，英国人。1966年在一次攀登事故中致残，从此开始了轮椅篮球赛生涯。他共参加过五届残奥会轮椅篮球项目比赛。2001年被选为国际残疾人奥林匹克委员会主席。

第6单元

语言转换技巧

口译主题：科学技术

一、技巧讲解

英汉两种语言在词语、句子、语篇等方面有着很大的差异，因此在进行英汉互译时会遇到很多困难，需要借助一些语言转换技巧。常用的翻译技巧有增译法、省译法、转换法、拆句法、合并法、顺句驱动法、适当调整法、倒置法、包孕法、插入法和重组法等。这些技巧多用于笔译中，但也可以借用于口译中。我们从下面的例子来考察每种转换技巧是如何得以具体运用的。

1 增译法

由于语言结构的差异，在实际翻译过程中我们很难做到字词句上的完全对应。因此，为了准确地传达出原文的信息，往往需要对译文作一些增减。

所谓增译法，就是在原文的基础上添加必要的单词、词组、分句或完整句，从而使译文在语法、语言形式上符合译语的习惯，并使译文在文化背景、词语联想方面与原文保持一致，以达到译文与原文一致的目的，但要做到增词不增意。如：

1. To make sure that my boss understood, I declared that I wanted nothing else.

为了让我的老板切实了解我的心思，我特意宣布，别的我什么也不想要。

2. “211工程”

The 100-University Development Project in the 21st Century or the 211 project

2 减译法

减译法是指在口译过程中，删去不符合目的语思维习惯、语言习惯和表达方式的词语，但要做到减词不减意。如：

1. Williams Sidney Porter, who is known under his pen name, O. Henry, is one

of the best known writers of America.

威廉·悉尼·波特尔，笔名欧·亨利，是美国最著名的作家之一。

2. 我们的学校教育主要包括学前教育、小学教育、中学教育、高等教育、残疾儿童的特殊教育和扫盲教育等。

Our school education mainly consists of pre-school, primary, secondary school and higher education, special education for disabled children, and education for illiterate people.

3 转换法

在翻译过程中，如果完全按照原语的词性进行翻译，有时译文会显得晦涩难懂或不符合译语的表达习惯。为了使译文符合目标语言的表达方式和习惯，需要对原句中的词类、句型和语态等进行转换。如：

1. It is our goal that the people in the undeveloped areas will be finally off poverty.

我们的目标是使不发达地区的人民最终摆脱贫困。

2. Integrity means you do what you do because it's right and not just fashionable or politically correct.

诚实意味着去做你认为对的事，而不仅仅是为了赶时髦或在政治上不出错。

3. 农历正月十五为元宵节，这是春节后的第一个月圆之夜。

The Lantern Festival falls on the 15th day of the first lunar month, the night of the first full moon after the Spring Festival.

4 拆句法和合并法

拆句法是把一个长而复杂的句子拆译成几个简单、简短的句子。这种方法常常用于英译汉，做法是在原句的关系代词、关系副词、主谓连接处、并列或转折连接处、后续成分与主体的连接处、或按意群切断，译成汉语分句。如：

1. That is the single monetary policy which will be discussed at the next European Union Conference.

那就是单一货币制度，这个货币制度将在下一届欧洲联盟会议上进行讨论。

2. People are the same everywhere. They are born. They are babies. They are children. They are adults. They grow old. They die.

各地的人都是一样的。人们生下来都要经历从婴儿、儿童、成年人直至衰老死亡的各个人生阶段。

合并法是把几个短句合并成一个长句，多数时候用于汉译英。

1. 要健全自己的身体，保持合理的有规律的生活，这是自我修养的物质基础。

Keeping fit and leading a reasonable and regular life is the material basis for training.

2. 要解决问题，还须作系统的周密的调查工作和研究工作，这就是分析过程。

In order to solve the problem it is necessary to make a systematic and thorough investigation and study, which is the process of analysis.

5 顺句驱动法和适当调整法

顺句驱动是指把句子按照与原语相同的语序或表达方式译成目标语言。适当调整是指把句子按照与原语不同的语序或表达方式译成目标语言。

1. Whether working to maintain friendly relations among nations, protecting the environment or tackling illiteracy, disease and hunger, the United Nations is ready to be fully utilized for the perfection of humanity. Today, in a world with increasingly complex challenges and difficulties, the Organization is facing unprecedented demands as well as new opportunities.

无论是致力于维持国家间的友好关系，保护环境，还是处理文盲、疾病和饥饿等问题，联合国总是愿意充分发挥作用来增进人类的福利。当今世界充满着日益复杂的挑战和困难，联合国正面临着前所未有的任务，也面临着新的机会。（顺句驱动）

2. 二十世纪八十年代，中国政府把环境保护确立为一项基本国策。1984年，国家环境保护委员会成立。

Environmental protection has been a basic national policy since the 1980s. The State Environmental Protection Committee was established in 1984.（适当调整）

6 反译法

反译法是指在译语中采取与源语相反的表达方式，也就是人们常说的正话反说或反话正说。如：

1. 真是太感谢你了！

I cannot thank you enough.（正话反说）

2. The thought of returning to his native land never deserted him.

归国的念头始终萦绕在他的心中。（反话正说）

7 倒置法

汉语中，定语修饰语和状语修饰语通常放在被修饰语之前；英语中，修饰语常常放在被修饰语之后，因此汉译英时，有时要把原文的语序颠倒过来。如：

1. 1992年3月，联合国决定第四次世界妇女大会于1995年在中国首都北京召开。这使中国妇女的状况倍受世界关注。

In March 1992, the United Nations decided to hold in 1995 the Fourth World Conference on Women in Beijing, the capital of China. This has aroused greater world attention on the status of Chinese women.

2. 近年来，我们两国在文化、教育、卫生、司法执法等领域互利合作不断扩大，在许多重大国际和地区问题上保持有效沟通和协调。

In recent years, our two countries have constantly expanded mutually beneficial cooperation in culture, education, health care, justice and law enforcement and have maintained effective communication and coordination on many major international and regional issues.

8 包孕法

包孕是指在把英语长句译成汉语时，把英语后置成分按照汉语的正常语序放在中心词之前，使修饰成分在汉语句中形成前置包孕。如：

1. The General Assembly may call the attention of the Security Council to situations which are likely to endanger international peace and security.

对于足以危及国际和平与安全之情势，联大可以提请安理会注意。

2. Founded in the aftermath of the Second World War, the United Nations came into being with the signing of its Charter in San Francisco in 1945. During those early years it was, and is still today an instrument at the service of humankind, a mechanism which links us all in our efforts to build a better world.

联合国成立于第二次世界大战结束之后，随着1945年在旧金山签署联合国宪章而诞生。自成立的早期一直到今天，联合国始终是服务于人类的一项工具，是把我们联系在一起，共同创造一个更加美好的世界的一种机制。

9 插入法

插入法是指把难处理的句子成分用同位语、插入语或定语从句来处理。如：

1. Composed of Siemens AG and an array of domestic and foreign subsidiaries,

the contemporary Siemens organization continues to set milestones <u>on the road to progress</u>.

当代西门子，即由西门子公司和一大批海内外子公司组成的公司，继续在前进的道路上建起一座座里程碑。

2. 如果说宣布收回香港就会像夫人说的“带来灾难性的影响”，那我们要勇敢地面对这个灾难，做出新的决策。

If the announcement of the recovery of Hong Kong would bring about, <u>as Madam put it</u>, “disastrous effects,” we will face that disaster squarely and make a new policy decision.

10 重组法

重组是指英译汉的时候，为了使译文流畅并更加符合目的语的习惯，在理解了原意的基础上，完全摆脱源语语序和句子形式，对句子进行重新组合。

1. Reliable and farsighted management is united with the youthful dynamism and zest for innovation that typify the company.

远见卓识和坚实可靠的管理与朝气蓬勃的活力和改革创新的热情相结合，这就是西门子公司的特点。

2. 经济的快速发展，高消耗、高污染的经济增长模式，使中国的环境问题日益突出。进入二十一世纪后的一项国家发展计划提出，实施绿色战略是中国经济可持续发展的必然选择。这项战略的内容是：发展循环经济，提高资源使用效率；发展清洁生产，降低生产过程中的污染成本；发展绿色消费，减少消费过程对生态的破坏；发展新能源，实现生产方式的彻底超越和向生态工业文明的跨越，培育出人与自然和谐相处的生态环境。

Responding to stresses on environmental resources caused by a development pattern of fast growth, high consumption and high pollution, the state at the turn of the 21st century came up with a “green strategy” for sustainable development that includes developing a recycling economy, increasing resource efficiency; developing clean production, reducing pollution cost in production; promoting green consumption, reducing ecological impact of consumption; developing new energy resources, reforming production methods, moving toward ecological industrial civilization, and creating a balanced ecological environment.

二、话题练习：科学技术

1 热身词汇

1. 英译汉

Passage 1

manned space flight 载人航天
high-performance computer 高性能计算机
super-large-scale integrated circuits 超大规模集成电路
third-generation telecommunications technology 第三代通信技术
humankind's lot 人类生活
hybrid rice variety 杂交水稻品种
cereal production 谷物产量
Mid- to Long-term Plan for Development of Science and Technology (2006–2020) 《国家中长期科学和技术发展规划纲要（2006–2020年）》
frontier technology 前沿技术
independent intellectual property rights 自主知识产权
scientific rationality 科学理性
real economy 实体经济

Passage 2

garbage / trash / waste 垃圾
waste not, want not 不浪费，不愁缺
to throw out / toss out / dump / discard 扔掉
benign 无害的
toxic waste 有毒废料
to follow in the footsteps of 步……的后尘
George Liss 乔治 · 利斯
Loomis, California 加利福尼亚州卢米斯市
to emulate 效仿
nature's garbage-free ways 自然界消除垃圾的方法
Kalundborg, Denmark 丹麦凯隆堡市
eco-industrial park 生态工业区
pharmaceuticals firm 制药厂
wallboard producer 墙板制造厂
refinery 提炼厂
smokestack 烟囱
compound 化合物
microbe 微生物
toxic substance 有毒物质
to convert... into... 把……转化成

to tap into 开发利用
municipal garbage 城市垃圾
to be salvaged for some sort of second life 被回收再利用
Jesse Ausube 杰西・奥萨贝
Program for the Human Environment 人类生存环境项目
Rockefeller University 洛克菲勒大学
foamed glass 泡沫玻璃
soda bottle 汽水瓶
nanotechnology 纳米技术
fabrication method 制造工艺
feat 成果
speculative 纯理论的
Brad Allenby 布雷・艾伦比
American Telephone and Telegraph Company (AT&T) 美国电话与电报公司
management force 管理人员
to telecommute 远程办公
to swallow up 鲸吞
CD case 激光唱片盒
information-rich 信息化程度高

Passage 3

digital divide 数字鸿沟
instantaneously 即时
business associates 生意伙伴
commonplace 司空见惯
exponentially 以指数方式/成倍地
Native American reservation 印第安人保留区
eligible 有资格的
baccalaureate 学士学位
a means to an end 达到目标的手段

2. 汉译英

Passage 1

身体检查 physical examination / health checkup / medical inspection
心电图 electrocardiogram
B超 type-B ultrasonic diagnosis
验血 blood exam / blood test
载人航天飞行 manned space flight
超重感 high-gravity
失重 zero gravity
北京航天指控中心 Beijing Aerospace Command and Control Center
船舱 cabin
漂浮物 floater
点火 to ignite
搜救人员 search-and-rescue personnel
默默 in obscurity

Passage 2

科技攻关计划 Key Sci-tech Research and Development Program
火炬计划 Torch Program
星火计划 Spark Program
方向性、关键性和综合性 critical, direction-related and comprehensive
《高技术研究发展计划》（简称863计划） 863 Program / the National Hi-tech Research and Development Program
海洋（学） oceanography
跟踪 to keep abreast of
国家重点基础研究发展规划（973计划） 973 Program / National Program for Development of Key Basic Scientific Research
多学科综合性研究 multi-disciplinary, comprehensive research
科学前沿 cutting-edge science
高技术产业计划 high-tech industry program
指导性计划 guideline program
高技术产业开发区 high-tech industrial development zone
管理体制和运行机制 management system and operation mechanism
机电一体化技术 integrated mechanical-electrical technology
依靠科技进步振兴农村经济 to revitalize rural economy through development of science and technology
在农村普及科学技术 popularization of science and technology in rural areas
科技示范项目 sci-tech demonstration projects

Passage 3

“水立方” “Water Cube”
北京奥林匹克公园 Beijing Olympic Park
花样游泳 synchronized swimming
中轴线 central axis
膜结构 memberane structure
乙烯四氟乙烯共聚物 ETFE (ethylene-tetrafluoroethylene)
熔点 melting point
透气 ventilation
声学 acoustics
排风机 exhaust fan
自然通风口 natural vent
语言清晰度 clear voice projection
模糊 fuzzy

2 英译汉

Passage 1

Science and China's Modernization

The history of modernization is in essence a history of scientific and technological progress. Scientific discovery and technological inventions have brought about new civilizations, modern industries, and the rise and fall of nations. China is now engaged in a modernization drive unprecedented in the history of humankind.

Over the past half century, China has made great achievements in basic science and technological innovation. It now ranks among the top nations in the annual number of papers published internationally and patent applications field. China has also made achievements in such areas as manned space flight, high-performance computers, super-large-scale integrated circuits, and third-generation telecommunications technology. High-tech industry has experienced rapid growth, accounting for over 15% of the manufacturing industry.

Francis Bacon, the 16th-century English philosopher, referred to science as a means to improve humankind's lot. Today, the hybrid rice variety developed by Chinese scientists has been adopted for planting in over three million hectares and has become a "golden key" to meeting China's own food needs and boosting world cereal production. Scientific and technological development in the realm of health has also increased average life expectancy in China to that in developed countries.

To encourage further innovation, the Chinese government has formulated a Mid- to Long-term Plan for Development of Science and Technology (2006–2020), which highlights research in the basic sciences and frontier technologies, with priority given to energy, water resources, and environmental protection. We strive to develop independent intellectual property rights in areas of information technology and new materials, while strengthening the application of biotechnology to agriculture, industry, population, and health.

The future of China's science and technology depends fundamentally on how we attract, train, and use young scientific talents today. Thus, at the core of our science and technology policy is attracting a diverse range of talents, especially young people, into science and providing them with an environment that brings out the best of their creative ideas.

In the field of science and technology, we will intensify institutional reform, restructure scientific research, rationally allocate public resources, and enhance innovation capability. We advocate free academic debate under a lively academic atmosphere, where curiosity-driven exploration is encouraged and failure tolerated.

Science has no boundaries. China's endeavors in science and technology need to be more integrated with those of the world, and the world needs a China that is vibrant and able to deliver more in science and technology. Just as collisions generate sparks, exchange and communication enrich imagination and creativity. Many Chinese scientists have stepped into the international academic arena, where they and their foreign colleagues learn from each other and jointly contribute to the worldwide development of science and technology.

To encourage the learning and application of science among the general public, we need to embrace a scientific culture by promoting scientific rationality while cherishing Chinese cultural heritage. Enlightened by science, the rich and profound Chinese culture is bound to shine more gloriously.

I firmly believe that science is the ultimate revolution. At a time when the current global financial turmoil is dealing a heavy blow to the world economy, it has become all the more important to rely on scientific and technological progress to promote growth in the real economy. Economic and social development must rely on science and technology, and science and technology must serve economic and social development. We will rely on science and technology to promote economic restructuring, transform development patterns, safeguard food and energy security, and address global climate change. We are confident that China will reap a rich harvest in science and technology and that this will have positive and far-reaching effects on human civilization and the well-being of humankind.

Passage 2

Can We Make Garbage Disappear?

Whoever said "waste not, want not" hasn't had much influence on 276 million Americans. In 1997 they threw out more than 195 billion kg of garbage. That means each man, woman and child tossed out an average of 725 kg of trash. And that's just the benign solid waste. Each year American industries dump more than 1.1 billion kg of toxic wastes into the air, water and ground. The really bad news is that most of the planet's six billion people are beginning to follow in the footsteps of the US and the rest of the developed world. "Either we need to control ourselves or nature will," says George Liss of Loomis, California, a veteran of recycling and solid-waste programs. As he sees it, garbage needs to become a thing of the past. That may seem impossible, but it's not unprecedented. In nature, Liss points out, there is no such thing as waste. What dies or is discarded by one part of the ecosystem nourishes another part. Liss says humanity can emulate nature's garbage-free ways, but it will require innovative technology and a big change in attitude.

In Kalundborg, Denmark exists an "eco-industrial park". It shows how much can be gained by recycling and resource sharing. Within the park, a power plant, pharmaceuticals firm, wallboard producer and refinery share in the production and use of steam, gas and cooling water. Excess heat warms nearby homes and agricultural greenhouses. One company's waste becomes another's resource. The power plant sells the sulfur dioxide from its smokestacks to the wallboard company, which uses the compound as a raw material. Dozens of these environmentally sound industrial parks are being developed all over the world.

Biotechnology is giving us additional tools to cope with waste—and turn it to our advantage. Microbes can take toxic substances in contaminated soil and convert them into harmless byproducts. In this way, we can tap into a huge stream of agricultural waste, turning some of it into industrial ingredients.

In consumer markets, recycling has already become even more common. Jackets are being made from discarded plastic bottles, briefcases from worn-out tires and belts from beer-bottle caps. Nowadays in the US, about 25% of its 195 billion kg of municipal garbage are now salvaged for some sort of second life.

Jesse Ausubel, the director of the Program for the Human Environment at Rockefeller University in New York City predicts that architects will increasingly rely on new types of strong and lightweight, foamed glass. He thinks we could see foamed glass replace much of the concrete in today's buildings.

There are limits to how many lives you can give to a pile of debris. In the long run, we have to reduce the amount of material we use in the first place. Some progress is being made, for instance, aluminum cans and plastic soda bottles have become thinner over the years, but more reductions will require a whole new kind of manufacturing process.

That is where nanotechnology plays a role. In this emerging field researchers expect to create products by building them atom by atom, molecule by molecule.

This bottom-up nanotechnological way of making things differs from the traditional fabrication methods that create so much waste along the way.

Researchers have made headway toward molecule-size transistors and wires. These laboratory feats make talk of sugar cube-size computers less speculative than it was a few years ago.

But technology is not enough. Just as critical are changes in attitudes and lifestyles. Brad Allenby, AT&T's vice president for environment, safety, and health, believes our move from the industrial age could help enormously. At present, he says, 29% of AT&T's management force telecommutes, meaning less reliance on cars. This could be part of something bigger, namely, a shift in our view of what enhances our quality of life. Maybe we'll put less value on things that use lots of materials and more on things that don't swallow up resources, like telecommuting and the Internet. Maybe downloading music from the Web will reduce the demand for CD cases. We still have an opportunity to use computers to cut consumption of paper and the trees it comes from.

As society becomes more information-rich, the easier it will be to find uses for discarded materials. One person's garbage is another's treasure. When that attitude goes global, the human beings of the new millennium may be able to look back on their former garbage-producing ways as a forgivable error of their youth as a species.

Passage 3

The Digital Divide

Information technology is influencing the way many of us live and work today. We use the Internet to look and apply for jobs, shop, conduct research, make airline reservations, and explore areas of interest. We use e-mail and the internet to connect instantaneously with friends and business associates around the world. Computers are commonplace in homes and the workplace.

Although the number of Internet users is growing exponentially each year, most of the world's population does not have access to computers or the Internet. Only 6% of the populations in developing countries are connected to telephones. Although more than 94% of US households have a telephone, only 43% have personal computers at home and 26% have Internet access. The lack of what most of us would consider a basic communications necessity—the telephone—does not occur just in developing nations. On some Native American reservations only 60%

of the residents have a telephone. The move to wireless connections may eliminate the need for telephone lines, but it does not remove the barrier to equipment costs.

Who has Internet access in the US? Fifty percent of the children in urban households with an annual income over $75,000 have Internet access, compared with 2% of the children in low-income, rural households. Nearly half of the college-educated people have Internet access, compared to 6% of those with only some high school education. Forty percent of households with two parents have access; 15% of female, single-parent households do. Thirty percent of white households, 11% of black households, and 13% of Hispanic households have access. Teens and children are the two fastest-growing segments of Internet users. The digital divide is based on income, race, education, household type, and geographic location. Only 16% of the rural poor, rural and city minorities, young householders, and single-parent female households are connected.

Another problem that exacerbates these disparities is that African-Americans, Hispanics, and Native Americans hold few of the jobs in information technology. Women hold about 20% of these jobs and are receiving fewer than 30% of the computer science degrees. The result is that women and members of the most oppressed ethnic groups are not eligible for the jobs with the highest salaries at graduation. Baccalaureate candidates with degrees in computer science were offered the highest salaries of all new college graduates in 1998 at $44,949.

Do similar disparities exist in schools? More than 90% of all schools in the country are wired with at least one Internet connection. The number of classrooms with Internet connections differs by the income level of students. Using the percentage of the students who are eligible for free lunches at a school to determine income level, we see that nearly twice as many of the schools with more affluent students have wired classrooms as those with high concentrations of low-income students. Thus, the students who are most unlikely to have access at home also do not have access in their schools, increasing the divide between groups even further.

Access to computers and the Internet will be important in reducing disparities between groups. It will require greater equality across diverse groups whose members develop knowledge and skills in computer and information technologies. If computers and the Internet are to be used to promote equality, they will have to become accessible to populations that cannot currently afford the equipment which needs to be updated every three years or so. However, access alone is not enough.

Students will have to be interacting with the technology in authentic settings. As technology becomes a tool for learning in almost all courses taken by students, it will be seen as a means to an end rather than an end itself. If it is used in culturally relevant ways, all students can benefit from its power.

3 汉译英

Passage 1

杨利伟难忘的21小时太空之旅

刚刚在太空度过了21个小时后，返回地面下飞机时，我走路的感觉与上天前基本没有什么不同。回到航天员公寓后，我稍微休息了一下，然后进行了大约50分钟的身体检查，主要是做了心电图、B超，查了血液，医生说一切正常。接受采访前，我刚吃了一碗米粥。总的来讲感觉还可以，和预想的基本相同，身体上也没有什么不适。

我是10月14日（发射前一天）晚上得知被确定为首飞航天员的。应该说我们三个人都做好了执行首次载人航天飞行的准备。我只是感到自己比较幸运，同时也感到责任重大，使命艰巨，心想一定要很好地完成任务。当时心情还是比较平和的，也没有多想。晚上8点钟就睡着了，直到凌晨两点被医生叫醒，然后吃了点面条和菜肉饺子，又把工作程序看了一遍，5点20分就出发了。

飞船发射时，感觉超重感比较强，最大时达到5G。船箭分离时，我感到有一种忽然腾空的感觉，这时又进入了失重状态。大家在北京航天指控中心的屏幕上看到我时，都是半躺在椅子上，这主要是为了让固定摄像机能够拍摄到我的全身。事实上在太空飞行中，我还多次在舱内飘浮起来，比如进行太空拍摄的时候。 此外，在整个运行过程中，我感到船舱内空气非常好，温度适宜，大概是22摄氏度多一点，飘浮物很少。飞船入轨后大约1小时37分，我吃了在太空中的第一餐。此后间隔七八小时，我又吃了两餐，主要是小月饼、鱼肉丸子等，品种很多。 总的来讲，感到自己在飞行过程中状态调整得还可以，比较镇静，完全是按照工作程序开展工作，睡眠、食欲都还可以。此外，按照飞行的实际情况，我还在飞行中记录了一些体会，大约有七八页纸。今后几天，我会逐步把它整理出来，告诉我的同事。这些体会对以后进行载人飞行会有帮助。

飞船返回发动机点火时，我感到飞船明显地被向前推了一下。这样，我就开始从太空向地面返航了。当时感到在太空的时间很短，很值得珍惜，又不由地看了一眼美丽的地球。飞船降落伞打开后船体晃得比较厉害，我看到舱外烧得红红的，但舱内的环境控制系统工作得很好，舱内温度没有变化。此外，当时有很强烈的超重感，仪器显示有3G至4G的载荷，但以前训练时最大载荷达到过8G，相当于有8个人压在你身上。飞船落地的瞬间感到身体很重，当时是头向下，胸背感到有压力。但以前对各种复杂着陆情况都进行过严格、反复的训练，这些都经历过。我返回地面后，立即与地面搜救人员进行了联络，大约两三分钟后，舱外就有人来开舱了，我们里外一起打开舱门。外面的人就问，感觉怎么样，我说感觉挺好。我觉得不论是谁执行这次任务，都代表了中国首批航天员群体。为实现中国首次载人航天飞行，有很多人在幕后默默奉献，成绩是大家的。

Passage 2

国家科学技术发展计划

20世纪80年代以来，中国陆续推出一系列科学技术研究发展的整体计划，旨在战略性地全面提高国家在21世纪的综合科技竞争力。其中，科技攻关计划、863计划和973计划构成了国家科技计划的主体，星火计划、火炬计划等也为科技实力的提高发挥了重要作用。

国家科技攻关计划

1982年开始实施的国家科技攻关计划，是20世纪中国最大的科技计划。它面向国民经济建设主战场，解决国民经济和社会发展中带有方向性、关键性和综合性的问题，涉及农业、电子信息、能源、交通、材料、资源勘探、环境保护、医疗卫生等领域。该计划是迄今为止中国科技计划中累计投资最大、投入人员最多、在国民经济中影响最大的科技计划，有全国上千个科研院所的数万名科研工作者共同参与。

863计划

1986年3月，经数百名中国科学家广泛、全面、严格的科学论证，《高技术研究发展计划》（简称863计划）出台。863计划目前共设有生物、航天、信息、激光、自动化、能源、新材料、海洋八个领域的20个主题。在863计划的实施过程中，政府部门的主要职能是宏观调控和为科研工作服务，科研的大方向由科学家商讨后确定，具体项目也由专家委员会共同决定。专家委员会成员的职责是密切跟踪国际科研前沿发展的动向，每年要在自己的领域提交调查研究报告，确定新的研究方向。863计划的另一个鲜明特征是，其成果可迅速实现产业化。

973计划

国家重点基础研究发展规划，即973计划，从1998年开始组织实施，主要是围绕农业、能源、 信息、资源环境、人口与健康、材料等领域的重大科学问题，开展多学科综合性研究，提供解决问题的理论依据和科学基础。 该计划鼓励优秀科学家在对经济和社会发展有重大影响的重点领域，瞄准科学前沿和重大科技问题，开展重点基础研究；体现国家目标，为解决21世纪中国经济和社会发展中的重大问题提供有力的科技支撑。

火炬计划

火炬计划是中国最重要的高技术产业计划，于1988年 8月启动。该计划作为国家指导性计划，内容包括：组织实施一批具有先进技术水平、国内外市场及经济效益好的高技术产品开发项目； 在全国范围内建立一批高技术产业开发区；探索适应高技术产业发展的管理体制和运行机制。 计划项目重点包括新型材料、生物技术、电子信息、机电一体化技术及新能源与节能技术等新技术领域。

星火计划

始于1986年的星火计划，旨在依靠科技进步振兴农村经济，在农村普及科学技术、带动农民致富。目前，该计划在全国农村开始实施的科技示范项目有14万多个，覆盖近90%县、市的农村。

Passage 3

国家游泳中心——“水立方”

国家游泳中心坐落在北京奥林匹克公园内，总建筑面积约八万平方米。奥运会期间，将承担游泳、跳水、花样游泳等比赛，有42枚金牌在这个场馆产生。 可容纳观众坐席17,000个，其中永久观众坐席6,000个，临时坐席11,000个。2003年12月24日，“水立方” 奠基开工。

坐落在北京中轴线上的国家游泳中心堪称建筑史上的奇迹。其外观设计极端简洁，却凸显出无边的浪漫。

国家游泳中心是2008年北京奥林匹克运动会最重要的比赛场馆之一。浓浓中华情融入“水立方”。它是唯一一个以港澳台同胞捐资建设的奥运场馆。

到2007年7月份，港澳台侨同胞共捐款八亿多元人民币。

如今，"水立方"已经穿上了高科技膜结构的保护外套。场地包含一系列其他高科技特性。"水立方"在钢结构关键技术、室内环境系统关键技术和ETFE膜装配系统关键技术等方面，凸现了"科技奥运"的理念，落成后将成为世界上最大的ETFE工程。

与以往奥运会多采用露天泳池举行游泳比赛不同，国家游泳中心采用了全封闭式的设计。然而ETFE膜结构的屋顶可保证90%的自然光进入场馆，使"水立方"平均每天自然采光达到了九个小时。

体育场的ETFE膜兼具坚固与弹性。它还具有非常高的超过715度的熔点，以确保免遭火灾。

"水立方"是一个膜结构的全封闭室内场馆，但透气问题和声学问题都已经解决了。"水立方"在屋顶设置了自然排风机，八个自然通风口可实现馆内外空气流通。

"水立方"同时还在场馆中使用了一系列特殊的材料以达到语言清晰度的标准。在这个封闭的建筑内不会出现声音模糊的情况。

三、注释

1 美国《科学》（*Science*）杂志

《科学》（*Science*）是美国科学促进会（American Association for the Advancement of Science）出版的一份学术杂志。这本杂志主要刊登最新的科学研究成果，也刊登关于科学的新闻、科技政策、科学家感兴趣的事务的观点。目前，《科学》是全世界最权威的学术杂志之一，它的主要竞争对手是英国出版的《自然》（*Nature*）杂志。

本单元英译汉第一篇是2008年10月31日出版的美国《科学》杂志上刊登的中国国务院总理温家宝的文章《科学与中国现代化》。

2 缩略语"G"的不同含义

"G"可能是不同单词的首字母，因此可以代表不同的缩略语。虽然译员可以只重复这个字母，因为交谈的中外双方知道它的含义，但译员本人一定要弄清它属于哪一领域，掌握正确的词义。

本单元对话口译中提到的3G, 4G, 5G, 8G，指的是重力gravity。"神州"五号在发射时，具有向上的加速度，航天员体验的是超重感；而船箭分离后，飞船内的物体都处于完全失重状态，飞船内的空间是完全失重的空间。

3 数字鸿沟（digital divide）

根据经合组织的定义，数字鸿沟是指不同社会经济水平的个人、家庭、企业和地区在接触信息通讯技术和利用因特网进行各种活动的机会的差距。这种差距既存在于不同国家之间，也存在于一国内部不同人群之间。近年来，数字鸿沟问题引起国际社会的广泛关注。

4 863、973、211、985等数字的来源和含义

1. 863计划——高技术研究发展计划

1986年3月3日，王大珩、王淦昌、杨嘉墀、陈芳允四位老科学家给中共中央写信，提出要跟踪世界先进水平，发展我国高技术的建议。这封信得到了邓小平的高度重视。在此后的半年时间里，中共中央、国务院组织200多位专家，研究部署高技术发展的战略，经过三轮极为严格的科学和技术论证后，中共中央、国务院批准了《高技术研究发展计划（863计划）纲要》。

2. 973计划——国家重点基础研究发展计划

1997年6月4日，原国家科技领导小组第三次会议决定要制定和实施《国家重点基础研究发展规划》，随后由科技部组织实施了国家重点基础研究发展计划（亦称973计划）。制定和实施973计划是党中央、国务院为实施“科教兴国”和“可持续发展战略”，加强基础研究和科技工作作出的重要决策；是实现2010年以至21世纪中叶我国经济、科技和社会发展的宏伟目标，提高科技持续创新能力，迎接新世纪挑战的重要举措。

3. 211工程

是指中国政府面向21世纪，重点建设100所左右的高等学校和重点学科的建设工程。211工程作为国家重点建设项目列入国民经济和社会发展中长期规划和第九个五年计划，从1995年起实施。

4. 985工程

1998年5月4日，江泽民总书记在庆祝北大建校100周年大会上向全社会宣告：“为了实现现代化，我国要有若干所具有世界先进水平的一流大学。”为贯彻落实党中央科教兴国的战略和江泽民同志的号召，教育部决定在实施“面向21世纪教育振兴行动计划”中，重点支持北京大学、清华大学等部分高等学校创建世界一流大学和高水平大学，简称985工程。

第7单元

综述技巧

口译主题：环境保护

一、技巧讲解

综述练习是口译培训的一种方式，要求译员在听完一段或一篇完整的篇章后用相当于原文长度三分之一的语言进行概括。它以迅速掌握原文内容梗概为目的，不需加入任何主观评论和解释，但必须简明、确切地表述原文的重要内容。综述要求简明扼要，用词准确。内容必须涵盖原文的有效信息，不得有重大遗漏或添加。综述练习可以是源语到源语的练习，也可以是源语到目的语的练习。在这个过程中，注重的是对有效信息的提炼。由于口译在很大程度上是要忠实地传达源语信息，因此综述练习是交传训练的一种重要手段，掌握了综述的技巧，译员就可以提高自己对原文的驾驭能力，对所听信息进行全局统筹。如果译员连对原文进行概括摘要的能力都不具备，则无法从事要求更高、强度更大的口译工作。

1 综述步骤

1. 听辨理解

一般综述练习要求译员只听一次，因此译员必须具备良好的听辨理解能力，能够听懂原文，把握文章大意。听完后，对原文的大意、主要观点等都要心中有数，而且应该把握足量的信息。听得越清楚，对原文的印象越深刻，可供选择的信息就越多。

当然，听的过程是要求对原文信息或者意义进行整体的把握，而不是拘泥于单句甚至是单个的单词，那样只会对听辨形成干扰，影响听辨效果。在这里给大家介绍一点听辨理解的小技巧：在听的过程中，重点要放在原文的主题、说话人的观点、事情发展的脉络、事物之间内部联系的逻辑等上面，尤其要关注信息的转换。在听辨过程中，如果我们比较细心的话可以发现，原文的重要信息一般会被重读并且语速相对较慢，而细节信息部分语调比较平且快；每一句话后面都有停顿，在信息转换（有时称之为“意群转换”）时的停顿较之一个整体信息间的停顿通常来说要长一些。大家不妨在实际听力过程中去发现、印证。听辨固然有常用的技巧，但更多的是要求大家在不断的练习中发现并形成适合自己的有效听辨方法。

2. 信息加工

译员在听完原文后，可通过笔记或者大脑记忆储存大量的信息。这些信息并不是全部都可以直接用于综述的有用信息，因此，要对大脑中或者笔记上的信息进行梳理和加工。可以直接保留下来的应该是那些观点句、主题句，事情发展的原因、进展，解决问题的方法，结论等。一些细节信息（如例子等）虽然并不是有效信息，但很容易被译员记下来，原因是它们很具体，不像抽象的信息那样含混晦涩，往往使人印象深刻。不过细节信息可以刺激译员的记忆，由点及面，让译员了解其背后要说明的主要信息。每篇文章都会有一个提纲，列入提纲中的信息就是综述时需要把握的信息。

3. 综述表达

在对信息进行加工后，译员头脑里有了对原文进行综述的雏形，接下来要进行的就是表达了。如果是口头表达，要求译员口语表达准确、通顺、流畅。如果是书面表达，写出来的综述句子应该结构完整、语法准确，符合搭配习惯。无论是口头综述练习还是笔头综述练习，都应该注意以下事项。

长度控制

摘要的长度一般不超过原文的三分之一。太短了会遗漏信息，不能全面概括原文；反之，太长则不符合综述的特点，会将不必要的细节信息概括进去。

综述的语言

除了做到准确、通顺外，综述的语言要言简意赅，避免拖沓啰唆。在句式选择上一般用陈述句，极少采用疑问句、感叹句等。选词一般避免带有强烈主观感情色彩的词，这样可以使综述显得客观、中性，忠实于原文。至于具体语言，如果条件允许，可以选择原文中表达观点或者下结论的原句。如果有困难，译员可以用自己的语言表达，但观点和立场一定要与原文保持一致，切忌进行主观修改和创造。

综述的行文

为了使综述条理清晰，一目了然，综述的行文或表达应该尽量遵循原文的逻辑顺序。如果对原文信息打乱重组，既耗费时间又容易造成信息的混乱和缺失。值得提醒的是，综述的时态应与原文保持一致。

检查与完善

可以通过综述中使用的连接词判断是否加入了细节。如果字数或长度符合要求，但行文中出现了诸如*that is to say, at the same time, on the other hand, for example* 等词，则说明综述包含有不必要的细节，而理应包含的有效信息却有遗漏。应在删除细节后查找所遗漏的有用信息，如果字数或长度超过要求，则应首先检查是否包含了必要信息，如果没有遗漏有效信息，就要对细节信息进行删减，使其符合要求。

2 综述训练方法

1. 阅读综述法

由于录音材料只播放一次，译员必须高度集中注意力，既要做好听辨理解，又要关注信息的收集，这种一心多用的情况对译员提出了极高的要求，效果也往往不理想。因此，对于初学者来说，可以采用阅读综述法，即阅读一篇文章，最好只读一次（如果觉得理解有困难，可适当增加次数，但不宜过多），然后口头进行综述或练习写综述。完成后进行自我检查，对不足之处进行完善。这样做的目的是让译员在没有太大压力的情况下掌握综述的技巧，以便在做听辨综述练习时牢牢把握综述的范式。

2. 逐步加长法

对于初学者来说，要他们听完一次录音后就把握所有的有效信息通常是比较困难的。在实践中我们常常会出现各种各样的问题，比较常见的有：综述太短，信息遗漏过多；综述长度适中，但主要信息和细节混淆，条理不清；综述太长，包含过多重复信息或细节等等。这都是由于练习者没有很好掌握综述的方法所致。因此，可以尝试使用逐步加长法，即在开始练习的阶段可以降低要求，听完一段话后，可以先要求用一句话进行概括，然后逐步加长到三五句话，再逐渐练习，使其慢慢接近综述要求的长度。也可以从较短的文章或者段落开始练习，逐步增加篇章的长度。这样做的目的是让练习者从一开始就控制好表达的质量，步步推进，掌握有效综述的方法。

3 实例分析

我们先来看看下面的例子：

<u>The earth's moon, which has always been an object of worship and mystery to</u>

people of all cultures and religions, is located an average of 239,000 miles from the earth. It has a diameter of 2,136 miles, and its gravity is one-sixth that of the earth's. Scientists know that the moon, as well as the sun, **affects the ocean's tides**. It is also possible that the moon is related to **the occurrence of earthquakes**. But today we are going to discuss another fascinating question with respect to the moon: Does it **affect our behavior**?

To begin with, many observers say that **the moon's phases definitely affect the behavior of animals**. For example, fishermen know that fish are easier or harder to catch, depending on what stage the moon is in. But what about people? Carl Sagan, **the famous astronomer, says, "I have no doubt the moon has an effect on human behavior."** There are stories in almost every society about people who do strange and unpredictable things during the time of the full moon, which comes approximately every 29 days. Is there really a connection?

Well, one person who believes that the answer to this question is "yes" is Dr. Arnold Lieber, **a psychiatrist** in Miami. He has written **a book called *The Lunar Effect***, in which he points out that **crime rates seem to increase at the time of the full moon**. For example, a woman named Sarah Jane Moore tried to kill former President Gerald Ford during a full moon. Patricia Hearst, the famous heiress, was also kidnapped by a group of terrorists at this time.

Dr. Lieber also believes that the **full moon is linked to depression** in many people. In fact, he points out that in 1977, nine people committed suicide by jumping off San Francisco's Golden Gate Bridge during full moons.

In Los Angeles, **some members of the police and fire departments agree that the full moon is associated with more crime and unusual behavior**. According to the fire department, the highest number of car accidents occurs on two occasions: when welfare checks are distributed and when the moon is full. A Los Angeles police sergeant named Bob Kenney is convinced that the full moon has some effects on people, though he agrees that this is very hard to prove. Still, according to the *Los Angeles Times* of January 20, 1984, he says that most of the police officers he knows believe there is a connection between crime rates and the full moon.

Many airline pilots, waitresses, bartenders, and newspaper reporters, all of whom deal directly with the public, agree that people behave oddly during periods of the full moon, though they can't specify exactly how or why it happens.

But of course there are also plenty of people who disagree. Los Angeles police sergeant Duane Rasure says that **people can behave oddly at any time.** He says his workload is no heavier during the full moon. Bar owner Jim Foley agrees with Rasure. "People can be erratic at any time," he says.

You might want to check the calendar and find out when the full moon will occur in the next few months. During those times **observe the behavior** of your family and friends and see if they do anything that is unexplainable or unusual. In the meantime, if it turns out that the moon really does make us all act strangely, let's **be thankful that we live on earth, with its one moon,** and not on Saturn, which has twenty-two moons, or Jupiter, which has four major moons and twelve minor ones.

综述

① The earth's moon affects the ocean's tides and possibly the occurrence of earthquakes, and even the behavior of animals. ② The famous astronomer, Carl Sagan, believes that the moon has an effect on human behavior. ③ And a psychiatrist in Miami, Dr. Arnold Lieber holds a positive attitude toward the hypothesis. ④ In his book *The Lunar Effect*, Dr. Lieber points out that crime rates seem to increase at the time of full moon. ⑤ Furthermore, He also believes that the full moon is linked to depression in many people. ⑥ In Los Angeles, some members of the police and fire departments agree that the full moon is associated with more crime and unusual behavior. ⑦ However, some police officials disagree with the theory, as they believe that people can be erratic at any time. ⑧ You might want to prove the hypothesis by your own observation. ⑨ Even if it turns out to be right, we shall be thankful that we live on earth, with its only moon.

首先，我们来对比一下原文和综述的长度，原文大约600词，综述有近200词，在长度上是正好符合要求的。其次，我们可以对比原文和综述的信息，原文中含有大量的例子和补充说明等，已经用下划线标示出来，在综述的时候这些是必须要省略的；而原文中的有效信息，已用黑体标示出来，这些都是必须要在综述中体现的。通过对比我们还可以发现，原文行文通常有这样的特点：提出观点A→解释观点A→转换至观点B→解释观点B→转换至观点C→解释观点C……如此类推，综述时需要抓住的是观点A、B、C等。这样，我们看到的参考综述采用的都是陈述句，行文符合原文的逻辑顺序，时态与原文保持一致，所有的例子都省略了，这样的综述才是合格的。

再来看另外两个例子：

原文 1

The Three Gorges Project

The idea of constructing a dam at the site of the Three Gorges is not new. As early as 1918, Dr. Sun Yat-sen, the pioneer of China's Revolution, suggested his program to improve the shipping conditions and to generate hydroelectric power on the Yangtze River. After 1950, thousands of scientists and technical workers were sent to survey, design and research the geological and social effects of building a dam at the Three Gorges.

The main reason for building the dam is to reduce flooding on the middle and lower reaches of the Yangtze River, where 15 million people and 1.53 million hectares of rich land are under constant threat. For the local economy to prosper, and to protect the ecology against flood damage, the Three Gorges Project has to protect the area from catastrophic floods that occur only once every 100 years instead of comparatively less serious floods that occur once every 10 years.

A second reason for building the dam is to produce hydroelectric power. After completion, the dam's annual power generation will reach 84.7 billion kilowatt-hours, supplying the much-needed energy to Central and East China and to the Chongqing Area. The income from the dam will greatly help the project's finances and loan repayment.

How will the project affect the environment? It will reduce flooding on the middle reaches of the Yangtze River, protect millions of people, avoid ecological destruction and decrease the sedimentation in the Dongting Lake, China's largest freshwater lake, so as to prolong its existence. The project will also improve water quality in the dry season. Compared with thermal power generation, hydropower generation is much cleaner and will create none of the problems caused by burning coal. The harmful gases emitted by coal will disappear. As a result, the air will be cleaner and healthier for breathing and damage done by acid rain will be considerably reduced.

The rise in water level will affect the climate, decreasing the temperature by 1℃ in summer and increasing it by 1℃ in winter. The change will greatly benefit local agriculture. Similarly, an increase of wind speed will also benefit the area. The number of foggy and rainy days in autumn will increase, but they will not affect shipping. Because of increased water levels, the white-fin dolphin, an endangered animal, and other fish will be able to survive winters. Besides, shipping safety around the reservoir will improve greatly because the river will be wider and deeper. Water flow in the dry season will increase, so accidents caused by ships running into rocks will be remarkably reduced.

综述

The Three Gorges Project

The idea of building the Three Gorges Dam started as early as the beginning of the 20th century. The Dam is designed to generate hydropower and reduce flooding on the middle and lower reaches of the Yangtze River. Its construction will also bring other benefits as well, such as improving the shipping conditions, adjusting the local climate, and protecting certain water animals.

原文 2

启示

发展经济是每一个国家的首要任务。然而，发展经济不能以牺牲环境为代价。大气污染引起的呼吸系统疾病是中国的头号健康杀手。所有主要水体均被污染。全国范围内的地下水位下降。

污染——不管是在中国、美国，还是别的什么国家——已不仅是关系到本国人民卫生、环境、经济的问题，而是一个全球性的环境问题。气候变化是千真万确的，是不断发展的。2007年成为“有气象记录以来最热的一年”。

不幸的是，当前，几乎所有发展中国家，还有美国很多部门甚至包括很多国会成员都认为经济增长与工业时代的能源使用模式之间存在着一种牢不可破的联系。如果的确存在这种联系的话，我们不可能指望有大批贫困人口的国家的决策者会跟上全球经济巨变的步伐。他们除了对环境问题熟视无睹，或者留给子孙后代去解决，恐怕别无他法。然而，值得庆幸的是，情况并非如此。

比如有很多国家在经济健康发展的同时，采取了更为合理的环境和能源措施，有很多公司通过保护资源及采用新技术，获得了相当可观的利润。如更多使用天然气，更好的照明及绝缘材料，将发电设备产生的废热用来加热、冷却或照明等。

所有这一切都不难办到。能源革命势在必行。我们的目标是更快发展经济，与此同时，我们要在环境保护方面多做些工作，以减少事后为解决污染和疾病带来的负面效应所付出的能源代价。

人们一直以为，发展中国家经济增长的唯一办法就是使用工业时代的能源使用模式，我们必须打破这一偏见。这种想法是不正确的。这是一个很大的问题，很多国家包括美国在内都存在这一问题。

据报道，美国自20世纪70年代以来，政府每提高一次环境标准，企业便可以采用新技术来达到这些标准。结果是，美国的经济发展愈来愈快，人们的工资也越来越高。这一现象是发人深省的。发展中国家的政府及企业可从中获得启示，使用更洁净的能源以确保经济快速发展。

综述

启示

污染问题已经成为全球性的环境问题。为应对这一严峻的挑战，我们必须摒弃工业时代的能源使用模式，采用更洁净、高效的能源来发展经济。某些发达国家的经验证明经济增长和环境保护可以并存。因此，更多的发展中国家应打破要发展经济就必须使用传统能源这一偏见，更坚定地走能源革新、可持续发展的道路。

需要特别指出的是，用综述来训练口译初学者对原文重要信息的驾驭和统筹能力是非常有效的；而且，在某些时候，会议组织者也确实可能会要求译员对讲话人的信息进行概括性的翻译，以节省时间，因此，综述也是译员应当掌握的一种技巧。当然，我们必须记住，如果没有活动主办者或讲话人本人的要求，译员一般不应自作主张地进行省略性、概要式的翻译。

二、话题练习：环境保护

1 热身词汇

1. 英译汉

Passage 1

organism 有机体

community 群落

savanna （亚）热带的稀树大草原
coral reef 珊瑚礁
irreplaceable habitat 不可替代的栖息地
nutrient depletion 营养流失
equitable distribution 公平分配
water deficit 水资源短缺
to flare up 爆发
mining damage 开采损害
shipping accident 航运事故
biomass 生物能
heat-absorbing gas 吸热气体
chlorinated compound 含氯化合物
chlorofluorocarbon 含氯氟烃（即破坏臭氧层的CFC）
stratospheric ozone 平流层臭氧
ultraviolet radiation 紫外线辐射
tropical forest 热带雨林
wetland 湿地
biological variety 生物的多样性
rare and endangered species 珍稀濒危动物
toxic 有毒的
solid and hazardous waste 固体有害废物
to dispose of 处理
noxious 有毒的
to dump 倾倒
political impasse 政治僵局

Passage 2

Southwest University of Political Science and Law 西南政法大学
carbon emissions target 碳排放目标
Tibetan glaciers 西藏冰川
mitigation 降低，减少
carbon intensity 碳浓度（单位GDP碳排强度）
border adjustment tariff 边境调整关税（即“碳关税”）
Near Zero Emissions Coal-fired demonstration power station 零排放示范型热电站
Clean Development Mechanism (CDM) 清洁发展机制
a healthy Chongqing, a livable Chongqing, a safe Chongqing, a Chongqing with smoothly-flowing traffic and a forest Chongqing 健康重庆、宜居重庆、平安重庆、畅通重庆和森林重庆
MOU on the sustainable initiative 可持续倡议备忘录
coal gauge purification 煤矸石净化
Arup （英国）奥雅纳工程顾问公司
Wardell Armstrong （英国）华杜公司
Noble House（英国）诺实公司
the Chongqing Science Institute 重庆市科技研究院
Trefoil Technology-RTAL RTAL三叶旋转窑技术公司
sludge 淤泥
regeneration project 旧城改造工程
the Jialing Sail Shadow International Trade Centre “嘉陵帆影 · 国际经贸中心”
BioRegional 百瑞诺

Passage 3

Disaster Supplies Kit 抗灾装备
gallon 加仑（1 加仑=3.8 升）
"use by" date 最晚使用日期
air-tight 不漏气的
food-grade water storage container 饮用水容器
residual soap 洗涤剂残留
non-perishable 不易腐败的
dehydrated food 脱水食品
salt-free 无盐的
whole grain cereal 全麦麦片
kitchen accessories and cooking utensils 厨房用品和炊具
flashlight 应急灯
spare battery 应急电池
fire extinguisher 灭火器
Class ABC extinguisher 多用途干粉灭火器（也称 Multi-Purpose Dry Chemical）
contact lens solution 隐形眼镜护理液
hearing aid 助听器
infant formula 婴儿食品
pacifier 安抚奶嘴
sanitation & hygiene items 卫生用品
moist towelette 小湿巾
insurance policies 保险单
bedding supplies 床上用品
to ride out 安全度过
lighting fixture 灯具
utility wires 电线电缆
mouth-to-mouth resuscitation 人工呼吸
seismic 地震的
debris 废墟

2. 汉译英

Passage 1

气温季节变化幅度 seasonal temperature variations
纬度 latitude
降水 precipitation
时空 seasonally and spatially
气象灾害 meteorological disaster
覆盖率 coverage rate
高寒草原 high-cold prairie
荒漠草原 desert steppe
温带草地 temperate grasslands
生态环境恶化 environmental deterioration
面临……的危机 on the verge of
大陆海岸线 continental coastline
自然海域面积 sea area
海平面上升 sea level rise
能源结构 energy mix
一次能源 primary energy
标准煤（能量单位） coal equivalent
排放强度 emission intensity
商品能源 commercial energy

Passage 2

"绿色复苏：亚洲可持续发展的现实选择" Green Recovery: Asia's Realistic Choice for Sustainable Growth

实现经济企稳回升 achieve economic stabilization and turnaround

发展模式/道路 development model/path

以人为本、全面协调可持续发展的科学发展观 the Scientific Outlook on Development that puts the people first and focuses on comprehensive, balanced and sustainable development

施科教兴国 reinvigorating the nation through science and education

中国特色新型工业化道路 a new path to industrialization with Chinese characteristics

循环经济 circular economy

节约能源资源和保护生态环境的 energy- and resource-efficient and environment-friendly

能力建设 capacity building

实现生产发展、生活富裕、生态良好的发展目标 achieve the goal of expanding production and improving people's lives and the environment

《21世纪议程》 Agenda 21

《节能减排综合性工作方案》 Comprehensive Work Plan for Energy Conservation and Emissions Reduction

《应对气候变化国家方案》 National Climate Change Program

国民经济和社会发展第十一个五年规划 the 11th Five Year Plan for national economic and social development

单位国内生产总值能耗 energy consumption per unit of GDP

化学需氧量、二氧化硫排放量 COD and SO_2 emissions

水电装机容量 installed hydropower capacity.

核电在建规模 nuclear power capacity under construction

太阳能热水器集热面积 the coverage of solar water heating panels

太阳能光伏发电累计容量 cumulative solar photovoltaic power capacity

小火电、小煤矿、炼钢、水泥、造纸、化工和印染企业 small coal-fired power plants, small coal mines and enterprises in the steel, cement, paper-making, chemical and printing and dyeing sectors

《哥本哈根协议》 Copenhagen Accord

《联合国气候变化框架公约》秘书处 Secretariat of the United Nations Framework Convention on Climate Change

单位国内生产总值二氧化碳排放 CO_2 emissions per unit of GDP

非化石能源 non-fossil energy

一次能源消费 primary energy consumption

森林蓄积量 forest stock volume

2 英译汉

Passage 1

Environmental Dilemmas

Imagine that you are an astronaut returning to earth after a long trip to the moon or Mars. What a relief it would be to come back to this beautiful, bountiful planet after experiencing the hostile, desolate environment of outer space. Although there are dangers and difficulties here, we live in a remarkably prolific and hospitable world that is, as far as we know, unique in the universe. Compared to the conditions on other planets in our solar system, temperatures on earth are mild and relatively constant. Plentiful supplies of clean air, fresh water, and fertile soil are regenerated endlessly and spontaneously by geological and biological cycles.

Perhaps the most amazing feature of our planet is the rich diversity of life that exists here. Millions of beautiful and intriguing species populate the earth and help sustain a habitable environment. This vast multitude of life creates complex, interrelated communities where towering trees and huge animals live together with, and depend upon, tiny life-forms such as viruses and fungi. Together, all these organisms make up delightfully diverse, self-sustaining communities, including dense, moist forests, vast sunny savannas, and richly colorful coral reefs. From time to time, we should pause to remember that, in spite of the challenges and complications of life on earth, we are incredibly lucky to be here. We should ask ourselves: What is our proper place in nature? What ought we to do and what can we do to protect the irreplaceable habitat that produced and support us? These are some of the central questions of environmental science.

While there are many things to appreciate and celebrate about the world in which we live, many pressing environmental problems cry out for our attention. Human populations have grown at alarming rates in the 20th century. Nearly 6 billion people now occupy the earth and we are adding 100 million more each year. In the next decade, most of the growth will be in the poorer countries where resources and services are already strained by present populations.

Food shortages and famines already are too familiar in many places and may increase in frequency and severity if population growth, soil erosion, and nutrient depletion continue at the same rate in the future as they have in the past. We are coming to realize, however, that food security often has more to do with poverty, democracy, and equitable distribution than it does with the amount of food available. Water deficits and contamination of existing water supplies threaten to be critical environmental issues in the future for agricultural production as well as for domestic and industrial use. Many countries already have serious water shortages and more than one billion people lack access to clean water or adequate sanitation. Violent conflicts over control of natural resources may flare up in many places if we don't learn to live within nature's budget.

How we obtain and use energy is likely to play a crucial role in our environmental future. Fossil fuels (oil, coal, and natural gas) presently supply about 80% of the energy used in industrialized countries. Supplies of these fuels are diminishing at an alarming rate and problems associated with their acquisition and use—air and water pollution, mining damage, shipping accidents, and political insecurity—may limit where and how we use the remaining reserves. Cleaner renewable energy resources—solar power, wind, and biomass, may replace environmentally destructive energy sources if we invest in appropriate technology in the next few years.

As we burn fossil fuels, we release carbon dioxide and other heat-absorbing gases that cause global warming and may bring about sea-level rises and catastrophic climate changes. Acid rain damages the building materials and sensitive ecosystems in many places. Chlorinated compounds, such as the chlorofluorocarbons used in refrigeration and air conditioning, also contribute to global warming, as well as damaging the stratospheric ozone which protects us from cancer-causing ultraviolet radiation.

Destruction of tropical forests, coral reefs, wetlands, and other biologically rich landscapes is causing an alarming loss of species and a reduction of biological variety and abundance that could severely limit our future options. Many rare and endangered species are threatened directly or indirectly by human activities. In addition to practical values, aesthetic and ethical considerations suggest that we should protect these species and the habitat necessary for their survival.

Toxic air and water pollutants, along with mountains of solid and hazardous wastes, are becoming overwhelming problems in industrialized countries. We produce hundreds of millions of tons of these dangerous materials annually, and much of it is disposed of in dangerous and irresponsible ways. No one wants this noxious stuff dumped in his or her own backyard, but too often the solution is to export it to someone else's. We may come to a political impasse where our failure to decide where to put our wastes or how to dispose of them safely will close down industries and result in wastes being spread everywhere. The health effects of pollution, toxic wastes, stress, and the other environmental ills of modern society have become a greater threat than infectious diseases for many people in industrialized countries.

These and other similarly serious problems illustrate the importance of environmental science and environmental education for everyone. What we are doing to our world, and what that may mean for our future and that of our children is the paramount concern as we have entered the 21st century.

Passage 2

Global Low Carbon Development from Copenhagen to Chongqing

By British Ambassador to China Sir William Ehrman at
Southwest University of Political Science and Law, Chongqing, China
(3 December 2009)

I am delighted to be at the Southwest University of Political Science and Law today—and to be delivering a speech about the upcoming climate change conference in Copenhagen and how low carbon development can serve Chongqing's own development goals.

The conference—and the deal it aims to seal—is without question at the very top of today's international agenda. It is also one of the British Government's key priorities and, as demonstrated by last week's setting of a carbon emissions target, it is of central importance to the Chinese Government too.

The effects of climate change today are visible, including in China: the Tibetan glaciers are melting with important effects on the flow of water in most of the great rivers in Asia. We are seeing more frequent floods, increased drought, desertification and water scarcity.

UK research shows that without active mitigation against the current level of emissions, the world's temperature will rise by four degrees by the end of the century compared to the pre-industrial level. That would mean 23% of China's population deprived of the dry season glacier melt, making water scarcity far more severe than it is even today. It would mean a decrease in rice yield of up to 30% would be likely.

Sea levels could rise by 0.9 metres.

The UK, starting from the Industrial Revolution, pursued rapid development. It was only later that we turned to sustainable development. China, now the world's biggest emitter, is working on both in parallel. This is to be praised.

Developed countries recognise their historic responsibility and need to take the lead in combating climate change. The UK was the first country to introduce legally-binding carbon budgets. These commit us to carbon savings of 34% by 2020 and at least 80% by 2050 against a 1990 baseline. The UK's per capita emissions, now 10 tons per annum, may fall below China's, now 6 tons per annum but rising, by around 2016. Our policies and work to combat climate change in the UK are transforming how we generate power and use it in our homes, businesses, transport and public services, and are creating new jobs and industries for a low carbon economy.

Unlike Europe, most of the homes, offices, power stations and infrastructure that will exist in China in 2030 have not yet been built. This means China's capacity for green growth and innovation is potentially enormous.

China has adopted a stretching target between 2006 and 2010 to improve energy intensity by 20%. By 2020 it plans for 15% of its total energy mix to come from renewables and nuclear. Its solar, wind, hydro and nuclear industries are developing rapidly. Forest cover is to be 20% by 2010 and 23% by 2020 (from just 9% in 1949). In 2008 President Hu committed China to a low carbon economy. China's leaders see the harmful economic effects of climate change. China's middle class, now about 80 million, want a better city environment. In July this year, China agreed at an international meeting that it would take action between 2005 and 2020 to ensure a meaningful deviation from business as usual in its emissions and committed to the goal of limiting global temperature increases to no more than two degrees from pre-industrial levels. In September President Hu said carbon intensity would be reduced by a notable margin over this period. Last week China announced that it would aim for a 40—45% reduction in carbon intensity between 2005 and 2020. This, and recent statements by several other countries, are an important opening contribution ahead of the crucial negotiations in Copenhagen. As the Danish Prime Minister has said, we hope China's emissions will peak by 2020. I know Britain and China will both be working hard for agreement at Copenhagen.

The way the world interacts with China on climate change is important. We emphatically do not want to slow China's development. We oppose border adjustment tariffs. The UK is working closely with China on more than 20 climate change projects, among them to develop a Near Zero Emissions Coal-fired demonstration power station by 2015 and to set up low carbon zones. British financial institutions are providing 40% of all the finance for Clean Development Mechanism projects in China. We are doing all this in the spirit of equals addressing a common problem, for which developed countries carry a particular responsibility. I am delighted that the recent EU-China Summit has decided to upgrade the EU-China Dialogue on Climate Change.

Low carbon development is consistent with and can drive Party Secretary Bo Xilai's Five Chongqings initiative. That is, a healthy Chongqing, a livable Chongqing, a safe Chongqing, a Chongqing with smoothly-flowing traffic and a forest Chongqing.

UK Trade and Investment (UKTI) and British businesses are keen to be part of the five Chongqings initiative. An MOU on the sustainable initiative signed last September is the basis for strong working partnerships which are being formed between British businesses and Chongqing. I was at the signing ceremony between Arup, a British company, and Wubao Town this afternoon. Arup will help Wubao Town to plan for sustainable development by designing a model village. Wardell Armstrong, another British company is in discussions with Wansheng District on equipment supply for coal gauge purification. The Wales Low Carbon Research Institute together with the Chongqing Science Institute is planning to establish a new research centre here in Chongqing, which allows UK business to better understand the local requirement in the field of low carbon and sustainability.

Other positive developments include discussions between Chongqing Municipal Government and a UK company called Noble House to develop a high-tech low carbon zone. And Trefoil Technology-RTAL and Chongqing University have conducted a joint lab experiment for about two years on turning sludge into valuable aggregate used in construction material such as concrete.

Of the Five Chongqings, let's start with healthy Chongqing. Air pollution is a challenge for all countries at China's phase of development and the UK was no difference. One of the aspects of low carbon development which arguably does not get enough attention concerns the so-called "co-benefits", that is, social benefits unrelated to the reduction of greenhouse gas emissions. Moving to a low carbon development model can improve local air quality through reduced conventional pollution. Chongqing has already had considerable success on the issue of clean air. In 2008, Chongqing had 297 days with good air quality, compared with 187 days in 2000.

The Livable Chongqing campaign is delivering new, attractive buildings for Chongqing's residents. New construction is a tremendous opportunity. Making these buildings energy efficient not only saves carbon, it saves money. It has been noted that broadly speaking, it is six times cheaper to make a building energy efficient than to build a non-efficient building and the power supply to deliver the required extra electricity.

These buildings are also usually more physically pleasant places to live. China's current five-year plan calls for energy savings of 50 percent for new buildings nationwide and up to 65 percent for buildings in the four large municipalities of Beijing, Shanghai, Tianjin, and Chongqing. I understand that you are making good progress in this area.

As I have already said, many British companies in China have world-class expertise at sustainable design and they are working with Chongqing to help you meet your goals. In fact UK companies are at the heart of Chongqing's development. PRP for example is contributing to the Yuzhong district regeneration project. Arup is providing sustainable design for the construction of the tallest tower in Chongqing, the Jialing Sail Shadow International Trade Centre, and BioRegional hopes to be able to transfer their low carbon capability to Chongqing through the "One Planet Living" project.

Passage 3

Are You Prepared for the Next Earthquake?

By taking action to be prepared, you can lessen the impact of an earthquake on your family. Set aside some emergency supplies, and teach your family what to do at home during and after a disaster. You could be without help for up to 72 hours, so learn to cope for at least that long.

Movement of the ground is seldom the actual cause of death or injury. Most casualties result from partial building collapse and falling objects and debris, like toppling chimneys, falling bricks, ceiling plaster, and light fixtures. Many of these conditions are easily preventable.

Because earthquakes occur without warning, it's important to take steps now to prepare, so that you know what you can do and how to respond—constructive, protective action is possible.

1. Disaster Supplies Kit

Because you don't know where you will be when an earthquake occurs, prepare a Disaster Supplies Kit for your home, workplace, and car.

Water Store at least 1 gallon of water per person per day and be prepared for a 72-hour period. A normally active person needs at least 1/2 gallon of water daily just for drinking.

It is recommended that you buy commercially bottled water. Keep bottled water in its original container and do not open it until you need to use it. Also, pay attention to the expiration or "use by" date.

If you choose to prepare your own containers of water, you should buy air-tight, food-grade water storage containers from camping supply stores. Before filling the containers, clean them with dish washing soap and water, and rinse them completely so that there is no residual soap. Water stored in your own containers should be replaced about every six months.

Food It's always a practical idea to keep a supply of non-perishable food on hand that can be rotated into your diet and replenished on a regular basis. Have a sufficient supply of canned or dehydrated food, powdered milk, and canned juices for at least 72 hours. Dried cereals and fruits and non-salted nuts are good sources of nutrition. Keep the following points in mind:

- Avoid foods that will make you thirsty. Choose salt-free crackers, whole grain cereals, and canned goods with high liquid content.
- Stock foods that do not require refrigeration, cooking, water, or special preparation. You may already have many of these on hand.
- Remember to include foods for infants and special dietary needs.

Flashlights and spare batteries Keep a flashlight beside your bed, at your place of work, and in your car. Do not use matches or candles after an earthquake until you are certain that no gas leaks exist.

Fire extinguishers Keep a fire extinguisher at home and in your car. Some extinguishers are good only for certain types of fires—electrical, grease, or gas. Class ABC extinguishers are designed for safe use on any type of fire. Your fire department can show you how to use an extinguisher properly.

Special needs Keep a supply of special needs items, such as medications, extra eyeglasses, contact lens solutions, hearing aid batteries, items for infants (formula, diapers, bottles, and pacifiers), sanitation and hygiene items (moist towelettes and toilet paper), and any items unique to your family's needs.

Important papers and cash Be sure to have a supply of cash to use if ATMs, banks, and credit card systems are not operating. Also, keep copies of credit and identification cards and important documents, such as insurance policies and financial records.

Clothes If you live in a cold climate, you must think about warmth. You might not have heat after an earthquake. Think about your clothing and bedding supplies. Be sure to have one complete change of clothing and shoes per person, including the following: jacket or coat, long pants, long sleeve shirt, sturdy shoes, hat, mittens or gloves, and scarf, sleeping bag or warm blanket (per person).

2. How to Ride Out the Earthquake

Limit your movements during an earthquake to a few steps to a nearby safe place. Stay indoors until the shaking has stopped and you are sure it is safe to leave.

If you are indoors:

- Drop, Cover, and Hold—Take cover under a sturdy desk, table, or bench, or against an inside wall, and hold on. If there is no desk or table near you, cover your face and head with your arms and crouch in an inside corner of the building.
- Stay away from glass, windows, outside doors and walls, and anything that could fall, such as lighting fixtures and furniture.
- If you are in bed when the earthquake strikes, stay there. Hold on and protect your head with a pillow, unless you are under a heavy fixture that could fall. In that case, move to the nearest safe place.
- Stay inside until the shaking stops and it is safe to go outside. Most injuries during earthquakes occur when people are hit by falling objects while entering or leaving buildings.
- Be aware that electricity may go out or that sprinkler systems or fire alarms may turn on.
- Do not use elevators.

If you are outdoors: Stay there, move away from buildings, trees, streetlights, and utility wires.

If you are in a moving car:

- Stop as quickly as safety permits, pull to the side of the road, and stay in the car.
- Avoid stopping near or under buildings, trees, overpasses, and utility wires.
- Do not attempt to drive across bridges that have been damaged.
- Proceed cautiously after the earthquake has stopped, watching for road and bridge damage.

If you are trapped under debris:

- Do not light a match.
- Do not move about or kick up dust.
- Cover your mouth with a handkerchief or clothing.
- Tap on a pipe or wall so that rescuers can find you. Use a whistle if one is available. Shout only as a last resort—shouting can cause you to inhale dangerous amounts of dust.

3. When the Ground Stops Shaking, Check for Injuries

If anyone has stopped breathing, give mouth-to-mouth resuscitation. Stop any bleeding injury by applying direct pressure to the wound. Do not move seriously injured people unless they are in immediate danger of further injury. Cover injured persons with blankets to keep them warm.

Keep a battery-powered radio with you so you can listen for emergency updates and news reports.

Be aware of possible tsunamis if you live in a coastal area. Tsunamis are also known as seismic sea waves. When local authorities issue a tsunami warning, assume that a series of dangerous waves is on the way. Move inland to higher ground as quickly as possible.

Do not use the telephone unless there is a severe injury. For more detailed emergency procedures, consult your first aid manual.

③ 汉译英

Passage 1

中国与气候变化相关的基本国情

1. 气候条件差，自然灾害较重

中国的气候条件相对较差。中国主要属于大陆性季风气候，与北美和西欧相比，中国大部分地区的气温季节变化幅度要比同纬度地区相对剧烈，很多地方冬冷夏热，夏季全国普遍高温，为了维持比较适宜的室内温度，需要消耗更多的能源。中国降水时空分布不均，多分布在夏季，且地区分布不均衡，年降水量从东南沿海向西北内陆递减。中国气象灾害频发，其灾域之广、灾种之多、灾情之重、受灾人口之众，在世界上都是少见的。

2. 生态环境脆弱

中国是一个生态环境比较脆弱的国家。2005年全国森林面积1.75亿公顷，森林覆盖率仅为18.21%。2005年中国草地面积4亿公顷，其中大多是高寒草原和荒漠草原，北方温带草地受干旱、生态环境恶化等影响，正面临退化和沙化的危机。2005年中国土地荒漠化面积约为263万平方公里，已经占到整个国土面积的27.4%。中国大陆海岸线长达1.8万多公里，濒邻的自然海域面积约473万平方公里，面积在500平方米以上的海岛有6,500多个，易受海平面上升带来的不利影响。

3. 能源结构以煤为主

中国的一次能源结构以煤为主。2005年中国的一次能源生产量为20.61亿吨标准煤，其中原煤所占的比重高达76.4%； 2005年中国一次能源消费量为22.33亿吨标准煤，其中煤炭所占的比重为68.9%，石油为21%，天然气、水电、核电、风能、太阳能等所占比重为10.1%， 而在同年全球一次能源消费构成中，煤炭只占27.8%，石油36.4%，天然气、水电、核电等占35.8%。由于煤炭消费比重较大，造成中国能源消费的二氧化碳排放强度也相对较高。

4. 人口众多

中国是世界上人口最多的国家。2005年底中国大陆人口（不包括香港、澳门、台湾）达到13.1亿，约占世界人口总数的20.4%；中国城镇化水平比较低，约有7.5亿的庞大人口生活在农村，2005年城镇人口占全国总人口的比例只有43.0%，低于世界平均水平；庞大的人口基数，也使中国面临巨大的劳动力就业压力，每年有一千万以上的新增城镇劳动力需要就业，同时随着城镇化进程的推进，目前每年约有上千万的农村劳动力向城镇转移。由于人口数量巨大，中国的人均能源消费水平仍处于比较低的水平，2005年中国人均商品能源消费量约1.7吨标准煤，只有世界平均水平的2/3，远低于发达国家的平均水平。

5. 经济发展水平较低

中国目前的经济发展水平仍较低。2005年中国人均GDP约为1,714美元（按当年汇率计算），仅为世界人均水平的1/4左右； 中国地区之间的经济发展水平差距较大，2005年东部地区的人均GDP约为2,877美元，而西部地区只有1,136美元左右，仅为东部地区人均GDP的39.5%； 中国城乡居民之间的收入差距也比较大，2005年城镇居民人均可支配收入为1,281美元，而农村居民人均纯收入只有397美元，仅为城镇居民收入水平的31%； 中国的脱贫问题还未解决，截至2005年底，中国农村尚有2,365万人均年纯收入低于683元人民币的贫困人口。

Passage 2

习近平在博鳌亚洲论坛2010年年会开幕式上谈亚洲绿色发展和可持续发展

（2010年4月10日）

尊敬的各位贵宾，女士们、先生们、朋友们：

在21世纪第一个十年刚刚过去之时，在自然界万物复苏、全球经济开始回暖之际，我们迎来了博鳌亚洲论坛2010年年会。在这里，我谨代表中国政府，对年会的召开表示热烈的祝贺，向各位来宾表示诚挚的欢迎！

博鳌亚洲论坛是在人类社会跨入21世纪时应运而生的。论坛成立九年来，立足亚洲、面向世界，为增进亚洲各国人民相互了解和相互交流发挥了积极作用，为促进亚洲和世界的和平与发展作出了重要贡献。本届年会以“绿色复苏：亚洲可持续发展的现实选择”为主题，对促进全球经济复苏和持久繁荣具有重要意义。

上个世纪90年代后期以来，亚洲经受住两次金融危机的严重冲击，经济持续发展，国际影响力不断提升。去年年底以来，亚洲又率先实现经济企稳回升，为促进世界经济复苏发挥了重要引擎作用。同时，两次金融危机，特别是这次国际金融危机的严重冲击也启迪我们，亚洲要保持经济良性发展势头，继续拉动世界经济增长，必须更加注重完善发展模式，走出一条符合时代潮流、具有亚洲特色的绿色发展和可持续发展之路。

女士们、先生们！胡锦涛主席在2008年博鳌亚洲论坛年会开幕式上的讲话中指出，世界上没有放之四海而皆准的发展道路和发展模式，也没有一成不变的发展道路和发展模式，必须适应国内外形势的新变化、顺应人民过上更好生活的新期待，不断探索和完善适合本国情况的发展道路和发展模式。这一论述的前瞻眼光和深刻含义正随着形势的发展日益显现出来。中国改革开放30多年来，充分发挥比较优势，实现了年均9.8%的持续快速增长，与此同时资源和环境对发展的瓶颈制约也日益突出。我们以实事求是的科学态度及时总结经验，创新发展理念，推动中国发展道路和发展模式在实践中不断完善。

从上个世纪90年代中期、特别是进入新世纪新阶段以来，我们提出，要坚持以人为本、全面协调可持续发展的科学发展观；要以极其认真负责的历史责任感对待环境与发展问题，坚持走可持续发展道路；要实施科教兴国战略，实行经济结构战略性调整，积极推动创新发展；要把经济发展建立在主要依靠国内市场的基础上，高度重视以内需特别是消费需求拉动发展；要努力开创生产发展、生活富裕、生态良好的文明发展道路；要走出一条科技含量高、经济效益好、资源消耗低、环境污染少、人力资源优势得到充分发挥的中国特色新型工业化道路；要把节约资源作为基本国策，发展循环经济，保护生态环境，加快建设资源节约型、环境友好型社会，促进经济发展与人口资源环境相协调；要呵护人类赖以生存的地球家园，建设生态文明，形成节约能源资源和保护生态环境的产业结构、增长方式、消费模式，把建设资源节约型、环境友好型社会落实到每个单位、每个家庭；要以对中华民族和全人类长远发展高度负责的精神，全面加强应对气候变化能力建设，为中国和全球可持续发展作出不懈努力；要更加自觉地认识到，加快经济发展方式转变刻不容缓，必须在发展中促转变、在转变中谋发展，等等。

这些理念同国际社会倡导的绿色发展和可持续发展高度契合，其核心就是科学发展。科学发展，就是把握发展规律、创新发展理念、转变发展方式、破解发展难题，提高发展质量和效益，实现又好又快发展；就是实现以人为本、全面协调可持续发展；就是实现各方面事业有机统一、社会成员团结和睦的和谐发展；就是实现既通过维护世界和平发展自己、又通过自身发展维护世界和平的和平发展。我们坚持科学发展，就是适应经济全球化发展的新形势，用科学的理念、开放的战略、统筹的方法、共赢的途径去实现生产发展、生活富裕、生态良好的发展目标。

中国在树立和落实科学发展观、推进绿色发展和可持续发展方面是知行统一、说到做到的。举例来说，中国是最早通过《21世纪议程》、最早制定《节能减排综合性工作方案》和《应对气候变化国家方案》的发展中国家。2006

年，中国在制定国民经济和社会发展第十一个五年规划时提出了到2010年坚决控制温室气体排放、基本遏制生态环境恶化趋势的奋斗目标。截至2009年年底，中国“十一五”规划所覆盖的前四年单位国内生产总值能耗已累计下降14.38%，化学需氧量、二氧化硫排放量分别下降9.66%和13.14%，相当于减少排放近9亿吨二氧化碳。2009年，中国水电装机容量、核电在建规模、太阳能热水器集热面积和太阳能光伏发电累计容量均居世界第一位。

中国在应对全球气候变化、加强应对气候变化能力建设方面是积极主动、严肃认真的。我们认为，应对全球气候变化关乎各国共同利益，地球安危各国有责。当前，中国正处于全面建设小康社会的关键时期，正处于工业化、城镇化加快发展的重要阶段，发展经济、改善民生的任务十分繁重，但我们仍然以最大决心和最积极态度，按照联合国所确定的共同但有区别的责任原则，参与全球应对气候变化共同行动。中国从2007年开始主动加快淘汰落后产能，关停大批污染严重的小火电、小煤矿、炼钢、水泥、造纸、化工和印染企业。2009年，中国又为推动哥本哈根气候变化大会取得成功并最终达成《哥本哈根协议》发挥了积极作用。目前，我们已根据协议要求向《联合国气候变化框架公约》秘书处通报了中国自主减排行动信息，并明确将中国列入支持《哥本哈根协议》的国家名单。

按照中国去年公布的控制温室气体排放的行动目标，到2020年，我国单位国内生产总值二氧化碳排放将比2005年下降40%—45%；非化石能源占一次能源消费比重将达到15%左右；森林面积将比2005年增加4,000万公顷，森林蓄积量将比2005年增加13亿立方米。其中，仅降低能耗这一项，今后五年就可以节省能源6.2亿吨标准煤，相当于减少排放15亿吨二氧化碳。这是中国加快经济发展方式转变和经济结构调整的实际行动，也是对亚洲和世界应对气候变化的积极贡献。

女士们、先生们！绿色发展和可持续发展是当今世界的时代潮流。为了实现亚洲和世界的绿色发展和可持续发展，为了使人类赖以生存的大气、淡水、海洋、土地和森林等资源环境得到永续发展，我们亚洲各国应该统筹经济增长、社会发展、环境保护。我们愿意同亚洲各国一道，进一步从以下六个方面作出努力：

第一，转变发展方式，努力实现绿色发展。加快经济发展方式转变和经济结构调整，是积极应对气候变化，实现绿色发展和人口、资源、环境可持续发展的重要前提，也是亚洲和世界各国政府、企业的共同责任。要大力弘扬生态文明理念和环保意识，使坚持绿色发展、绿色消费和绿色生活方式，呵护人类共有的地球家园，成为每个社会成员的自觉行动。

第二，高度重视科技，支撑实现创新发展。在利用高新技术降低消耗、提高能源资源利用效率方面，亚洲同世界先进水平差距很大，但潜力也很大。要加快开发低碳技术，推广高效节能技术，提高新能源和可再生能源比重，为亚洲各国绿色发展和可持续发展提供坚强的科技支撑。发达国家要为技术转让提供便利，在保护知识产权前提下，实现技术共享。

第三，坚持扩大开放，不断实现和谐发展。当今世界是开放的世界，亚洲各国的发展离不开世界，世界的发展也离不开亚洲。要坚持和扩大市场开放，坚决反对和抵制各种形式的保护主义，维护公正自由开放的全球贸易和投资体系。同时，应该充分利用好亚洲各种区域和次区域对话与合作机制，促进亚洲同世界的和谐与可持续发展。

第四，继续加强合作，持续实现共同发展。坚持务实合作、实现互利共赢是亚洲各国实现可持续发展的必然选择。在国际金融危机、气候变化、能源资源安全等严峻挑战面前，任何国家都不可能独自应对和独善其身。应该继续加强宏观经济政策协调，大力推动国际新兴产业合作，尤其是加强节能减排、环保、新能源等领域合作，携手推进亚洲和世界经济可持续发展。

第五，着力消除贫困，逐步实现平衡发展。全球南北发展严重不平衡是世界经济失衡的重要根源。现在，亚洲每天生活在1.25美元贫困线以下的赤贫人口有9亿人，约占亚洲总人口的四分之一。我们呼吁进一步完善促进平衡发展的国际机制，增加发达国家对发展中国家的援助规模，加强南南合作和南北合作，推动联合国千年发展目标的实现，确保可持续发展成果真正惠及贫困地区国家和人民。

第六，大力培养人才，推动实现全面发展。绿色发展和可持续发展的根本目的是改善人民生存环境和生活水平，推动人的全面发展，而这在很大程度上有赖于创新人才的成批涌现。要创造人尽其才、各尽所能的体制机制和社会环境，加强对各类人才的教育培养，使亚洲绿色发展和可持续发展同人的全面发展相互促进、相辅相成。

女士们、先生们！让我们继续发扬2009年同舟共济应对国际金融危机冲击的精神，坚持凝聚共识，加强团结合作，在实践中走出一条绿色发展和可持续发展之路，造福亚洲，造福世界。

最后，预祝本届年会取得圆满成功！

三、注释

1 什么是可持续发展？

现代可持续发展思想产生的背景是人类赖以生存和发展的环境和资源遭到越来越严重的破坏。人类不同程度地尝到了环境破坏的苦果。伴随着人们对公平作为社会发展目标的认识的加深，可持续发展思想在20世纪80年代逐步形成。1987年，联合国发表的研究报告《我们共同的未来》(*Our Common Future*) 中，首次对可持续发展概念做出了科学定义："可持续发展是既满足当代人需求、又不对后代人满足其需要的能力构成危害的发展。"可持续发展问题是世界各国普遍认同的一种原则、一种发展战略，成为人类发展的共同目标。

2 《中国应对气候变化国家方案》

2007年6月4日，中国应对气候变化的"根本大法"——《中国应对气候变化国家方案》(*National Climate Change Program*) 公布。这一方案是发展中国家颁布的第一部应对气候变化的国家方案。该方案回顾了我国气候变化的状况和应对气候变化的不懈努力，分析了气候变化对我国的影响与挑战，提出了应对气候变化的指导思想、原则、目标以及相关政策和措施，阐明了我国对气候变化若干问题的基本立场及国际合作需求。

3 "标准煤" (coal equivalent) 是什么意思？

标准煤又叫煤当量，是计算能源总量和折合各种能源的综合指标。能源的种类不同，计量单位也不同，如煤炭、石油等按吨计算；天然气、煤气等气体能源按立方米计算；电力按千瓦小时计算，热力按千卡计算。为了使用的方便，统一标准，在进行能源数量、质量的比较时，将煤炭、石油、天然气等都按一定的比例统一换算成标准煤来加以计算和比较。我国规定每公斤标准煤的含热量为7,000千卡，以此可将不同品种、不同含热量的能源按各自不同的热值换算成每千克热值为7,000千卡的标准煤。如原煤每公斤发热量为5,000千卡，石油每公斤发热量为10,000千卡，天然气每立方米发热量为9,312千卡，则相当标准煤的比率分别为0.714、1.429和1.33。如果将各种能源折合成标准煤的吨数来表示，则1吨原煤＝0.714吨标准煤；1吨原油＝1.43吨标准煤；1,000立方米天然气＝1.33吨标准煤。

标准煤的英文名称是coal equivalent，吨标准煤ton coal equivalent，缩写是tce，百万吨标准煤Million tons coal equivalent，缩写则是Mtce。

4 什么是“一次能源”和“商品能源”？

能源按其加工程序可分为一次能源（primary energy）和二次能源（secondary energy）。前者如煤炭、石油、天然气、风力、水力、海洋能、地热、核燃料等，它们的共同特点是都直接来自自然界，没有经过加工和转换。后者则是前者经过加工和转换的能源，如煤气、焦炭、电力、汽油、柴油、沼气等。

能源按商品流通分为商品能源（commercial energy）和非商品能源（non-commercial energy）。经流通环节大量消耗的能源是商品能源，主要指煤炭、石油、天然气、水电、核电五种。非商品能源主要指薪柴、秸秆等农业废弃物以及人畜粪便等就地利用的能源，它在发展中国家农村地区的能源供应中占有很大的比重；这类能源约占我国农村居民生活用能的80%。

第8单元

数字口译技巧（1）

口译主题：经济

一、技巧讲解

接下来的两个单元，我们将关注在口译中如何处理数字及与数字相关的短语。

数字口译常常是口译中的一大“拦路虎”。未经相关训练的口译员，往往很难达到口译数字时准确无误。这主要有两大原因：

首先，前面我们曾提到过，科学家们一般认为短期记忆只能存储4至9个信息单位，新的信息如果不被重复，便会在15至20秒内从短期记忆中消失。也就是说，人在短时间内一般只能记住4至9个孤立的、相互之间没有任何联系的数字符号，如果没有掌握正确的方法和技巧，这些数字符号便很难被准确、快速地传译出来。

第二，英汉两种语言中表达数字的方法不尽相同。在英语里，从个位开始，每三位为一个计数单位，从小到大，分别为thousand，million，billion；而汉语中，我们以每四位为一个计数单位，在基础单位“个”、“十”、“百”、“千”后，从小到大，分别有 “万”、“亿” 和 “万亿”。

以1234567890这个大数字在英汉两种语言中的读法为例：

（1）英语中，三位一个计数节，划分成：1，234，567，890

带入计数节单位：1 billion 234 million 567 thousand 890

读作：one billion, two hundred and thirty-four million, five hundred and sixty-seven thousand, eight hundred and ninety

但也可以读作：1.23456789 billion

（2）汉语中，四位一个计数节，划分成：12，3456，7890

带入计数节单位：12亿3456万7890

读作：十二亿三千四百五十六万七千八百九十

但也可以读作：12.3456789亿（凡是上亿的数字都可用小数点来读）。

总之，英语里没有与汉语中“万”和“亿”等直接对等的单词。如果要将汉语中的“万”“亿”等数字转换为英文，则只能用ten thousand传译“万”，用hundred thousand传译“十万”，用million传译“百万”，用ten million传译“千万”，到了“亿”则是hundred million，“十亿”则是billion。

数字的出现往往是没有规律的，为了防止遗忘和出错，一定要将听到的数字尽快记录下来。由于大数字是难点，我们可以利用计数节（即逗号）适当地分隔大数字，来完成对大数字的准确传译。具体操作如下：

（1）英译汉

用阿拉伯数字记录下您听到的数字，对记录下的数字从右到左，四位标注一个基数节，然后按从大到小按“万亿”、“亿”、“万”的顺序读出。如：

1，2345，6789，0123

万亿　亿　　万

(2)汉译英

同样用阿拉伯数字记录下您听到的数字，对记录下的数字从右到左，三位标注一个基数节，然后按从大到小按trillion，billion，million和thousand的顺序读出。如：

1，234，567，890，123

Trillion　Billion　Million　Thousand

有时，在汉译英的过程中处理超过百万的数字时，把它们转换成小数是个不错的主意。比如123万可以做成1.23million。这一点我们在具体谈到小数的时候会引申开来。

下面我们来分别看看基数词、序数词、分数、小数和百分数在口译中需要注意的问题。

（一）基数词

基数词就是我们日常生活中所熟悉的那些整数。比如一、二、三，等等。除了我们在前文中所提到的转化，作为一名合格的口译员，在处理数字时，您还需要熟暗下面的内容。我们从最简单、最容易被忽视的讲起：

“十几（-teen)”和“几十（-ty)”的区分在数字口译中常常给口译员造成不小的困惑。这个困惑主要来自于“十几（-teen)”和“几十（-ty)”的听辨。一个简单有效的处理方法是通过重音来区别。“十几”的重音有两个。如：十四（'four 'teen)，重音在four和teen两个音节上，且词尾-teen的发音清晰。而“几十”的重音只有一个。如：四十（'forty），重音只在for上面，且词尾-ty的发音短促。

另外，数字口译的准确性也相当重要。当hundred，thousand，million和billion等词作为数字的一部分时，后面不加表示复数的s。如700译作seven hundred。

英式英语和美式英语在表达整数时有一些差异。在英式英语中，百位和十位之间要用and连接，如果十位为零，则百位和个位间用and连接。如：

101	one hundred and one
123	one hundred and twenty-three
12,345	twelve thousand, three hundred and forty-five
123,456	one hundred and twenty-three thousand, four hundred and fifty-six

同样的数字，在美式英语中，百位和十位间就不用and连接。如：

123	one hundred twenty-three

在以one开头的大数字中，尤其是在不那么正式或者不需要特别精确的情况下，常常用不定冠词a（或an）来替代one。如：

He's collected over a thousand stamps.

他已经收集了一千多张邮票了。

在非正式的用法中，thousand甚至可以用hundred来表示。1100、1200这些数字，有时可以读作‘eleven hundred’, ‘twelve hundred’，等等，以此类推。这种用法特别使用在年份的表达中。

现在，我们把注意力转向一些常见的使用基数词的情形：

纪年

跟汉语中逐一读出数字的读年方法不同，英语中用基数词表达年份的方法有：

982 读作 nine hundred (and) eighty-two

1902 读作 nineteen o two

1982 读作 nineteen (hundred) eighty-two

2000 读作 two thousand

2007 读作 two thousand and seven / twenty o seven

AD 77 读作 seventy-seven AD

英文中有个专指“十年”的词decade。二十年既可以叫做twenty years，也可以叫做two decades。在表达这种年代意义时，如20世纪80年代，我们说in the 1980s（读作：in the nineteen eighties）。只是别忘了，1990年属于20世纪，1880年属于19世纪。在年代到世纪的转化中，有个“加一”的原则。

英语中，如果要表示在一个年代的早期、中期和晚期，我们就在年代数字前加early，mid或late。如：in the early/mid/late 1980s。

此外，英文中还有一个专指"世纪"的词century。如："21世纪"译作the 21st century。英文中也有一个数字专指"千年"：millennium。

时间

在时间的表达法中，十二小时制使用最为广泛。二十四小时制则常常出现在旅行时刻表、官方公告或军事通信等用途中。

以7点20和7点40为例，常见的时间表达方法有这么几种：最简单的方法是先说小时，再说分钟，如7:20读作seven twenty, 7:40读作seven forty。此外，还可以先说分钟，再说小时，中间视在半点前后分别用介词past或to连接。如7:20读作twenty past seven，7:40读作twenty to eight。在美式英语中，有时用after而不用past，用before而不用to。当分钟是一刻、半点或45分时，我们用quarter，half和three quarters来表示。值得注意的是，在英式英语中，有时人们会用half seven来表示half past seven。

十二小时和二十四小时之间的转换非常简单，这涉及am或pm的使用。如15:03可以转化为3:03pm。另外，中午12点是12:00pm，半夜12点则是12:00am。

其他

价格：$5.23 读作 five (dollars) twenty-three (cents)
　　　£5.23 读作 five (pounds) twenty-three (pence)

尺寸：这件T恤是36号的。This T-shirt is a thirty-six.

温度：零下5度 minus five

比分：6比3　six-three　3比0 three-nil

英语里，一些具有特定意义的基数词，也可以用集合数词来表达。在口译过程中，不但要注意它们的具体数值，也要注意到，有时它们在汉语中是可以找到对等词的：

a couple of = 2	一对，一双
a/one dozen= 12	一打
half a dozen / a half dozen = 6	半打
two dozen= 24	两打
a/one score= 20	十双（中文不常见）
a/one gross=144 = 12 dozen	十二打

这些集合数词跟thousand，million，billion等词一样，也不加复数s，不说

two dozens。

在汉语中，人们常常喜欢用"几成"来表达百分数的概念，每"一成"就是一个10%。所以"七成"就是70%。不过在西餐厅点牛排的时候，怎样来表达牛排要几成熟呢？

三成熟	red/rare
五成熟	half-done/half-cooked
八成熟	well-cooked/well-done
全熟	over-cooked/done
焦了	burnt
没熟	undercooked

在做口译时，我们会遇到发言者使用成语、俗语的场合。当这些成语和俗语中带有基数数字时，可以分下面几种情况来处理：

1. 等值翻译

三三两两	in twos and threes
三位一体	three in one; trinity
一见钟情	love at first sight
a drop in the ocean	沧海一粟
within a stone's throw	一步之遥
two birds one stone	一箭双雕

2. 不等值翻译

三五成群	in threes and fours
乱七八糟	at sixes and sevens
on second thoughts	再三考虑
Two heads are better than one.	三个臭皮匠，胜过一个诸葛亮。
Once bitten, twice shy.	一朝被蛇咬，十年怕井绳。

3. 不必译出

一而再，再而三	again and again; repeatedly
七零八落	scattered here and there
三寸不烂之舌	(have) a silver tongue
ten to one	多半，很可能
second to none	名列前茅
sixth sense	直觉

除了精确的基数数字，在口译中我们还常常会遇到一些约数（indefinite

numbers或approximate numbers)，如“几”、“十几”、“几十”等等。下面是一些约数的常用表达方法：

几	some, a few, several, a number of, a handful
十几	more than ten, no more than twenty
几十	dozens of
好几百	hundreds of
成千上万	thousands of
几十万	hundreds of thousands of
数以亿计	hundreds of millions of

其他与“大约”、“大概”等概念相关的短语还有：

1. 约、大约、大概、来、左右……

about, around, roughly, approximately, some, more or less, in the neighborhood of, or so, or thereabout, in the rough…

2. 少于、低于、不到、不及、不足、以下……

fewer than, less than, under, below, within…

3. 近、快、将近、几乎、差不多、差一点儿、差一点儿不到……

nearly, almost, toward, close on…

4. 多于、大于、高于、超过、多、以上……

more than, over, above, upwards of, and more, odd, and odd…

5. 到、至、介于……之间

from… to…, (anywhere) between… and…

（二）序数词

序数词是我们平常熟悉的那些表示顺序的数词，如：第一、第二、第三……除了几个特殊的序数词first，second，third，fifth之外，其他的叙述词都是在相应的基数词词尾加-th。虽然ninth，twentieth等词在拼写上稍有变化，但在口译过程中并无大碍。基数词前一般要加定冠词the。

值得注意的是，在谈论编了号的事物时，我们有时仍用基数词来表示。如No. 1，读作number one；第5号房间，应译作Room Five。

在口译中，我们最有可能遇到序数词的情况是排名的表达，如综合国力、体育赛事等。“排名第几”常常用不带定冠词the的序数词来表达，方法主要有：

1. be + 序数词。这是最简单的表达方式。

例：We'**re** now **4th** in the English Premier League and that's OK by me.

2. 既可以用动词rank的主动语态，也可以用它的被动语态：

to rank + 序数词

例：In the Sydney Olympic Games in October 2000, China won 28 gold medals and **ranked third** on the medal tally.

be ranked + 序数词

例：Australia **has been ranked fourth** in a list of 21 wealthy nations for its efforts to help development in poor countries.

3. to come + 序数词

例：WEF economic experts said Denmark, which **came third** in the survey last year...

4. to finish + 序数词。在这种表达方式后，通常可以用介词to表示负于谁。

例：Richards **finished second** in the World Athletic Final 2000 last week **to** her compatriot Allyson Felix...

（三）分数

我们用基数词和序数词一起来表示分数。分子用基数词，分母用序数词。如果分子大于一，表分母的序数词则要使用复数。如：

1/2	a/one half		
1/3	a/one third	2/3	two thirds
1/4	a/one quarter	3/4	three quarters
1/6	a/one sixth	5/6	five sixths
1/8	a/one eighth	7/8	seven eighths

在口语形式中，像1/2，1/3，1/4这样的分数，无论表达精确与否，都常常用不定冠词a来代替one half/quarter/third中的one。但像1/8或1/16这种比较精确的分数，则更习惯使用one。

对于复杂的分数，我们的处理方法是，先说分子的基数词形式，然后用介词over表示分数线，再说分母的基数词形式。如：

20/75　　twenty over seventy-five

当分母比较大时，我们甚至可以逐一读出分母的每一位，如

4/123　　four over one hundred and twenty-three

或four over one-two-three

带分数又怎么处理呢？与汉语里的带分数一样，在英语里，我们先说其整数部分，再说其分数部分，中间用and连接。

$5\frac{1}{3}$　　five and a third

$16\frac{7}{8}$　　sixteen and seven eighths

123,456 ⅜ one hundred and twenty-three thousand, four hundred and fifty-six and three eighths

（四）小数

在英语中，小数点前的数字按一般基数词的读数原则读，小数点读作point（注意不是dot! 在介绍网址的时候，www后的那个点读作dot），小数点后的数字逐一读出。数字零有两种表达法。如果它在小数点前，英式英语读作nought，美式读作zero；在小数点后，读作字母O。小于1的小数，常常可以省略小数点前的nought或zero。如：

0.1	(nought) point one
0.01	(nought) point O one
0.001	(nought) point O O one
0.12	(nought) point one two
123.123	one hundred and twenty-three point one two three

让我们回到这个章节最初留下的一个问题，即将汉语中的大数字英译时转化为小数。根据很多口译员的经验，除了利用英汉双语数字转换表格以外，还可统一将超过百万的大数字以million（百万）为单位来转化成小数，这样123万就可译为1.23 million，1,234万则可译为12.34 million。同理，超过10亿的大数字可以用billion（10亿）为单位来转化成小数。这样我们在处理“中国拥有12亿人口”时，就可以英译为1.2 billion，而123亿则译为12.3 billion。

（五）百分数

百分数的表达很简单，我们在数字后用percent来表示百分号。请注意，这个词的重音落在第二个音节上[pəˈsent]。举个例子：

25% 25 percent

百分号前面同样可以是小数：

5.08% five point O eight percent

76.32% seventy-six point three two percent

这里有一些构成百分比的表达方法：

… accounts for X% of the total

… constitutes X% of the total

… makes up X% of the members of…

… comprises X% of the total of…

… forms/is X% of the total

另外，在口译中我们可能会遇到百分点（percentage point）这个词，它与百分率（percent）有一定的区别。百分率（percent）表示两个数的比例关系，用于两个数字之间的比较，而百分点（percentage point）为统计学术语，用于两个百分率之间的比较。如：

There were 85.07 million illiterates. The proportion has dropped from 15.88% in 1990 to 6.72%, or down by 9.16 percentage point.

口译中，**倍数**的处理是个小问题，但常常容易出错。我们来看看下面两个句子：

1. CO_2 output from shipping is *twice as much as* airlines.

2. CO_2 output from shipping is *twice more than* airlines.

这两个英文句子，一个使用了形容词原级，另一个使用了比较级，它们的意思却是一样的。

第一句话在传译过程中一般不会出什么问题："航运过程中排出的二氧化碳**是**空运**的两倍**"。但第二句就得小心。如果把它传译为"航运过程中排出的二氧化碳**比**空运**多两倍**"，按汉语的表达习惯来理解，就会给听众造成歧义——"多两倍"是两倍还是三倍？

值得一提的是，大多数母语为英语的人士更习惯第一句的表达方式，认为第二句话语法上无误，能够理解，但语感上比较奇怪。

其实，在英汉两种语言里，各自都有不少固定的倍数表达方式，只要在口译前做足功课，口译时保持清醒的头脑，就可以应付自如。

1. 两倍

twice as… as，twice the number/size/length… of;

double，to double;

to increase by 100%

例句：

[汉语中常见的表达法]

2007年的产量**是**2005年**的两倍**。

2007年的产量**比**2005年**增加了一倍**。

2007年的产量**比**2005年**翻了一番**。

[英语中常见的表达法]

The output in 2007 is **twice as much as** 2005.

The output in 2007 is **twice the amount of** 2005.

The output in 2007 is **double** 2005.

The output in 2007 has **doubled**, compared with 2005.

The output in 2007 has **increased by 100%** over 2005.

2. 三倍

thrice (少用) / three times as… as，thrice / three times the number of; triple / treble, to triple / treble；

to increase by 200%

例句：

[汉语中常见的表达法]

8月份的用电量环比**增加了两倍**。

8月份的用电量**是**7月份**的三倍**。

[英语中常见的表达法]

The consumption of electricity in August **increased by 200%** over last month.

The consumption of electricity in August **tripled** that of July.

3. 四倍

four times/fourfold;

quadruple, to quadruple;

to increase by 300%

例句：

[汉语中常见的表达法]

2008年，我国的国民生产总值将**是**1980年**的四倍**。

2008年，我国的国民生产总值将在1980年的基础上**翻两番**。

2008年，我国的国民生产总值将**比**1980年**增加三倍**。

[英语中常见的表达法]

By 2008, our GNP will have been **four times/fourfold as much as** it was in 1980.

By 2008, our GNP in 1980 will have been **quadrupled**.

By 2008, our GNP will have **increased by 300%** over 1980.

4. 四倍以上类推

[英语中常见的表达法]

Bharti predicts an **8-fold increase** in organized retail in 8 years.

Market for Online Video to **Increase 10-fold** by 2010

We plan to **increase** our market share in Korea **by 20-fold** through aggressive marketing campaigns.

二、话题练习：经济

1 热身词汇

1. 英译汉

Passage 1

total output value of agriculture 农业生产总值
rash move 盲目冒进
ultra-left tendency 极左思潮
household sideline production 家庭副业生产
to arrest 阻止、抑制
the 3rd Plenary Session of the 11th CPC Central Committee 党的十一届三中全会
household contract responsibility system 家庭承包责任制
farming, forestry, animal husbandry, sideline production and fishery 农林牧副渔
market-oriented economic entities responsible for their own management decisions, profits and losses 以市场为导向的经济实体，自主经营，自负盈亏
sugar-yielding crops 制糖作物
retail sales of consumer goods 消费品零售总额
National Bureau of Statistics 国家统计局
comparable prices 可比价格
a real growth of… with the inflation factors deducted 扣除物价上涨因素后实际增长……
to live and work in peace and contentment 安居乐业

Passage 2

Tariq Sayeed 塔里克·赛义德
SAARC Chamber of Commerce & Industry (SAARC CCI) 南亚区域合作联盟（简称"南盟"）工商会
FPCCI 巴基斯坦工商业联合会（全称是Federation of Pakistan Chamber of Commerce & Industry）
CCPIT 中国国际贸易促进委员会（简称"中国贸促会"，全称是China Council for the Promotion of International Trade）
CCPIT Sichuan Sub-council 四川省贸促会
Consul General 总领事
the 2nd Sichuan-South Asia Business Promotion Seminar 第二届四川—南亚经贸合作研讨会

President of SAARC Chamber of Commerce Mr. Huq 南盟商会主席胡克先生
terminus 终端
State Forestry Administration 国家林业局
National Tourism Administration 国家旅游局
UN Habitat Scroll of Honor Award 联合国人居环境奖
outsourcing 外包
fiscal year 财政年度
to offer 100% equity for Foreign Direct Investment 给予外商直接投资100%股权（全外资所有）
arms and ammunition, liquor, indecent material and publications, and dangerous materials 武器和弹药、白酒、不雅资讯和出版物，以及危险物资
China-Pakistan Bilateral Investment Treaty 中巴双边投资保护协定
agro-based industry 农基产业
China-South Asia Business Forum 中国—南亚商务论坛
full-fledged member 正式成员
B-2-B Meetings 企业一对一洽谈（即Business-to-Business Meetings）

2. 汉译英

Passage 1

四十而不惑 When one becomes forty, he will no longer suffer from perplexity.
开阔的眼界和豁达的心胸 to have a broad vision and be open-minded
重新思考、重新设计、重新建设 Rethink, Redesign, Rebuild
回升向好 rebound and recovery
外需萎缩 contraction of external demand
公共支出 public spending
结构性减税 structural tax cut
全民基本医保 basic medical insurance for all
高耗能、高排放的落后产能 outdated production facilities that are energy intensive and heavily polluting
单机 single unit
小火电机组 small coal-fired power generator sets
积极的财政政策和适度宽松的货币政策 a proactive fiscal policy and moderately easy monetary policy
管理好通胀预期 to properly manage inflation risks
基本面和长期向好的趋势 the fundamentals and long-term positive trend
粗放型增长方式 extensive growth pattern / the old way of inefficient growth
大中小城市和小城镇并举、沿海城市带和中西部城市群并立的发展格局 a pattern of balanced development of large, medium, small-sized

cities and small towns, and parallel development of city belts along the coast and city clusters in the central and western parts of the country

产业结构优化升级 to optimize and upgrade our industrial mix

一次能源 primary energy

发挥市场在资源配置中的基础性作用 to allow the market to better play a primary role in allocating resources

Passage 2

载人航天 manned space mission

探月工程 lunar exploration program

城镇居民人均可支配收入 per capita disposable income of urban residents

农村居民人均纯收入 per capita net income of rural residents

凝聚力和向心力 cohesiveness

流动性过剩 excess liquidity

结构性、输入性物价上涨 structural and imported inflation

防止苗头性问题演变成趋势性问题、局部性问题演变成全局性问题 to prevent emerging problems from evolving into trends and prevent problems in any one area from becoming general problems

结构性减税 structural tax reductions

保障性安居工程 low-income housing projects

社会事业 social programs

“三农”工作 work related to agriculture, rural areas, and farmers

种粮农民补贴制度和主产区利益补偿机制 a subsidy system for grain growers and a benefit subsidy system for major growing areas

最低收购价和临时收储政策 minimum purchase prices and temporary purchase and storage policies

集体林权制度 tenure in collective forests

技术改造 technological upgrading

兼并重组 mergers and reorganizations

装备制造业 equipment manufacturing

发电装机容量 power generating units

小火电机组 small thermal power plants

焦炭 coke

林业重点生态工程建设 key ecological forestry projects

工业“三废” industrial wastewater, waste gases and residues

循环经济 circular economy

单位国内生产总值能耗 energy consumption per unit of GDP

主体功能区规划 plan for development of priority zones

西部大开发新十年指导意见 new 10-year guidelines for the large-scale development of the western region

四省藏区 Tibetan ethnic areas in Sichuan, Yunnan, Gansu and Qinghai provinces

2 英译汉

Passage 1

China's Economy

In the late 1940s, US Secretary of State Dean Acheson said in his well-known white paper about China: "The first problem which every Chinese government has had to face is that of feeding this population. So far none has succeeded." Before 1949, China's highest yearly outputs of major industrial and agricultural products were 61,880,000 tons of coal, 320,000 tons of crude oil, 6 billion kwh of electricity, 2.79 billion meters of cloth, 150 million tons of grain, and 849,000 tons of cotton.

After the founding of the People's Republic of China, the annual rate of increase in grain production has surpassed the rate of population growth. Nevertheless, China's agricultural production had also gone through ups and downs in the six decades after 1949. In the 3-year period from 1950 to 1952, China's agricultural production was equal to the highest level of output reached prior to the founding of the People's Republic. In the First 5-Year Plan period between 1953 and 1957, China's agricultural production showed an overall increase. The average annual increase in the total output value of agriculture was 8%, and the average annual growth rate in grain production was 7%. From 1958 to 1962, however, China's agriculture suffered setbacks because of the rash move of the Great Leap Forward. During those five years, the average annual total output value of agriculture decreased by 4.4%, and the output value of grain dropped by 3.9%. Under the ultra-left tendency between 1966 and 1976 during the "cultural revolution", the household sideline production activities in the countryside were declared to be "capitalist" and were arrested in many places. As a result, during the 26 years from 1953 to 1978, the total agricultural output value only increased by 1.1 times and the average annual increase was only 2.9%. At the same time, non-agricultural production in rural areas was also low. The average per capita income of the farmers remained almost unchanged for 26 years.

The 3rd Plenary Session of the 11th CPC Central Committee held in December 1978 worked out a series of policies and measures to speed up agricultural development. In the rural areas, we introduced the household contract responsibility system, which gave the farmers great incentive to work. As a result, China's grain output increased from 300 million tons before the reform to 492.5 million tons after the reform. We also witnessed extensive growth in farming, forestry, animal husbandry, sideline production and fishery.

The 3rd Plenary Session of the 12th CPC Central Committee in 1984 adopted the decision on restructuring the economic system. This marked a shift of the focus of the reform from the countryside to the cities. In the cities, the operation mechanism of state-owned enterprises was transformed so that they could become market-oriented economic entities responsible for their own management decisions, profits and losses. The reform has brought vigor and vitality into China's economy.

Since the implementation of the reform and open-up policy, China's economy has been developing by leaps and bounds. Cotton output grew from 2.16 million tons in 1978 to 4.2 million tons in 1997, and 6.4 million tons in 2009. Aquatic products increased from 4.66 million tons in 1978 to 35.6 million tons in 1997 and 51.2 million tons in 2009, a rise of 4.5% over that of 2008. Grain output rose from 332.1 million tons in 1979 to 394 million tons in 1997 and 546.41 million tons in 2010, up 2.9% over the previous year. China is now the world's leading producer of grain, cotton, rapeseeds, sugar-yielding crops, peanuts, soybeans, tea, meat and livestock.

In the meantime, China's output of electricity grew from 256.6 billion kwh in 1978 to 1.1302 trillion kwh in 1997 and 3.650623 trillion in 2009, 21,722,300 kwh more than that of 2008. Cloth increased to 22 billion meters in 1997 and 49 billion in 2009 from 11 billion meters in 1978. The output of raw coal increased from 618 million tons in 1978 to 1.39 billion tons in 1997 and 3.04988 billion tons in 2009, 247.71 million more than that of 2008, up 8.84%, constituting 45% of the world's total output. Automobiles grew from 149,000 in 1978 to 1.59 million in 1997. The figure further jumped to 13.79 million in 2009, exceeding 10 million for the first time in history. Crude oil rose from 17.23 million tons in 1978 to 162 million in 1997 and 189 million tons in 2008, ranking the 5th in the world. In 2010, crude oil output soared to 203 million tons, registering a growth rate of 6.9% over that of 2009.

Market sales have also been growing with each passing year. In 2009, China's rural market achieved over four trillion *yuan* worth of retail sales of consumer goods, up 15.5% over that of 2008, 3.53 times that of 1998 and 16.43 times that of 1978. The urban market achieved 8.5 trillion *yuan* worth of retail sales of consumer goods, a rise of 15.2% over that of the previous year, 28.57 and 4.77 times the figures in 1978 and 1997 respectively.

According to the National Bureau of Statistics, China's GDP of 2010 amounted to 39.7983 trillion *yuan*, or 6.04 trillion USD, up 10.3% over the previous year according to the comparable prices. During the 11th-Five-Year Plan period, the cumulative state revenue increased from 3.16 trillion *yuan* to 8.31 trillion *yuan*. In 2010, the per capita net income of the farmers was 5,919 *yuan*, up 14.9% over the previous year, or a real growth of 10.9% with the inflation factors deducted. The per capita disposable income of urban residents was 19,109 *yuan*, a rise of 11.3%, or a real growth of 7.8%. The total saving deposits of both urban and rural residents exceeded 30.33 trillion *yuan*.

China has 22% of the world's total population with only 7% of the world's total cultivated land. It is by no means an easy job to provide 1.3 billion people with adequate food, clothing and shelter. Therefore, economic development has always been the top priority of the Chinese government. Thanks to the reform and open-up policy, the Chinese people have improved their living standard. The markets have been enlivened, and shops are full of goods of all kinds. People are living and working in peace and contentment, and are more confident of their bright future.

Passage 2

Speech by Tariq Sayeed, Former President of SAARC CCI and FPCCI at the 2nd South Asia-Sichuan Business Promotion Seminar (Excerpt)

(Feb. 25, 2011)

Highly esteemed leadership of CCPIT, Mr. Li, Vice President of CCPIT Sichuan Sub-council, Excellencies Consul Generals of South Asian Countries, Fellow business leaders, distinguished participants, Ladies and Gentlemen,

Good afternoon! It is my utmost pleasure to speak at the 2nd Sichuan-South Asia Business Promotion Seminar organized by CCPIT, Sichuan sub-council. At the outset, I congratulate Mr. Li and his team for taking this initiative to bring South Asian and Sichuan business community closer together. I am confident that this foundation would help in erecting a strong building of economic cooperation with pillars of love, sincerity and economic well-being amongst us.

Ladies and gentlemen, President of SAARC Chamber of Commerce and Industry

Mr. Huq has very eloquently presented the current status of Chinese economy and the following speakers will also express their views on evolution of Chinese economy in the modern era of the world economy. I would like to take you back in the ancient and medieval history of the world, which would enlighten us that the soil on which we are present today, has been the integral part of global economy in all episodes of the world history.

Allow me to begin with the Han dynasty of China (206 BC to 220 AD), which ruled for 426 years and is regarded as the golden era of the ancient Chinese history. The Silk Road, which is present today, was established after the diplomatic travels of the Han Dynasty Chinese envoy Zhang Qian to Central Asia, with Chinese goods making their way to India, Persia, and the Roman Empire, and vice versa. This is how the relations between China and South Asia commenced.

At the eastern terminus of the Silk Road, the Tang Dynasty Chinese capital Chang' an became a major metropolitan center for foreign trade, travel, and residence.

…

Both China and India have remained major players of the global economy from 1526 to 1775, when their combined GDP was more than 50% of the rest of the world. After World War I, the global economy witnessed dramatic changes, and till the end of 20th century, USA, EU and Japan dominated the global economy with a paradigm of shift in trade and economic trends.

With the dawn of the 21st century, the economy of China is bounced back with all its dynamisms and intellect, which has made it the leading export nation and the 2nd largest economy after USA. Currently China contributes about 10% of the global GDP. If the trend of GDP growth of China and India remains the same, their combined share in global GDP may again exceed 50% by 2025 and the countries once again assume the role of global economic leaders. This is one of the strongest indicators of growth in economic cooperation between China and South Asia.

Ladies and gentlemen, the province of Sichuan has an integral role in socio-economics of China. On account of its ability for bulk production in agriculture, Sichuan is called province of abundance. However, this abundance is now very well visible in manufacturing and service sectors as well. As China developed amazingly during last one decade, Sichuan also witnessed rapid growth. The province now ranks amongst top 10 fast growing regions of China, which can be gauged from the fact that foreign trade of Sichuan province increased from only $2 billion in the late

1990s to $32 billion in the year 2010, showing an increase of 35.6% as compared with 2009. The exports were registered at 18.85 billion US dollars with an increase of 33% and imports were accounted for 13.93 billion US dollars, showing an increase of 39.3%.

Every city of China has its unique characteristic and Chengdu is of no exception. This city is one of the oldest establishments in China, which was settled in the 5th century BC and established in 311 BC.

The Forestry Administration of the People's Republic of China declared Chengdu as a Forest City of China in 2007. The National Tourism Administration declared it as the Best Tourism City in China in 2006. Similarly the city was acknowledged as a National Environmental Protection Model City in 2005 and achieved Habitat Scroll of Honor Award in 1998 from the United Nations.

With a marvelous growth of 14.7% in its GDP in 2010, Chengdu is now the largest economy in Sichuan and the second largest economy in central and western China (after Chongqing municipality). In the year 2009, agriculture, industry, secondary industry and service sectors accounted for 5.9%, 44.5% and 49.6% of Chengdu's GDP respectively.

In addition to Chengdu's six pillar industries, namely, electronic information, pharmaceuticals, food processing (including tobacco), machinery (including automobile and aerospace), petrochemical, metallurgy and building materials, tourism is one of the pillars of Chengdu's service sector. In 2009, the number of domestic tourists to Chengdu reached 55.1 million persons, which is five times higher than that of entire South Asian countries.

Chengdu is one of the nation's fourteen service outsourcing base cities and one of the world's top 50 emerging global outsourcing cities. Since 2001, the service outsourcing industry in Chengdu has experienced rapid growth, with an average annual growth of over 45%. The total revenue of Chengdu's service outsourcing industry is targeted to reach $12 billion by the end of 2010.

Ladies and gentlemen, all these statistics encourage South Asian countries to see Sichuan province and Chengdu as the land of opportunities. A large number of complementarities exist in a number of mutually interested areas, which must be explored in strong economic relations.

Ladies and gentlemen, now I would like to share with you the current economic profile of Pakistan.

With nominal GDP size of $150 billion, Pakistan is the second largest economy of South Asia. In the aftermath of devastating floods and other unavoidable factors, the country could manage only 2.5% GDP growth in the year 2009—2010. However, the country's economy is bouncing back and we are expecting 4.5% growth in the ongoing fiscal year of 2010—2011. The export target for the year 2010—2011 was set at $20 billion. However, seeing the performance of exports in the first half of the current fiscal year (over $11 billion), the target has been revised to $22 billion, which is very much likely to be achieved. This is the first time in the history of Pakistan that the export target of the country has been revised positively.

Pakistan is an import market of goods worth $40 billion, out of which imports from China account for $6 billion (14% of the total imports of Pakistan). The country faces trade deficit of $5 billion in trade with China. This trade gap can be bridged by the inflow of investment from China to Pakistan in mutually interested areas.

The government has pursued liberal economic policies. The investment policy offer 100% equity for foreign direct investment and the foreign investors enjoy more privileges as compared with the domestic investors. Except few (arms and ammunition, liquor, indecent material and publications, and dangerous materials) all sectors are open for investment.

As far as bilateral relations between Pakistan and China are concerned, the two countries have been able to evolve exemplary cooperative relationship at multiple levels, particularly at diplomatic arena since 1950. The Chinese government and its people over the years have been providing unselfish and unconditional support to Pakistan.

In the wake of the huge loss of lives and property inflicted by the recent floods that hit Pakistan, the Chinese government has pledged $250 million humanitarian assistance to Pakistan, which we regard as a reflection of love of China towards Pakistan.

During the recent visit of His Excellency Wen Jiabao, Prime Minister of China, the Government of China has agreed to extend co-operation in 36 development projects worth $13.2 billion, related to industry, water, energy, agriculture, fisheries and communication to boost economic activity in flood-hit areas of Pakistan. This will add a new chapter in the history of bilateral relations and will definitely help in economic resurgence of Pakistan.

Excellencies, ladies and gentlemen, you will agree with me that trade and investment and its promotion have brought about radical change around the globe. Under the 5-year programme launched in 2006, China and Pakistan have set the target of bilateral trade to US $15 billion by 2012, which shows determination of both sides. The bilateral trade volume in 2009—2010 reached $6.8 billion. The forum like this can help us achieving the trade target envisaged by our leadership.

China-Pakistan Bilateral Investment Treaty signed on February 12, 1989 is the most investment-friendly document. However, the inflow of FDI from China to Pakistan is low as compared with the potential available. We have the strong perception that FDI from China can bring revolutionary development in Pakistan and recommend greater FDI from China in mutually interested areas as identified by President FPCCI particularly in power and alternative energy, information technology, engineering goods, textile machinery, agricultural and agro-based industry, food and fruit processing and packaging, livestock and dairy farming. Pakistani enterprises can learn a lot through partnerships in these areas with their counterparts in Sichuan province...

During my presidency of SAARC Chamber, we have achieved great success and we have strongly voiced for the inclusion of China in SAARC. I whole-heartedly request the leadership of other South Asian Nations to consider China's accession to SAARC as a full-fledged member. We are certain the inclusion of China in SAARC would further strengthen economic ties between our countries.

...

I have a lot to say, but scarcity of time does not allow me on this occasion. Let me conclude with optimistic remarks that the visit of top leadership of China along with a huge number of businessmen will add a new chapter in the history of our bilateral relations at diplomatic, social and economic levels. This conference and B-2-B Meetings held this morning will attain tangible and concrete results and further deepen our relationship.

I wish this conference a great success. Thank you!

3 汉译英

Passage 1

李克强副总理在2010年世界经济论坛年会上的特别致辞（节选）

（2010年1月28日）

尊敬的施瓦布主席，女士们、先生们：

很高兴来到瑞士达沃斯。现在虽然仍处冬季，但我们在这里已经感受到了春天将至的气息和经济复苏的希望。今年是世界经济论坛第四十届年会。这使我想起2000多年前中国先哲孔子说过的一句很有哲理的名言，“四十而不惑”。意思是人到成熟之年，有更加开阔的眼界和更为豁达的心胸，这也寓意着我们应以更多的智慧，来理解与应对纷繁的世事。本届论坛以“改变世界：重新思考、重新设计、重新建设”为主题，共商后危机时代世界经济发展之计，体现了合作创新的精神。这对于集聚各方智慧和力量，“改善世界的状况”，具有现实意义。

过去一年，面对国际金融危机的严重冲击，中国政府果断决策、及时部署，实施了保持经济平稳较快发展的一揽子计划，在较短时间里实现了经济回升向好。国内需求在中国经济增长中发挥了主导作用。去年中国国内生产总值增长8.7%，其中内需扩大贡献了12.6个百分点，弥补了因外需萎缩而减少3.9个百分点的影响。在内需中，投资需求贡献了8个百分点，消费需求贡献了4.6个百分点，表现出经济自主增长的强劲动力。同时，中国经济增长是开放的。去年中国货物进口10,056亿美元，贸易顺差比上年减少了近1,000亿美元，是世界第二大进口国和全球最大的新兴市场。中国国内生产总值增量达到3,800亿美元，为世界经济复苏作出了积极贡献。

为有效应对危机，我们大规模增加财政公共支出并实行结构性减税。2009年新增公共投资达7,200多亿元，加上减税5,000多亿元，相当于国内生产总值的约3.6%，既刺激了市场需求，促进了经济增长，又减轻了企业负担，增强了经济活力。中国的财政赤字则保持在不超过国内生产总值3%的合理范围以内。我们把民生工程作为公共投资的重点。在总额四万亿元的两年投资计划中，用于改善民生的投入占政府投入的50%以上，带动了居民消费。同时，大幅度增加社会保障投入，把基本医疗卫生制度作为公共产品向全社会提供，努力在13亿人口中推进“全民基本医保”。我们在促进增长中不放松调整结构，积极发展新能源、节能环保等战略性新兴产业，加快淘汰高耗能、高排放的落后产能，去年淘汰单机在10万千瓦以下的小火电机组达2,600万千瓦。中国应对国际金融危机取得的成效，是政府正确决策的结果，更是人民勤奋工作的结果。正是中国人民的坚韧不拔，尤其是广大劳动者的辛勤努力，推动了中国经济平稳较快发展。

去年四季度，中国居民收入、财政收入、企业利润与国内生产总值同步增长，价格水平由负转正，经济回升的基础得到巩固。但是国际国内经济环境中仍然存在许多不确定因素，今年中国经济发展面临的形势极其复杂。我们将保持宏观经济政策的连续性和稳定性，继续实施积极的财政政策和适度宽松的货币政策，同时根据新形势新情况着力提高政策的针对性和灵活性。关键是处理好保持经济平稳较快发展、调整经济结构和管理好通胀预期的关系，着力提高经济增长质量和效益，切实防范可能出现的风险。

需要强调指出的是，国际金融危机没有改变中国经济发展的基本面和长期向好的趋势。回顾去年，我们坚定信心、迎难而上，保持了中国经济平稳较快发展。筹划今年，我们有能力处理复杂局面，继续保持中国经济平稳较快发展。展望未来，我们有条件实现中国经济长期平稳较快发展。中国人口多，市场广阔，回旋余地大，正处于工业化、城镇化快速推进时期，现代化建设的进程不可逆转。中国经济总量虽然已居世界前列，但中国仍然是一个发展中国家，人均国民收入还排在100位以后；城市和沿海地区虽然已得到一定程度发展，但农村和中西部地区居民收入还比较低。改善民生、实现全面进步，是中国人民的不懈追求，也蕴涵着巨大的发展潜力。

我们还清醒地认识到，中国发展仍然面临许多挑战。后危机时代，国际经济形势还存在诸多不稳定因素，国内经济运行长期积累的矛盾亟待解决。经济结构不合理，增长付出的代价大，资源环境制约日趋严重。在我们这样一个有十几亿人口的发展中大国实现现代化，还需要战胜重重困难，付出艰苦努力，是一个很长的过程。站在新的历史起点上，传统的粗放型增长方式必须转变，过于依赖投资和出口的发展模式必须创新。这需要我们按照科学发展观的要求，加快经济发展方式根本性转变，加大经济结构战略性调整，着力创新发展模式。

我们将立足扩大内需拉动经济增长。面对世界上潜力最大的国内市场，需要着力扩大国内需求特别是居民消费需求，千方百计扩大就业，加快健全社会保障的"安全网"，积极调整国民收入分配结构，提高中低收入居民收入，促进居民消费持续增加。同时，大力优化投资结构，不断改善投资效益。近十几年来，中国城镇化率年均提高1个百分点，一年有近千万人口由农村转入城市，既改变着城乡结构，又扩大了国内需求。需要继续积极稳妥地推进城镇化，逐步形成大中小城市和小城镇并举、沿海城市带和中西部城市群并立的发展格局。

我们将依靠技术创新和节能减排促进产业结构优化升级。随着世界经济结构调整和国内消费结构升级，中国产业结构优化升级势在必行。需要适应市场需求，以企业创新为主体，以技术进步为支撑，保护好知识产权，不断提高制造业产品质量和发展水平。同时，进一步加强农业基础，保障农产品供应；加快发展服务业，以吸收更多就业；继续淘汰落后产能，大力培育战略性新兴产业。1990—2005年，中国单位国内生产总值能耗及二氧化碳排放强度已经下降46%。最近，中国政府又提出，到2020年二氧化碳排放强度比2005年进一步下降40—45%，可再生能源和核能等非化石能源占一次能源消费比重达到15%左右，这充分显示了中国自主节能减排、加大结构调整力度的决心。需要更加注重节能增效和生态环保，加快发展绿色经济、低碳经济、循环经济，积极应对气候变化，使经济增长建立在资源节约和环境友好的基础上。

我们将坚持深化改革扩大开放。这是中国经济长期平稳较快发展的强大动力和有效保障。需要坚定不移地推进体制机制创新，坚持市场化改革的方向，继续推进价格、财税、金融、投资等领域的改革，更好地发挥市场在资源配置中的基础性作用。进一步转变政府职能，深化国有企业改革，破除垄断、鼓励竞争，促进民营经济发展，增强经济增长的内生动力。30多年来，我们通过对外开放，与世界经济互接互补，引进国外先进技术、管理经验和高素质人才，吸收人类文明优秀成果，实现了中国经济快速发展，也为世界经济发展作出了积极贡献。目前，在中国的出口中，约55%是在华外商投资企业生产的商品。在中国的进口中，近70%是来自各国的工业制成品。开放使中国的发展成果为国际社会所共享，实现了互利互惠。我们将始终不渝地奉行互利共赢的开放战略，加快转变外贸增长方式，创新利用外资和对外投资方式，与世界其他国家实现共同发展。

需要重申的是，中国的发展是和平的发展。“和”是中国五千年文化的精髓，也是中华民族不懈追求的理想境界。中国过去几十年的发展，是在总体和平的环境下实现的，从而能够聚精会神搞建设；今后的发展更需要维护一个和平的环境，才能一心一意谋发展，这符合中国人民的根本利益。在经济全球化的条件下，各国可以通过优势和资源的互补实现和平发展。作为一个负责任的发展中大国，中国将始终不渝地走和平发展道路，同世界各国一道，推动建设持久和平、共同繁荣的和谐世界。

女士们、先生们！一年多来，国际社会同心协力，共克时艰，取得了应对危机的初步成果，国际金融市场渐趋稳定，世界经济有望实现恢复性增长。历史是一面镜子，人类总是在反思过去中寻求进步，在应对挑战中实现发展。经历国际金融危机的洗礼，人们对发展理念、经济模式、治理结构、全球性挑战等问题，都需要重新认识、认真思考，以谋划好后危机时代世界经济发展之路。

国际社会应对这次危机的一条宝贵经验，就是携手合作、共同应对，也弘扬了合作包容的理念。当今时代，各国的命运紧密相连，需要进一步共担责任、精诚合作，继续发扬同舟共济的精神，在错综复杂的环境中形成合力、实现互惠。各国的利益紧密相连，需要进一步加强交流、倡导包容，共同把“蛋糕”做大，在丰富多彩的世界中求同存异、实现共赢。

……

Passage 2

2011年第11届全国人大第4次会议温家宝政府工作报告（节选）

各位代表：

现在，我代表国务院，向大会作政府工作报告，请各位代表审议，并请全国政协的各位委员提出意见。

一、“十一五”时期国民经济和社会发展的回顾

“十一五”时期是我国发展进程中极不平凡的五年。面对国内外复杂形势和一系列重大风险挑战，中国共产党团结带领全国各族人民，全面推进改革开放和现代化建设，国家面貌发生了历史性变化。

——这五年，我国社会生产力、综合国力显著提高。我们有效应对国际金融危机冲击，保持经济平稳较快发展，胜利完成“十一五”规划主要目标和任务，国民经济迈上新的台阶。国内生产总值达到39.8万亿元，年均增长11.2%，财政收入从3.16万亿元增加到8.31万亿元。载人航天、探月工程、超级计算机等前沿科技实现重大突破。国防和军队现代化建设取得重大成就。

——这五年，各项社会事业加快发展、人民生活明显改善。教育、科技、文化、卫生、体育事业全面进步。城镇新增就业5,771万人，转移农业劳动力4,500万人；城镇居民人均可支配收入和农村居民人均纯收入年均分别实际增长9.7%和8.9%；覆盖城乡的社会保障体系逐步健全。

——这五年，改革开放取得重大进展。重点领域和关键环节的改革实现新突破，社会主义市场经济体制更加完善。去年对外贸易总额达到2.97万亿美元，开放型经济水平快速提升。

——这五年，我国国际地位和影响力显著提高。我们在国际事务中发挥重要的建设性作用，有力维护国家主权、安全和发展利益，全方位外交取得重大进展。我们成功举办北京奥运会、上海世博会，实现了中华民族的百年梦想。

这些辉煌成就，充分显示了中国特色社会主义的优越性，展现了改革开放的伟大力量，极大增强了全国各族人民的自信心和自豪感，增强了中华民族的凝聚力和向心力，必将激励我们在新的历史征程上奋勇前进。

五年来，我们主要做了以下工作：

（一）加强和改善宏观调控，促进经济平稳较快发展。我们注重把握宏观调控的方向、重点和力度，牢牢掌握经济工作的主动权。“十一五”前期，针对投资增长过快、贸易顺差过大、流动性过剩，以及结构性、输入性物价上涨等问题，采取正确的政策措施，有效防止了苗头性问题演变成趋势性问题、局部性问题演变成全局性问题。近两年，面对百年罕见的国际金融危机冲击，我们沉着应对，科学决策，果断实行积极的财政政策和适度宽松的货币政策。坚持实施一揽子计划，大规模增加政府支出和实行结构性减税，大范围实施重点产业调整振兴规划，大力推进自主创新和加强科技支撑，大幅度提高社会保障水平。坚持扩大内需的战略方针，采取鼓励消费的一系列政策措施，增加城乡居民特别是低收入群众收入，消费规模持续扩大，结构不断升级。实施两年新增4万亿元的投资计划，其中，新增中央投资1.18万亿元。保障性安居工程、农村民生工程和社会事业投资占43.7%，自主创新、结构调整、节能减排和生态建设占15.3%，重大基础设施建设占23.6%，灾后恢复重建占14.8%。政府投资引导带动社会投资，国内需求大幅增加，有效弥补外需缺口，较短时间内扭转经济增速下滑趋势，在世界率先实现回升向好，既战胜了特殊困难、有力地保障和改善了民生，又为长远发展奠定了坚实基础。

（二）毫不放松地做好“三农”工作，巩固和加强农业基础。中央财政“三农”投入累计近3万亿元，年均增幅超过23%。彻底取消农业税和各种收费，结束了农民种田交税的历史，每年减轻农民负担超过1,335亿元。建立种粮农民补贴制度和主产区利益补偿机制，农民的生产补贴资金去年达到1,226亿元。对重点粮食品种实行最低收购价和临时收储政策，小麦、稻谷最低收购价提高了25%到40%。严格保护耕地。着力推进农业科技进步。粮食产量屡创历史新高，去年达到1.09万亿斤吨，连续7年增产；农民人均纯收入达到5,919元，实现持续较快增长。农村综合改革稳步推进，集体林权制度改革、国有农场管理体制改革全面推开。农业农村基础设施加快建设，完成7,356座大中型和重点小型水库除险加固，解决2.15亿农村人口饮水安全问题，农民的日子越过越好，农村发展进入一个新时代。

（三）大力推进经济结构调整，提高经济增长质量和效益。一是加快产业结构调整和自主创新。积极推进企业技术改造和兼并重组，工业特别是装备制造业总体水平和竞争力明显提高。战略性新兴产业迅速成长。加快建设国家创新体系，实施知识创新工程和技术创新工程，突破了一批产业发展急需的前沿技术、核心技术和关键装备技术，一大批科研成果实现了产业化。服务业快速发展，在国内生产总值中占比提高2.5个百分点。基础设施建设明显加快，五年建成铁路新线1.6万公里，新增公路63.9万公里，其中高速公路3.3万公里，新建、改扩建机场33个，新建和加固堤防1.7万公里。二是扎实推进节能减排、生态建设和环境保护。提出到2020年我国控制温室气体排放行动目标和政策措施，制定实施节能减排综合性工作方案。大力发展清洁能源，新增发电装机容量4.45亿千瓦，其中水电9,601万千瓦、核电384万千瓦。关停小火电机组7,210万千瓦，淘汰了一批落后的煤炭、钢铁、水泥、焦炭产能。推进林业重点生态工程建设，完成造林2,529万公顷。综合治理水土流失面积23万平方公里，加强重点流域水污染防治、大气污染防治和工业“三废”治理。大力发展循环经济。五年累计，单位国内生产总值能耗下降19.1%，化学需氧量、二氧化硫排放量分别下降12.45%、14.29%。三是促进区域经济协调发展。落实区域发展总体战略，颁布实施全国主体功能区规划，制定西部大开发新十年指导意见和一系列区域发展规划，推出促进西藏和四省藏区、新疆等民族地区跨越式发展的新举措。中西部和东北地区发展加快，经济增速等主要指标超过全国平均水平；东部地区经济结构不断优化，自主创新和竞争力逐步提高；地区间基本公共服务差距趋于缩小，各具特色的区域发展格局初步形成。

……

三、注释

1 CCPIT（China Council for the Promotion of International Trade）

中国国际贸易促进委员会，简称中国贸促会，是由中国经济贸易界有代表性的人士、企业和团体组成的全国民间对外经贸组织，成立于1952年5月，主要开展促进对外贸易、利用外资、引进外国先进技术及各种形式的中外经济技术合作等活动。中国贸促会1988年6月组建了中国国际商会（China Chamber of International Commerce，缩写为CCOIC）。

2 常见世界各地货币名称及标准货币符号

国家或地区	货币名称		货币符号	
	中文	英文	旧式	标准
中国	人民币元	Renminbi Yuan	RMB ¥	CNY
中国香港	港元	Hong Kong Dollar	HK $	HKD
中国澳门	澳门元	Macao Pataca	PAT; P	MOP
中国台湾	中国台湾元	Taiwan, China Dollar		TWD
日本	日元	Japanese Yen	¥; J ¥	JPY
新加坡	新加坡元	Singapore Dollar	S $	SGD
泰国	泰铢	Thai Baht (Thai Tical)	BT; Tc	THP
韩国	韩元	South Korea Won	KRW	KRW
欧洲货币联盟	欧元	Euro	EUR	EUR
英国	英镑	Pound, Sterling	£; £ Stg	GBP
丹麦	丹麦克朗	Danish Krona (复数 Kronur)	DKr	DKK
挪威	挪威克朗	Norwegian Krone (复数 Kronur)	NKr	NOK
瑞典	瑞典克朗	Swedish Krona (复数 Kronor)	SKr	SEK
加拿大	加元	Canadian Dollar	Can $	CAD
美国	美元	US Dollar	US $	USD
澳大利亚	澳大利亚元	Australian Dollar	$ A	AUD
新西兰	新西兰元	New Zealand Dollar	$ NZ	NZD

第9单元

数字口译技巧（2）

口译主题：外贸

一、技巧讲解

在上一个章节里，我们讨论了如何在口译过程中处理各种类型的数字（基数词、序数词、分数、小数、百分数等）及与数字相关的短语（时间、纪年、倍数等）。作为一名合格的口译员，仅仅掌握单个数字的中英文转换是不够的，数字转换技巧还包括了传译数字变化趋势、修饰数据的常见词汇等。

此外，随着现代技术的发展，更多的发言人开始在演讲过程中使用多媒体。因此，口译员还要注意掌握常见多媒体仪器、软件的名称以及图表的相关描述。只有作好充分的准备，才能准确地传译出讲演者及其数据所代表的信息。

1 数字的变化趋势（Words Indicating Variation Trends）

首先，让我们用表格的形式来呈现描述数字上升或下降发展趋势的表达方式：

对于上升趋势的描述	对于下降趋势的描述
rise (*v* & *n*) increase (*v* & *n*) to grow (growth) to ascend to augment climb (*v* & *n*) to mount to go up	fall (*v* & *n*) decrease (*v* & *n*) drop (*v* & *n*) decline (*v* & *n*) to descend to shrink to reduce (reduction) to shorten

（接下表）

（续上表）

to level up to edge up to creep up to pick up	to lessen to diminish to slide to go down to level down to edge down to creep down to slip back
对迅速上升趋势的描述	对迅速下降趋势的描述
jump (*v* & *n*) soar (*v* & *n*) to surge to skyrocket (informal) to rocket to leap to shoot	collapse (*v* & *n*) to slump to crash to plummet to plunge
对最高点的描述	对最低点的描述
to reach the top / the peak / the climax / the highest point / the summit / the most… a new record to get to to ascend to to climb up to to increase to to top to peak to mount to	less least to drop to the bottom to reach the rock bottom to bottom out
对于上升到某个位置的描述	对于下降到某个位置的描述
动词 + to + 具体数据 动词 + to + the peak of + 具体数据 动词 + reaching the peak of + 具体数据 动词 + reaching + 具体数据 to peak at + 具体数据 to climb to + 具体数据	动词 + to + 具体数据 动词 + to + the bottom of + 具体数据 动词 + reaching the bottom of + 具体数据 动词 + reaching + 具体数据
对于上升程度的描述	对于下降程度的描述
动词 + by + 具体数据 动词 + 副词	动词 + by + 具体数据 动词 + 副词

当数字的变化趋势不明显或趋于平稳时，我们可以使用以下表达方式：

to stabilize

to remain/be/become/stay/maintain/keep + constant/stable/steady/unchanged/fixed

the same as / similar to / identical to / equal to

to level out/off

to be even

to stand/stay at

to hardly change

to have little change

反之，数字的变化趋势存在波动时，我们可以使用以下的表达方式：

to fluctuate (fluctuation)

to rise and fall (rise and fall)

to be instable

to undulate

to experience up(s) and down(s)

2 修饰数据的常见表达法（Modification Expressions）

对于数字的不同变化程度，我们可以用不同的副词来修饰：

considerably	somewhat	slightly
significantly	dramatically	marginally
substantially	sharply	averagely
rapidly	suddenly	correspondingly
far	steeply	comparatively
steadily	much	contrastively
slowly	gradually	
a little	stably	

以下是几个例句：

X fell sharply whereas/while Y remained steady.

X fell quickly compared to Y.

Unlike Y, X rose by 10%.

X rose far more dramatically than Y.

此外，我们还可能在口译中遇到一些关于数字的组合性描述。最常见的便是时间的嵌入。嵌入时间时所使用的介词或介词词组通常有：

in, from… to…, between… and…, during… and…, at the start of…, by the end of…, over…, at the end of…, throughout…

在嵌入了时间和程度后，我们可以用下列句型来表达上升和下降趋势：

1. 先上升后下降

… increased slowly during… and… but fell sharply in…

A steady fall in… following the sharp increase in…

2. 先下降后上升

… fell before… began to make a recovery…

… continued the recovery, climbing to…

… dropped during… but increased again in…

… fell and then picked up during…

… collapsed before rising to… at the end of…

3. 剧烈波动

… fluctuated sharply all through…

4. 波动不大

… hardly changed through the period between… and…

3 图表 (Diagrams)

下面我们来看看口译中涉及图表的一些词汇：

1. 常见的图表类型：table，chart（饼形图pie chart，柱状图column/bar chart，线形图line chart），diagram，graph（line graph，curve graph），wedge等。

2. 数轴：X axis（X轴），Y axis（Y轴），point（坐标）。

3. solid line（实线），broken line（虚线），dotted line（点线），shaded area（阴影部分）。

4. 表示图表“内容”或“信息”的语汇：information，data，statistics，figures，numbers，percentage，proportion，rate，height等。

5. 图表中表示“描述”、“展示”一词含义的语汇：show，reveal，display，exhibit，illustrate，depict，demonstrate，tell，present，report，state，describe，can be seen from，represent等。

4 多媒体仪器和软件 (Multimedia Instruments & Software)

最后我们来掌握一些口译中可能会碰到的常见多媒体仪器、软件的名称。最常见的是笔记本电脑（laptop, portable computer）和幻灯片(slide, overhead transparencies)。下面是其他一些常见词汇：

backspace 退格键
color graphic adapter 彩色图形显示器
column 列
controller 控制器
CPU (central processing unit) 中央处理器
circuit 电路
3-dimension studio 三维绘图工作室
data processing 数据处理
drive 驱动器
read only 只读
esc (escape) 退出键/退出系统
floppy disk drive 软驱
GB = gigabyte 千兆字节
hard disk 硬盘
head 磁头
infrared 红外线（笔记本中常见）
insert 插入行/插入键
joystick 操纵杆
KB = kilobytes 千字节
keyboard 键盘
modem 调制解调器
memory 内存
page down 向下翻页
page up 向上翻页
reset 复位/复位键
revision 版本号
scanner 扫描仪
sound card 声卡
shift 换档键
slot 插槽
speaker 喇叭
video graphic adapter 视频图形显示器

二、话题练习：外贸

1 热身词汇

1. 英译汉

Passage 1

Sir William Ehrman 欧·威廉爵士（时任英国驻华大使）
Dr Sun Yongfu 孙永福博士
Awards finalists 奖项最终候选人
British Business Awards 英国商业大奖
a whisker 相差无几
sterling value 英镑价值，货币价值
Chief Executive of Think London 伦敦投资局首席执行官
the Alumnus of the Year award “年度校友奖”
construction economics 建筑经济学
academic board 学术委员会
Director / Secretary General of the China Scholarship Council (CSC) 国家留学基金管理委员会秘书长

pan-China “泛中国”
Pilkington 皮尔金顿（英国最大的玻璃制造企业之一）
partnership category 合作类别
the Royal Botanical Garden Edinburgh 爱丁堡皇家植物园
the British Council 英国文化协会
the British Chamber 英国商会
BP 英国石油公司（即British Petroleum）
China-Britain Business Council 英中贸易协会
UK Trade and Investment 英国贸易投资总署
Confederation of British Industry 英国工业联合会
The 48 Group 48家集团俱乐部
Tesco 乐购(英国零售商，全球三大零售企业之一)

Passage 2

SAARC President Annisul Huq 南盟商会主席安尼苏・胡克
diplomatic corps 外交使团
Holy Mecca 圣城麦加
caps, beads, and prayer mats （穆斯林用的）帽子、珠子和祈祷垫
Angelina Jolie 安吉丽娜・朱莉
the Chinese James Bond girl Michelle Yeoh 中国的詹姆斯・邦德女郎杨紫琼
Vatican 梵蒂冈
Volvo 沃尔沃
Geely 吉利
the Bay of Bengal 孟加拉湾
a consistent double digit growth 持续两位数的增长
under the auspices of 在……的主持下
Asia Pacific Trade Arrangement (APTA)《亚太贸易协定》
duty free access 免关税准入

2. 汉译英

Passage 1

菅直人首相 Prime Minister Naoto Kan
李明博总统 President Lee Myung-bak
特大地震海啸灾害 the devastating earthquake and tsunami
表示诚挚慰问 to express sincere sympathies
表示崇高敬意 to pay high tribute to
三国合作 trilateral cooperation
面向未来和全方位合作的伙伴关系 a future-oriented comprehensive cooperative partnership
外资的主要来源地 main sources of foreign investment
产业内贸易 intra-industry trade

中间产品 intermediate goods

降低关税和非关税壁垒 lower tariffs and non-tariff barriers,

全面拓展海关、质检、运输、人员出入境等领域的合作 expand cooperation in customs, quality inspection, transportation and personnel entry and exit

区域内贸易 intra-regional trade

享受国民待遇 to enjoy national treatment

“可再生能源产学研创新联盟” innovation alliance on renewable energy between the industry, academia and research institutions

中日韩循环经济示范基地 China-Japan-ROK Circular Economy Model Base

防灾减灾和灾后重建合作 disaster prevention and mitigation, and post-disaster reconstruction

Passage 2

阮晋勇总理 Prime Minister Nguyen Tan Dung

第十三次中国—东盟领导人会议 the 13th China-ASEAN Summit

中国—东盟面向和平与繁荣的战略伙伴关系联合宣言第一个五年行动计划 the First Five-year Plan of Action to Implement the Joint Declaration on ASEAN-China Strategic Partnership for Peace and Prosperity

承上启下的关键时刻 a critical juncture of building on the past achievements and striving for new progress

政治安全共同体、经济共同体、社会文化共同体 political-security community, economic community and socio-cultural community

崇尚以和为贵，讲信修睦，共同发展 values peace and is committed to pursuing friendly relations and common development with neighboring countries based on mutual trust

唯我独尊 self-supremacy

大国共治与大国对峙 dominance by or confrontation between big powers

东亚的一体化建设 integration building in East Asia

向亚洲区域合作专项资金增资 to contribute… dollars to the Asia Regional Cooperation Fund

生产要素的流动效率 efficiency in the flow of factors of production

简化通关程序，加强检验检疫技术标准和原产地合作，推进贸易便利化 to simplify customs clearance procedures and enhance cooperation concerning the inspection and quarantine technical standards and place of origin to promote trade facilitation

行业对话机制 the Industrial Cooperation Mechanism

直接投资存量 direct investment stock

互联互通网络 network of connectivity
优惠信贷 concessional loans
能源管道 energy pipeline
电网 power grids
《中国—东盟交通合作战略规划》the Strategic Plan for China-ASEAN Transport Cooperation
本币互换 bilateral currency swap
本币贸易和投资结算 settlement of trade and investment in local currencies
“中国—东盟银行联合体” China-ASEAN Inter-bank Association
制订农业合作战略框架和行动计划 develop the strategic framework and plan of action on agricultural cooperation
跨境动植物疫病防控监测站 monitoring stations for trans-border animal and plant disease prevention and control
疫情预警信息系统 an epidemic early-warning system
建立联防联控机制，提高防控能力 create joint prevention and control mechanisms to raise capacities of preparedness
优质高产农作物示范田 quality, high-yield crop demonstration fields
农作物优良品种试验站 experimental stations of improved crop varieties
繁育推广优良品种 to breed and spread improved varieties
提高农作物单产水平和生产能力 to raise the unit output and productivity of crops
技术展示、田间示范 technology display and field demonstration
《中国—东盟环保合作战略》China-ASEAN Strategy on Environmental Protection Cooperation
“中国—东盟绿色使者计划” China-ASEAN Green Envoy Program
大湄公河次区域经济合作十年战略框架 GMS Strategic Framework for 2012-2022 (GMS，即Greater Mekong Sub-region)
巩固邦交的根本在互信 Mutual trust is fundamental to strong state-to-state relations.
“中国—东盟友好交流年” China-ASEAN Friendship and Exchange Year

2 英译汉

Passage 1

Speech at 2009 British Business Awards by British Ambassador to China Sir William Ehrman

(3 November, 2009)

Dr Sun Yongfu, Awards finalists, ladies and gentlemen,

Welcome to the 2009 British Business Awards!

The Awards celebrate outstanding contributions to Sino-British trade and investment by British companies and institutions. They also celebrate the outstanding achievements of UK-educated Chinese alumni, many of whom themselves make great contributions to Sino-British trade and investment.

Building on last year's successful launch, I am delighted that this year's Awards have seen not only an increase in the number of applications, but perhaps even more importantly a wider spectrum of industries and activities entering the competition.

Finalists include companies and institutions engaged in aeronautics, architecture, design, education, engineering, environmental conservation, energy efficiency, fashion, financial services, legal services, information and communications technologies, manufacturing, property and retailing.

In 2008, UK exports of goods and services to China grew by 40%, a record increase. Bilateral trade reached $59 billion, which was within a whisker of the target set by the Prime Minister to reach $60 billion in bilateral trade by 2010. China had overtaken Japan in 2007 to become Britain's largest market for goods outside the US and the EU. From our 14th largest market in 2006, China has risen to become our 9th largest market today.

The economic crisis has made this year difficult. But total UK-China trade for the first eight months of 2009 is in fact up on the same period of 2008 in sterling value. British exports of goods to China are down slightly, by 4.4%, but this is the smallest drop among the UK's top 10 markets. And looking at last June, July and August, UK exports to China are up on 2008. I think there is a good chance that our exports will be up in sterling value for the year as a whole. That would be a remarkable achievement in these hard times.

Such results are testament to the hard work of many of you here tonight, ably supported by UK Ministers, UK Trade & Investment, the China-Britain Business Council and the Chambers. Can I also thank Dr Sun and his colleagues in the Ministry of Commerce for the support they give to our endeavors? It is a great pleasure to have Dr Sun with us tonight.

Of course, trade is only one side of the coin. In August 2009, the UK's total realized investment into China exceeded $16 billion. This means the UK remains the largest EU investor into China by value.

In the other direction, investment into the UK from China continues to grow strongly. There are over 430 Chinese companies now in Britain. Fifty-nine went there last year and there are even more who are going this year. I would particularly like to welcome Michael Charlton, the Chief Executive of Think London, who is with us this evening and who does so much to help inward investment work.

The strength of China's relationship with Britain in the field of higher education is reflected in the diversity of this year's finalists for the Alumnus of the Year award, featuring graduates in communications, construction economics, fashion design, technology, marketing, and television studies. Last academic year there were 85,000 Chinese students in Britain. This year 33,000 new mainland students have gone to Britain, which is 30% more than last year. In the other direction we had 3,200 British students in China in 2008/2009, a welcome increase from the 1,500 two years earlier. Half of the UK's higher educational institutions now have partnerships with Chinese counterparts, and over 500 British schools have added Chinese to the curriculum. Tonight I am delighted that we have with us, as a VIP alumna, Deng Yaping, four times Olympic gold medalist and six times world champion at table tennis. We have once played ping-pong and not surprisingly I didn't win a point. We are both Cambridge graduates but she also sweeps the academic board against me, holding a PhD while I only have an MA! Could I also warmly welcome Ms Yang Xinu, the Director General of the China Scholarship Council.

The British Business Awards have shown themselves this year to be truly a pan-China affair, with applicants from the length and breadth of China. Last week I visited one of the finalists in the partnership category, Pilkington, in Changchun in north-east China. Two weeks early I had visited the Royal Botanical Garden Edinburgh, another finalist in the partnership category, several thousand meters up a mountainside in Yunnan in the south-west of China.

The Awards have been staged with excellent cooperation between the British Chambers of Commerce across China, and I am particularly pleased that the British Chamber of Commerce in Shanghai will host the Awards there next year during Shanghai World Expo.

Can I congratulate all those who have taken the time and made the effort to enter the Awards this year, and to salute the finalists who are joining us here tonight?

I would like warmly to thank the premier sponsors for this year's Awards, the

British Council, the British Chamber, BP, the China-Britain Business Council, Standard Chartered Bank and UK Trade and Investment, as well as supporting organizations such as my colleagues at the British Embassy, the Confederation of British Industry and The 48 Group. We also greatly appreciate the support of Tesco for their sponsorship of tonight's drinks. A very big thank you too to the judges. They are all experts with experience of doing business in China, who have given up significant time to the Awards. Lastly, thanks to Duncan Clark, the Chairman of the Awards, and his team, all of whom have done a really great job. Please, ladies and gentlemen, give all the sponsors, supporters, judges and the Awards team a big round of applause.

I hope you enjoy the evening. My personal hope is to see $100 billion of trade in goods and services between China and Britain by 2013. You need something to aim at for the year after the London Olympics!

Passage 2

Speech at the 2nd South Asia-Sichuan Business Promotion Seminar by SAARC President Annisul Huq

(Feb. 25, 2011)

Excellencies, members of diplomatic corps, business friends from South Asian countries, distinguished participants, ladies and gentlemen,

Good morning to all of you!

For the last few days, I was wondering about how almost all the people of the world, at any point of time, are in touch with China, 24 hours a day and 7 days a week.

Right now, I am wearing a shirt made with Chinese fabric; frame of my spectacle is Chinese; the suit, the socks: made in China; the shoes are Chinese too. Whether you are in bed or in your bath, whether you are on the road or in the skies, you are always touching something Chinese.

Starting from Holy Mecca where the Muslims use Chinese caps, beads, and prayer mats down to the Vatican… all are made in China. Starting from Barack Obama to Annisul Huq, Angelina Jolie to the Chinese James Bond girl Michelle Yeoh: all are partly or fully made in China. What a country! What a brilliant nation!

As a SAARC Chamber President, I am addressing you all in a great land which today has beaten the total GDP of Japan and is ranking as the second largest economy in the world. I am standing in a land which today is the world's biggest auto market and the largest energy consumer which could become No.1 economy sometime between 2020 and 2030. I am visiting a nation which has opened its doors to globalization but has said No to Western concepts of governance and development and has become a global giant in its own right and at its own terms. Bravo China. I salute you, my comrades.

Today I am addressing the beautiful city of Chengdu, the city of unbelievable architectural works from Ming Dynasty, the city which only a few days back has just been chosen to be the manufacturing base of Volvo, a Swedish carmaker who has, again, been bought by Geely, a Chinese firm. This reversal of global economy, I hope, reflects what China truly has become today.

Today we have gathered in this beautiful city of Chengdu for a noble cause, which is to make an earnest endeavor to forge greater economic cooperation between two great civilizations—South Asia and China. Yes, I call them not regions but two great and old civilizations of the world with one third of the world population. The two regions share a border and a common river system that originate in the Himalayas and flow into the Bay of Bengal.

Ladies and gentlemen, China is a miraculous nation. Starting its journey through opening up its market for foreign direct investment in the late 80s, China has never looked back. A consistent double digit growth for more than two decades coupled with reduction in poverty from 40% to just 8% is perhaps one of the wonders of 21st Century. China now stands as leading export nations surpassing Germany with export volume of more than $1.3 trillion in the year 2010. This success story has made China a role model for many countries of the world including South Asian Nations.

Distinguished participants, in the past decades we have witnessed proliferations of regional trade agreements and economic blocks. The trend is even stronger now following the slowing down of Doha round of talks under the auspices of WTO. While some of these regional trade or economic blocks are doing phenomenal progress, others are progressing at a very slow pace.

In South Asia, India as a knowledge-based economy is a leading name in software development, entertaining industry, engineering-based SMEs, pharmaceuticals; Pakistan is a hub of textile industry; Bangladesh has earned distinction as manufacturer of valued added garments; Sri Lanka, Nepal, Maldives and Bhutan have been centre of tourist attraction.

The economy of South Asian countries on average grew by 5.5% in 2009—2010 owing to more than 7% growth in Indian and Sri Lankan economies followed by Bangladesh 5.5%, Bhutan and Nepal at 4.5%, Maldives 4% and Pakistan 3%. However, the current indicators reflect that South Asian economies will witness better growth at 6.5% on average in 2011.

So far, trade between China and South Asia has not crossed $80 billion mark, which is considerably much lower than that of trade between China and ASEAN, which is not a true reflection of the relations between China and our South Asian countries given the size and population of China and South Asia combined; it is still less than optimal. With increasing liberalization of trade these figures are expected to rise dramatically.

China had similar problems like ours. Poverty, surplus labour, overpopulation, backward agriculture, lack of food security, natural disasters, weak industrial base, etc had plagued China for many decades. But in last two decades or so, China not only overcame this, it has turned into the second largest export oriented economy after USA. Similarly India is also undergoing a massive economic transformation to carve out a leading place in the world economic scene. For the smaller nations or least developed members of South Asian region, it is but normal to look at the two giant economies with suspicion and apprehensions of being swallowed up by them. Therefore, we need to identify the complementariness that exists among various countries to pull our resources together. China and India can invest in the least developed and developing countries like Bangladesh, Nepal, Bhutan, Sri Lanka and Maldives. Premier Wen Jiabao's recent visit to India and Pakistan in December has been very significant and would certainly contribute to this process of emerging economic cooperation.

As the President of SAARC Chamber, I believe we must realize and also highlight the importance of a harmonious coexistence between China and all South Asian countries. I am happy to note that both China and India vowed to increase their bilateral trade volume to $150 billion by 2015. The trade value is expected to exceed $60 billion this year, and China will overtake the United States to become India's largest trading partner. This will have positive impact on other South Asian countries provided we can integrate the efforts of their business interests with the emerging China-India or China-Pakistan increasing trade relations.

I'm a Bangladeshi. China has been a major trading and investment partner of Bangladesh. China has offered duty-free access to 84 Bangladeshi products under Asia Pacific Trade Arrangement (APTA). Recently China has offered duty-free access to over 4,000 Bangladeshi products as a goodwill gesture following the very successful visit of Bangladesh's Prime Minister to China last year. I take this opportunity to applaud and welcome this move. China has contributed significantly in infrastructural development of Bangladesh.

Sichuan province trade has witnessed incredible growth in the past decade. Only $3 billion in 2001, the foreign trade of Sichuan province amounted to $32 billion in 2010, showing an increase of 35.6% as compared with 2009. This reflects the potential of Sichuan province, which is historically called as "Province of Abundance" and one of the major agriculture production bases in China.

Being the capital of Sichuan province, the city of Chengdu has also witnessed tremendous development. With $6.9 billion FDI in 2010 with 226 foreign companies investing here, this city is now ranked the 10th amongst leading commercial and industrial hubs and with GDP size of RMB 450.2 billion is the largest economy in Sichuan and the second largest economy in central and western China. The size of FDI is greater than FDI in-flowed in any country of South Asia except India in the same period.

Dear friends, cooperation and collaboration between people, societies and nations is the cornerstone of any civilization's progress. The borders that we have erected from time to time have led us all to think about ourselves and the interests of our own community. But today is the time for economic inclusion. Sky is open for investment in South Asia. It is needless to mention that a successful economic cooperation between China and South Asia can change the world economic scenario to an extent that would be something unprecedented in the history of mankind.

I started off saying that all the people all over the world are in touch with something Chinese at any point of time. I want to end by hoping that this great nation of Confucius who believed in five perfect virtues of gravity, generosity of soul, sincerity, earnestness and kindness, will exercise all of them and through your friendship and economic policies, will touch the lives of the poor in South Asia and will change them forever.

Let the making of "history" begin here today at this place of the great city Chengdu.

I, once again, remain ever grateful to you all for having invited me to this august platform. Thank you all.

3 汉译英

Passage 1

中日韩三国互利合作前景广阔

——在东京第三届中日韩工商峰会午餐会上的讲话

中华人民共和国国务院总理　温家宝

（2011年5月22日）

尊敬的菅直人首相，尊敬的李明博总统，女士们，先生们：

我一直期待在东京与大家见面。首先，我要再次代表中国人民，向遭受特大地震海啸灾害的日本人民表示诚挚慰问，向长期以来为促进三国经贸关系发展、增进三国人民友谊做出积极贡献的工商界朋友们表示崇高敬意！

本世纪第一个十年，是世界政治经济格局大调整、大变革的十年，也是中日韩三国合作日益加深的十年。十年来，我们牢牢抓住经济全球化和区域经济一体化的重大发展机遇，以经贸合作为先导，逐步建立起面向未来和全方位合作的伙伴关系。我们携手应对国际金融危机和重大自然灾害的严峻挑战，共同推动解决地区热点问题，全面加强在20国集团、亚太经合组织等多边机制中的合作，展现了共克时艰、勇担责任的坚强决心。今天，东亚是全球最具活力和发展潜力的地区之一，引领亚洲经济强劲增长，成为促进世界经济复苏的重要引擎；中国成为日韩第一大贸易伙伴，2010年中日贸易额接近3,000亿美元，中韩贸易额超过2,000亿美元，均创历史新高；日本和韩国都是中国外资的主要来源地，在中国设立企业的总数接近10万家，累计投资金额超过1,200亿美元。

中日韩经济合作不断向前发展，符合三国人民的根本利益，有利于亚洲乃至世界的繁荣和稳定。

上午，我和菅直人首相、李明博总统就扩大三国务实合作深入交换了意见，达成重要共识。这里，我愿谈几点具体意见。

第一，进一步扩大三国间贸易规模。中日韩都是世界前十位贸易大国，但三国间贸易额仅占三国对外贸易总额的11%左右，还有较大的提升空间。近年来，三国贸易结构正在发生新的变化，产业内贸易快速发展，中间产品贸易所占比重大幅提升，这是三国经济联系加深和产业分工细化的反映。我们要因势利导，进一步开放市场，降低关税和非关税壁垒，全面拓展海关、质检、运输、人员出入境等领域的合作，为区域内贸易发展营造良好环境。建设中日韩自贸区是三国产业界的共同愿望，官产学联合研究取得积极进展，有望年内提前完成，明年启动正式谈判。中国愿以最大的诚意推动这项工作不断取得进展。在同日、韩贸易中，中方存在较大逆差，但我们以积极的姿态对待这一问题，不搞贸易保护主义，希望在发展中逐步实现贸易平衡。

第二，进一步深化三方投资合作。日本和韩国是世界重要对外投资国，中国企业对外投资也已起步，但目前三国相互投资占三国对外投资总额的比重不足10%，合作潜力巨大。进一步完善三方投资合作机制，努力消除影响企业投资的各种障碍，是一项重要而紧迫的任务。从2005年起三国政府为商谈三方投资协定付出了艰苦努力，迄今已举行了12轮谈判，在绝大多数问题上达成了一致。中方愿尽最大努力，与日、韩合作，争取在今年年内完成谈判。我重申，中国政府欢迎包括日韩在内的各国企业到中国投资兴业，所有在中国依法设立的外资企业都享受国民待遇，各类企业的知识产权和合法权益都将得到有效保护。我们也希望日韩两国政府为中国企业投资提供便利。

第三，进一步发展绿色经济和循环经济。中日韩三国人均资源占有水平较低，大力发展绿色经济、循环经济，实现可持续发展，是我们的共同目标。中方愿意与日韩加强在风能、太阳能等可再生能源领域的合作。中方倡议成立三国“可再生能源产学研创新联盟”，使三国在技术、生产和市场等方面的优势实现互补。今年中方将以新能源合作为主题举办国际论坛和展会，邀请三国政府、企业、大学和科研机构代表共商合作事宜。建立中日韩循环经济示范基地是三国领导人两年前达成的共识，中国政府愿意采取有效措施，争取年内在中国启动循环经济示范基地建设，我们也支持在日韩建立示范基地。

第四，进一步加强防灾减灾和灾后重建合作。自然灾害多发，是中日韩共同面临的重大挑战。三国政府一致同意进一步加强灾害管理合作，探讨建立信息通报、应急救援合作机制。中方建议三国开展东北亚地震、海啸和火山联合研究，愿提供项目启动资金。中方将根据日方需要，继续对救灾给予帮助。中方将派遣贸易投资促进代表团访问日本，同日方就灾后重建合作进行商谈。

女士们，先生们：中日韩合作正站在新的历史起点上，希望三国工商界朋友们抓住机遇，乘势而上，积极参与三国经贸合作，为促进三国关系全面发展和增进人民福祉做出更大的贡献！

谢谢大家！

Passage 2

温家宝在河内第十三次中国与东盟领导人会议上的讲话（节选）

（2010年10月29日）

阮晋勇总理，各位同事：

很高兴出席第十三次中国—东盟领导人会议，感谢越南政府为举办会议所做的积极努力。我是第八次来出席东亚领导人系列会议，我是带着友好和合作的愿望来的。

落实中国—东盟面向和平与繁荣的战略伙伴关系联合宣言的第一个五年行动计划即将完成，本次会议将通过并发表第二个五年行动计划。在这一承上启下的关键时刻，我们共聚一堂，总结经验，规划未来，对于提振信心、深化合作具有重要意义。

2003年，中国与东盟宣布建立面向和平与繁荣的战略伙伴关系，这是东亚合作进程中的一个重要里程碑。无论国际风云如何变幻，中国与东盟的政治互信不断加深，战略沟通与协作更加密切，维护了地区和平与稳定。中国已成为东盟第一大贸易伙伴，东盟是中国的第四大贸易伙伴；双方携手应对百年罕见的国际金融危机，如期建成中国—东盟自贸区，双方贸易和投资大幅增长。自2003年以来，双边贸易额和双向投资额分别增长172%和142%；合作领域更加广泛，对话机制更加完善，人文交流更加深入。我们不会忘记，东盟国家在中国遭受重大自然灾害时所表达的深情厚谊。中国也为东盟的发展提供了真诚的援助。中方将继续支持东盟2015年建成政治安全共同体、经济共同体、社会文化共同体的目标，希望东盟的发展为亚洲和世界的和平与繁荣做出新贡献。

中国与东盟关系能够经受住严峻考验，不断向前发展，得益于双方恪守《东南亚友好合作条约》的原则和精神，坚持相互尊重、睦邻友好、求同存异；得益于双方相互支持，密切配合，携手推进东亚区域合作；得益于双方坚持走适合各自国情的发展道路，顺应变革、开放、包容的时代潮流。

当前，中国与东盟国家率先实现经济回升向好，呈现出较为强劲的发展势头。但世界经济复苏的动力不强，前景尚不明朗。中国的发展面临巨大的人口、环境、资源压力，还存在不协调、不平衡、不可持续的问题，要实现现代化，还有很长的路要走。在这方面，中国同许多东盟国家感同身受，我们要继续携手应对挑战。

中国与东盟国家山水相连，有着相似的历史遭遇和共同的发展目标，双方的命运从来没有像今天这样紧密地联系在一起。中国珍视同东盟国家的传统友谊，崇尚以和为贵，讲信修睦，共同发展，不搞唯我独尊，反对霸权主义。无论是大国共治，还是大国对峙，都不符合本地区国家的利益。中国愿同东盟国家永远做好邻居、好朋友、好伙伴。

各位同事，长期以来，中国与东盟的合作是最务实、最丰富、最有成效的。着眼未来，我们要继续以和平发展为主题，以友好合作为主线，更加重视经济的可持续发展，更加重视全方位的互联互通，更加重视社会和人文交流，更加重视东亚的一体化建设，齐心协力，密切配合，共同落实好第二个五年行动计划，使中国—东盟合作继续走在东亚合作的前列。中方将向亚洲区域合作专项资金增资1,700万美元，用于推动区域合作。

我愿在此阐明中方的几点建议：

一、推动中国与东盟经贸关系实现持续、健康、快速发展。

中国—东盟自贸区的全面建成使双方资金、资源、技术和人才等生产要素的流动效率显著提高，为扩大贸易和投资合作提供了前所未有的良好环境。据中方统计，2010年1—9月，中国—东盟双边贸易额达2,113.1亿美元，同比增长43.7%。其中中国出口995.3亿美元，进口1,117.8亿美元，逆差122.5亿美元。今年双边贸易额有望创造历史最高水平。中国将加大力度，鼓励扩大从东盟进口；与东盟密切配合，简化通关程序，加强检验检疫技术标准和原产地合作，推进贸易便利化；促进双方企业建立更密切的联系，提高对自贸区的利用效率，妥善处理问题和分歧，为此倡议建立中国—东盟行业对话机制。建议双方共同努力，力争2015年双方贸易额达到5,000亿美元。

中国政府鼓励有实力的企业扩大对东盟投资规模，提升投资水平。据中方统计，截至2009年底，中国对东盟直接投资存量达95.7亿美元，其中一半以上是2008年以来实现的，投资领域已经从传统的矿业、建筑业拓展到能源、制造业、商务服务业。中国政府将继续积极推动本国优秀企业到东盟国家投资，加强双方在纺织、钢铁、机械、造船、化工、信息、汽车等领域的合作，与东盟国家探讨签订工业领域合作协议，共同提升制造业的竞争能力。建设经贸合作区是实现这一目标的有效途径。中方愿意与东盟国家一道，积极创造条件，争取在五年内同每个东盟成员国共建一个经贸合作区。

二、初步建成互联互通网络。

去年，中方宣布向东盟国家提供150亿美元信贷，其中包括67亿美元优惠信贷，重点支持中国与东盟有关国家在公路、铁路、水路、能源管道、信息通信、电网等领域基础设施的建设。目前已实际使用101亿美元，其中包括31亿美元优惠信贷。中方将加强同东盟国家沟通，充分考虑东盟国家的实际需要，用好剩余资金，并根据情况继续提供融资支持。“中国—东盟投资合作基金”已部分具备商业运行条件，年底以前可以启动对成熟项目进行投资，欢迎东盟国家有关机构洽谈投资合作。

双方要密切配合，落实好根据《中国—东盟交通合作战略规划》确立的优先项目，为切实提升本地区互联互通水平创造条件。

三、有序推进金融、资本市场的开放和融合。

中国—东盟自贸区的建成为中国同东盟的金融合作提出了更高的要求。中方鼓励国内金融机构在东盟国家设立分支机构，并将积极考虑东盟金融机构在中国开设分支机构的要求。中方愿继续与东盟国家扩大本币互换规模，共同推动本币贸易和投资结算，并加强在二十国集团及多边机构的协调与合作。

中国国家开发银行与东盟国家银行发起建立的“中国—东盟银行联合体”是一个重要创新。我们要支持这一平台充分发挥作用，为双方经济技术合作和贸易投资发展提供多样性的金融服务。

双方应完善对话机制，加强在金融市场法制建设和监管领域的交流与合作，共同维护区域内的金融稳定。

四、做大、做强本地区农业经济合作。

加强农业合作是双方共同的战略决策，对于保障粮食安全、提高农产品竞争力、改善民生、确保经济平稳发展具有重要意义。中国愿意同东盟制订农业合作战略框架和行动计划，建立和完善合作机制，突出重点合作领域：一是加强中国—东盟跨境动植物疫病防控合作，与东盟国家共同建设跨境动植物疫病防控监测站20个，建设疫情预警信息系统，交换共享信息，建立联防联控机制，提高防控能力；二是进一步实施优质高产农作物示范田建设，与东盟各国共同建设农作物优良品种试验站20个，示范推广面积100万公顷，繁育推广优良品种，提高农作物单产水平和生产能力；三是继续开展农业培训，为东盟国家在华培训1,000名农业人才，提高东盟国家农业科技水平；四是派出300名农业专家和技术员赴东盟国家进行实施指导；五是在东盟国家新建三个农业技术示范中心，发挥示范中心的培训、技术展示、田间示范和辐射带动作用，促进东盟国家农业科技进步；六是加强农业相互投资，实现本地区农业资源的合理配置。

五、加大对可持续发展的投入。

本次会议将发表关于可持续发展的联合声明，表明中国和东盟国家携手应对气候变化、贫困、自然灾害等重大挑战的决心。双方要根据《中国—东盟环保合作战略》，尽快制定行动计划，发挥中国—东盟环保合作中心的作用，探讨开展“中国—东盟绿色使者计划”活动，扎实推进在循环经济、绿色经济、节能环保等领域的交流与合作。中方建议启动“中国—东盟减灾救灾协议”磋商，使减灾救灾合作机制化，更好地保护本地区人民的生命财产安全。中方愿与东盟尽早签署《卫生合作谅解备忘录》，携手推进传染病防控和传统医药应用等领域合作。

中方将继续向东盟欠发达国家提供援助，支持东盟缩小内部发展差距，如期实现千年发展目标。中方将与有关各方密切协调，争取早日通过大湄公河次区域经济合作十年战略框架，推动在湄公河水资源利用、环境保护方面的交流合作，并在未来五年帮助东盟国家培训1.5万名各类技术和管理人员。

六、进一步加深人民之间的相互了解和友谊。

巩固邦交的根本在互信，睦邻友好的基础在民众。双方要积极加强在文化、教育、旅游、青年等领域的交流与合作。中方提议将2011年确定为“中国—东盟友好交流年”，双方共同举办丰富多彩的活动。

双方要密切配合，认真落实2020年将互派留学生规模都扩大到10万人的“双十万计划”，加强高端人才的培养合作。中方愿在未来十年向东盟国家提供一万个政府奖学金名额，并邀请东盟国家一万名青年教师、学者和学生来中国访问。

旅游业在中国和东盟国家经济中占有越来越重要的地位，合作前景广阔。双方应采取积极措施，简化出入境手续，改善交通条件，提升服务质量，实现2015年双方人员往来1,500万人次的目标。

各位同事，明年是中国—东盟建立对话关系20周年。抚今追昔，我们齐心协力，克服艰难险阻，排除种种干扰，依靠自己的力量，成功走出了一条具有亚洲特色的区域合作之路，实现了前所未有的发展与繁荣。展望未来，我们要抓住机遇，坚定信心，精诚合作，推动中国—东盟战略伙伴关系不断迈上新台阶。

三、注释

1 与数字相关的其他表达法还有：

差异：discrepancy, difference

占比例：to occupy, to take up, to account for, to gain, to share, to enjoy, to constitute, to make up

相比：by contrast, on the contrary, likewise, compared with

平均：mean, average

趋势：tendency, trend, inclination

达到：to reach, to amount to, to come to, to add up to, to total, to number

2 汉语中一些包含数字的高度精炼的套语

汉语中常常会有一些包含数字的高度精炼的套语，口译时因时间、精力有限，表达大意即可。如“五讲四美三热爱”，说到底就是提倡社会主义新风尚，口译时不妨译作promoting moral standards。有时候也可以沿用中文的方式，字对字译，直接翻译成the movement of “five stresses, four points of beauty and three loves”。同理，“一个中心，两个基本点”可以译作one central task, two basic points；两岸正式实现直接通邮、通商、通航的“大三通”可以译成the three direct links；“八宝饭”则是eight-treasure rice pudding。

不过，字对字的翻译虽然节省了时间，但是意义上难免晦涩难懂，在时间允许的条件下，还是可以做一些必要的解释。如：

“三通”

字面译：three links

常见释译：three (direct) links of trade, travel and post (between the two sides of the Taiwan Straits)

“四项基本原则”

字面译：the Four Cardinal Principles

常见释译：the Four Cardinal Principles (i.e. adhering to the socialist road, the people’s democratic dictatorship, the leadership of the Communist Party of China, and Marxism-Leninism and Mao Zedong Thought)

“五好家庭”

字面译：Five Virtues Family

常见释译：Five Virtues Family (outstanding in such five aspects as law-abiding, diligent study, family planning, domestic harmony, and industrious and thrifty management of the household)

3 British Business Awards

英国商业大奖于2008年1月17日在北京首次设立。该奖由英国驻华商会主办，英国使馆贸易投资署、英国文化协会（在华通过英国大使馆/总领事馆文化教育处开展工作）、中国英国商会、英国工业联合会联合运作，旨在嘉奖优秀的在华英国企业、个人以及对促进中英商业往来作出巨大贡献的英国大学中国校友。

4 中国—东盟领导人会议

China-ASEAN Summit/ Leaders' Meeting: 东盟与中国（“10+1”）领导人会议是指东盟10国（文莱、印度尼西亚、马来西亚、菲律宾、新加坡、泰国、越南、老挝、缅甸、柬埔寨）与中国领导人间举行的会议。“10+1”指的是东盟10国分别与中日韩3国（即3个“10+1”）合作机制的简称。“10+1”确定了五大重点合作领域，即农业、信息通信、人力资源开发、相互投资和湄公河流域开发。在“10+1”合作机制下，每年均召开首脑会议、部长会议、高官会议和工作层会议。

第10单元

跨文化交际技能

口译主题：文化

一、技巧讲解

所谓跨文化交际能力是指跨越不同文化与文化之间的差异、保留与传播本国文化，尊重与接纳异国文化，以开明的态度从不同的视角看待和理解母语文化和异国文化的能力。简言之，具有跨文化交际能力的人知道在什么时候什么地点，应该（或不应该）以什么方式说什么话或做什么事情，而这些话语和做事的方式及内容由于考虑并尊重了不同语言文化之间的差异而不会引起交际隔阂和障碍。

译员作为帮助他人跨越两种语言文化鸿沟、达成理解沟通的中介，跨文化交际能力的培养必不可少。译员作为跨文化交流的使者，承担着语言转换和文化协调的双重功能。而就文化调停功能来讲，是指译员不仅要在自己的说话做事方面遵循特定文化的规约，还要尽力去预防、阻止和消除服务对象由于对对方文化习俗不了解而可能出现的文化摩擦和交际障碍，帮助当事双方达成跨文化理解。译员要培养这种能力，首先就要树立起跨文化交际的意识，了解跨文化交际的基本内涵。在此，“文化”、“交际”和“跨文化交际”是我们首先必须了解的几个关键词。

1 文化的定义

文化的含义既抽象而又广泛，要给文化下一个确切的定义确非易事。

文化一词在汉语中的出现最迟可以追溯到西汉时期，当时的“文化”是指与“武力”相对的教化。而在中国古典文献中，“文化”含有“文治教化”之意。在英语中，culture一词源自拉丁语，最初含有耕种、耕作之意，后来发展到将人类改造自然的一切行为与成果，甚至意识领域的成果都划归到文化这一概念中。由此可见，中文和英文中有关“文化”的理解是有共通之处的，都涵盖一种与自然现象或状态相对应的人的行为或结果。

下面略选几个对文化比较经典的定义，以让大家对文化一词有一个概念性的了解。

英国文化人类学家泰勒（E. B. Tylor）在1871年发表的《原始文化》一书中给文化下了定义：文化是一个复杂的总体，包括知识、信仰、艺术、道德、法律、风俗，以及人类在社会里所得的一切能力与习惯。

当代美国文化人类学家克鲁克洪对文化概念作如下的定义："文化是历史上所创造的生存式样的系统，既包括显型式样也包含隐型式样；它具有为整个群体共享的倾向，或是在一定时期中为群体的特定部分所共享。"

英国文化人类学家马林诺夫斯基说，"文化是指那一种传统的器物，货品，技术，思想，习惯价值而言的，这概念包容着及调节着一切社会科学。……社会组织除非视作文化的一部分，实是无法了解的。"（参见：胡文仲1999；陆扬、王毅1999。）

我们可以从不同的定义中领悟他们所反映的共同的东西，对文化有一个大致的认识。文化是与自然现象和自然存在相对应的人类社会活动的全部成果，它包含人类所创造的一切物质的和非物质的东西，其要素包括价值观念、语言和符号、社会规范、社会关系和组织、物质产品等。它是人类创造出来的，通过后天习得的，具有复合性、象征性、多样性和共享性。由此看来，文化真的是无处不在，无所不包。

口译工作者作为文化交流的中介，需要在理解两种语言的同时很好地去理解和适应两种文化，这样才能很好地为双方交流沟通起到桥梁作用。

2 交际的定义

关于交际的定义并不少于文化一词的定义，可见交际也是一项广义而复杂的社会行为。简单来说，交际指的就是信息的传播或者共享。这种行为可以发生在同一文化或不同文化之间，也可以是人与人之间、不同组织之间、或者是大众传播等不同层次。我们这里讨论到的主要是人与人这个层面的交际，它通常应该包括三个方面的要素：信息、发送者、接收者。不难理解，交际应该是一种互动的、动态的和社会的行为。

3 跨文化交际的定义

跨文化交际指的是来自不同文化背景的人之间传递信息、交流思想的一种社会行为。这种社会行为可以是国家之间、民族之间、个人之间的交际活动，内容可能涉及不同的政策、价值观、风俗、宗教、历史、礼仪等等。由于是一种社会行为，在跨文化交际的过程中，语言只是交际的一种载体，而并非交流的全部，因此，即使是具备良好语言能力的人，在跨文化交际中也不可避免地会受到各种社会因素的制约和影响，例如不同的社会背景、历史、政治制度、价值观、宗教信仰、风俗习惯等，跨文化交际者如果不能很好地理解两种文化并具备一定的跨文化交际能力，难免在这种交际的过程中出现一些理解和处理方面的失误。因此，好的译员首先必须是合格的跨文化交际者。

4 中西方文化差异的对比

文化是一个包罗万象的概念，要了解中西方文化是一个长期的任务。我们只能从几个比较大的层面上对先进行一个初步的比较：

价值观与道德标准的差异：中国人注重人与自然的和谐统一，西方人则强调对自然的改造；中国人提倡谦虚谨慎，不主张炫耀个人的成绩和荣誉，西方人则崇拜个人奋斗，不掩饰自己的自信心、抱负以及取得成绩后的骄傲和欣喜；中国人注重集体主义，强调个人对他人、集体以及社会的一种奉献和牺牲，而西方人则有很强的自我意识和个人中心主义，强调个人利益的实现和个性解放；中国人强调中庸之道，鼓励人们少冒险，保持和谐，西方人则注重突破自我，开拓创新。

社会关系的差异：中国人注重家庭、家族等血缘关系，西方人则注重事缘、业缘等非血缘关系；中国人注重亲情伦理，把赡养父母，孝敬父母当作自己的责任，西方人的家庭结构较之要松散得多，父母子女之间强调独立的个体，充分尊重个体的个性和自由。

社会习俗的差异：中国人重视婚姻的稳定性，强调婚姻的道德性，而西方人则强调婚姻的自由和隐私性；在社交中，中国人比较注重男女之间的距离，公开场合不宜有过多的身体接触，同性之间可以有身体接触，而西方人在社交场合则比较开放，但同性之间不宜有身体接触。

社会礼仪的差异：（详细内容参见第11、12单元中的“礼仪礼节”部分）

称呼差异：中国人习惯以职位、职称以及其他表示社会地位的名称来称呼，西方人则习惯直呼其名。

交谈内容的差异：中国人见面聊天习惯问对方年龄、婚姻、家庭情况、职业、住房、收入等问题，而这些对于西方人来说涉及个人隐私，会让他们觉得很不礼貌；中国人见面习惯对对方评头论足，如体形、着装等，这也会让西方人感觉不舒服。中国人以长为尊，说某某人年长或年纪大表示对其的尊重，而西方人则不喜欢被人看老，因为老就意味着羸弱、无用。

问候语的差异：中国人习惯以一些和个人行为密切关联的问题开始谈话，如“上哪儿？”，“最近忙什么呢？”等等，这容易让西方人感到尴尬甚至不悦，因为他们容易把这些问候理解为一种盘问，西方人习惯见面简单招呼或讨论有关天气等与个人行为不相关话题。

其他问候方式的差异：如中国人在机场或酒店初次接到客人，习惯问候“一路上辛苦了！”，译员如果直译会让对方很摸不着头脑；西方人习惯随口表示感谢，中国人则认为这样不太自然；西方人常常以迎合的方式予以接受，以示对对方的肯定与尊重，中国人则以否定或自贬的方式予以拒绝，表示礼貌或者谦虚。

其他礼仪和习惯的差异：中国人习惯群居，外出喜欢结伴而行，而西方人则习惯独居，喜欢给个人留有足够的空间；西方人时间观念非常强，注重约定，中国人时间观念相对来说则较弱；除了不同的餐桌礼仪外，值得注意的一点是多数中国人对吃没有太多忌讳，尤其是各种动物内脏，而多数西方人都是不吃动物内脏的。

当然，随着文化全球化和各国之间日益加深的对外交流，各种文化之间的交流和融合也达到了前所为有的地步。文化之间越来越有包容性和共通性，这极大地减少了跨文化交际中的障碍。但是我们还是要意识到，文化总是朝着共性和个性两个不同方向发展，在文化越来越具有共性的同时，其个性也始终是存在的。了解中西方两种不同的文化，不仅要了解其差异，更要知道其差异只是相对的，而并非绝对的，因为文化既是相对稳定的，又是不断发展的。文化交流和文化融合会使得以上讨论到的两种文化的差异出现反位现象，译员只有不断地加深自己对跨文化交际能力的培养，并密切洞悉文化交流的趋势，才能不断适应跨文化交际的新情况、新形势。

5 译员如何培养跨文化交际技能

当今社会的交际，其广度和深度已经超过了历史上任何一个时期。作为地球村公民的当代学生，培养自身的跨文化交际意识和能力已经成为培养个人综合能力的一个不可或缺的部分。那么，具体说来到底有哪些步骤可循呢？按照从认识到行为这样一个过程，我们提出一下方法供大家参考：

从认识的角度

深入学习中国文化，吸收中国传统文化中的优秀成分，为跨文化交际积累良好的母语文化底蕴。中华文化源远流长，博大精深，其中的很多精髓就是指导我们如何树立正确的人生观和价值观的。但是我们在英语学习者中常常发现一个非常尴尬的现象，那就是很多学生对中国优秀的传统文化知之甚少，或者了解不深，再加上全球化日益加深，西方文化影响不断扩大，他们对中国文化难免会有一种迷茫感甚至是自卑感。这些都是由于对母语文化缺乏充分认知和深厚的修养所造成的。不了解自身的文化，就难以在跨文化交际中端正态度，正确地展现自我。所以，在学习英语的同时，必须注重提升自己的汉语文化积淀，这样才能找到跨文化交际的立足点。

了解文化的多元性，加强对中西文化的对比学习。在学习母语文化的同时，我们当然还要增强对文化多元性的了解。我们在学习和了解汉英两种语言不同的过程中，更应该看到的是他们基于的不同的文化。有比较才有鉴别，比较是加深我们学习的一种非常有效的办法，通过对比学习中西方文化，可以使我们对两者形成更清醒的认识。

在比较学习的同时一定要树立平等意识。文化是人类文明发展的产物，都是人类共有的成果，是平等的。世界上有多种多样的文化，他们的模式不同，但本质都是平等的，没有孰是孰非、孰优孰劣的说法。我们在学习中西方语言和文化的时候，一定要养成一种平等对待的意识，要杜绝那种对待文化的偏见甚至是歧视的态度。

从行为的角度

1. **广泛学习，不断扩大自己的知识面。**单纯的语言学习远远不够，译员要通过各种手段不断丰富自己的知识面，扩大自己的视野。所谓站得高，看得远，只有积累了丰富的知识，对中西方文化的相关层面（包括言语和非言语层面），如历史、地理、经济、政治、教育、宗教、社会、风俗、礼仪等有了充分的认识和了解，我们在跨文化交际的过程中才能做到心中有数，达到跨文化交际有效性和得体性的目的。

2. **具体问题具体对待，尽可能多地掌握跨文化交际中的技巧和方法。**我们这套教材中也涉及到了很多跨文化交际难点的应对技巧，如汉英语言差异及应对策略、汉英特色专有名词的翻译、幽默和成语的翻译、调停策略等等，当然这些只是跨文化交际中可能遇到的一部分。针对在跨文化交际中可能出现的种种文化差异问题，译员可以根据具体情况在译前、译中、译后区别对待，恰当解决。例如，对可能出现的文化误解与冲突，在译前向当事人以礼貌适当的方式提出建议进行规避；在翻译过程中按照符合目的语语言文化习惯和规约的方式进行传译；如果出现了不解或误会要及时与当事人沟通，尽量避免由于文化差异给一方或双方带来的不快，甚至导致跨文化交际的失败。

3. **尽可能多地参与实践，在实践中进行总结和反省。**具备了跨文化交际的意识，学习了跨文化交际的策略，更重要的是想办法在实践中去锻炼。很多的问题是在实践中发现的，同样，大量的知识也是在实践中获得的。通过和不同文化背景的人的交往，我们才能切身感受到存在着怎样的文化差异，也只有在交流中，我们才能不断培养自己的应对能力，真正提高自己的跨文化交际能力。

二、话题练习：文化

1 热身词汇

1. 英译汉

Passage 1

resurrection 复活
pagan 无宗教信仰的，异教徒
fertility 繁殖生长，生育力
Easter egg rolling contest 复活节滚彩蛋比赛
Plymouth Colony 普利茅斯殖民地
William Bradford 威廉·布拉德福
Wampanoag Indians 印第安的万泊诺亚格人
patron saint 守护神
to shroud 被遮蔽，掩盖
vestige 遗迹
St. Valentine 圣瓦伦丁
Catholic Church 天主教会
martyr 殉教者
to contend 声称，主张
Emperor Claudius II 克劳迪亚斯二世
to outlaw 宣布……为不合法
to defy 公然反抗，违背
to perform marriages 主持婚礼
confinement 监禁
murky 黑暗的，不明不白的
Sonora Louise Smart Dodd 索诺拉·露易丝·斯玛特·多得
William Smart 威廉·斯玛特
Rhea （希腊神话）瑞亚（提坦众巨神之一，克洛诺斯之妻，宙斯、得墨忒耳、波塞冬、赫拉和哈得斯等众神之母）
Lent 四旬斋，大斋节
Boxing Day 礼盒节
alms box 施舍盒子
observance 遵守，庆祝
disembodied spirit 无实体的灵魂
afterlife 来世
the Celts 凯尔特人
ghoulish costume 鬼一样的服装
medieval prayer rituals 中世纪的祈祷仪式
pumpkin carving 雕刻的南瓜灯笼
to pinpoint 准确地找出或描述，为……准确地定位
obstinate 固执的，顽固的
populace 百姓，贫民
butt 笑柄

Passage 2

Al-Azhar University 爱资哈尔大学
Assalamu Alaikum（穆斯林通用问候语）愿你平安
Holy Koran《古兰经》
azaan 宣礼塔
Renaissance and Enlightenment 文艺复兴和启蒙运动
algebra 代数学
magnetic compass 磁性罗盘仪
hijab 头巾
Bosnia and Darfur 波斯尼亚和达尔富尔
Ankara 安卡拉
Talmud 《塔木德经》
Torah《托拉》

2. 汉译英

Passage 1

中欧文化高峰论坛 China-EU High-Level Cultural Forum
巴罗佐 José Manuel Barroso
艾柯 Umberto Eco
法国的思想启蒙运动 French Enlightenment
中庸、大同 Golden Mean, Great Unity
威尼斯商人马可·波罗 Venetian businessman Marco Polo
意大利传教士利玛窦 Italian missionary Matteo Ricci
西学东渐 the spread of Western learning to the East
经籍西传 introduction of Chinese classics to Europe
中法文化年 "Year of China in France" and the "Year of France in China"
欧罗巴利亚中国艺术节 "Europalia, China"
德国歌德学院 Goethe Institute
西班牙塞万提斯学院 Cervantes Institute
注入勃勃生机 imbue…with vigor and vitality

Passage 2

东方歌剧 Eastern Opera
国粹 a principle tradition in the Chinese culture
源头 fountainhead
地方戏剧 local opera
徽班 Anhui Opera

剧团 troupe
唱 singing
念 reading
做 acting
打 fighting
净 painted-face
配角 supporting role
脸谱 facial make-up
精华 quintessence
北京长安大戏院 Beijing Chang'an Opera House
保留项目 reserved program

Passage 3

理查德・莱文校长 President Richard Levin
书香浓郁的空气 distinctive academic flavor
独特的办学风格 unique way of teaching
内森・黑尔 Nathan Hale
积贫积弱 poverty and backwardness
民族复兴 national rejuvenation
前仆后继，顽强斗争 to fight courageously and unyieldingly
君主专制 feudal autocracy
以人为本 people-oriented / putting people first
科学发展观 a scientific outlook on development
统筹城乡发展 to strike a proper balance between urban and rural development
民生问题 issues affecting people's livelihood
科技含量高、经济效益好、资源消耗低、环境污染少、人力资源优势得到充分发挥 high technology, good economic returns, low resource-consumption, low environment pollution and full use of human resources
与时俱进 keeping pace with the times
民唯邦本，本固邦宁。 People are the foundation of a country; when the foundation is stable, the country is in peace.
天地之间，莫贵于人。 Nothing is more valuable in the universe than human being.
利民 serving the people
裕民 enriching the people
养民 nourishing the people
惠民 benefiting the people
幸福指数 happiness index
生存权和发展权 the right to subsistence and development
保障人民享有自由、民主和人权，实现社会公平和正义 to guarantee/protect people's freedom, democracy and human rights according to law, achieve social fairness and justice
自强不息 unremitting self-improvement
革故鼎新 reform and innovation
天行健，君子以自强不息。 As heaven

keeps vigor through movement, a gentleman should unremittingly practice self-improvement.

生生不息、发展壮大，历经挫折而不屈，屡遭坎坷而不馁 to grow after surviving numerous setbacks and adversity

和为贵。 Harmony is most valuable.

天人和谐、人际和谐、身心和谐 harmony between man and nature, among people and between man's body and soul

人人相亲，人人平等，天下为公。 Everyone loves everyone else, everyone is equal and the whole world is one community.

民主法治、公平正义、诚信友爱、充满活力、安定有序、人与自然和谐相处的社会 a society of democracy and rule of law, fairness and justice, integrity, fraternity, vitality, stability, order and harmony between man and nature

实现物质和精神、民主和法治、公平和效率、活力和秩序的有机统一 unity between the material and the spirit, democracy and rule of law, fairness and efficiency, and vitality and order

强不执弱。 The strong should not oppress the weak.

富不侮贫。 The rich should not bully the poor.

协和万邦。 All nations live side by side in perfect harmony.

海纳百川，有容乃大。 One should be as inclusive as the ocean, which is vast because it admits hundreds of rivers.

吸纳百家优长，兼集八方精义 drawing upon the strength of others

高举和平、发展、合作的旗帜，奉行独立自主的和平外交政策，坚定不移地走和平发展道路 to hold high the banner of peace, development and cooperation, pursue an independent foreign policy of peace and commit itself firmly to peaceful development

兼收并蓄、博采各种文明之长 inclusive and eager to draw on the strength of other civilizations

大规模杀伤性武器 weapons of mass destruction

打击跨国犯罪 to combat transnational crime

从战略高度和长远角度 from the strategic and long-term perspective

加强对话，扩大共识，增进互信，深化合作，全面推进21世纪中美建设性合作关系 to enhance dialog, expand common ground, increase mutual trust, deepen cooperation and promote the overall growth of the constructive and cooperative China-US relations in the 21st century

精神追求和行为准则 pursuit of mind and norms of behavior

克服自然的屏障和隔阂 to remove natural barriers and overcome physical isolation

超越思想的障碍和束缚 to remove obstacles and obstructions of the mind

长江后浪推前浪，世上新人换旧人。 As in the Yangtze River where the waves behind drive on those before, a new generation always excels the last one.

2 英译汉

Passage 1

An Introduction to Some Western Holidays

Easter

Easter is a time of springtime festivals. In Christian countries Easter is celebrated as the religious holiday commemorating the resurrection of Jesus Christ, the son of God. But the celebrations of Easter have many customs and legends that are pagan in origin and have nothing to do with Christianity. Traditions associated with the festival survive in the Easter rabbit, a symbol of fertility, and in the colored Easter eggs, originally painted with bright colors to represent the sunlight of spring, and used in Easter egg rolling contests or given as gifts.

Thanksgiving

The first American Thanksgiving was celebrated in 1621, to commemorate the harvest reaped by the Plymouth Colony after a harsh winter. In that year Governor William Bradford proclaimed a day of thanksgiving. The colonists celebrated it as a traditional English harvest feast, to which they invited the local Wampanoag Indians. Days of thanksgiving were celebrated throughout the colonies after fall harvests. All 13 colonies did not, however, celebrate Thanksgiving at the same time until October 1777. George Washington was the first president to declare the holiday in 1789.

St. Valentine's Day

The history of Valentine's Day—and its patron saint—is shrouded in mystery. But we do know that February has long been a month of romance. St. Valentine's Day, as we know it today, contains vestiges of both Christian and ancient Roman tradition.

So, who was St. Valentine and how did he become associated with this ancient rite? Today, the Catholic Church recognizes at least three different saints named Valentine or Valentinus, all of whom were martyrs. One legend contends that Valentine was a priest who served during the third century in Rome. When Emperor Claudius II decided that single men made better soldiers than those with wives and families, he outlawed marriage for young men—his crop of potential soldiers. Valentine, realizing the injustice of the decree, defied Claudius and continued to perform marriages for young lovers in secret. When Valentine's actions were discovered, Claudius ordered that he be put to death. Other stories suggest that Valentine may have been killed for attempting to help Christians escape harsh Roman prisons where they were often beaten and tortured.

According to one legend, Valentine actually sent the first "valentine" greeting himself. While in prison, it is believed that Valentine fell in love with a young girl—who may have been his jailor's daughter—who visited him during his confinement. Before his death, it is alleged that he wrote her a letter, which he signed "From Your Valentine", an expression that is still in use today. Although the truth behind the Valentine legends is murky, the stories certainly emphasize his appeal as a sympathetic, heroic, and, most importantly, romantic figure. It's no surprise that by the Middle Ages, Valentine was one of the most popular saints in England and France.

Father's Day

In the 1900s, Father's Day was created when Sonora Louise Smart Dodd wanted to express her deep appreciation to her own father, William Smart, who was widowed when his wife died at giving birth. Mr. Smart raised his six children on a rural farm in eastern Washington State. When Ms. Dodd was grown she wanted to show her appreciation to her father. So, in 1909, she proposed a day to honor her father in June (the month of her father's birth).

The very first Father's Day followed on June 19, 1910 in Spokane, Washington. In 1924, President Calvin Coolidge showed support of this becoming a national holiday. However, it wasn't until 1966 when President Lyndon Johnson officially proclaimed Father's Day a national holiday to be celebrated on the third Sunday of June.

Mother's Day

The earliest Mother's Day celebrations can be traced back to the spring celebrations of ancient Greece in honor of Rhea, the Mother of the Gods. During the 1600s, England celebrated a day called "Mothering Sunday". Celebrated on the fourth

Sunday of Lent. In the United States Mother's Day was first suggested in 1872 by Julia Ward Howe as a day dedicated to peace. By 1911 Mother's Day was celebrated in almost every state. While many countries of the world celebrate their own Mother's Day at different times throughout the year, there are some countries such as Denmark, Finland, Italy, Turkey, Australia, and Belgium which also celebrate Mother's Day on the second Sunday of May.

Boxing Day

In England a long time ago, servants were required to work on Christmas. They were responsible for making the holiday run smoothly for wealthy landowners. They were allowed to take leave on December 26 and visit their families. The employers gave each servant a box containing gifts and bonuses. In addition, around the 800s, churches opened their alms boxes (boxes where people place monetary donations) and distributed the contents to the poor.

In England today, few people have servants but the custom of giving gifts or money to those who provide service continues. It is also popular to visit grandparents and shop (the after-Christmas discounts begin). Many people get the day off from work. Boxing Day is also celebrated in places where the English have settled like Australia, New Zealand and Canada. Some places observe Boxing Day on December 26 and some celebrate it on the first weekday following Christmas, so, if Christmas falls on Friday or Saturday Boxing Day would be on the following Monday. Now, the actual origin of this holiday is debatable and has been debated, one idea being more popular than the other at a given time.

Halloween

Halloween is an annual celebration. The word itself, "Halloween", actually has its origins in the Catholic Church. November 1, "All Hollows Day" (or "All Saints Day"), is a Catholic day of observance in honor of saints. One story says that, on that day, the disembodied spirits of all those who had died throughout the preceding year would come back in search of living bodies to possess for the next year. It was believed to be their only hope for the afterlife. The Celts believed all laws of space and time were suspended during this time, allowing the spirit world to intermingle with the living.

Naturally, the still-living did not want to be possessed. So on the night of October 31, villagers would extinguish the fires in their homes, to make them cold and undesirable. They would then dress up in all manner of ghoulish costumes and noisily parade around the neighborhood, being as destructive as possible in order to frighten away spirits looking for bodies to possess.

So, although some cults may have adopted Halloween as their favorite "holiday", the day itself did not grow out of evil practices. It grew out of the rituals of Celts celebrating a new year, and out of medieval prayer rituals of Europeans. And today, even many churches have Halloween parties or pumpkin carving events for the kids.

April Fool's Day

Unlike most of the nonfoolish holidays, the history of April Fool's Day, sometimes called All Fool's Day, is not totally clear. There really wasn't a "first April Fool's Day" that can be pinpointed on the calendar. Some believe it sort of evolved simultaneously in several cultures at the same time, from celebrations involving the first day of spring.

The closest point in time that can be identified as the beginning of this tradition was in 1582, in France. Prior to that year, the New Year was celebrated for eight days, beginning on March 25. The celebration culminated on April 1. With the reform of the calendar under Charles IX, the Gregorian Calendar was introduced, and New Year's Day was moved to January 1.

However, in the days when news traveled by foot, many people did not receive the news for several years. Others, the more obstinate crowd, refused to accept the new calendar and continued to celebrate the New Year on April 1. These backward folk were labeled as "fools" by the general populace. They were subject to some ridicule, and were often sent on "fools errands" or were made the butt of other practical jokes.

Holidays in the United States

There are three types of holidays in the United States: political holidays, traditional holidays, and religious holidays. There are more political holidays than any other type. The most important political holiday is Independence Day, the fourth of July. On this day we celebrate our independence from Great Britain. Most people spend the day with their family and friends. Picnics and barbecues are very popular. In addition, almost every city and town has a fireworks display at night. Another very important political holiday is Memorial Day, which falls on the last weekend in May. On this holiday people commemorate all the soldiers who have died for the

United States. Many towns and cities have parades, and some people go to cemeteries and put flowers or flags on the soldiers' graves. A third important political holiday is Labor Day, which we celebrate on the first Monday in September. This is the day when we honor the workers of the United States. People watch parades, go on picnics, or go to the beach. For students, Labor Day is a bittersweet holiday, because when it is over they must begin school again. Besides these three political holidays, we also celebrate Presidents' Day on the third Monday in February. On this day we commemorate the birthdays of George Washington and Abraham Lincoln.

Passage 2

Speech by President Obama at Cairo University

(June 4, 2009)

Good afternoon. I am honored to be in the timeless city of Cairo and to be hosted by two remarkable institutions. For over a thousand years, Al-Azhar has stood as a beacon of Islamic learning. And for over a century, Cairo University has been a source of Egypt's advancement. Together, you represent the harmony between tradition and progress.

...

We meet at a time of great tension between the United States and Muslims around the world, tension rooted in historical forces that go beyond any current policy debate. The relationship between Islam and the West includes centuries of co-existence and cooperation but also conflict and religious wars.

More recently, tension has been fed by colonialism that denied rights and opportunities to many Muslims and a Cold War in which Muslim majority countries were too often treated as proxies without regard to their own aspirations. Moreover, the sweeping change brought by modernity and globalization led many Muslims to view the West as hostile to the traditions of Islam.

Violent extremists have exploited these tensions in a small but potent minority of Muslims. The attacks of September 11, 2001, and the continued efforts of these extremists to engage in violence against civilians has led some in my country to view Islam as inevitably hostile not only to America and Western countries but also to human rights. All this has bred more fear and more mistrust.

So long as our relationship is defined by our differences, we will empower those who sow hatred rather than peace, those who promote conflict rather than the cooperation that can help all of our people achieve justice and prosperity. And this cycle of suspicion and discord must end.

I've come here to Cairo to seek a new beginning between the United States and Muslims around the world, one based on mutual interest and mutual respect, and one based upon the truth that America and Islam are not exclusive and need not be in competition. Instead, they overlap and share common principles, principles of justice and progress, tolerance and the dignity of all human beings.

I do so recognizing that change cannot happen overnight. I know there's been a lot of publicity about this speech, but no single speech can eradicate years of mistrust nor can I answer in the time that I have this afternoon all the complex questions that brought us to this point.

But I am convinced that in order to move forward, we must say openly to each other the things we hold in our hearts and that too often are said only behind closed doors. There must be a sustained effort to listen to each other, to learn from each other, to respect one another, and to seek common ground.

… I'm a Christian. But my father came from a Kenyan family that includes generations of Muslims. As a boy, I spent several years in Indonesia and heard the call of the azaan at the break of dawn and at the fall of dusk.

As a young man, I worked in Chicago communities where many found dignity and peace in their Muslim faith. As a student of history, I also know civilization's debt to Islam. It was Islam at places like al-Azhar that carried the light of learning through so many centuries, paving the way for Europe's Renaissance and Enlightenment. It was innovation in Muslim communities that developed the order of algebra, our magnetic compass and tools of navigation, our mastery of pens and printing, our understanding of how disease spreads and how it can be healed. Islamic culture has given us majestic arches and soaring spires, timeless poetry and cherished music, elegant calligraphy and places of peaceful contemplation. And throughout history, Islam has demonstrated through words and deeds the possibilities of religious tolerance and racial equality.

I also know that Islam has always been a part of America's story… Since our founding, American Muslims have enriched the United States. They have fought in our wars. They have served in our government. They have stood for civil rights. They have started businesses. They have taught at our universities. They've excelled in our sports arenas. They've won Nobel Prizes, built our tallest building and lit the

Olympic torch. And when the first Muslim American was recently elected to Congress, he took the oath to defend our Constitution using the same Holy Koran that one of our founding fathers, Thomas Jefferson, kept in his personal library.

So I have known Islam on three continents before coming to the region where it was first revealed. That experience guides my conviction that partnership between America and Islam must be based on what Islam is, not what it isn't. And I consider it part of my responsibility as president of the United States to fight against negative stereotypes of Islam wherever they appear. But that same principle must apply to Muslim perceptions of America.

Just as Muslims do not fit a crude stereotype, America is not the crude stereotype of a self-interested empire. We were born out of revolution against an empire.

We were founded upon the ideal that all are created equal. And we have shed blood and struggled for centuries to give meaning to those words, within our borders and around the world.

We are shaped by every culture. Drawn from every end of the Earth, and dedicated to a simple concept, E pluribus unum: Out of many, one.

Now much has been made of the fact that an African-American with the name Barack Hussein Obama could be elected president.

But my personal story is not so unique. The dream of opportunity for all people has not come true for everyone in America, but its promise exists for all who come to our shores. And that includes nearly seven million American Muslims in our country today who, by the way, enjoy incomes and educational levels that are higher than the American average.

Moreover, freedom in America is indivisible from the freedom to practice one's religion. That is why there is a mosque in every state in our union and over 1,200 mosques within our borders. That's why the United States government has gone to court to protect the right of women and girls to wear the hijab, and to punish those who would deny it.

So let there be no doubt, Islam is a part of America. And I believe that America holds within her the truth that regardless of race, religion, or station in life, all of us share common aspirations: to live in peace and security, to get an education and to work with dignity, to love our families, our communities, and our God. These things we share. This is the hope of all humanity.

Of course, recognizing our common humanity is only the beginning of our task.

Words alone cannot meet the needs of our people. These needs will be met only if we act boldly in the years ahead. And if we understand that the challenges we face are shared and our failure to meet them will hurt us all.

For we have learned from recent experience that when a financial system weakens in one country, prosperity is hurt everywhere. When a new flu infects one human being, all are at risk. When one nation pursues a nuclear weapon, the risk of nuclear attack rises for all nations.

When violent extremists operate in one stretch of mountains, people are endangered across an ocean. When innocents in Bosnia and Darfur are slaughtered, that is a stain on our collective conscience. That is what it means to share this world in the 21st Century. That is the responsibility we have to one another as human beings.

This is a difficult responsibility to embrace, for human history has often been a record of nations and tribes, and, yes, religions subjugating one another in pursuit of their own interests. Yet in this new age, such attitudes are self-defeating. Given our interdependence, any world order that elevates one nation or group of people over another will inevitably fail. So whatever we think of the past, we must not be prisoners to it. Our problems must be dealt with through partnership, our progress must be shared.

Now, that does not mean we should ignore sources of tension. Indeed, it suggests the opposite. We must face these tensions squarely... The first issue that we have to confront is violent extremism in all its forms. In Ankara, I made clear that America is not and never will be at war with Islam.

We will, however, relentlessly confront violent extremists who pose a grave threat to our security because we reject the same thing that people of all faiths reject, the killing of innocent men, women and children. And it is my first duty as president to protect the American people.

...

There is one rule that lies at the heart of every religion, that we do unto others as we would have them do unto us.

This truth transcends nations and peoples, a belief that isn't new, that isn't black or white or brown, that isn't Christian or Muslim or Jew. It's a belief that pulsed in the cradle of civilization and that still beats in the hearts of billions around the world. It's a faith in other people. And it's what brought me here today.

We have the power to make the world we seek, but only if we have the courage to make a new beginning, keeping in mind what has been written. The Holy Koran tells us: "Mankind, we have created you male and a female. And we have made you into nations and tribes so that you may know one another."

The Talmud tells us: "The whole of the Torah is for the purpose of promoting peace."

The Holy Bible tells us: "Blessed are the peacemakers, for they shall be called sons of God."

The people of the world can live together in peace. We know that is God's vision. Now that must be our work here on Earth. Thank you.

3 汉译英

Passage 1

温家宝在中欧文化高峰论坛上的致辞

（2010年10月6日）

尊敬的巴罗佐主席，尊敬的艾柯教授，女士们，先生们：

非常高兴来到欧盟总部，出席中欧文化高峰论坛。今年是中国与欧盟建交35周年，中欧双方借此重要时机首次举办文化论坛，很有意义。这是中欧文化交流史上的一大创新，标志着中欧文化交流进入了新的阶段，也表明中欧关系深入向前发展。在此，我代表中国政府表示热烈祝贺！

文化是沟通人与人心灵和情感的桥梁，是国与国加深理解和信任的纽带。文化交流比政治交流更久远，比经济交流更深刻。随着时光的流逝和时代的变迁，许多人物和事件都会变成历史，但文化却永远存在，历久弥新，并长时间地影响着人们的思想和生活。不同的地域环境造就了不同的文化底蕴，形成了各具特色的文化形态，它们如同浩瀚苍穹的璀璨群星，交相辉映，光耀宇宙。正是文化的多样性，使不同文化相互影响，相互交融，相互促进，推动了人类文明的进步，也丰富了人类的生活。

中国与欧洲，作为东、西方文明的主要发源地，对人类文明进步都做出了巨大贡献。在古希腊，曾涌现出苏格拉底、柏拉图、亚里士多德等众多先哲，而在古代中国，也曾诞生了老子、孔子、庄子、孙子等伟大思想家。他们的思想分别奠定了东西方文明思想体系的基石。这两个文明体系既特点鲜明，又开放包容。古希腊艺术和史诗的杰出成就、德国哲学的理性思维能力、意大利的文艺复兴、法国的思想启蒙运动，把欧洲一步步引向民主与文明。而在遥远的东方，中国文化传统中的中庸、大同与和谐的理念，塑造了中华民族富于理想、坚忍不拔、宽厚仁爱的性格特质与民族精神。

中欧双方文化交流源远流长。早在公元前数世纪，古老的“丝绸之路”就连接起长安和罗马，开启了中欧文明对话的先河。威尼斯商人马可·波罗游历中国大地后的游记，为西方世界揭开了东方国度的神秘面纱。传教士利玛窦带来了大量欧洲的先进科学知识，拉开了“西学东渐”的序幕。中国的“四大发明”和“经籍西传”曾为欧洲近代社会文化的发展演变带来了深远的影响。近代西方“民主”与“科学”思想传入中国，成为中国知识分子追求国家强盛和民族复兴的一面旗帜。中外文化发展和交流的历史证明，一切优秀的文明成果是人类长期生产实践经验和智慧的结晶，是人类文明进步的象征，是全人类的共同财富。

新中国成立后，中欧间文化交流不断发展。特别是进入新世纪后，中国以更加开放的姿态，巩固和深化与欧盟各国在文化领域的交流与合作，逐步形成了高层次、全方位的文化交流与合作新格局。2003年至2005年的中法文化年、2006年在华举办的“意大利年”、2007年的“西班牙年”、2008年“希腊文化年”以及2009年在比利时举办的“欧罗巴利亚中国艺术节”等一系列大型文化交流活动，更是受到了文化艺术界以及民众的广泛赞誉。

欧洲现代文化在中国广泛传播，受到了广大中国人民的喜爱。在上海世博会上，比利时—欧盟、英国、法国、意大利、西班牙等许多各具文化特色的场馆吸引了众多中国参观者。法国文化中心、德国歌德学院、西班牙塞万提斯学院等一些欧盟国家的驻华文化机构，聚集了不少中国的语言学习者和文化爱好者。近年来，在法国巴黎、德国柏林和马耳他瓦莱塔等地的中国文化中心也受到了众多欧洲朋友的青睐。这些心灵上的沟通增进了中欧之间的相互了解和友谊，为中欧关系注入了勃勃生机。

我们要以战略的眼光和开放的胸怀看待中欧文化交往，更加广泛、深入、持久地开展中欧间思想文化界的交流，推动文化机构间的互动，鼓励文化产业和产品服务领域的合作。我真诚希望通过直接的接触和直观的感受，让更多的中欧民众、特别是青年一代更多地了解对方的国情与文化，从而更好地促进中欧关系稳定健康发展。

各位学者，各位朋友，文化的多样性是人类文明最本质的特征。尊重不同文化的独立与发展，加强文化交流与合作，是维护世界文化多样性的重要前提。在全球化的时代，人类面临着许多共同的问题，都需要通过广泛的文化沟通与合作来寻求答案。今天举办的中欧文化高峰论坛就是大家在思想文化领域共同探寻人类未来发展方向的一次很好的尝试。中国提倡充分尊重各国的文化传统、社会制度、发展道路，倡导开放兼容的文明观，也真诚地愿意通过与各国广泛开展合作，博采各种文明之长，推动建设一个持久和平、共同繁荣的和谐世界。让我们携起手来，为这一神圣使命共同努力！谢谢大家。

Passage 2

京剧的概述

中国京剧被称为“东方歌剧”，它是地地道道的中国国粹，因形成于北京而得名。京剧已有200多年的历史，其源头要追溯到几种古老的地方戏剧，特别是18世纪流行于中国南方的地方戏“徽班”。1790年，第一个徽班进入北京，为皇帝祝寿演出。随后又有不少徽班陆续到北京演出。徽班本来流动性强，善于吸收其他剧种的剧目和表演方法，北京聚集了众多地方剧种，这使得徽班在艺术上得到迅速提高。

19世纪末、20世纪初，经过数十年的融汇，京剧才算形成，并成为中国最大戏曲剧种。

京剧剧目之丰富、表演艺术家之多、剧团之多、观众之多、影响之广泛，都居中国之首。

京剧是综合性表演艺术，它集“唱、念、做、打、舞”（歌唱、念白、表演、武打、舞蹈）为一体，通过程式化的表演手段叙述故事，刻画人物。 京剧的角色主要分为：生、旦、净、丑四大行当，此外还有一些配角行当。

脸谱是京剧中最有特色的艺术。人物的忠奸、美丑、善恶、尊卑，大都能通过脸谱表现出来。比方说，红色描绘人物的赤胆忠心，紫色象征智勇刚义，黑色体现人物富有忠正耿直的高贵品格，白色暗喻人物生性奸诈、手段狠毒，蓝色喻意刚强勇猛，黄色表示人物残暴，金色和银色多用于神、佛、鬼怪，以示其金面金身，象征虚幻之感。

通常认为，18世纪末是京剧发展的第一个鼎盛期。当时，不仅民间戏曲演出很繁盛，皇宫内戏曲演出也很多。因为皇家贵族们都喜爱京剧，宫廷内优越的物质条件为京剧的表演、穿戴规制、脸谱化妆、舞台布景等方面提供了有利的帮助。宫廷与民间的戏曲相互影响，使京剧获得空前发展。

20世纪20至40年代，是京剧的第二个鼎盛期，这一时期京剧繁荣的标 志是诸多流派的产生，最著名的是梅（梅兰芳1894–1961）、尚（尚小云1900–1975），程（程砚秋1904–1958）、荀（荀慧生1900–1968）四大派别。不同京剧流派都拥有一大批著名演员，他们活跃在上海、北京等大城市的舞台上，京剧艺术舞台盛极一时。

梅兰芳是国际上最负盛名的京剧表演艺术家之一，他8岁学戏，11岁就登台演出。在50多年的舞台生涯中，梅兰芳对旦角的唱腔、念白、舞蹈、音乐、服装、化妆等各个方面都有创造发展，形成了独特的艺术风格。1919年，梅兰芳率剧团赴日本演出，京剧艺术首次向海外传播；1930年，梅兰芳又率团到美国访问演出，获得很大成功；1934年，他应邀去欧洲访问，受到欧洲戏剧界的重视。此后，世界各地把京剧看成中国的演剧学派。

中国改革开放以来，京剧又有新的发展。特别是作为传统艺术精华而得到中国政府的大力扶持。如今，北京的长安大戏院长年上演京剧剧目，每年举行的国际京剧票友大赛吸引了世界各地的京剧爱好者，京剧还是中国与外国文化交流中的保留项目。

Passage 3

胡锦涛主席耶鲁大学演讲

（2006年4月21日）

尊敬的理查德·莱文校长，女士们、先生们，老师们，同学们：

首先，我感谢莱文校长的邀请，使我有机会来到这世界一流的著名学府耶鲁大学，同青年朋友们和老师们相聚在一起。

进入耶鲁大学的校园，看到莘莘学子青春洋溢的脸庞，呼吸着书香浓郁的空气，我不由回想起40年前在北京清华大学度过的美好时光。学生时代，对于人的一生都会产生重要影响。当年老师们对我的教诲，同学们给我的启发，我至今仍受用不尽。

耶鲁大学以悠久的发展历史、独特的办学风格、卓著的学术成就闻名于世。如果时光能够倒流几十年，我真希望成为你们中的一员。

耶鲁大学的校训强调追求光明和真理，这符合人类进步的法则，也符合每个有志青年的心愿。300多年来，耶鲁大学培养出一大批杰出人才，其中包括20位诺贝尔奖获得者、五位美国总统。美国民族英雄内森·黑尔是耶鲁的校友，他的名言——“我唯一的憾事，就是没有第二次生命献给我的祖国”，深深地感染了我和许多中国人。我衷心祝愿贵校培养出更多的英才，为美国经济社会发展、为人类进步事业作出更大的贡献！

女士们、先生们，朋友们！长期以来，中美两国人民一直相互抱有浓厚的兴趣和友好的感情。中国人民欣赏美国人民的开拓进取精神，钦佩美国人民在建设国家中取得的骄人业绩。随着中国的快速发展和中美合作的不断拓展，越来越多的美国人也把目光投向中国，更加关注中国的发展进步。

了解是信任的基础。今天，我愿从中华文明历史流变和现实发展的角度，谈谈当代中国的发展战略和前进方向，希望有助于美国人民更全面、更深入地了解中国。

在5,000多年的历史长河中，中华民族为人类文明进步作出了巨大贡献，同时也走过了曲折艰辛的道路。特别是从1840年鸦片战争以来的160多年间，中国人民为摆脱积贫积弱的境遇，实现民族复兴，前仆后继，顽强斗争，使中华民族的命运发生了深刻变化。95年前，中国人民通过辛亥革命推翻了统治中国几千年的君主专制制度，为中国的进步打开了闸门。57年前，中国人民经过长期浴血奋斗实现了民族独立和人民解放，建立了人民当家作主的新中国。28年前，中国人民开始了改革开放和现代化建设的伟大历史进程，经过艰苦创业取得了举世瞩目的巨大成就，从1978年到2005年，中国的国内生产总值从1,473亿美元增加到22,257亿美元，进出口总额从206亿美元增长到14,221亿美元，国家的外汇储备从1.67亿美元增加到8,189亿美元，农村的贫困人口从2亿5,000万人减少到2,300多万人。回顾这160多年来中国发生的沧桑巨变，可以说，中国人民经过艰苦探索和顽强奋斗，既改变了自己的命运，也推动了人类进步事业。

必须看到，中国尽管取得了巨大的发展成就，但仍是世界上最大的发展中国家，人均国内生产总值仍排在世界各国100名之后，中国人民的生活还不富裕，中国的发展还面临着不少突出的矛盾和问题。要彻底改变中国的面貌和改善中国人民的生活，需要继续持之以恒地艰苦奋斗。中国将在未来的15年集中力量全面建设惠及十几亿人口的更高水平的小康社会。具体来说，就是要使中国国内生产总值到2020年达到40,000亿美元左右，人均达到3,000美元左右，使经济更加发展、民主更加健全、科教更加进步、文化更加繁荣、社会更加和谐、人民生活更加殷实。

为了实现我们的发展目标，中国根据本国国情和时代要求明确了自己的发展理念，这就是树立和贯彻以人为本、全面协调可持续发展的科学发展观，统筹城乡发展、统筹区域发展、统筹经济社会发展、统筹人与自然和谐发展、统筹国内发展和对外开放，更加注重解决民生问题，更加注重克服发展的不平衡性，更加注重解决发展中存在的突出矛盾，致力于走科技含量高、经济效益好、资源消耗低、环境污染少、人力资源优势得到充分发挥的新型工业化道路，推进经济建设、政治建设、文化建设和社会建设协调发展，努力实现生产发展、生活富裕、生态良好的文明发展格局。

科学发展的理念，是在总结中国现代化建设经验、顺应时代潮流的基础上提出来的，也是在继承中华民族优秀文化传统的基础上提出来的。

中华文明是世界古代文明中始终没有中断、连续5,000多年发展至今的文明。中华民族在漫长的历史发展中形成的独具特色的文化传统，深深影响了古代中国，也深深影响着当代中国。现时代中国强调的以人为本、与时俱进、社会和谐、和平发展，既有着中华文明的深厚根基，又体现了时代发展的进步精神。

——中华文明历来注重以民为本，尊重人的尊严和价值。早在千百年前，中国人就提出“民惟邦本，本固邦宁”、“天地之间，莫贵于人”，强调要利民、裕民、养民、惠民。今天，我们坚持以人为本，就是要坚持发展为了人民、发展依靠人民、发展成果由人民共享，关注人的价值、权益和自由，关注人的生活质量、发展潜能和幸福指数，最终是为了实现人的全面发展。保障人民的生存权和发展权仍是中国的首要任务。我们将大力推动经济社会发展，依法保障人民享有自由、民主和人权，实现社会公平和正义，使13亿中国人民过上幸福生活。

——中华文明历来注重自强不息，不断革故鼎新。“天行健，君子以自强不息。”这是中国的一句千年传世格言。中华民族所以能在5,000多年的历史进程中生生不息、发展壮大，历经挫折而不屈，屡遭坎坷而不馁，靠的就是这样一种发愤图强、坚忍不拔、与时俱进的精神。中国人民在改革开放中表现出来的进取精神，在建设国家中焕发出来的创造热情，在克服前进道路上的各种困难中表现出来的顽强毅力，正是这种自强不息精神的生动写照。

——中华文明历来注重社会和谐，强调团结互助。中国人早就提出了“和为贵”的思想，追求天人和谐、人际和谐、身心和谐，向往“人人相亲，人人平等，天下为公”的理想社会。今天，中国提出构建和谐社会，就是要建设一个民主法治、公平正义、诚信友爱、充满活力、安定有序、人与自然和谐相处的社会，实现物质和精神、民主和法治、公平和效率、活力和秩序的有机统一。中国人民把维护民族团结作为自己义不容辞的职责，把维护国家主权和领土完整作为自己至高无上的使命。一切有利于民族团结和国家统一的行为，都会得到中国人民真诚的欢迎和拥护。一切有损于民族团结和国家统一的举动，都会遭到中国人民强烈的反对和抗争。

——中华文明历来主张亲仁善邻，讲求和睦相处。中华民族历来爱好和平。中国人在对外关系中始终秉承“强不执弱”、“富不侮贫”的精神，主张“协和万邦”。中国人提倡“海纳百川，有容乃大”，主张吸纳百家的优长、兼集八方的精义。今天，中国高举和平、发展、合作的旗帜，奉行独立自主的和平外交政策，坚定不移地走和平发展道路，既通过维护世界和平来发展自己，又通过自身的发展来促进世界和平。中国坚持实施互利共赢的对外开放战略，真诚愿意同各国广泛开展合作，真诚愿意兼收并蓄、博采各种文明之长，以合作谋和平、以合作促发展，推动建设一个持久和平、共同繁荣的和谐世界。

女士们、先生们，朋友们！中美两国都拥有辽阔的国土，都是多个民族并存、多种文化融合的国家，都生活着勤劳智慧的人民。中美因不同的历史背景和现实国情而存在着差异，这有利于我们相互借鉴，取长补短。中美加强合作，符合两国和两国人民的根本利益，对世界的和平与发展也具有重大影响。

200多年来，浩瀚的太平洋并未阻断中美两国人民的交流合作，中美两国人民相互学习、相互帮助，谱写了世界不同文明相互借鉴的美好篇章。1979年中美建交27年来，两国关系曾历经曲折，但总体上保持了稳定发展的大方向，给两国和两国人民带来了巨大利益。

进入21世纪，国际形势继续深刻变化。和平和发展仍然是当今时代的主题，但不稳定不确定因素在增多，新挑战新威胁在增加。在新的国际形势下，中美两国的共同利益在增多，合作领域在扩大。世界和平与安全面临的新课题，特别是反对国际恐怖主义、防止大规模杀伤性武器的扩散、保护人类生存环境、打击跨国犯罪等，使我们两国拥有重要的共同战略利益。中国的巨大市场和发展需求，美国的先进科技和优质产品，使两国具有巨大的经济技术合作空间。中美全面发展建设性合作关系前景广阔。

昨天上午，我同布什总统就中美关系及共同关心的重大国际和地区问题深入交换看法，达成了许多重要共识。我们都认为，双方应该坚持从战略高度和长远角度审视和处理中美关系，加强对话，扩大共识，增进互信，深化合作，全面推进21世纪中美建设性合作关系。

我相信，只要我们从中美关系发展的大局出发，彼此尊重，相互理解，两国关系就能够健康稳定地向前发展，给两国人民带来更多的利益，给世界各国人民带来更大希望。

女士们、先生们，朋友们！一个音符无法表达出优美的旋律，一种颜色难以描绘出多彩的画卷。世界是一座丰富多彩的艺术殿堂，各国人民创造的独特文化都是这座殿堂里的瑰宝。一个民族的文化，往往凝聚着这个民族对世界和生命的历史认知和现实感受，也往往积淀着这个民族深层的精神追求和行为准则。人类历史发展的过程，就是各种文明不断交流、融合、创新的过程。人类历史上各种文明都以各自的独特方式为人类进步作出了贡献。

文明多样性是人类社会的客观现实，是当今世界的基本特征，也是人类进步的重要动力。历史经验表明，在人类文明交流的过程中，不仅需要克服自然的屏障和隔阂，而且需要超越思想的障碍和束缚，更需要克服形形色色的偏见和误解。意识形态、社会制度、发展模式的差异不应成为人类文明交流的障碍，更不能成为相互对抗的理由。我们应该积极维护世界多样性，推动不同文明的对话和交融，相互借鉴而不是相互排斥，使人类更加和睦幸福，让世界更加丰富多彩。

女士们、先生们，朋友们！文化、教育和青年交流是中美两国人民增进相互了解和友谊的重要桥梁，也是推动中美关系健康稳定发展的重要力量。耶鲁大学是中美教育合作的先行者和文化交流的重要平台。156年前，一位名叫容闳的中国青年走进了耶鲁大学的校园，四年后他以优异的成绩获得了文学士学位，成为毕业于美国大学的第一个中国留学生。此后，一批又一批中国青年来到耶鲁大学求学。近20年来，耶鲁大学吸引了4,000多名中国留学人员，同中国文化界、科技界、教育界的合作项目超过80个。去年夏天，耶鲁大学派遣首批学生到中国实习，其中一些人成为中国故宫博物院的第一批外国实习生。借此机会，我对莱文校长和耶鲁大学为增进中美两国人民的交流所做的积极努力表示赞赏。

为增进中美两国青年以及教育界的相互了解，在这里我高兴地宣布，中方决定邀请100名耶鲁大学的师生今年夏天访问中国。我相信，你们的访问将会是一次十分愉快的经历。

女士们、先生们，朋友们！"长江后浪推前浪，世上新人换旧人。"青年人是世界的希望和未来，青年人有着蓬勃向上的生命活力和无穷的创造力。我衷心地希望，中美两国青年携起手来，以实际行动促进中美两国人民友好，同世界各国人民一道，共创世界美好的明天。谢谢各位。

三、注释

1 Lent

四旬斋，大斋节。据《圣经·新约》，魔鬼把耶稣困在旷野里，40天没有给耶稣吃东西，耶稣虽然饥饿，却没有接受魔鬼的诱惑。后来，为了纪念耶稣在这40天中的荒野禁食，信徒们就把每年复活节前的40天时间作为自己斋戒及忏悔的日子，叫做大斋节或者四旬斋。

2 Cairo University

开罗大学建立于1908年，是埃及的第一所现代化综合大学，也是阿拉伯国家的第一所现代化综合性大学。在近100年历史里，开罗大学在继承和发扬古埃及文化、阿拉伯伊斯兰文化方面发挥了重要作用。

3 各种主要节日的名称及英文翻译

阳历节日：

1月1日元旦（New Year's Day）
2月2日世界湿地日（World Wetlands Day）
2月14日情人节（Valentine's Day）
3月3日中国全国爱耳日（China's Ear-Care Day）
3月5日青年志愿者服务日（Young Volunteers' Day）
3月8日国际妇女节（International Women's Day）
3月9日中国保护母亲河日（China's Mother River Protection Day）
3月12日中国植树节（China Arbor Day / Tree-planting Day）
3月14日白色情人节（White Day）
3月14日国际警察日（International Policemen's Day）
3月15日世界消费者权益日（World Consumer Right Day）
3月21日世界森林日（World Forest Day）
3月21日世界睡眠日（ World Sleep Day）
3月22日世界水日（World Water Day）
3月23日世界气象日（World Meteorological Day）
3月24日世界防治结核病日（World Tuberculosis Day）
4月1日愚人节（ April Fools' Day）
4月7日世界卫生日（World Health Day）
4月22日世界地球日（World Earth Day）
4月26日世界知识产权日（World Intellectual Property Day）
5月1日国际劳动节（International Labor Day）
5月3日世界哮喘日（World Asthma Day）
5月4日中国青年节（Chinese Youth Day）
5月8日世界红十字日（World Red-cross Day）
5月12日国际护士节（International Nurse Day）
5月15日国际家庭日（International Family Day）
5月17日世界电信日（World Telecommunications Day）
5月20日全国学生营养日（National Student Nutrition Day）
5月23日国际牛奶日（International Milk Day）
5月31日 世界无烟日（World No-smoking Day）
6月1日 国际儿童节（International Children's Day）
6月5日世界环境日（International Environment Day）
6月6日全国爱眼日（National Eye Health Day）

6月17日世界防治荒漠化和干旱日（World Day to Combat Desertification）
6月23日国际奥林匹克日（International Olympic Day）
6月25日全国土地日（National Land Day）
6月26日国际禁毒日（International Day Against Drug Abuse and Illegal Trafficking）
7月1日中国共产党诞生日（Anniversary of the Founding of the Chinese Communist Party）
7月1日国际建筑日（International Architecture Day）
7月7日中国人民抗日战争纪念日（Anniversary of the Victory of the Chinese People's Resistance War Against Japan）
7月11日世界人口日（World Population Day）
8月1日中国人民解放军建军节（Army Day）
8月12日国际青年节（International Youth Day）
9月8日国际扫盲日（International Anti-illiteracy Day）
9月10日中国教师节（Teachers' Day）
9月16日中国脑健康日（China Brain Health Day）
9月16日国际臭氧层保护日（International Day for the Preservation of the Ozone Layer）
9月20日全国爱牙日（China Teeth Care Day）
9月21日世界停火日（World Cease-fire Day）
9月27日世界旅游日（World Tourism Day）
10月1日中华人民共和国国庆节（National Day）
10月1日国际音乐日（International Music Day）
10月1日国际老年人日（International Day of Older Persons）
10月4日世界动物日（World Animal Day）
10月5日世界教师日（World Teachers' Day）
10月8日全国高血压日（National Hypertension Day）
10月9日世界邮政日（World Post Day）
10月10日世界精神卫生日（World Mental Health Day）
10月14日世界标准日（World Standards Day）
10月15日国际盲人节（International Day of the Blind）
10月15日世界农村妇女日（World Rural Women's Day）
10月16日世界粮食日（World Food Day）
10月17日国际消除贫困日（International Day for the Eradication of Poverty）
10月24日联合国日（United Nations Day）

10月24日世界发展新闻日（World Development Information Day）
10月28日中国男性健康日（China Men's Health Day）
10月29日国际生物多样性日（International Biodiversity Day）
10月31日万圣节（Halloween）
11月8日中国记者节（China Journalists' Day）
11月9日消防宣传日（Fire Fighting Publicity Day）
11月14日世界糖尿病日（World Diabetes Day）
11月17日国际大学生节（International Students' Day）
11月25日国际消除对妇女的暴力日（International Day For the Elimination of Violence Against Women）
12月1日世界艾滋病日（World AIDS Day）
12月3日世界残疾人日（World Disabled Day / International Day of Disabled People）
12月4日全国法制宣传日（National Law Publicity Day）
12月9日世界足球日（World Football Day）
12月25日圣诞节（Christmas Day）
12月29日国际生物多样性日（International Biological Diversity Day）
1月最后一个星期日国际麻风节（World Leprosy Day）
3月最后一个完整周的星期一中小学生安全教育日（National School Safety Day）
春分月圆后的第一个星期日复活节（Easter Monday）
5月第二个星期日母亲节（Mother's Day）
5月第三个星期日全国助残日（National Disabled Day）
6月第三个星期日父亲节（Father's Day）
9月第三个星期二国际和平日（International Peace Day）
9月第三个星期六全国国防教育日（National Defense Education Day）
9月第四个星期日国际聋人节（International Day of the Deaf）
10月的第一个星期一世界住房日（World Habitat Day）
10月的第二个星斯一加拿大感恩节（Thanksgiving Day）
10月第二个星期三国际减轻自然灾害日（International Day for Natural Disaster Reduction）
10月第二个星期四世界爱眼日（World Sight Day）
11月最后一个星期四美国感恩节（Thanksgiving Day）

中国农历节日：

农历正月初一春节（Spring Festival / Chinese New Year）

农历正月十五元宵节（Lantern Festival）
农历五月初五端午节（Dragon-boat Festival）
农历七月初七乞巧节/七夕节（中国情人节）（Double-seventh Day）
农历八月十五中秋节（Mid-autumn Festival）
农历九月初九重阳节（Double-ninth Festival）
农历腊月初八腊八节（Laba Rice Porridge Festival / Laba Congee Festival）

24个节气（solar terms）的名称及开始日期：
立春 the Beginning of Spring（1st solar term）Feb. 3, 4 , or 5
雨水 Rain Water（2nd solar term）Feb. 18, 19 or 20
惊蛰 the Waking of Insects（3rd solar term）Mar. 5, 6, or 7
春分 the Spring Equinox（4th solar term）Mar. 20, 21 or 22
清明 Pure Brightness（5th solar term）Apr. 4, 5 or 6
谷雨 Grain Rain（6th solar term）Apr. 19, 20 or 21
立夏 the Beginning of Summer（7th solar term）May 5, 6 or 7
小满 Lesser Fullness of Grain（8th solar term）May 20, 21 or 22
芒种 Grain in Beard（9th solar term）Jun. 5, 6 or 7
夏至 the Summer Solstice（10th solar term）Jun. 21 or 22
小暑 Lesser Heat（11th solar term）Jul. 6, 7 or 8
大暑 Greater Heat（12th solar term）Jul. 22, 23 or 24
立秋 the Beginning of Autumn（13th solar term）Aug. 7, 8 or 9
处暑 the End of Heat（14th solar term）Aug. 22, 23 or 24
白露 White Dew（15th solar term）Sept. 7, 8 or 9
秋分 the Autumn Equinox（16th solar term）Sept. 22, 23 or 24
寒露 Cold Dew（17th solar term）Oct. 8 or 9
霜降 Frost's Descent（18th solar term）Oct. 23 or 24
立冬 the Beginning of Winter（19th solar term）Nov. 7 or 8
小雪 Lesser Snow（20th solar term）Nov. 22 or 23
大雪 Greater Snow（21st solar term）Dec. 6, 7 or 8
冬至 the Winter Solstice（22nd solar term）Dec. 21, 22 or 23
小寒 Lesser Cold（23rd solar term）Jan. 5, 6 or 7
大寒 Greater Cold（24th solar term）Jan. 20 or 2

第 11 单元

礼仪礼节（1）

口译主题：外交政策与国际关系

一、技巧讲解

准确地讲，外事礼仪不是一种技能，而是人们在各种文化交流场合，特别是各种外事外交场合应该了解的一些基本知识。对于经常参与各种涉外场合的译员来说，熟悉并掌握外事外交场合的基本礼仪常识对跨文化交际意识的树立和跨文化交际能力的培养都是必不可少的。本单元和下一单元将向大家简要介绍一些译员必备的外事礼仪知识。本单元主要介绍见面时的礼节、日常交往的礼节、谈话的礼节、参加宴请的礼节、会见会谈的形式、宴请的形式、礼宾次序以及一些常见的外交官官衔的译法等等。

1 见面时的礼节

介绍 无论自我介绍或为他人介绍，做法都要自然。例如，正在交谈的人中，如果有熟识的，便可趋前打招呼并请他顺便将你介绍给其他客人。在这些场合亦可主动自我介绍，讲清姓名、身份、单位（国家），为他人介绍时还可说明与自己的关系，便于新结识的人相互了解与信任。

握手 在交际场合中，一般在相互介绍和会面时握手。

握手要注意先后顺序，应由主人、年长者、身份高者、女士先伸手，客人、年轻者、身份低者见面先问候，待对方伸手再握。

握手不仅是见面的一个礼节，还是一种祝贺、感谢或相互鼓励的表示。如对方取得某些成绩和进步时，对方赠送礼品时以及发放奖品、奖状、发表祝词讲话完毕等，均可以握手来表示祝贺、感谢、鼓励。

此外，有些国家还有一些传统的见面礼节，如东南亚佛教国家是双手合十致意，日本人是行鞠躬礼等。对这些礼节应有所了解，在一定场合也可使用。

致意 公共场合远距离遇到相识的人，一般是举右手打招呼并点头致意。

与相识者在同一场合多次见面，只点头致意即可。在外交场合遇见身份高的领导人，应有礼貌地点头致意或表示欢迎，不要主动上前握手问候。

2 日常交往的礼节

遵守时间　这是国际交往中极为重要的礼貌。参加各种活动，应按约定时间到达。既不要过早抵达也不要迟迟不到。因故迟到，要向主人和其他客人表示歉意。万一因故不能应邀赴约，要有礼貌地尽早通知主人，并以适当方式表示歉意。

尊重老人和女士　在很多社交场合中，要做到尊重老人和女士，如：上下楼梯、车辆，进出电梯时，让老人女士先行，并主动予以照顾。对同行的老人、女士，应主动帮助提拿较重物品。进出大门主动帮助老人、女士开门和关门，帮助他们穿脱大衣外套。同桌用餐，两旁若是老人或女士，应主动照顾，并帮助他们入座和离座等。

尊重各国风俗习惯　不同的国家、民族，由于不同的历史、宗教等因素，各有特殊的风俗习惯和礼节，均应予以尊重。例如，佛教徒不吃荤；印度教徒不吃牛肉；某些国家如印度、印度尼西亚、马里、阿拉伯国家等，不能用左手与他人接触或用左手传递东西；在佛教国家不能随便摸小孩头顶；天主教徒忌讳“13”这个数字等等。新到一个国家或初次参加活动，应多了解，多观察以保证自己的举止得体。

3 谈话的礼节

谈话的表情要自然，语气和气亲切，表达得体。说话时可适当做些手势，但动作不要过大，更不要手舞足蹈，不要用手指指人。与人谈话时，不宜与对方离得太远，但也不要靠得过近。

在交际场合，自己讲话之余要给别人发表意见的机会，别人说话，也应适时发表个人看法。要善于聆听对方谈话，不轻易打断别人的发言。一般不提与谈话内容无关的问题。

4 参加宴请的礼节

应邀　接到宴会邀请（无论是请柬或邀请信），要尽早答复对方能否出席，以便主人安排。一般来说，对注有RSVP（请答复）字样的，无论出席与否，均应迅速答复。注有Regrets only（不能出席请复）字样的，则是在不能出席时才回复，但回复也应及时。经口头约妥再发来的请柬，上面一般都注有To remind（备忘）字样，只起提醒作用，可不必答复。

应邀出席一项活动之前，要核实宴请的主人，活动举办的时间地点，是否邀请了配偶，以及主人对服装的要求。

交谈　无论是作主人、陪客或宾客，都应与同桌的人交谈，特别是左右邻座。不要只同几个熟人或一两人说话。邻座如不相识，可先自我介绍。

祝酒　作为主宾参加外国举行的宴请，应了解对方的祝酒习惯，即为何人祝酒，何时祝酒等等，以便作必要的准备。碰杯时，主人和主宾先碰，人多可同时举杯示意，不一定碰杯。祝酒时注意不要交叉碰杯。在主人和主宾致辞、祝酒时，应暂停进餐，停止交谈，注意倾听。奏国歌时应肃立。主人和主宾讲完话与贵宾席人员碰杯后，往往到其他各桌敬酒，遇此情况应起立举杯。碰杯时，要目视对方致意。

致谢　有时在出席私人宴请活动之后，往往致以便函或名片表示感谢。

5 会见、会谈的礼节

会见　国际上一般称接见或拜会。凡身份高的人士会见身份低的，或是主人会见客人，一般称为接见或召见。凡身份低的人士会见身份高的，或是客人会见主人，一般称为拜会或拜见。拜见君主，又称谒见、觐见。我国国内不作上述区分，一律统称会见。接见和拜会后的回访，称回拜。

会谈　指双方或多方就某些重大的政治、经济、文化、军事问题，以及其他共同关心的问题交换意见。会谈也可以指洽谈公务，或就具体业务进行谈判。一般说来会谈内容较为正式，政治性或专业性较强.

6 宴请的形式

宴请是国际交往中最常见的交际活动之一。各国宴请都有自己国家或民族的特点与习惯。国际上通用的宴请形式有宴会、招待会、茶会、工作餐等。举办宴请活动采用何种形式，通常根据活动目的、邀请对象以及经费开支等各种因素而定。

常见的几种宴请形式有：

1. 宴会（Banquet 或 Dinner）　分国宴（State Banquet）、正式宴会（Banquet, Dinner）、便宴［常见的有午宴（Luncheon）、晚宴（Supper）］、家宴（Family Dinner/Banquet）

2. 招待会（Reception）　常见的有冷餐会（自助餐）（Buffet，Buffet-dinner）和酒会［鸡尾酒会（Cocktail）］

3. 茶会（Tea Party）

4. 工作餐　按用餐时间分为工作早餐、工作午餐、工作晚餐（Working Breakfast，Working Lunch，Working Dinner）

7 礼宾次序

所谓礼宾次序，是指国际交往中按某些规则和惯例对出席活动的国家、团体、各国人士进行排列的先后次序。一般说，礼宾次序体现东道主对各国宾客所给予的礼遇；在一些国际性的集会上则表示各国主权平等的地位。礼宾次序安排不当或不符合国际惯例，会引起不必要的争执与交涉，甚至影响国家间的关系。因此在组织涉外活动时，对礼宾次序应给予一定的重视。一般最常见的两种排列方法是按身份与职务的高低排列或按字母顺序排列。

8 外交官官衔（Diplomatic Rank）

特命全权大使　Ambassador Extraordinary and Plenipotentiary
公使　Minister
代办　Charge d'Affaires
临时代办　Charge d'Affaires and Interim
参赞　Counselor
政务参赞　Political Counselor
商务参赞　Commercial Counselor
经济参赞　Economic Counselor
新闻文化参赞　Press and Cultural Counselor
公使衔参赞　Minister-Counselor
专员/随员　Attaché
商务专员　Commercial Attaché
经济专员　Economic Attaché
文化专员　Cultural Attaché
商务代表　Trade Representative
一等秘书　First Secretary
武官　Military Attaché
档案秘书　Secretary-Archivist
总领事　Consul General
领事　Consul

二、话题练习：外交政策与国际关系

1 热身词汇

1. 英译汉

Passage 1

an independent foreign policy of peace 独立自主的和平外交政策
to determine its stand and policy in the light of the merits and demerits of the matter 根据事情本身的是非曲直，决定自己的立场和政策
to form an alliance with 与……结盟
to resort to the use or threat of force 诉诸武力或以武力相威胁
a new international political and economic order that is fair and rational 公正合理的国际政治经济新秩序
to give expression to the demands of the development of history and progress of the times 体现历史发展和时代进步的要求
universally recognized norm governing international relations 公认的国际关系准则
mutual respect for sovereignty and territorial integrity, mutual non-aggression, mutual non-interference in each other's internal affairs, equality and mutual benefit, and peaceful coexistence 互相尊重主权和领土完整、互不侵犯、互不干涉内政、平等互利、和平共处
a solid foundation and a broad prospect 基础深厚，前景广阔
good-neighborly relations of friendship 睦邻友好关系
to set store by 重视，以……为重
to seek common ground and shelve differences 求同存异
a policy of all-dimensional opening up to the outside 全方位的对外开放政策
world multilateral trade system 世界多边贸易体系
an interconnected and interdependent whole 相互联系、相互依存的整体
a staunch force 坚定力量
a permanent member of the UN Security Council 安理会常任理事国
problem of regional hot spots 地区热点问题
arms control, disarmament and non-proliferation 军控、裁军与防扩散
human rights conventions 人权公约
International Covenant on Economic, Social and Cultural Rights 《经济、

社会及文化权利国际公约》
International Covenant on Civil and Political Rights 《公民权利和政治权利国际公约》
narcotics 毒品
development in zigzags 在曲折中发展
overall peace and localized war, overall easing and localized tension, overall stability and localized turbulence 总体和平、局部战争，总体缓和、局部紧张，总体稳定、局部动荡
non-traditional security problem 非传统安全问题
the tide of the times 时代潮流
democratization of international relations 国际关系民主化
to draw on others' strong points to make up one's own weak ones 取长补短
rights to independence, subsistence and development 独立权、生存权和发展权
to measure up to 达到、符合

Passage 2

during the reign of Emperor Ping 在汉平帝统治时期
Fa Hsien 法显
Buddhist scriptures 佛经
Bhikkuni 比丘尼
entrepot trade 转口贸易
Trade Agreement relating to Barter Trade on Rubber and Rice (the Rubber-Rice Pact) 《米胶贸易协定》
to pursue national interest with skillful tenacity 巧妙高明地追求国家利益
Bandaranaike Memorial International Conference Hall 班达拉奈克国际会议厅
Superior Courts Complex 高等法院建筑群
emergency relief material and funds 紧急救灾物资和资金
China-Sri Lanka Friendship Villages 中斯友谊村
China Red Cross Village 中国红十字村
an Allround Cooperative Partnership of Sincere Mutual Support and Ever Lasting Friendship 真诚互助、世代友好的全面合作伙伴关系
periodical consultations 定期磋商
China-Sri Lanka Year of Friendship 中斯友好年
the incumbent President 现任总统
Mahinda Rajapaksa 拉贾帕克萨
Sinhala language 僧伽罗语
to ravage 蹂躏、摧残
representative democracy 代议制民主
outbound tourism market 出境游市场
Colombo 科伦坡
Honorary Tourism Ambassador 荣誉旅游大使
polity 政体

the South Asian Association for Regional Cooperation (SAARC) 南盟（即南亚区域合作联盟）

a growth-centered pro-poor strategy 以增长为中心的扶贫战略

a multi-pronged strategy 多管齐下战略

2. 汉译英

Passage 1

中国驻欧盟使团团长 Head of the Mission of the People's Republic of China to the EU

坚持走和平发展道路和奉行和平、发展、合作原则 adhering to the path of peaceful development and the principle of peace, development and cooperation

持久和平、共同繁荣的和谐世界的积极倡导者、实践者和推动者 an active advocate, practitioner and promoter for a harmonious world of lasting peace and common prosperity

与欧共体建交 the establishment of diplomatic relations between China and the European Community

全面战略伙伴关系 comprehensive strategic partnership

形成了全方位、宽领域、多层次的互利合作格局 forming an all-round, wide-ranging and multi-level pattern of mutually beneficial cooperation

“三十而立、四十不惑” An ancient Chinese proverb goes: “At 30 one becomes mature and at 40 there is no doubt”.

更加成熟、稳健、理性的状态 in a more mature, stable and rational state

世界上一体化程度最深的地区 the most integrated region in the world

并行不悖、相得益彰 go hand in hand and reinforce each other

加强联合国作用和维护安理会权威 strengthening the role of the United Nations and maintaining the authority of the Security Council.

支持通过外交谈判政治解决国际争端 support political solutions to international disputes through diplomatic negotiations

有组织犯罪 organised crime

欧罗巴文明 European civilisation

智库 think tank

以史为鉴，可以知兴替 Learning from history, one can know the rise and fall.

欲穷千里目，更上一层楼 Going to a higher stage, one will see a thousand miles further.

从战略高度和长远角度 from a strategic height and a long-term perspective

Passage 2

蓝厅论坛 Lanting Forum

海纳百川的包容精神 an inclusive approach

以纵论天下的开阔视野，把握时代脉搏，共谋发展大计 take a global perspective, keep pace with the times and work together for development

亚太地区形势和中国的政策 Situation in the Asia Pacific and China's Policy

人心所向、大势所趋 to represent the shared aspiration of the people and the trend of the times

区域合作机制建设 development of regional cooperation mechanisms

全方位、多层次、宽领域的 all-dimensional, multi-tiered and wide-ranging

后危机时期发展方式的变革 transform development patterns in the post-crisis era

东亚经济一体化进程 economic integration of East Asia

区内贸易总额 intra-regional trade

软实力 soft power

“与邻为善、以邻为伴”的睦邻友好政策 a policy of developing good-neighborly ties and partnerships with its neighbors

和平稳定、平等互信、合作共赢的地区环境 a regional environment featuring peace and stability, equality and mutual trust, cooperation and win-win outcomes

东盟地区论坛 ASEAN Regional Forum

国际关系基本准则 the basic norms governing international relations

妥善处理和解决领土海洋争端 to address territorial and maritime disputes through dialogue and negotiations

贸易和投资自由化便利化 trade and investment liberalization and facilitation

20世纪是热战冷战交替、两极相互对立的世纪 the 20th century was a century defined by incessant hot and cold wars and confrontation between the two blocs

把共同利益的蛋糕越做越大，让发展的红利惠及各国人民 make a bigger pie of our shared interests and enable people of all our countries to benefit from the dividend of development

树立以互信、互利、平等、协作为核心的新安全观 to foster a new security concept featuring mutual trust, mutual benefit, equality and coordination

2 英译汉

Passage 1

China's Foreign Policy

A. China's Independent Foreign Policy of Peace

China unswervingly pursues an independent foreign policy of peace. The fundamental goals of this policy are to preserve China's independence, sovereignty and territorial integrity, create a favorable international environment for China's reform and opening-up and modernization drive, maintain world peace and propel common development. The main content of this policy includes:

1. China has all along adhered to the principle of independence. With regard to all the international affairs, China will, proceeding from the fundamental interests of the Chinese people and the people of the world, determine its stand and policy in the light of the merits and demerits of the matter, without yielding to any outside pressure. China does not form an alliance with any big power or group of big powers. Nor does China establish military groups with other countries, or engage in arms races and military expansion.

2. China opposes hegemonism and preserves world peace. China believes that all countries, big or small, strong or weak, rich or poor, are equal members of the international community. Countries should resolve their disputes and conflicts peacefully through consultations and not resort to the use or threat of force. Nor should they interfere in others' internal affairs under any pretext.

3. China actively facilitates the establishment of a new international political and economic order that is fair and rational. China holds that the new order should give expression to the demands of the development of history and progress of the times and reflect the universal aspirations and common interests of the peoples of all the countries in the world. The Five Principles of Peaceful Coexistence and the universally recognized norms governing international relations should serve as the basis for setting up the new international political and economic order.

4. China is ready to establish and develop friendly relations of cooperation with all the countries on the basis of mutual respect for sovereignty and territorial integrity, mutual non-aggression, mutual non-interference in each other's internal affairs, equality and mutual benefit, and peaceful coexistence.

It is the fundamental standing point of China's foreign policy to strengthen its solidarity and cooperation with numerous developing countries. China and these countries share common historic experiences and are faced with the common task of preserving national independence and achieving economic development. Therefore, their cooperation has a solid foundation and a broad prospect.

It is an important component of China's foreign policy to actively develop good-neighborly relations of friendship with the surrounding countries. China has resolved problems left over by history with the overwhelming majority of its neighboring countries. And China's mutually beneficial cooperation with its neighbors has witnessed a vigorous development.

China sets store by improving and developing its relations with developed countries. It advocates that countries should surmount their differences in social system and ideology, respect one another, seek common ground and shelve differences and enhance their mutually beneficial cooperation. Their disputes should be appropriately solved through dialog on the basis of equality and mutual respect.

5. China pursues a policy of all-dimensional opening-up to the outside. It is ready to develop, on the basis of equality and mutual benefit, extensive trade relations, economic and technological cooperation and scientific and cultural exchanges with countries and regions of the world so as to promote common prosperity.

The world economy is an interconnected and interdependent whole. Economic globalization has brought both opportunities and big risks for the economies of various countries. It is a common challenge confronting the governments of all the countries to preserve financial stability, prevent financial crisis and ensure economic security.

6. China takes an active part in multilateral diplomatic activities and is a staunch force in preserving world peace and facilitating common development.

As a permanent member of the Security Council of the United Nations, China actively participates in the political solution of the problems of regional hot spots. China's peace-keepers have joined United Nations peace-keeping operations. China supports the reform of the United Nations and other multilateral organs such as the UN, and continues to play an important role in international affairs. China is firmly opposed to all forms of terrorism and has made important contributions to international anti-terrorism cooperation.

China devotes itself actively to pushing forward the cause of international arms control, disarmament and non-proliferation. To date, China has joined all the treaties related to international arms control and non-proliferation. With regard to non-proliferation, China has all along scrupulously abided by its international obligations and, thanks to its active efforts in enacting laws on non-proliferation, set up a relatively perfect export control system for non-proliferation.

The Chinese government has attached importance to human rights and made unremitting efforts in this regard. China has joined 18 human rights conventions, including the International Covenant on Economic, Social and Cultural Rights, and signed the International Covenant on Civil and Political Rights.

China remains ready, together with the international community, to enhance cooperation to address the global problems facing mankind including worsening environment, resources scarcity, unemployment, population explosion, narcotics spreading, AIDS and rampant transnational crimes.

B. China's Views on the Current International Situation

Currently, the international situation is undergoing complex and profound changes. Peace and development remain the main themes of the present times. World multipolarization and economic globalization continue their development in zigzags. For a period of time in the future, the basic posture of the international situation will be overall peace and localized war, overall easing and localized tension, overall stability and localized turbulence.

Peace and development of mankind are still faced with challenges that brook no neglect. The unfair and irrational old international political and economic order has not been fundamentally changed. Localized wars, tension and turbulence rise one after another. The gap between the South and the North has widened. Non-traditional security problems such as terrorism have become more salient and the uncertainties confronting global security have been on the increase.

Faced with the new challenges, all the countries should surmount the traditional concepts, go along with the tide of the times, enhance exchanges and cooperation and strengthen their mutual coordination. They should actively boost world multipolarization and democratization of international relations and strive to establish a new international economic order adapted to the development levels and demands of various countries. They should reform the irrational international financial and trade system to safeguard the right to equal development of all the countries, particularly the developing countries. The diversity of the development of civilizations of various countries should be respected. The various civilizations and diverse roads to development should coexist harmoniously, draw on others' strong points to make up one's own weak ones in competition and comparison and make common progress through seeking common ground and shelving differences.

China is ready, together with other countries, to enhance coordination and cooperation and exert active efforts to establish a fair and rational new international political and economic order and achieve lasting peace and universal prosperity in the world.

C. China's Position on the Human Rights Issue

The Chinese government holds that human rights cover many aspects. They include civil and political rights as well as economic, social and cultural rights. Human rights and fundamental freedoms of the entire mankind should be universally respected. As far as the large numbers of developing countries are concerned, the rights to independence, subsistence and development are of paramount importance. In essence, the issue of human rights falls within the sovereignty of each country. A country's human rights situation should not be judged in total disregard of its history and national conditions. It is neither appropriate nor workable to demand that all countries measure up to the human rights criteria or models of one or a small number of countries.

The Chinese government has always attached importance to the promotion and protection of all human rights and fundamental freedoms enjoyed by the Chinese people. Through decades of unremitting efforts, we have found a path of promoting and developing human rights, which fits into the specific conditions in China and has registered remarkable achievements in many aspects.

China is a developing country with a huge population. Due to restrictions of nature, history, level of development and other factors, China's human rights cause is in the process of development, and there is still much room for further improvement in its human rights situation. China values human rights and stands ready to engage in discussion and collaboration with other countries on an equal footing on the question of human rights on the basis of mutual understanding, mutual respect and seeking consensus while reserving differences. However, it is opposed to interference in the internal affairs of other countries with the human rights issue as an excuse.

Passage 2

"Friends for All Weathers" — 50 Years of Sino Sri Lanka Relations (Excerpt)

(Address by HON Ratnasiri Wickramanayaka, Prime Minister of Sri Lanka at the Sichuan University)

It gives me great pleasure to address you at this esteemed learning institute today, having an opportunity to meet with the future leaders of China.

The purpose of my visit here is to enlighten you on the strong and cordial friendly relations that bind Sri Lanka and China dating back into the mist of time. Particularly when our two countries have reached an important milestone of completing 50 years of strong and cordial friendship, it is only prudent that my distinguished audience today, who have a strong and significant bearing on defining the future role of China come to understand Sri Lanka better in the context of our relations which will firmly consolidate and strengthen our future cooperation.

The documented historical relations between China and Sri Lanka dates back to the early centuries of the Christian era and was based on shared religious and cultural values. It is evident that during the reign of Emperor Ping in 206 BC between 13 and 989 AD Sri Lankan kings had sent as many as 13 delegations to China. The visit to Sri Lanka in the 5th Century AD by the famous Chinese Buddhist pilgrim and scholar, Fa Hsien, to study Buddhist scriptures was a landmark event in our cultural relations bringing about new vistas of cooperation. History also relates that Bhikkunis from Sri Lanka were responsible for the establishment of an order of Buddhist nuns in China. Ever since then our religious and cultural interactions have been strong continuing through the centuries.

…

Sri Lanka having frequent contacts in history and having centuries of friendly exchanges with China, recognized the People's Republic of China immediately after it was founded. Then in 1952, it opened a new chapter in trade relations between our two countries with the signing of a Trade Agreement relating to Barter Trade on Rubber and Rice. It is a matter of deep pride to my country and to our people that the Rubber-Rice Pact was sealed notwithstanding the strong opposition from certain powerful quarters. Adherence to the "One China Policy" has been a consistent feature in our foreign policy ever since, irrespective of the Government that was in power in Sri Lanka.

Diplomatic relations with the People's Republic of China and resident embassies in each other's capital were established in 1957. China now stands as a close friend and ally of Sri Lanka and we hail unreservedly its positive attitude to safeguard Sri Lanka's sovereignty and territorial integrity with similar sentiments of historic friendship extended by the people of Sri Lanka for a developed and prosperous China. Historically China was known as the cradle of civilization making a significant contribution to help the progress of mankind. With the passage of time we have watched with admiration the evolution of modern China, its political system, its society and economy to the modern economic giant that China today is. We have closely observed the strategies developed by China's leaders to pursue Chinese national interest with skillful tenacity.

…

We in Sri Lanka, are deeply impressed by this scale and pace of China's economic development and social transformation, which is unprecedented in human history and has also brought about a great impact not just on China, but also on the world. These significant achievements have raised China's importance to a new level as a global player.

…

In this context Sri Lanka-China relations in the modern day is also defined with a new meaning. Sri Lanka remains grateful to the People's Republic of China for its continued support for development efforts over the past several decades. The Bandaranaike Memorial International Conference Hall and the Superior Courts Complex are some of the monuments to the generosity and good will extended by the Chinese people to Sri Lanka.

When Sri Lanka was hit by the unprecedented tsunami in 2004, China was one of the first countries to feel the pain and the tears of our people. Chinese Government promptly assisted in sending medical teams and emergency relief material and funds in the shortest span of time, laying the foundation for cooperation in long-term rehabilitation programmes. It was heartwarming to see the common people of China launching a massive campaign of donation to help Sri Lanka, which has resulted in the construction of three China-Sri Lanka Friendship Villages and the China Red Cross Village as monuments of our friendship. In April 2005, Chinese Premier Wen Jiabao visited Sri Lanka and declared with Sri Lankan leaders to establish an All-round

Cooperative Partnership of Sincere Mutual Support and Ever-lasting Friendship. China and Sri Lanka have been cooperating closely on international issues actively promoting further development of the relations through periodical consultations conducted between the two foreign ministries.

The year 2007 was particularly a milestone in China-Sri Lanka relations. Declared as the "China-Sri Lanka Year of Friendship", our countries reached a significant hallmark of completing 50 years in our bilateral relations. In recognition of this important milestone the incumbent President of Sri Lanka, His Excellency Mahinda Rajapaksa visited China, opening new vistas for mutually beneficial cooperation for our two countries.

…

The younger generations are the hope of the future. It is in your hands to carve out and foster a close cooperation between Sri Lanka and China in the future. Sri Lanka is extremely grateful to China for affording over 104 scholarships to our students to study in China. Apart from this, due to the high standards and skills elicited by your higher education institutions, China is fast gaining recognition in Sri Lanka as a higher education destination, particularly in medicine and technological fields. There are many other student exchange programmes being implemented with language training being given the priority. Through the Confucius center established in Sri Lanka, many youth have now received the opportunity to master the Chinese language at home. Simultaneously Beijing Foreign Studies University is conducting a very comprehensive Sinhala Language course for Chinese students imparting knowledge in gaining a better understanding about our cultures and society.

I have the feeling that time is ripe to elevate these interactions one-step higher, which I assume, will further consolidate our mutually rewarding relationship. It will be of great significance for our countries to meet at researchers' level in discussing world affairs and many other issues of mutual importance. As you are probably aware the wealth of Sri Lanka lies in her people. Today while faced with the enormous challenge of defeating terrorism Sri Lanka has not lost sight of her development goals. Despite the ravages of brutal terrorism for over two decades, we have been able to make significant advances in social and economic development. We stand unique with the longest tradition of representative democracy in Asia. As one of the first developing countries to promote universal health and education, gender equality and social mobilization, we have been able to achieve exceptional social and economic indicators, way ahead of those normally expected of a country in the lower and middle-income ranges and has recorded the highest Physical Quality of Life for a South Asian nation. Sri Lanka has been able to achieve a literacy rate of over 92% with an aim to increase it by 100% in 2010 based on the four pillars: learning to know, learning to do, learning to live and learning to be.

Another dimension for greater cooperation and building friendship lies in the area of tourism. China has recently achieved a tremendous boost in her outbound tourism market. Sri Lanka, described by Marco Polo the famous voyager as the "finest island of its size" has eight heritage sites to her credit within a compact area of 65,000 square kilometers. The Chinese Government officially accredited Sri Lanka as the Tourism Destination Country for Chinese citizens and since then Sri Lankan airlines has commenced operating direct flights from Colombo to Beijing. The Chinese famous actress and director Xu Jinglei has been accredited as Honorary Tourism Ambassador for Sri Lanka. The enhancement of tourism between our two countries will allow our two people to interact more closely drawing from each other's rich heritages and it will also be a means to reduce the trade imbalance between China and Sri Lanka.

…

Sri Lanka views with great satisfaction the recent initiatives taken by China to interact more closely with the South Asian Region. China has already attained the observer status in the South Asian Association for Regional Cooperation (or SAARC) and is engaging with the region closely in contributing to peace and development in the South Asian Region. China has already taken measures to increase its trade, direct investment and cooperation of labor service with South Asian countries, which proves that China's rising has brought true benefit to South Asian countries in all aspects.

…

My concluding remarks today would be President Hu Jintao's very apt description of China-Sri Lanka relations. He stated "Our relations are a good example of equal treatment, friendly coexistence and mutually beneficial cooperation between big and small countries". In the annals of diplomatic history, our relations have not only been devoid of any bilateral irritants or tensions, but also our two countries have been steadfast in each other's hour of need. For Sri Lanka, the People's Republic of China has been and will always be a "true friend".

Thank you for listening to me today and I hope that you as the future generation of leaders in China will act to preserve and nourish this friendship further, to usher in a more brilliant future for the people of our two countries.

3 汉译英

Passage 1

不断走向成熟的中欧关系

（中国驻欧盟使团团长宋哲大使）

再过几天，我们即将迎来中华人民共和国成立60周年。60年，光辉岁月弹指一挥间；60年，中华大地沧桑巨变。60年来，特别是改革开放30年来，中国从一个贫穷、落后、封闭的国家发展成为一个繁荣、进步、开放的国家，经济、政治、社会等各项事业全面进步，历史性地提升了全国人民的生活水平，也为世界经济发展和人类文明进步做出了重大贡献。坚持走和平发展道路和奉行和平、发展、合作原则的中国全面融入国际社会，成为国际体系的重要参与者、维护者和建设者，成为持久和平、共同繁荣的和谐世界的积极倡导者、实践者和推动者。

新中国60年发展历程，见证了中国同欧洲国家关系取得的长足发展。建国后不久中国就同多个欧洲国家建交，虽然囿于冷战的制约，但双方接触与合作逐步展开，相互了解逐步增加。1975年中国与欧共体建交后，中欧关系伴随着中国改革开放进程日渐成长、日臻成熟。进入21世纪，中欧关系实现了新的跨越式发展，战略共识不断增多，政治互信逐渐加强，共同利益持续扩大，民意基础日益巩固，双方建立了全面战略伙伴关系，形成了全方位、宽领域、多层次的互利合作格局。中欧关系建交34年了，“三十而立、四十不惑”的中国古老箴言最能形容当前中欧关系走向更加成熟、稳健、理性的状态。

中欧关系是世界上最大的发达经济体和最大的发展中国家之间的合作，具有极大的互利共赢潜力。经过30多年发展，欧盟已经成为中国第一大贸易伙伴、进口来源地和出口市场。中国是欧盟第二大贸易伙伴。2008年中欧双边贸易额达4,256亿美元，比建交时增长了177倍。欧洲还是中国技术引进最主要来源地，每年来自欧洲的技术占中国技术引进总额的一半左右。随着中国企业逐步走出国门，中欧双方投资保持稳步发展势头；随着欧洲服务企业渐次登陆中国市场，中欧服务贸易将逐步扩大；随着节能环保和高科技领域具体项目的实施，中欧务实合作将迎来新的增长点和新亮点。中欧合作的潜力将随着双方各自的可持续发展而不断得到释放。

中欧关系是世界上一体化程度最深的地区同不断迈向现代化的国家之间的合作，符合世界多极化发展的趋势。中国改革开放和欧盟一体化进程是半个世纪以来亚欧大陆上两个最伟大的事件，也是冷战结束后国际形势发展变化中两个最显著的现象，中欧各自的发展并行不悖、相得益彰。近年来，中欧在国际秩序观、安全观等重大问题上都形成了相同或相似的看法，双方都积极倡导多边主义，主张加强联合国作用和维护安理会权威，支持通过外交谈判政治解决国际争端。双方在国际热点问题上进行了密切沟通和协调，在反恐、防扩散、气候变化、金融危机、能源安全、传染性疾病防治、打击有组织犯罪等应对全球性挑战方面紧密合作。中欧看世界的理念趋同及在国际事务中的广泛合作，既是多极化进程的组成部分，又有力推进了多极化发展。

中欧关系是在传承中扬弃的古老东方文明同不断探索创新的欧罗巴文明之间的合作，是构建和谐世界的最好注脚。丝绸之路曾把古代中国和欧罗巴两大文明联系在一起，双方彼此钦慕、互相学习、交流融合。30年前的改革开放使中国同欧洲的联系空前广泛和密切，双方人员往来不断增多，人文交流尤为活跃。文化、教育、语言、政党、智库、媒体、青年、社团等领域的交流呈现出数量多、渠道广、机制化、效果好等特点，有力地促进了中欧双方的了解和友谊，不断巩固了中欧合作的民意基础。东西方两大文明在现代化社会通过交流实现共同发展，既验证了和谐世界的应有之义，也大大促进了世界多样化的发展。

“以史为鉴，可以知兴替”。诚然，中欧关系发展过程并非一帆风顺，由于历史文化传统、社会制度、经济发展水平等差异，双方关系曾经因相互理解和互信不足而遇到一些困难和波折。这些经验和教训告诉我们，要以相互尊重、平等包容的心态看待对方，要勇于理解、善于了解对方，要用发展的眼光、对话的方式妥善处理分歧。

“欲穷千里目，更上一层楼”。在世界处于大变化、大调整的时代背景下，在全球化和国际格局加速变化的环境中，作为上升中的两支重要力量，中欧之间的关系已远远超出双边范畴，具有越来越强的全球性、战略性和长远性，中欧加强协调与合作对于世界的和平、稳定、发展和繁荣具有越来越重要的积极意义。当前，全球金融危机对包括中欧双方在内的世界经济、政治、社会等领域的深远影响仍在持续显现，中欧关系在共同应对挑战的过程中充满新的机遇。只要双方均从战略高度和长远角度看待中欧关系，就能超越在具体问题上的分歧，超越在某些时期内的波折，超越双边范畴的局限。我们有理由相信，在双方共同努力下，不断走向成熟的中欧全面战略伙伴关系一定能保持健康稳定发展，不断造福中欧和世界人民。

Passage 2

杨洁篪部长在首届“蓝厅论坛”上的讲话

（2010年12月1日）

尊敬的各位使节，尊敬的企业家代表，各位专家、学者和媒体朋友们：

很高兴参加首届“蓝厅论坛”活动。我想，之所以把论坛取名为“蓝厅论坛”，是因为蓝色让人联想到大海和天空，既包容万象又蕴含热情与活力，契合了和谐共存、开放共赢的理念。它寓意着我们将以海纳百川的包容精神，汲取各界智慧，深化对话交流；以纵论天下的开阔视野，把握时代脉搏，共谋发展大计。相信“蓝厅论坛”会架起一座外交与民众、国内与国际相互交流沟通的桥梁，使中国外交更好地走近民众，走向世界。

本次论坛选择“亚太地区形势和中国的政策”为主题，很有意义。当前，亚太的发展为各方普遍关注，中国又是亚太地区的一员，加强对有关问题的探讨，有利于我们增进互信，凝聚共识。我愿就此与大家沟通交流。

对于21世纪的亚太，人们曾经有不同的看法。有人认为亚太人文荟萃，潜力巨大，前景光明。也有人认为亚太问题丛生，麻烦不断，不容乐观。如今，当21世纪第一个10年即将结束的时候，回顾亚太发展进程，我们不难发现，尽管亚太地区由于历史和现实的原因，还存在这样那样的问题和挑战，但谋和平、维稳定、求合作、促发展是人心所向、大势所趋，亚太正在成为一个充满活力、生机与希望的地区。

——亚太战略地位从未像今天这样重要。

过去10年，亚太地区在世界格局中的地位持续上升，已成为国际影响不断扩大、新兴经济体成长十分显著、区域合作机制建设积极活跃的地区。亚太经合组织21个成员拥有世界40%的人口、54%的经济总量和44%的贸易总量，建立起全方位、多层次、宽领域的合作机制，为促进共同繁荣发挥了积极作用。尽管当前国际金融危机对亚太经济的深层次影响不断显现，地区热点时有升温，全球性问题更加突出，给亚太的发展带来严峻挑战。但总的看，亚太国家经济总体向好，围绕后危机时期发展方式的变革竞相展开，国际地位继续提升，将为促进世界和平与发展发挥越来越重要的作用。

——亚洲发展势头从未像今天这样强劲。

过去10年，亚洲作为亚太地区的重要组成部分取得快速发展，成为增长最快、最富活力的地区之一，引领世界经济增长的引擎作用日益突出。

对于亚洲的发展，我想用三个“50%”来说明：一是亚洲整体经济实力明显增强。19世纪，亚洲GDP曾占全球的一半，此后一度衰落。20世纪以来，亚洲国家励精图治、奋起直追，重返经济发展的快车道。2009年亚洲国家经济总量已占世界的近1/3，据一些国际权威经济组织预测，到本世纪中叶，亚洲将重新占据世界经济的50%。二是东亚经济一体化进程不断加快。早在五年前，东亚区内贸易总额就已接近三万亿美元，占其外贸总额的比重超过50%。东亚区域合作更是取得长足进展，东盟、10+1、10+3、中日韩、东亚峰会等各种机制日益完善，形成了优势互补、协调并进的良好局面。三是亚洲国家人文科技等领域潜力巨大，软实力不断增强，为亚洲可持续发展提供了有力支撑。据联合国教科文组织最新公布的数字，亚洲科研人员数量在全球所占比例已由2002年的35.7%增加到2007年的41.4%，这一数字很可能在未来数年里提高到50%。一个生机勃勃、和平发展的亚洲日益呈现在世人面前。

——中国与亚太关系从未像今天这样紧密。

过去10年，中国与亚太的发展相伴相随、相互促进，共同开启了亚太发展的新时期。中国作为亚太大家庭的一员，与各国共同肩负着维护本地区繁荣稳定的重要使命。我们深知，没有良好的地区环境，中国就难以实现可持续发展；同时中国的发展也为亚太地区的发展注入强大动力。中国坚持和平发展道路和互利共赢的开放战略，奉行“与邻为善、以邻为伴”的睦邻友好政策，愿在和平共处五项原则的基础上与所有国家开展友好合作，共同营造一个和平稳定、平等互信、合作共赢的地区环境。中国与周边国家不仅有源远流长的传统友好的基础，更有日益增长的共同利益。经过十年的不懈努力，中国与亚太国家的互信在共度危机中更加深入人心，互利合作在借重互鉴中持续全面发展，各领域合作取得新的重要进展：

中国同亚太各国政治交往日益密切，建立了不同形式的伙伴关系，政治对话成果丰富。

中国同亚太各国经济合作不断深化。10年间，中国同亚太国家贸易额持续增长，中国十大贸易伙伴中，有八个来自亚太地区。中国与亚洲国家贸易同期增长了近三倍，连续多年成为亚洲最大的进口市场，以及日本、韩国、印度、越南、蒙古等国的第一大贸易伙伴。

中国同亚太国家安全合作持续拓展。中国致力于通过和平谈判解决争议，大力推动六方会谈进程，在解决热点问题上发挥了建设性作用。积极参加东盟地区论坛等安全对话机制，与地区国家开展反恐、防扩散、打击跨国犯罪、公共卫生等安全合作。中国坚持以事实为基础，根据国际关系基本准则，通过对话协商妥善处理和解决领土海洋争端。

中国同亚太国家人文交流更加广泛。中国积极推动亚太经合组织人员交流，促进人力资源开发合作，不断扩大教育、文化交流对话。10年来，来华的亚洲国家留学生人数逐年递增，去年已超过16万人，占外国来华留学生总数的3/4。我们在亚洲建立了100多所孔子学院和孔子学堂，在韩国、日本、蒙古等国设立了中国文化中心，积极为亚洲发展中国家开展人员培训，五年来仅为东盟国家就累计培训14,000多名各类人才。

中国致力于同亚太国家共同推动区域合作机制建设。今年1月，中国—东盟自贸区全面建成，为扩大双方贸易投资合作提供了前所未有的良好环境，使世界上近1/3人口得到实惠。10+3合作在应对金融危机过程中呈现出强大生命力。中日韩合作也迈出新步伐，确立了2012年完成三国自贸区工产学联合研究的目标。中国积极推动亚太地区贸易和投资自由化便利化，支持加强区域经济一体化，支持将APEC打造成地区重要的经贸合作平台。

回首过去10年走过的历程，亚太地区发展并非一路坦途。亚太区域广泛，国情各异，社会制度和发展阶段不同，热点问题错综复杂，各种传统与非传统安全问题相互交织，加深理解互信、维护地区持久和平与共同发展面临许多挑战。但亚太国家总能立足长远，着眼大局，化危为机，实现更大的发展。亚太10年发展历程，给我们的重要启示是：

第一，合作是基础。随着全球化、信息化的迅猛发展，世界日益成为你中有我、我中有你的“地球村”。如果说20世纪是热战冷战交替、两极相互对立的世纪，那么21世纪则应是和平的世纪，合作的世纪，共赢的世纪。

第二，发展是关键。亚太地区总体保持良好发展势头，面临着新的难得机遇，但不稳定不确定因素仍然很多，恐怖主义继续存在，经济安全、能源资源安全、粮食安全、气候变化、防灾减灾等非传统安全问题更加突出，对地区可持续发展构成挑战。只要我们把共同利益的蛋糕越做越大，让发展的红利惠及各国人民，就一定能够有效化解各种挑战，实现本地区更好更快的发展。

第三，树立新安全观是保障。当今世界国际安全威胁更趋复杂多元，安全问题的综合性、整体性、关联性上升，解决各种地区安全问题单打独斗不行，孤军奋战不行，只有以合作求安全才是出路。我们应该树立以互信、互利、平等、协作为核心的新安全观，既尊重本国安全，又尊重别国安全，促进共同安全。应通过对话协商解决争端。国家间的领土海洋争端应由直接当事方通过双边谈判和平解决，相信凭借已经达成的共识和畅通的对话渠道，各方一定能靠自身力量解决好自己的问题。

第四，尊重多样性是前提。亚太地区多样性和复杂性突出，各国政治经济体制、历史文化背景和社会发展模式各异，在长期历史进程中形成了多元发展、齐头并进的局面，这既是亚太的特色和优势，也是亚太长期保持活力的原因所在。我们要继续坚持这一传统，发扬开放包容、求同存异、互谅互让的精神，加强互学互鉴，扩大人文交流，把亚太建成一个文化多元、和睦共存的大家庭。

女士们，先生们，2011年是21世纪第二个十年的开启之年，具有承上启下的重要意义。展望未来，世界和亚太和平与发展面临着前所未有的机遇，也面临着各种复杂挑战。只要我们坚定信心，携手合作，就一定能够抓住机遇，化解挑战，走出一条不同文明和发展模式的国家和谐共存、合作共赢的创新之路，共同创造更加美好的明天！谢谢大家！

三、注释

1 《米胶贸易协定》

1952年12月，中国与斯里兰卡签订了历史上著名的《米胶贸易协定》(包括《贸易总协定》和《贸易及支付协议》两个协定)，斯里兰卡用橡胶以“物物交换”形式与中国交换大米。《米胶协定》对于中国而言意义非同寻常。当时，以美为首的西方阵营国家对中国实行禁运，包括橡胶在内的战略物资禁止运向中国。因此，这个协定客观上帮助了中国突破西方阵营的封锁与禁运。此外，该协定也有助于斯里兰卡克服经济困难。这一协定的签订成为两国友好合作关系史上的佳话。

2 “蓝厅论坛”

这是是外交部创建的政府、企业、学界、媒体及公众等中外各界沟通交流的平台，旨在为社会各界和地方就中国外交政策等共同关心的问题进行讨论建立新渠道。论坛取名于活动举办地外交部南楼“蓝厅”。

第12单元

礼仪礼节（2）

口译主题：港澳台问题

一、技巧讲解

在本单元中，我们将接着为大家介绍一些必要的外事礼仪，包括衣着打扮的礼节、出席文艺演出的礼节，以及国旗、区旗的悬挂礼节等等。

1 衣着打扮的礼节

正式社交场合，服装大致分为便服与礼服。服装的种类、样式、花色千差万别，因场合不同、季节变化、个人爱好而在穿着上有所差异。从原则上讲，正式的、隆重的、严肃的场合多着深色礼服，一般场合则可着便服。

事实上，除极少数国家在个别场合还有些规定（如在隆重的典礼活动中，禁止妇女穿长裤和超短裙）外，大多数国家在穿着方面均趋于简化。很少有人穿着传统的男士礼服参加涉外活动，而穿着燕尾服的人更是微乎其微。目前着装除样式花色繁多的便服外，很多隆重场合只是穿着深色质料好的西装。

相当数量的国家规定民族服装为礼服，在国庆、民族节日等重大庆典和最隆重场合穿着，其他正式场合着西装。

2 参加文艺演出的礼节

应邀 接到晚会请柬，不论能否出席，都应及早回复主人，以免剧场空缺，影响气氛。如不能出席，已送来的戏票按主人意见处理。

入座 请柬如附有座位号码，应对号入座。如无座次，到现场按本人身份地位了解座位分配情况，然后入座，勿贸然坐到贵宾席。入座应脱帽。妇女可带披肩或大衣入场。

遵守秩序　演出进行中应保持肃静，不要谈话，不要大声咳嗽或打哈欠，更不要打瞌睡。观看节目，主人可略作介绍，以方便客人自己欣赏。即席翻译声音要轻。在国外看戏，如非专场，最好事前了解节目内容，情节梗概，现场大略译几句，尽量不要说话，否则会引起周围观众不满。演出场所禁止吸烟，更不能嗑瓜子、吃零食。

鼓掌　在演出进行中不要鼓掌，不要叫好，更不要吹口哨。节目结束时，报以掌声。切忌对节目表示不满或失望。除有政治问题外，一般都鼓掌。

观看体育比赛，要发扬优良的道德风格，尊重客队，不起哄，不吹口哨，不鼓倒掌、喝倒彩。对客队取得的成绩，应热烈鼓掌。

3 国旗、区旗悬挂的礼节

1. 国旗

国旗是国家的一种标志，是国家的象征。人们往往通过悬挂国旗，表示对本国的热爱或对他国的尊重。但是，在一个主权国家领土上，一般不得随意悬挂他国国旗。不少国家对悬挂外国国旗都有专门的规定。在国际交往中，还形成了悬挂国旗的一些惯例，为各国所公认。

按国际关系准则，一国元首、政府首脑在他国领土上访问，在其住所及交通工具上悬挂国旗（有的是元首旗）是一种外交特权。东道国接待来访的外国元首、政府首脑时，在隆重的场合，在贵宾下榻的宾馆、乘坐的汽车上悬挂对方（或双方）的国旗（或元首旗），这是一种礼遇。此外，国际上公认，一个国家的外交代表在接受国境内有权在其办公处、官邸以及交通工具上悬挂本国国旗。

如遇需悬旗志哀的情况，通常的做法是降半旗，即先将旗升至杆顶，再下降至离杆顶相当于杆长三分之一的地方。

悬挂双方国旗，按国际惯例，以右为上，左为下。两国国旗并挂，以旗本身面向为准，右挂客方国旗，左挂本国国旗。汽车上挂旗，则以汽车行进方向为准，驾驶员左手为主方，右手为客方。所谓主客，不以活动举行所在国为依据，而以举办活动的主人为依据。例如，外国代表团来访，东道国举行的欢迎宴会，东道国为主人；答谢宴会，来访者是主人。

2. 特别行政区区旗

香港特别行政区区旗图案与含义　中华人民共和国香港特别行政区区旗以红色作底色，中央有一朵五星花蕊的白色洋紫荆花图案。底色与中华人民共和国国旗的红色相同，象征香港为中华人民共和国的一部分。同时，中华文化

把红色视为喜庆的颜色，因此，红色也有庆祝和爱国的意味。而紫荆花则是香港的象征，花蕊以五颗星表示，再次与中华人民共和国国旗上的五星相对应，寓意中国与香港密不可分的关系。区旗只用红白两色，象征香港实践一国两制。凡国旗和区旗同时升挂、使用时，应将国旗置于中心、较高或者突出的位置。

澳门特别行政区区旗图案与含义 中华人民共和国澳门特别行政区区旗为五星莲花绿旗。澳门特别行政区的区旗是绘有五星、莲花、大桥、海水图案的绿色旗帜。其长和宽之比为3∶2。图案的含义是：五颗呈弧形排列的五角星，象征着国家的统一，象征着中华人民共和国恢复对澳门行使主权，澳门是祖国不可分割的一部分；含苞待放的莲花是澳门居民喜爱的花种，既与澳门古称“莲岛”，旧称的“莲花地”、“莲花茎”、“莲峰山”相关，又寓意澳门将来的兴旺发展；三朵莲花表示澳门由澳门半岛和氹仔、路环两附属岛屿组成；大桥、海水反映着澳门自然环境的特点。底色象征着和平与安宁，寓意澳门四周是中国的领海。

二、话题练习：港澳台问题

1 热身词汇

1. 英译汉

Passage 1

Donald Tsang 曾荫权
Boao Forum Asia Annual Conference 博鳌论坛亚洲年会
concrete jungle 水泥丛林
country park 郊野公园
low-density village development zone 低密度乡村发展区
glass facade 玻璃幕墙
signage 广告牌
high-density development model 高密度发展模式
New Towns 新市镇
electric tram 电车
cityscape 城市风光

credentials　美誉
trade entrepot　贸易转口港
to pertain to　配合
policy agenda　施政纲领
symbiotic relationship　共生关系
to foist upon　强加于

Passage 2

the Taiwan authorities　台湾当局
the three Sino-US joint communiqués　中美三个联合公报
"Taiwan independence"　"台独"
"two Chinas"　"两个中国"
"one China and one Taiwan"　"一中一台"
"Self determination"　"自决"
legal inheritance　合法继承权
peace negotiations　和平谈判

Passage 3

revolutionary forerunner　革命先行者
to experience many vicissitudes and hardships　历尽沧桑，饱经磨难
all-round rejuvenation　全面振兴
to hold high the great banner of patriotism　高举爱国主义的伟大旗帜
to uphold reunification, oppose secession　坚持统一，反对分裂
to "split the country and rule under separate regimes"　"分裂分治"
"two Chinas over a certain period of time"　"阶段性两个中国"
The Asian Development Bank　亚洲开发银行
the Asia-Pacific Economic Cooperation Forum　亚太经合组织论坛
Taipei, China/Chinese Taipei　中国台北
expanding its living space internationally　扩大国际生存空间
Chinese should not fight fellow Chinese.　中国人不打中国人。
not to undertake to give up the use of force　不承诺放弃使用武力
compatriots in Taiwan, Hong Kong and Macao and those residing overseas　台湾同胞、港澳同胞和海外侨胞
principled position　原则立场
the Law of the People's Republic of China for Protecting the Investment of the Compatriots of Taiwan　《中华人民共和国台湾同胞投资保护法》
direct links for postal, air and shipping services and trade　通邮、通航、通商
in appropriate capacities　以适当身份

2. 汉译英

Passage 1

《内地与香港关于建立更紧密经贸关系的安排》 Closer Economic Partnership Arrangement (CEPA) with the Mainland
自由贸易协议 free trade pact
占得先机 a head start over the competition
优先提供的市场准入 preferential market access
货物贸易、服务贸易和贸易投资便利化 trade in goods, trade in services, and trade and investment facilitation
免关税进入内地 to enjoy tariff-free access to the mainland
放宽市场准入 to liberalize market access
货物运输代理 freight forwarding agencies
仓储服务 storage and warehousing
专利代理 patent agency
商标代理 trademark agency
职业介绍 job intermediary
人才中介机构 job referral agency
最低资产规模限制 entry asset threshold
不受配额限制 quota-free
通关 customs clearance
商品检验与检疫 quarantine and inspection of commodities
法律法规透明度 transparency in laws and regulations
“个人游” the Individual Visit Scheme
实质性商业经营 substantive business operations
原产地规则 rules of origin requirements
早着先鞭的优势 “first mover” advantage
品牌产品 brand-name product
有高附加值的产品 goods with high value-added content

Passage 2

《珠江三角洲地区改革发展规划纲要》 Goals and Strategies for the Reform and Development of Pearl River Delta
《横琴总体发展规划》 Overall Development Plan for Hengqin Island
港人治港 Hong Kong people governing Hong Kong
澳人治澳 Macao people governing Macao
高度自治 a high degree of autonomy
崔世安 Chui Sai-On
行政会 Executive Council

Passage 3

香港会议展览中心　Hong Kong Convention and Exhibition Centre

就职典礼　inauguration ceremony

“做好份工”的精神　the spirit of “getting the job done”

专业精神　professionalism

走上一个新舞台　to scale new heights

以民为本的理念　the principle of people-based governance

普选　universal suffrage

关怀文化　caring culture

弱势社群　less advantaged groups

2 英译汉

Passage 1

Speech by Donald Tsang at Luncheon for the Boao Forum

(April 12, 2008)

Distinguished guests, ladies and gentlemen,

Thank you for this opportunity to speak to you today about Hong Kong's future, in the context of sustainable development and this year's forum focus on Green Asia.

If you asked people around the world to describe Hong Kong, I guess that many would see it as a concrete jungle—crowded and bustling, with hundreds of high-rise buildings jutting into the sky, and with a night vista that is more neon light than moonlight. Well, that's only part of the story, the superficial aspect of Hong Kong, which advertisers and journalists prefer to portray.

Hong Kong is more jungle than concrete—much more jungle actually. About 40% of our 1,100 square kilometre territory is protected country park. But because of our hilly terrain, another 30% of Hong Kong is rural and green belt area that can't be built on, or is low-density village development zone. So, there is quite a lot of green behind the golden glass facades and glimmering signage that many people see in the tourist brochures.

By necessity and design, Hong Kong has developed as a vertical metropolis, with a verdant backdrop. Many people in Hong Kong live in high-rise buildings. Most people don't have a large, sprawling home with a garden. We understand, accept and have adapted to this high-density living environment. Many of us relish it.

But we must all have equal access to the space, and peace, and greenness that our Country Parks offer. Hong Kong people jealously protect these areas—our green lungs—that have been put aside for the enjoyment and use of all people in the city. It's also why we've planted 20 million trees in Hong Kong over the past decade. This is an important aspect of Hong Kong that has helped us to sustain our high-density development model over the past four decades.

Another way has been to concentrate development in what we call New Towns. These are dotted around Hong Kong and are akin to satellite cities, with populations ranging from about 150,000 to just over half a million. Almost half of our population lives in the New Towns. These self-contained communities are connected to the major commercial districts, and each other, by an efficient rail transport system. This is supplemented by the usual assortment of other public transport options such as buses, taxis and ferries. On Hong Kong Island we even have an electric tram system that can trace its pedigree back to the beginning of the 20th century, and still carries more than 1.5 million passengers a week.

Little wonder, then, that public transport in Hong Kong accounts for more than 90% of the 12 million passenger trips made daily in our city. And because public transport is so good, our car ownership rate is among the lowest in developed economies—only 80 vehicles for every 1,000 inhabitants, compared to 180 in Singapore, 550 in the UK, and 840 in the US.

It's also a large part of why Hong Kong's greenhouse gas emissions are low compared to other major cities in the world. In 2005, that translated to about 6.5 tonnes per capita, compared to 24 tonnes for the US, 11 tonnes for the UK and Japan, and 9 tonnes for Singapore.

So, the way in which Hong Kong's cityscape has developed—and the way in which our society has evolved within that cityscape—is a good example of sustainable development as it applies to the efficient use of resources: of land resources, of transport infrastructure, of government revenue, of energy, of human capital.

But, there's more to sustainable development than devising efficient uses for the land on which to build the apartments that provide the housing for our population. It's also about balancing the social, economic and environmental needs of society. It's about changing policies and mindsets. It's about hard choices. Basically, it's about survival.

And, what might have worked for a city establishing its credentials as a global financial centre and trade entrepot for China over the past three decades, might not necessarily work for a city that wants to take its place among the elite league of global financial centres in the next decade.

And what might work for us, might not work for others. To sustain development, it must pertain to your own particular circumstances—that is, you make the most of what you've got. And, it must be development that your society and economy can attain—that is, you can afford it and your goals are reachable.

Sustainable development is also a relentless process that requires constant assessment and adjustment. If we look at the definitions of the word "sustain", it can mean a number of things: to support; to keep alive; to keep going continuously; to endure without giving way; to confirm or uphold the validity of something.

For a small and externally oriented economy such as Hong Kong—competing for talent, investment and relevance in a globalised world—sustainable development is about "all of the above".

Hong Kong is predominantly a services economy—more than 90% of our GDP is services. So, our future depends on how well we can keep adding value to the services we provide to the world, to our own country, to our own citizens.

Economic interdependence and cooperation grows by the day, much to our mutual advantage. At the same time, we have maintained our distinct identity and strengths as Asia's world city—our legal system, our free and unfettered press, our level playing field for business, a clean, efficient administration, low taxes and the free movement of goods and capital.

This is what has attracted international business to Hong Kong for decades and has helped build our stunning skyline. But, will it be enough to keep international business in Hong Kong say 10, or 20 or 30 years down the track? And will it be enough to attract large mainland companies that will want to explore the global market?

I would say "No", it's not enough. I would say that we must do more. And I'm here to tell you today that we will do more.

Improving the environment sits at the top of my policy agenda. If we want to compete for talent and brainpower, if we want to retain our home-grown human capital, if we want to develop our services sector, then providing a clean and green environment is vital.

This is crucial for Hong Kong because we face the very real prospect of an ageing society—less people working, less people paying tax, less productivity, but more people expecting the high standards of health care and public services.

So, we need new and younger blood from the mainland and abroad to sustain our economic vitality and creativity. We have in recent years adjusted our immigration policies to attract more talented people to Hong Kong, as well as more external students. We want them to make Hong Kong their home—but we know that we must offer them a high quality of life to make that commitment.

…

Apart from the various environmental and greening initiatives, we also know that people want us to do more to protect built heritage and historical sites. This is about protecting and revitalising parts of our community that give Hong Kong its special features and character. For example, we are making available Government-owned historical buildings for renovation and adaptive re-use by non-profit organisations. Rather than have these buildings lie idle or be demolished we want to bring them back to life. By doing so, we can help these groups carry out their work, as well as add a new lively urban feature to the districts where these buildings are located. In other words, it's about sustaining the usefulness of these buildings in a new way.

Ladies and gentlemen, Hong Kong has flourished as an international city that is open to the world. But we also know that many other cities in Asia are becoming more open, more developed and more competitive. The scramble for talent is going to become even more intense as China continues to open up and reform her enormous market.

Hong Kong has an excellent business environment, a superb location and unrivalled potential. Low taxes, world-class infrastructure, global connectivity, excellent human capital have all been central to our success so far. But, this will not be enough to secure future prosperity. Our citizens and residents expect more, particularly in terms of quality of life. Economic growth and environmental protection now have a symbiotic relationship—they need each other, and in turn sustain each other.

The green agenda is no longer something that is imported or foisted upon Asian countries or cities. It is an essential element in the ongoing success of cities such as Hong Kong, and of the greater economic groupings such as the Pearl River Delta.

Hong Kong is committed to building a sustainable future and to ensuring that our future generations can continue to thrive in a clean, green, creative and welcoming environment worthy of our positioning as Asia's world city.

Thank you very much.

Passage 2

The Taiwan Question and Its Settlement

The Taiwan question, connotatively speaking, includes the following three aspects:

1. The Taiwan question is a question left over by the civil war in China, and it is purely China's internal affair. On October 1, 1949, the People's Republic of China was founded and a group of military and political officials of the Kuomintang retreated to Taiwan after being defeated. With the support of the then US administration, they set up a separate regime in Taiwan by the force of arms. So, the Taiwan question is first of all the question of the relationships between the Government of the People's Republic of China—the sole legal government representing the entire Chinese people with the capital in Beijing—and the Taiwan authorities, and it should be resolved by the Chinese on both sides of the Taiwan Straits.

2. The Taiwan question is a question of the Chinese Government and people safeguarding state sovereignty and territorial integrity, defending national honor and opposing external interference. The US government should strictly observe the principles enshrined in the three Sino-US joint communiqués and thoroughly correct and stop various erroneous practices of making use of the Taiwan question to interfere in China's internal affairs and obstruct the reunification of China.

3. The Taiwan question is in essence a struggle between the forces for and against division, and between the forces for and against "Taiwan independence", and the focus is the struggle between one China and "two Chinas". The Chinese Government and people adhere to the principle of one China, resolutely oppose all schemes aimed at splitting the country and the nation, and resolutely oppose any attempts of creating "two Chinas", "one China and one Taiwan" or "Taiwan independence".

The basic position of the Chinese Government regarding the settlement of the Taiwan question is "peaceful reunification; one country, two systems". Its basic contents are:

1. Only one China. There is only one China in the world, and Taiwan is an inalienable part of China. The Chinese Government is firmly against any words or deeds designed to split China's sovereignty and territorial integrity. It opposes "two Chinas", "one China, one Taiwan", "one country, two governments" or any attempt or act that could lead to "independence of Taiwan". Taiwan's status as an inalienable part of China has been determined and cannot be changed. "Self determination" for Taiwan is out of the question.

2. Co-existence of two systems. On the premise of one China, the mainland of China will practice the socialist system and Taiwan will maintain the original system. The two systems will co-exist for a long time and develop side by side without one swallowing up the other. After reunification, Taiwan's current socio-economic system, its way of life and its economic and cultural ties with foreign countries can remain unchanged. Private property, houses, land, business ownership, legal inheritance and investments by overseas Chinese and foreigners on the island will all be protected by law.

3. A high degree of autonomy. After reunification, Taiwan will become a special administrative region. Different from the other provinces or regions of China, it will have its own administrative and legislative powers, an independent judiciary and the right of adjudication on the island. It may conclude commercial and cultural agreements with foreign countries and enjoy certain rights in foreign affairs. It will run its own party, political, military, economic, financial and cultural affairs. It may keep its military forces and the central government will not dispatch troops or administrative personnel to the island. On the other hand, representatives of the government of the special administrative region and those from different circles of Taiwan may be appointed to senior posts in the central government and participate in the running of national affairs.

4. Peace negotiations. It is the common aspiration of the entire Chinese people to achieve reunification of the country by peaceful means through contacts and negotiations. People on both sides of the Straits are all Chinese. It would be a great tragedy for all if China's territorial integrity and sovereignty were to be split and its people were to be drawn into a fratricide.

Passage 3

Continue to Promote the Reunification of the Motherland

The reunification of the motherland is the common aspiration of the Chinese people. The great revolutionary forerunner of the Chinese nation Dr. Sun Yat-sen once said: "Reunification is the hope of entire nationals in China. If reunification can be achieved, the people of the whole country will enjoy a happy life; if it cannot be achieved, the people will suffer." The Chinese nation has experienced many vicissitudes and hardships. To accomplish the reunification of the motherland and bring about its all-round rejuvenation, all Chinese should unite and hold high the great banner of patriotism, uphold reunification, oppose secession, spare no effort to promote the expansion of relations between the two sides and facilitate the accomplishment of the reunification of the motherland.

Eight propositions on the promotion of the peaceful reunification of the motherland:

1. Adherence to the principle of "one China" is the basis and premise for peaceful reunification. China's sovereignty and territory must never be allowed to suffer split. We must firmly oppose any words or actions aimed at creating an "independent Taiwan" and the propositions "split the country and rule under separate regimes", "two Chinas over a certain period of time", etc., which are in contravention of the principle of "one China".

2. We do not challenge the development of non-governmental economic and cultural ties by Taiwan with other countries. Under the principle of "one China" and in accordance with the charters of the relevant international organizations, Taiwan has become a member of the Asian Development Bank, the Asia-Pacific Economic Cooperation Forum and other international economic organizations in the name of "Taipei, China" or "Chinese Taipei". However, we oppose Taiwan's activities in "expanding its living space internationally" which are aimed at creating "two Chinas" or "one China, one Taiwan". All patriotic compatriots in Taiwan and other people of insight understand that instead of solving the problems, such activities can only help the forces working for the "independence of Taiwan", undermine the process of peaceful reunification more unscrupulously. Only after the peaceful reunification is accomplished can the Taiwan compatriots and other Chinese people of all ethnic groups truly and fully share the dignity and honor attained by our great

motherland internationally.

3. It has been our consistent stand to hold negotiations with the Taiwan authorities on the peaceful reunification of the motherland. Representatives from the various political parties and mass organizations on both sides of the Taiwan Straits can be invited to participate in such talks. On the premise that there is only one China, we are prepared to talk with the Taiwan authorities about any matter, including the form that official negotiations should take, a form that would be acceptable to both sides. We have proposed time and again that negotiations should be held on officially ending the state of hostility between the two sides and accomplishing peaceful reunification step by step.

4. We should strive for the peaceful reunification of the motherland since Chinese should not fight fellow Chinese. Our not undertaking to give up the use of force is not directed against our compatriots in Taiwan, but against the schemes of foreign forces to interfere with China's reunification and to bring about the "independence of Taiwan". We are fully confident that our compatriots in Taiwan, Hong Kong and Macao and those residing overseas would understand our principled position.

5. In face of the development of the world economy in the 21st century, great efforts should be made to expand the economic exchanges and cooperation between the two sides of the Taiwan Straits so as to achieve prosperity on both sides to the benefit of the entire Chinese nation. We hold that political differences should not affect or interfere with the economic cooperation between the two sides. We shall continue to implement over a long period of time the policy of encouraging industrialists and businessmen from Taiwan to invest in the mainland and enforce the Law of the People's Republic of China for Protecting the Investment of the Compatriots of Taiwan. Whatever the circumstances may be, we shall safeguard the legitimate rights and interests of industrialists and businessmen from Taiwan.

6. The splendid culture of 5,000 years created by the sons and daughters of all ethnic groups of China has become ties keeping the entire Chinese people close at heart and constitutes an important basis for the peaceful reunification of the motherland. People on both sides of the Taiwan Straits should inherit and carry forward the fine traditions of the Chinese culture.

7. The 21 million compatriots in Taiwan, whether born there or in other provinces, are all Chinese and our own flesh and blood. We should fully respect

their life style and their wish to be the masters of our country and protect all their legitimate rights and interests. The relevant departments of our party and the government including the agencies stationed abroad should strengthen close ties with compatriots from Taiwan, listen to their views and demands, be concerned with and take into account their interests and make every effort to help them solve their problems. We hope that Taiwan Island enjoys social stability, economic growth and affluence. We also hope that all political parties in Taiwan will adopt a sensible, forward looking and constructive attitude and promote the expansion of relations between the two sides.

8. Leaders of the Taiwan authorities are welcome to pay visits in appropriate capacities. We are also ready to accept invitations from the Taiwan side to visit Taiwan. We can discuss state affairs or exchange ideas on certain questions first. Even a simple visit to the other side will be useful. The affairs of Chinese people should be handled by ourselves, something that does not take an international occasion to accomplish. Separated across the Straits, our people eagerly look forward to meeting each other. They should be able to exchange visits instead of being kept from seeing each other all their lives.

3 汉译英

Passage 1

内地与香港之自由贸易协议

随着《内地与香港关于建立更紧密经贸关系的安排》（CEPA）的签署，香港广泛的货物与服务可以优惠待遇进入中国内地市场。这一自由贸易协议将为本地和外地资本的香港企业提供一个开发内地商机的新平台。2004年1月1日起生效的CEPA不但使香港企业占得先机，在某些方面优先提供的市场准入还超越了内地对世界贸易组织的承诺。CEPA涵盖三个主要范畴：货物贸易、服务贸易和贸易投资便利化。

（一）**货物贸易**：符合原产地要求的香港出口货品都可以免关税进入内地。CEPA加强了香港货品在内地的竞争力。内地对来自其他经济体系的某些进口货品，仍会征收相对较高的关税，最高可达35%。

（二）**服务贸易**：CEPA将放宽27个服务行业的市场准入。香港的服务提供者将可以在中国的世贸承诺实施时间表之前进入内地市场。受惠的服务行业是：管理咨询、会议展览、广告、会计、建筑及房地产、医疗及牙医、分销服务、物流、货物运输代理、仓储服务、运输、旅游、视听、法律、银行、证券、保险、增值电讯、机场、信息技术、专利代理、商标代理、职业介绍、人才中介机构、文化娱乐、专业技术人员资格考试、个体户商铺。在若干主要服务行业中，CEPA的开放程度已超过中国对世贸的承诺。例如，香港银行在内地设立分行或法人机构的最低资产规模限制，从200亿美元降低至60亿美元；香港拍摄的华语影片在内地发行，不受配额限制；在内地设有办事处的香港律师事务所，可以与国内的律师事务所进行业务合作。

（三）**贸易和投资便利化**：香港与内地同意在以下范畴加强合作：通关便利化、商品检验与检疫、质量标准、食品安全、中小企业合作、中医药材产业合作、电子商务、贸易投资促进、法律法规透明度、知识产权保护。CEPA带来的一个重大好处是香港与广东省特别是珠江三角洲的经济合作会更紧密。珠江三角洲已成为当今世界最有动力和多元化的制造业基地之一。为了进一步促进这一经济关系，两地加强了在旅游、运输基建和环境保护的跨境合作，也加强了在人员、货物、服务和资金流通上的合作。CEPA的一个重要内容是"个人游"，已有49个内地城市的居民可以据此以个人身份访问香港。

"香港公司"的定义：根据CEPA，"香港公司"有客观而透明的界定准则。简单来说，一家公司必须在香港从事"实质性商业经营"才能享受CEPA的优惠。准则并不涉及公司由什么人拥有、股权怎样分配、种族与国籍等问题。因此，在香港经营的外国公司不会受到任何歧视，香港将继续向所有人提供一个一视同仁、公平竞争的平台。在大部分服务行业中，受惠的"香港公司"必须在香港经营了三至五年。另一方面，制造商只要到香港生产CEPA规定的产品，符合原产地规则，就可以以零关税向内地输出产品。

经济利益：CEPA将为香港创造大量新商机，给予香港制造商新的动力，给予服务供货商早着先鞭的优势。这些商机会带来直接和间接的机遇，包括创造新的就业机会。CEPA是一个双赢的协议，它不但将大大加强香港作为国际商务中心和进入中国内地市场的必经之路的吸引力，也将大大有利于内地企业进入国际市场。

更大的市场进入：CEPA使香港对那些要进一步打开中国内地市场的外来企业更有吸引力。投资者可以在香港进行新的加工，然后以零关税向内地输出符合原产地规则的产品。这可以包括品牌产品或者有高附加值的产品。投资者也可以借助香港的法律制度和对知识产权的保护法例，在香港生产有重大知识产权含量的产品。

Passage 2

胡锦涛在澳门回归十周年大会上的讲话

（2009年12月20日）

同胞们，朋友们：

今天，我们怀着喜悦的心情，在这里隆重庆祝澳门回归祖国10周年。10年前的今天，中葡两国政府举行了澳门政权交接仪式，中国政府庄严宣告对澳门恢复行使主权，中华人民共和国澳门特别行政区成立。澳门回归祖国，实现了包括广大澳门同胞在内的全国各族人民的夙愿，标志着澳门同胞从此真正成为这块土地上的主人，澳门从此进入历史发展新纪元。这是中华民族发展史上的一座重要里程碑。

在这里，我代表中央政府和全国各族人民，向全体澳门市民，致以诚挚的问候！向新就任的澳门特别行政区行政长官崔世安先生和特别行政区主要官员、行政会委员，表示热烈的祝贺！

我相信，新一届澳门特别行政区政府一定能够总结经验、继往开来，团结带领广大澳门市民把澳门建设得更加美好！

此时此刻，我们要向创造性地提出“一国两制”科学构想、为澳门回归祖国开辟了正确道路的邓小平先生，表示深深的怀念！向为实现澳门顺利交接和成功落实“一国两制”作出了历史性贡献的江泽民先生，致以崇高的敬意！借此机会，我们还要向所有关心澳门、为澳门保持繁荣稳定作出贡献的海内外同胞和国际友人，表示衷心的感谢！

澳门回归祖国10年来，在中央政府和祖国内地大力支持下，澳门特别行政区行政长官何厚铧先生和特区政府带领澳门各界人士团结奋斗、务实进取，积极应对亚洲金融危机、非典疫情、国际金融危机等带来的严峻挑战，努力克服澳门发展进程中遇到的种种困难，保持澳门繁荣稳定，各项事业取得长足进步，使澳门这座历史悠久的商埠名城焕发出前所未有的生机活力。“一国两制”在澳门的成功实践，为澳门发展谱写出新的辉煌篇章，为国家发展增添了夺目光彩！

澳门回归祖国以来的10年，是“一国两制”在澳门成功实践的10年，是澳门基本法顺利实施的10年，也是澳门各界人士积极探索符合澳门实际的发展道路、不断取得进步的10年。回顾澳门回归祖国10年来的不平凡历程，可以得出以下重要启示。

第一，必须全面准确理解和贯彻“一国两制”方针。“一国两制”是一个完整的概念，“一国”和“两制”紧密相连。要全面准确理解和贯彻“一国两制”方针，关键是要把爱国和爱澳有机统一起来。既要维护澳门原有的社会经济制度、生活方式，又要维护国家主权、统一、安全，尊重国家主体实行的社会主义制度；既要维护澳门特别行政区依法享有的高度自治权，充分保障澳门同胞当家作主的主人翁地位，又要尊重中央政府依法享有的权力，坚决反对任何外部势力干预澳门事务。今年年初，澳门基本法第二十三条立法顺利完成，充分体现了澳门特别行政区政府、立法会和澳门各界人士对维护国家安全和利益的高度责任感，也为澳门长治久安提供了坚实保障。只要澳门同胞继续发扬光荣传统，在爱国爱澳旗帜下实现最广泛的团结，就一定能够构筑起澳门长期繁荣稳定的牢固政治基础。

第二，必须严格依照澳门基本法办事。澳门基本法在澳门特别行政区法律体系中具有最高地位。依法治澳，就是要按照澳门基本法办事，坚决维护澳门基本法的权威。澳门回归祖国以来，特别行政区政府和各社会团体坚持不懈宣传推广澳门基本法，自觉以澳门基本法规范行政、立法、司法行为和处理政制发展等重大问题。这是澳门特别行政区10年来所取得的一项重要成就。要在这一基础上进一步健全澳门特别行政区各项法律法规，加强制度建设，特别是要按照以人为本、勤政、廉洁、高效的要求，完善政府行政规章制度，促进澳门特别行政区政府管治水平不断提高。

第三，必须集中精力推动发展。发展是硬道理。澳门特别行政区政府和社会各界人士在过去10年中始终牢牢把握发展这个主题，避免政治纷争和社会内耗，形成了经济快速增长、民生明显改善的良好局面。在今后的发展中，要更加注重集民智、聚民心、汇民力，更加注重发展的全面性、协调性、可持续性，切实提高澳门抵御各种经济金融风险能力。当前，特别要充分利用中央政府已经采取的一系列支持澳门发展的政策措施以及国家颁布实施《珠江三角洲地区改革发展规划纲要》、《横琴总体发展规划》的有利机遇，加强同内地特别是广东省的合作。要继续加强和完善对博彩业的管理，努力推动澳门经济适度多元发展。要统筹规划，加大教育、科技、文化、卫生、体育等社会事业投入，使发展成果惠及广大澳门市民，致力于提高市民生活综合素质，促进澳门经济社会全面协调可持续发展。

第四，必须坚持维护社会和谐稳定。澳门是一个多元化社会。各阶层各界别虽然利益多元、诉求多样，但根本利益是一致的。良好的治安环境、融洽的社会氛围、稳定的发展局面是澳门全社会的共同福祉。包容共济是促进澳门社会和谐稳定的良方益策。澳门同胞向来讲团结、重协商，只要大家在维护澳门长期繁荣稳定的大目标下相互尊重、求同存异、加强沟通、顾全大局，就一定能够找到解决矛盾和问题的办法，为澳门各项事业发展营造良好社会氛围。

第五，必须着力培养各类人才。人才是各项事业发展之本。不断提升澳门竞争力，最关键的支撑因素是人才。要着眼长远，增强紧迫感，大力发展教育、科技、文化事业，培养造就一大批澳门社会发展需要的政治人才、经济人才、专业技术人才以及其他各方面人才。要高度重视和加强爱国爱澳优秀年轻人才的培养，使澳门同胞素有的爱国爱澳传统薪火相传、发扬光大，使“一国两制”事业后继有人。

同胞们、朋友们！“一国两制”事业是香港特别行政区、澳门特别行政区和祖国内地共同发展繁荣的事业，也是中华民族伟大复兴事业的重要组成部分。在已经取得成功经验的基础上，把这一伟大事业继续推向前进，需要中央政府和香港特别行政区政府、澳门特别行政区政府以及社会各界人士共同努力。在这里，我郑重重申，中央政府将继续坚定不移贯彻“一国两制”、“港人治港”、“澳人治澳”、高度自治的方针，严格按照香港基本法、澳门基本法办事，全力支持香港特别行政区、澳门特别行政区行政长官和特区政府依法施政。中央政府对香港、澳门采取的任何方针政策措施，都会始终坚持有利于保持香港、澳门长期繁荣稳定，有利于增进香港、澳门全体市民福祉，有利于推动香港、澳门和国家共同发展的原则。伟大的祖国始终是香港、澳门繁荣稳定的坚强后盾。

同胞们、朋友们！新中国成立60年来，经过包括澳门同胞在内的全国各族人民共同奋斗，国家建设取得了举世瞩目的伟大成就，综合国力大幅增强，人民生活显著改善，国际地位和影响空前提高。国际金融危机发生以来，我国各族人民坚定信心、团结奋斗、共克时艰，取得了应对国际金融危机冲击、保持经济平稳较快发展的显著成绩。当前，全国各族人民正沿着中国特色社会主义道路，继续解放思想，坚持改革开放，推动科学发展，促进社会和谐，继续为建设惠及十几亿人口的更高水平的小康社会而奋斗，继续朝着建设富强民主文明和谐的社会主义现代化国家、实现中华民族伟大复兴的宏伟目标奋勇前进。

澳门同胞既是澳门特别行政区的主人，也是国家的主人。澳门特别行政区成立以来，不仅从祖国内地快速发展中获得了源源不竭的发展动力和越来越多的发展机遇，在国际上分享着伟大祖国的尊严和荣耀，也为国家发展作出了重要贡献。对澳门同胞长期以来为国家改革开放和社会主义现代化建设、为祖国和平统一大业作出的重要贡献，全国各族人民不会忘记。

展望未来，我们坚信，澳门的明天与伟大祖国一样，一定会更加美好！澳门同胞的未来生活与全国各族人民一样，一定会更加幸福！谢谢大家。

Passage 3

曾荫权在香港特别行政区第三届政府就职典礼上的致词

（2008年7月1日）

尊敬的胡主席，各位嘉宾、朋友以及亲爱的市民：

我再次感谢中央政府和香港市民对我的支持，让我有机会出任中华人民共和国香港特别行政区第三任行政长官。我在这里庄严保证，我一定会竭尽所能，像参选特首时所承诺的，做好行政长官这份工作，为香港、为国家作出最大贡献。

香港是我成长的地方。我一直都相信这地方，相信香港人奋发向上的冲劲，相信大家会在自己的工作岗位上追求卓越，做到最好。这种“做好份工”的精神已是我们基因的一部分，大家不要看轻这一份精神。过去十年，我们屡次遇到挑战都能够迎难而上，依靠的就是这一份精神。未来的竞争是激烈的，因为我们不只是与周边地区竞争，也面对全球竞争。但只要我们的专业精神不变，我们就无需对自己感到怀疑。

在未来五年，我希望同香港人以同一份专业精神协造新香港。香港肯定不是中国最大的城市，但我们可以是最好的城市——最好的地方去养育子女成才；最好的地方去享受生活；最好的地方去为香港人、为国家创造财富。

当然，这一切不会垂手可得，香港今天的成就，全赖香港过去几代人的努力，同国家高速发展为我们带来的机会及支持。未来五年，香港要脱胎换骨，同样要把握国家一日千里的发展，发挥潜能，提升实力，令香港对国家在全球竞争中作出更大的贡献，也令香港的发展走上一个新舞台。

我希望大家见到新一届的特区政府是一个专业、有经验、有活力的政府。我同我的团队将会全心全意恪守以民为本的理念，落实我的政纲。在未来五年：

我们会建立更开明的政府：市民不会只是政府施政的对象，而是我们施政的伙伴；

我们会建设更民主的制度：透过今年发表的绿皮书，我们会同市民一起摸索，寻求最有利香港、最广为民众接纳的普选模式；

我们会推动新经济发展：大力扩展金融业，并会以基建投资带动就业，为草根阶层创造就业机会，令基层劳工的工资增长；

我们会缔造更优良的生活：让市民享受洁净的食物、清新的空气、优美的环境、完善的文物保育；

我们会推动香港的新关怀文化：社会上仍有很多人未能分享香港经济复苏的成果，有不少人仍面对很大的生活压力，政府会加大社区投资，借社会企业创造就业，为弱势社群带来希望。

十年前，在“一国两制”这创新构思下，我们回归了祖国。过去十年，我们以中华人民共和国香港特别行政区的身份见证了国家在经济、外交、社会、文化及体育等多个领域自主创新，屡创高峰。在这过程中，我们不再是旁观者，而是参与者。我们有得益，也有贡献。我们需要国家，国家也需要香港。我们对国家能够做的最大贡献，就是按照《基本法》贯彻落实好“一国两制”、“港人治港”，利用两制互动迸发出的创意，把握香港制度上的优势，为国家，为香港带来更大的发展动力。能够做到这一点，我深信下一个十年将会是国家及香港共同享有的黄金十年。

今天，是我们迈向下一个十年的头一天。我们要壮志凌云，贡献国家，我们要脚踏实地，造福香港，向新的十年踏出第一步。

多谢大家。

三、注释

1 博鳌亚洲论坛

博鳌亚洲论坛（Boao Forum for Asia，缩写BFA，或称为亚洲论坛、亚洲博鳌论坛）由25个亚洲国家和澳大利亚发起，于2001年2月27日在海南省琼海市万泉河入海口的博鳌镇召开大会，正式宣布成立。成立之时通过了《宣言》、《章程指导原则》等纲领性文件。论坛为非官方、非营利性、定期、寻址的国际组织；为政府、企业及专家学者等提供一个共商经济、社会、环境及其他相关问题的高层对话平台；海南博鳌为论坛总部的永久所在地。

2 《横琴总体发展规划》

横琴新区是珠海市横琴岛所在区域，处于广东珠海市南部，毗邻港澳，也是东南亚和中国这个经济活跃地区的中心。2009年8月14日，国务院正式批准实施《横琴总体发展规划》，将横琴岛纳入珠海经济特区范围，要逐步把横琴建设成为“一国两制”下探索粤港澳合作新模式的示范区。

第13单元

人名的处理

口译主题：人口、社会与家庭

一、技巧讲解

人名是人类社会最基本的人际称谓之一，它不仅仅是一个单纯的语言符号，同时还是一种社会符号和文化符号，与丰富而复杂的社会、文化和生活现象有着广泛而深刻的联系。

在跨文化交际情景中，人们见面握手时的第一“要务”往往是姓名职务（职称）的交换，而即便在这个瞬间也存在着中西文化的差异，如中方在作介绍时往往会把职务置前姓名置后：“这位是我们XX省的省长XXX同志（先生)”，而外方则恰好相反：This is John Stevenson, CEO of our company。这显示出中国人重视地位、崇尚权威，而西方人则强调个性、突出自我的不同特点。在跨文化交际的语境中，译员要对人名称谓，包括常与人名称谓连用的各种社会称谓给出快速恰当的翻译，保证交际各方的交流顺畅，就必须事先了解各民族人名的构成特点，不同命名系统所折射出来的文化内涵，不同语言发音上的主要特点，以及口译人名时应遵循的一般原则和应采纳的方法策略。

1 人名的构成

世界上大多数国家的人名都由姓与名两个部分构成。一般来讲，作为家族符号的姓具有相对的稳定性；而代表个人的名则具有很大的灵活性和可选择度。虽说各个国家和民族人名的基本结构都包括姓与名，但是东西方的姓名构成方式却截然不同，大致可归结为以下三种类型：

$NF^1 \rightarrow S + (X) + G$

$NF^2 \rightarrow G + (X) + S$

$NF^3 \rightarrow G + (X) + (Y)$

NF = 姓名的形式（The Form of Full Name）

S = 姓（Surname）
G = 名（Given Name）
X = 第一可变成分（First Changeable Composition）
Y = 第二可变成分（Second Changeable Composition）
（ ）= 内含非强制成分（Non-compellable Composition is Contained）
（参见田惠刚，1998: 321-322）

中国人名（主要指汉族姓名）的构成属于典型的NF[1]型，S在前，G在后，X表现为零形式，即排列顺序是姓先名后，无中间名。汉族人大部分的姓都是单字姓，如李、张、王、陈等。但也有双字姓（复姓），如诸葛（“诸葛亮”应译为Zhuge Liang，而非Zhu Geliang）、上官、端木、司马、慕容、东方、皇甫、欧阳等。名有单字名，如张飞、李宁、杨晨等；还有双字名，如刘德华、李嘉欣、张靓颖等。现在，不少父母为了避免重名重姓，或是为了体现男女平等或夫妻恩爱之意，有时也为孩子取四字姓名，用父姓叠加母姓，再加上双字名，如“陈钟美合”（父姓陈、母姓钟），“李任林慧”（父姓李、母姓任）。在这种情况下，尽管孩子的姓依然是随父亲的单字姓，而非双字姓，但在称呼名字时一般只呼后两个字，即“美合”和“林慧”。

西方欧美民族的姓名结构大多属NF[2]型，即名在前姓在后，X可以是零形式，也可作中间名出现。西方人的姓多为单姓。例如，在英文姓名Zora Neale Hurston中，Zora是名，或称教名（given name / Christian name），Neale是中间名（middle name / second name），Hurston则是姓（surname / family name）。

2 中西人名口译原则

由于中西方的姓名构成方式截然不同，各种称谓习惯迥异，而且在发音系统上也存在着较大差异，在口译或朗读人名时极易出现混乱或错误，有时甚至还会闹出笑话。例如，由于不了解中国人名的排列顺序是姓先名后，不了解中西方在各种称谓习惯上的差异，曾出现我国前外交部长黄华被称为Minister Hua（华部长），而David Palmer被唤作“大卫先生”等或尴尬或好笑的情况。

要在口译工作中对中西人名做出适时恰当的翻译，避免出现颠倒姓名顺序、不理解或理会文化差异的情况，保障交际双方的沟通顺畅，译员就要了解口译人名的一般性原则。近二十年来，国内翻译界对人名翻译（主要指笔译）的处理普遍比较认可的是两大原则：名从主人和约定俗成。从主原则是指遵从姓名本来的姓与名的排列顺序、姓名持有人所在国家（民族）的语言的读音、个人自行选择的另一语言的姓名构成等等。约定俗成的原则是指未按从主原则翻译的人名，即便有误译或不妥之嫌，但由于已被大多数人所接受和认可，依然维持原译，不再更改。

名从主人和约定俗成的原则虽然是为人名笔译所定，一般来讲也同样适用于人名的口译。同时，在人名与社会称谓连用时，为了便于听话人理解，翻译还应符合译入语习惯。此外，在某些情况下还可以根据口译活动的特点在实际工作中采取一些特殊的翻译方式，具体如下：

名从主人 这一口译原则包括几种情况：1. 遵从姓名所有人本来姓与名的排列顺序，保持和体现各自姓名构成的差异性，即中国人姓前名后，西方人名前姓后。可喜的是，现在已有越来越多的西方人开始用中国人的习惯来称呼中国人的姓名了，比如，欧美国家的各大电视媒体已经非常自然地把胡锦涛主席和温家宝总理译作President Hu Jintao，Premier Wen Jiabao，将姚明称作Yao Ming而不是Ming Yao。这其实是一种对文化差异性的尊重。2. 遵从个人自行选择的另一语言的姓名构成。对那些已有外文名、且外文名与汉语拼音不一致的港、澳、台人士，以及已经按照中国人的习惯给自己起了中文名的外国人，应根据“名从主人”的原则来译，如：成龙→Jacky Chan，邵逸夫→Run Run Shaw，何厚铧→Edmund Ho Hau Wah，John King Fairbank→费正清，Pearl S. Buck→赛珍珠，Chris Patten→彭定康。

约定俗成 对于已流传久远或是深入人心的译名，应依照约定俗成的原则，予以沿用。如Bernard Shaw依然译为“萧伯纳”， Leigton Stuart还是称为“司徒雷登”；孔子的英文名依然沿用Confucius，而孟子的英文名也还是Mencius，而非Kong Zi和Meng Zi。又比如，比利时网球名将Henin按法语读音应是[e'næn]，但国内媒体都按英文发音译成“海宁”；荷兰著名球星Gullet的荷兰语发音是['hület]，不过我们却按照英语习惯译成“古利特”；挪威足球运动员Solskjaer的母语发音是[sau'sja]，但国内都称他是“索尔斯克亚”，既然已形成习惯，不妨沿用，否则可能造成疑惑。

符合译入语习惯 有时讲话人为了表示对某人的尊敬或与其关系亲密，在谈话时单独将姓或名与社会称谓（包括交际称谓、职衔称谓、关系称谓等）连用，比如称邓小平为“小平同志”，称温家宝为“家宝总理”，称钱钟书为“钟书先生”，或将别人呼为“刘老”、“小肖”等。在正式场合，上述复合称谓译成英文时一般应按照英语的习惯，即社会称谓+姓或是全名的方式，分别译作Mr. Deng或Comrade Deng Xiaoping，Premier Wen / Wen Jiaobao, Prof. Qian / Qian Zhongshu，Mr. Liu，Miss Xiao，否则可能会让听话人不解。

特殊处理 由于口译有着不同于笔译的特殊性，特别是它的时效性、现场性和灵活性，不可能像笔译那样有充分的时间斟酌。一般来讲，在交传过程中，从讲话人将某一姓名说出到该姓名被译员记忆或记录只有短短两三秒的时间，而在同传活动中，译员从听见到译出一姓名的时间差（EVS, ear-voice span）则可能更短。在许多情况下，口译人名只能随机应变，以“经济实用”、方便顺口为原则。在某些情况下还可采取一些人名翻译的特殊处理方式，包括只译姓氏、只译职务/职称、简译或不译等。

1. **只译姓或名** 在从英文译入汉语的人名翻译过程中，讲话人提到的某个姓名往往转瞬即逝，译员很难在极短的时间内记忆或记录下全名，特别是音节较多的比较陌生的英文姓名，如果姓名前后还冠有头衔的话，记忆的难度就更大。与其冒“委曲求全”、顾此失彼的风险，不如缩小注意力集中的范围。在比较正式的口译场合，称“姓”比呼“名”更合乎礼节，译员可用自己熟悉的方式（比如小写字母或音标）很快记下姓氏的大致发音规则，不求精准，然后在翻译时模仿讲话人的发音将该姓氏读出，必要时加上职衔称谓即可。当然，在不是特别正式的场合，译员按照西方人的习俗只称呼外方人员的名也是完全可行的。

2. **只译职务/职称** 在某些不是特别正式的场合，或是现场需要介绍的人较多，为了节省时间，但又不给宾主双方造成误会的情况下，译员也可以暂时只译职务或职称，比如“这位是副校长，这位是生物系的教授……”，“总经理的意思是……”。

3. **简译** 对听众已经耳熟能详的某些名字，译员在翻译时第一次采用全名，以后再提到时就可适当简化，既顺口省时，还方便记忆。如：莎士比亚（Shakespeare）就常常被尊称为“莎翁”，前中国男子足球队教练、南斯拉夫人米卢蒂诺维奇（Milutinovic）经常被简称为“米卢”，俄罗斯富翁、切尔西足球俱乐部的老板阿布拉莫维奇（Abramovic）现在也被人们习惯性地简化为“阿布”，等等。有时，当职衔称谓与姓名连用时也可采用简译的方式，如可将“穆恩总领事”译作CG Moon，把“张伟总经理”译成GM Zhang。我国前外交部长唐家璇就曾将时任美国国务卿的奥尔布莱特（Secretary Albright）女士称为“奥卿”。

4. **零翻译** 对于那些并不为大多数中国人知晓的外国人姓名，在译成中文时往往可以不作翻译，直接将姓名的发音重复一遍或模仿出来即可，这种方法在同传时尤为实用，译员不必在认知负荷已经很大的口译过程中再耗费宝贵的时间精力去记忆和翻译人名。这种方法的可接受性是因为，参加会议的来宾大多有一些专业背景知识，对会议主题有相当程度的了解，所涉及领域的重要人名即使译员不译他们也知道说的是谁；即便不知道，一般也不会对整体信息的传达和理解造成很大的障碍。相反，如果译员要花上相当的时间去记忆和译出一个较长或较为复杂的姓名，反而可能会影响接下来的更为重要的信息的理解和记忆，甚至可能造成信息的误译或损失。

3 日本人名的翻译

在处理人名的外译汉时，大多数情况下人名的音译都可以根据姓名的拼写方式来进行发音的模仿，但日本人名的翻译是一个例外。尽管日语的姓名结构与汉语姓名结构一样，都是姓在前，名在后，即属于NF[1]型（S+G），但其姓名字数常常比我国汉族姓名字数多，最常见的由四字组成，如田中角荣、小渊惠三、福田康夫等，前两字为姓，后两字为名。但由于姓与名的字数并不固定，姓与名往往不易区分，译员需要事先通过各种渠道了解清楚，最好把姓与名分开书写，如"吉田 茂"、"二阶堂 进"等。对日本人一般口头称呼姓，但正式场合称全名。

尽管日语人名常用汉字书写，但读音与汉语差别很大，无法通过其写法判断具体的发音，往往只有死记硬背。下面列出的是中日建交后日本历任首相及最近几任外相（即外交部长）的姓名及音译：

1. 中日建交后日本历任首相及任职时间：

田中角荣	Kakuei Tanaka（1972年7月–1974年11月）
三木武夫	Takeo Miki (1974年12月–1976年12月)
福田赳夫	Takeo Fukuda (1976年12月–1978年12月)
竹下登	Noboru Takashita (1987年11月–1989年6月)
宇野宗佑	Sosuke Uno (1989年6月–1989年8月)
海部俊树	Toshiki Kaifu (1989年8月–1991年11月)
宫泽喜一	Kiichi Miyazawa (1991年11月–1993年8月)
细川护熙	Morihiro Hosokawa (1993年8月–1994年4月)
雨田孜	Tsutomu Hata (1994年4年–1994年6月)
村山富市	Tomiichi Murayama (1994年6月–1996年1月)
桥本龙太郎	Ryutaro Hashimoto (1996年1月–1998年7月)
小渊惠三	Keizo Obuchi (1998年7月–2000年4月)
森喜郎	Yoshiro Mori (2000年4月–2001年4月)
小泉纯一郎	Junichiro Koizumi (2001年4月–2006年9月)
安倍晋三	Shizo Abe (2006年9–2007年9月)
福田康夫	Yasuo Fukude (2007年9月–2008年9月)
麻生太郎	Taro Aso (2008年9月–2009年9月)
鸠山由纪夫	Yukio Hatoyama (2009年9月–2010年6月)
菅直人	Naoto Kan (2010年6月–2011年8月)
野田佳彦	Yoshihiko Noda (2011年9月–)

2. 日本最近几任外相：

河野洋平	Yohei Knon
田中真纪子	Makiko Tanaka
川口顺子	Yoriko Kawaguchi
町村信孝	Nobutaka Machimura
麻生太郎	Taro Aso
町村信孝	Nobutaka Machimura
高村正彦	Masahiko Komura
中曾根弘文	Hirofumi Nakasone
前原诚司	Seiji Maehara
松本刚明	Takeaki Matsumoto
玄叶光一郎	Koichiro Genba

4 韩国人名的翻译

韩国人的名字绝大多数都是用汉字起的，因为韩语的文字和日语一样，源于汉字。韩国由于受古代中国的影响，大部分姓名由三个汉字组成。姓在最前面，其余二字为名，而这两个字中通常有一个字代表辈份。韩国的姓大约有300个，其中最常见的姓有：金（Kim）、李（Lee）、朴（Park）、崔（Choi）、郑（Jung）、安（Ahn）、张（Jang）、赵（Cho/Jo）、陈（Chun/Jin）、韩（Han）、姜（Kang）、柳（Rye）、尹（Yoon/Yun）、卢（Roh）等。下面列出的是韩国历任总统的姓名及音译：

韩国历任总统及任职时间：

李承晚	Rhee Syngman（1948年7月–1960年4月）
尹谱善	Yoon Bo-Sun （1960年8月–1961年5月） （或）Yun Bo-Son
朴正熙	Park Chung-Hee（1961年7月–1979年10月）
崔圭夏	Choi Kyu-ha（1979年12月–1980年8月）
金斗焕	Kim Doo-hwan（1980年8月–1988年2月）
卢泰愚	Roh Tae-Woo（1988年2月–1993年2月）
金泳三	Kim Young-Sam（1993年2月–1998年2月）
金大中	Kim Dae-Jung（1998年2月–2003年2月）
卢武铉	Roh Moo-hyun（2003年2月–2008年2月）
李明博	Lee Myung-bak（2008年2月– ）

综上所述，由于各民族有各自不同的命名习俗，同时，由于口译活动有着不同于笔译的瞬时性、现场性、灵活性和不可预知性，采取何种方式来翻译人名应当因时因景而定，随机应变，灵活处理。总的原则是名从主人和约定俗成，总的精神是尊重姓名持有人，方便听话人，不张冠李戴，不混淆名姓，不因姓名和与之连用的社会称谓的翻译问题而给交际一方或双方带来尴尬。尽量让交际双方对彼此的姓名、头衔、身份、地位有较清楚的知晓，以保证沟通交流的顺利进行，必要时还可进行适当解释。

二、话题练习：人口、社会与家庭

1 热身词汇

1. 英译汉

Passage 1

impunity 不受惩罚，不受损失
the General Assembly 联合国大会
empowerment 赋权
hideous 丑恶的
imprint 印记
pandemic 普遍存在
to proscribe 禁止
fallacious 虚假的
to condone 怂恿，宽容
tacit 沉默的
microfinance 小额金融
the High-level Panel on United Nations System-wide Coherence 联合国全系统一致性问题高级别小组
holistic 全面的，整体的
scourge 灾难，惩罚

Passage 2

the Madrid International Plan of Action on Aging《马德里老龄问题国际行动计划》
sobering 发人深省的

Passage 3

gender parity 性别平等
illiterate adults 成人文盲
child mortality 儿童死亡率
to blight 使……枯萎
to slight 轻视
from the primary to the tertiary level 从小学到大学阶段
L'Oreal 欧莱雅

2. 汉译英

Passage 1

人口类型转变 demographic transition
总和生育率 total fertility rate (TFR)
社会经济变化 socioeconomic changes
人口红利 demographic dividend
劳动年龄人口比例 proportion of working population
总抚养比 total dependency ratio (TDR)
人口性别比 sex ratio
流动迁徙人口 migrant population
公共资源配置 distribution of public resources
社会公平 social equity

Passage 2

国家人口计生委办公厅 General Office of National Population and Family Planning Commission of China (NPFPC)
人口安全 population security
十六届六中全会 the Sixth Plenary Session of the Sixteenth CPC Central Committee
《关于构建社会主义和谐社会若干重大问题的决定》 the Decision on Some Important Issues in Building a Socialist Harmonious Society
《关于全面加强人口和计划生育工作统筹解决人口问题的决定》 the Decision on Fully Enhancing Population and Family Planning Program and Comprehensively Addressing Population Issues
反弹 to rebound
人口流动 population movement

Passage 3

第54届妇女地位委员会会议 the 54th Session of the Commission on the Status of Women
国务院妇女儿童工作委员会副主任

Vice-Chair of the National Working Committee on Women and Children under the State Council

联合国第四次世界妇女大会 the Fourth World Conference on Women

《消除对妇女一切形式歧视公约》 Convention on the Elimination of All Forms of Discrimination Against Women (CEDAW)

任择议定书 optional protocol

《北京行动纲领》 the Beijing Platform for Action (BPFA)

关切领域 critical areas of concern

废除和修改基于性别歧视的立法 repealing and amending gender-based discriminatory laws

健全赋权妇女国家机制 improving national mechanisms for women's empowerment

推进性别意识主流化 enhancing gender mainstreaming

歧视女性的潜意识、潜标准和潜规则依然盛行 Gender discrimination continues to be widespread in the sub-consciousness, in hidden standards and under the table

妇女问题特别联大成果文件 the Outcome Document of 23rd Special Session of the General Assembly

北京十周年审议 Beijing+10

《妇女权益保障法》 Law on the Protection of Women's Rights and Interests

《农村土地承包法》 Land Contract Law

《物权法》 Property Law

《就业促进法》 Employment Promotion Law

《未成年人保护法》 Law on Protection of Minors

基层社区居委会和村委会 neighbourhood and village committees

小学净入学率 primary school net enrollment rate

妇幼保健 health care for women and children

新生儿破伤风 neonatal tetanus

宫颈癌、乳腺癌免费普查 free screening of cervical cancer and breast cancer

孕产妇死亡率 maternal mortality rate

《国家人权行动计划》 National Action Plan on Human Rights

《中国反对拐卖妇女儿童行动计划》 National Action Plan against Trafficking in Women and Children

❷ 英译汉

Passage 1

Remarks at the International Women's Day Inter-agency Event on Ending Impunity for Violence Against Women and Girls by UN Secretary-general Ban Ki-moon, 2007

Madam President of the General Assembly, Mr. President of the Security Council, Excellencies, Ladies and Gentlemen,

I am happy to be with you to celebrate International Women's Day—first as Secretary-general. I hope you will all come to know me as a firm ally in the cause of gender equality and the empowerment of women.

On this day, let me add my voice to the tributes to Ms. Angela King—great champion of women's rights, and an inspiration to women and men everywhere. Let us resolve to build on her legacy.

This year, International Women's Day is an occasion for all of us—men and women alike—to unite in defense of women and girls who live with violence, or the threat of violence. It is a time to focus on the concrete actions that all of us can and must take to prevent and eliminate violence against women and girls—Member States, the United Nations family, civil society and individuals. And it is a day to celebrate the courage and achievements of women, who, as agents of change, continue to lead the struggle to expose and end gender-based violence to ensure that girls and women enjoy their full human rights.

Violence against women and girls makes its hideous imprint on every continent, country and culture. It doesn't care about your income, class, race or ethnic background. It takes a devastating toll on women's lives, on their families and on society as a whole. It is a threat to all women, and should be unacceptable to all humankind.

In recent years, we have seen some progress in the struggle to end the pandemic that violence against women represents. International standards and norms have been agreed. Governments have adopted strategies and passed laws. Partnerships between governments and women's groups have been strengthened. And, at the 2005 World Summit, world leaders pledged to redouble efforts to eliminate all forms of violence against women.

But much more remains to be done if we are to end impunity for violence against women. Most societies proscribe such violence—yet, the reality is that, too often, it is tolerated under the fallacious cover of cultural practices and norms, within the walls of the home. Or it is used as a weapon in armed conflict, condoned through tacit silence and passivity by the state and the law enforcement community.

The time has come to break through those walls of silence and turn legal norms into reality in women's lives. That means society as a whole must take responsibility and work for enduring change in values and attitudes. It means gvernments and international organizations must operate in close partnership with social services, voluntary and professional organizations, the private sector and the broader public. And it means we must all—women and men—work for a transformation in relations between women and men, at all levels of society.

We must work together on several fronts:

- Empowering women and girls through education and innovative tools such as microfinance;
- closing the gaps between international standards and national laws, policies and practices;
- strengthening our knowledge and understanding of all forms of violence against women;
- building and sustaining effective strategies embracing all parts of society, coordinated nationally and locally; and
- allocating adequate resources and funding for all these efforts.

The United Nations must be at the forefront of the endeavor. In this, I believe we can draw support from proposals to strengthen the UN's gender architecture, as presented by the High-level Panel on United Nations System-wide Coherence. I encourage Member States to study the possibility of replacing several current structures with one dynamic UN entity. Such a new body should be able to call on all of the UN system's resources in the work to empower women and realize gender equality worldwide. It should mobilize forces of change at the global level and inspire enhanced results at the country level.

Through an integrated and holistic approach, we can determine what strategies work, and we can support and replicate them. We can help put in place measures of accountability that emphasize individual, community and national responsibility for ending violence against women. We can ensure that efforts for both prevention and intervention obtain the resources they need. And we can bring the scourge of violence against women out into the open, by discussing it openly at the United Nations.

Today, I propose that the General Assembly devote an agenda item every year to considering the question of violence against women. I urge the Security Council to establish a mechanism dedicated to monitoring violence against women and girls, within the framework of resolution 1325 (2000) on women, peace and security.

And I call on every one of us to take this issue with the deadly seriousness that it deserves—not only on International Women's Day, but every day.

I thank you for your commitment to that mission, and look forward to working with you in the years ahead.

Passage 2

Message on the International Day of Older Persons by UN Secretary-general Ban Ki-moon

(2007)

The theme of this year's International Day of Older Persons focuses our attention on the challenges and opportunities of aging.

Population aging brings significant economic and social challenges, for developed and developing countries alike. Sobering statistics show that some 80% of the world's population is not covered by social protection in old age. Finding ways to provide economic support for a growing number of older persons, through sustainable pension programs and new social protection measures, is a daunting task, particularly in developing countries.

Yet at the other side of the equation, we have one of the great achievements of our time—considerably extended life expectancies in nearly all parts of the world, thanks to improved standards of health care. Older persons now have many more opportunities to keep contributing to society beyond any set retirement age. Our views on what it means to be old are changing all the time. Where older persons were sometimes seen as a burden on society, they are now increasingly recognized as an asset that can and should be tapped.

The role of older persons in economic and social development is a major feature of the Madrid International Plan of Action on Aging, as is promoting democracy and the rights of older persons through their participation in all aspects of society. This year, we mark the fifth anniversary of the adoption of the Madrid Plan, and the launch of its first review and appraisal. Crucially, this will be based on an inclusive and participatory approach, engaging older persons themselves in the process.

This International Day of Older Persons is an opportunity to stimulate discussion among all stakeholders on progress in implementing the Madrid Plan, in line with the Millennium Development Goals and the broader UN development agenda. I urge you all—Member States, NGOs, the UN system, older persons and their organizations—to seize this opportunity, today and in the months ahead. Together, taking a balanced approach to both the challenges and opportunities of aging, we will be able to give life to our shared vision of a society for all ages.

Passage 3

Message on the Occasion of the International Women's Day by Irina Bokova, Director-General of the UNESCO

(8 March, 2011)

International Women's Day was first honoured one hundred years ago in a handful of European countries. Since then, the celebration has become global, and much has been achieved. The 2011 International Women's Day is an opportunity to celebrate achievements and mobilize against the challenges that remain.

There is no room for complacency. Less than 40 percent of countries provide girls and boys with equal access to education. Had we reached gender parity in primary education in 2008, there would have been an additional 3.6 million girls in school. Disparities have increased at the secondary level in Africa over the last decade. Only 29 percent of researchers in the world today are women. Two-thirds of the world's 796 million illiterate adults are women.

The impact is serious. Inequality costs lives in terms of child mortality. It blights lives in terms of poverty and marginalization. And it slights lives in terms of opportunities for growth and development.

Gender equality is a red thread weaving through all UNESCO activities to promote international cooperation in education, the sciences, culture, communication and information. We seek to promote basic human rights in order to transform our societies and lay the foundations for equitable and sustainable human development.

This year's International Women's Day is inspired by the theme of "Equal access to education, training and science and technology: Pathway to decent work for women." This goes to the heart of UNESCO's mission. We work to strengthen the bridges between education, training, science and technology and the labour market in order to promote equal opportunity to decent employment. This starts early, with quality education for all girls and young women from the primary to the tertiary level. It continues with vocational training and education for women who have not acquired basic skills. It proceeds with creating positive role models and career tracks—especially in such areas as science and technology.

These goals guide UNESCO's work in leading the Education for All initiative. They inspire our partnership with L'Oreal to promote women in scientific research. They explain our work in Pakistan to support income generation for women after the floods of 2010 and to increase literacy among women in Afghanistan.

UNESCO is geared up to do much more—to work with official and private sector partners to provide system-wide policy support for governments, to enhance nonformal education and to open learning opportunities for adult women. UNESCO has real leadership in these areas, and we will make the most of this.

Without basic skills, decent work has become a distant dream for too many women. The worlds of science and technology—so important for our lives today—remain beyond the reach of most. Human rights are being violated. Tremendous talents are being lost. This International Women's Day is a chance for us all to address these challenges. In times of economic difficulty, there is no better investment.

3 汉译英

Passage 1

国家人口计生委副主任江帆在联合国人口与发展委员会第40届会议上关于各国人口经验一般性辩论的发言

主席先生：

中国代表团非常高兴有机会与各位代表就人口年龄结构变化及其对发展的影响介绍中国的情况。

过去30年，中国取得了人口类型转变和经济快速发展两大奇迹。首先，人口和计划生育工作取得了举世公认的成就，总和生育率由1970年的5.8降至目前的1.8左右，全国少生四亿多人，使中国13亿人口日推迟了四年。中国人的平均预期寿命在1996年超过了70岁。中国在21世纪初已经跨入了低生育、低增长、高寿命的国家行列；其次，中国在过去20多年中保持了年均9.6%的经济增长速度，经济总量增长了11倍。

中国的社会经济变化和人口转变，使得中国的人口年龄结构得到了很大改变。中国的年龄结构变化既与很多国家具有相似性，同时又具有突出的特点。相似性主要是与很多国家一样，年龄结构转变是死亡率和生育率转变的结果；突出的特点是这种转变的急剧性，以及与其他的社会经济变化共同导致的年龄结构不规则性。

2005年11月1日进行的1%人口抽样调查表明，中国65岁及以上老年人口已经超过一亿人，达到1.0045亿，占总人口的7.7%。从2000年到2005年，中国总人口年平均增加809万人，年平均增长0.63%。65岁及以上老年人口年平均增加234万人，年平均增长2.64%。老年人口增长率远高于总人口增长率，人口结构在迅速老龄化。2030年以后，中国65岁及以上老年人口数量将超过0–14岁少儿人口数量。与世界各国的对比表明，中国将是世界上人口老龄化最快的国家之一。

中国人口年龄结构变化的另一个特点是显著的“人口红利”。有研究表明，中国近20年来经济的快速发展被认为有15%是“人口红利”的贡献。1990年我国15–64岁劳动年龄人口比例达到66.7%，总抚养比达到50%，开始进入“人口红利”时期。2000年我国劳动年龄人口达到70.1%，预计到2020年，中国劳动年龄人口比例将一直维持高达70%的比例，总抚养比低达37–45%。到2033年我国劳动年龄人口比例降低到66.3%，总抚养比上升到50.9%，“人口红利”时期结束。因此，以总抚养比低于50%作为“人口红利”的测量，那么中国的“人口红利”时期长达40多年。在巨大的劳动力规模和廉价的劳动力价格的条件下，中国的经济将可能继续保持高速发展。中国不会面临劳动力短缺问题。

尽管中国人口生育率的迅速转变降低了“人口抚养比”，为中国的资本积累和经济发展创造了极为有利的人口环境，但是中国的人口发展面临着前所未有的复杂局面，人口年龄结构变化对经济和社会发展带来了巨大的挑战。21世纪上半叶，中国将迎来总人口、劳动年龄人口和老年人口三大高峰。

中国人口年龄结构变化仍然隐含着巨大的人口增长惯性。预测表明，在今后十几年，人口惯性增长势头依然强劲，总人口每年将净增800–1,000万。在未来25年，中国人口将增长10%，增加1.35亿人口。中国劳动年龄人口数量庞大，就业形势更加严峻。在未来20多年持续的“人口红利”时期，为不断增长的规模庞大的劳动力人口提供就业是对中国经济发展的一个严重挑战。出生人口性别比居高不下，给社会稳定带来隐患。流动迁徙人口持续增加，对公共资源配置构成巨大挑战。贫困人口结构趋于多元，促进社会均衡发展的任务十分艰巨。

中国人口年龄结构变化的老龄化趋势构成了另一个严峻的挑战，社会保障面临空前压力。中国人口老龄化呈现速度快、规模大、“未富先老”等特点。中国多数农村地区尚未建立养老保障体系，农村老年人依然主要依靠家庭养老。尽管中国政府近年来作出了很大努力，不断建立、健全养老和医疗保障制度，但是在可预见的将来远不能缓解老龄化的压力与挑战。此外，老年人贫困现象目前在中国城市和农村都存在，其中农村老年人中的贫困现象更为严重。促进社会公平和消除贫困将是中国社会发展的重要内容和主要目标。

人口问题始终是制约中国全面、协调、可持续发展的重大问题，是影响经济社会发展的关键因素。中国政府将优先投资于人的全面发展，努力实现由单纯控制人口数量为主向在稳定低生育水平的基础上统筹解决人口问题的工作思路转变，提高人口素质，改善人口结构，引导人口合理分布，保障人口安全，促进人口大国向人力资本强国转变，促进人口与经济、社会、资源、环境协调和可持续发展。谢谢大家！

Passage 2

国家人口计生委副主任王培安在第五届中国人口问题研究高级资讯会上的致词

（2007年3月10日）

各位专家，各位同事，各位朋友：

从2003年开始，在每年人大、政协“两会”期间，国家人口计生委办公厅和北京大学人口研究所都联合举办中国人口问题研究高级资讯会，本届已经是第五届了。

每届资讯会都突出一个鲜明主题。前四届分别就人口安全、低龄人口、人口健康、老龄人口进行了广泛深入的研究和探讨，形成了许多重要成果，不仅丰富了我国人口发展的理论宝库，而且紧密结合现实人口问题，提出了许多富有建设性的政策建议，对辅助决策、科学决策、推动人口和计划生育事业的健康发展，发挥了极其重要的作用。借此机会，我代表国家人口计生委向各位专家学者和同志们所付出的辛勤努力、所发表的真知灼见表示衷心感谢！

本届资讯会的主题确定为“关注人口发展，促进社会和谐”，有其重要的时代背景。

人口问题始终是我国全面协调可持续发展的重大问题，是影响经济社会发展的关键因素。坚定不移走中国特色统筹解决人口问题的道路是实现科学发展的必然选择，也是构建和谐社会的应有之义。

党的十六届六中全会作出了《关于构建社会主义和谐社会若干重大问题的决定》。2006年12月17日，党中央、国务院站在新的历史起点上，从党和国家事业发展的全局出发，作出了《关于全面加强人口和计划生育工作统筹解决人口问题的决定》。

学习、贯彻、落实好这两个《决定》，把“关注人口发展”和“促进社会和谐”这两个问题紧密结合起来进行研究，对于以科学发展观统领经济和社会发展全局，以人的全面发展统筹解决人口问题，高度重视社会发展和民生问题，促进人口与经济、社会、资源、环境协调和可持续发展，加快全面建设小康社会、构建社会主义和谐社会步伐，具有重要的现实意义和深远的历史意义。

“十一五”时期，我国人口和计划生育工作进入了稳定低生育水平、统筹解决人口问题、促进人的全面发展的新阶段。一方面，要珍惜历史，充分肯定我国30多年人口和计划生育工作实践，全国少生四亿多人，在维护人口安全，协调人口与经济社会资源环境的关系，实现人与人、人与社会、人与自然和谐发展方面所取得的伟大成就，继续坚持多年来行之有效的基本经验；另一方面，也要清醒地看到，新的形势下，我国人口发展呈现出前所未有的复杂局面，低生育水平面临反弹的现实风险，人口数量、素质、结构、分布和人口流动、劳动年龄人口、老龄人口等矛盾相互交织，也给全面建设小康社会、构建社会主义和谐社会带来新的挑战，需要解放思想、实事求是、与时俱进，研究新情况、解决新问题，不断丰富和发展中国特色解决人口问题的思路、内涵和办法。

国家人口计生委十分重视与相关研究机构之间的合作，与许多研究机构及其专家学者建立了经常性的工作联系。我们高兴地看到，本届资讯会在北京大学人口研究所的积极倡导下，得到了许多研究机构及其专家学者、以及人口和计划生育实际工作者的积极回应，征集到了不少高质量的论文，今天有众多知名专家学者参加会议，有的还要专题发表见解和评论，我们完全有理由对本次资讯会大家献计献策寄予更高的期待。

预祝第五届中国人口问题研究高级资讯会圆满成功！谢谢大家！

Passage 3

国务院妇女儿童工作委员会副主任、全国妇联副主席孟晓驷在联合国第54届妇女地位委员会会议的发言（节选）

主席先生、尊敬的各位部长、各位代表：

早上好！

2010年是联合国第四次世界妇女大会在北京召开15周年，联合国制定千年发展目标10周年，也是《消除对妇女一切形式歧视公约》通过30周年，《公约》任择议定书通过10周年。本届会议意义深远，关系重大。

15年来，全球性别平等事业喜忧参半。在各国政府、国际社会和民间社会包括非政府组织的共同努力下，各国在落实《北京行动纲领》12个关切领域方面，特别是废除和修改基于性别歧视的立法、健全赋权妇女国家机制、推进性别意识主流化、改善女童教育等方面取得了可喜进展。但应当指出，虽然男女平等和保护妇女政治权利的规定已经写入国际公约，也进入了许多国家宪法以及有关法律条文，但是传统性别意识根深蒂固、影响深远，歧视女性的潜意识、潜标准和潜规则依然盛行。在现实生活中，妇女依然处于事实上的不平等状况之下，依然处于性别竞争中的不利地位。为此，中国代表团认为，各国和国际社会应加速行动，进一步促进妇女参与发展并平等受益，加强合作和对话，在真正平等互利基础上，创造和谐新世界。

主席先生，中国是世界五分之一妇女的故乡，中国政府为促进男女平等、履行《北京行动纲领》和妇女问题特别联大成果文件、千年发展目标和《消除对妇女一切形式歧视公约》等国际承诺做出了巨大努力，特别是在以人为本的发展理念指导下，集中资源解决人民的教育、就业、社会保障、医疗、住房、交通等民生问题。自北京十周年审议以来，中国为促进男女平等采取了一系列新举措，取得长足发展，主要包括：

一、进一步在立法中加强性别意识。近几年，在制定或修改《妇女权益保障法》、《农村土地承包法》、《物权法》、《就业促进法》、《未成年人保护法》等相关法律中，加强了性别平等的原则，更加关注促进和保障妇女人权。

二、积极采取各种政策措施，进一步推进妇女参政议政。目前，国家领导人中有八位女性，有230多位女性任部级领导，在全国600多个城市中有670名正副女市长，全国公务员中的女性比例从1995年的不足1/3增加到目前的40%以上。在绝大多数基层社区居委会和村委会中都有女性委员。

三、加大投入，实现全国“九年制义务教育”。中国已消除小学净入学率的性别差异。2008年，全国小学学龄女童入学率达到99.6%，比男童入学率高0.1%。普通高校本专科在校女生、女硕士生和女博士生的比例分别占学生总数的49.86%、48.16%和34.70%。

四、不断增加妇幼保健的资金投入，逐步完善妇女保健服务网络，推进降低孕产妇死亡率和新生儿破伤风率项目，开展农村妇女宫颈癌、乳腺癌免费普查试点工作，旨在建立长效机制。到2007年，全国共有妇幼保健机构3,051个，床位10万余个。孕产妇死亡率从2000年的53/10万下降到2007年的36.6/10万。五岁以下儿童死亡率从39.7‰下降到18.1‰。妇女平均预期寿命达到75.3岁。

五、妇女人权写入《国家人权行动计划》，制定了《中国反对拐卖妇女儿童行动计划》。全国31个省、市、自治区中有25个已出台反对家庭暴力法规和条例。各级妇女法律援助工作站达五万多个。

六、加强对妇女的经济赋权，通过技术培训、区域合作、发展妇女专业合作社等多种方式，促进妇女增收致富。目前，全国在业人口中女性比例达到45.4%，许多妇女成为新农村建设的致富带头人，女企业家约占企业家总数的25%。

……

主席先生，妇女是人类发展的一支伟大力量，没有妇女的参与，平等、发展与和平的目标将永远遥不可及。

男性与女性从来不是天敌，而是平等的伙伴。妇女解放运动从来不是永无休止的两性战争，而是为了实现两性和谐，从来不是谋求超越男性之上的女性特权，而是为了达成两性平等。因此，妇女解放运动从来不是女性的专利，从来不是只有女性的独角戏，而是需要男性和女性相互支撑、共同奋斗的伟大事业。

衷心地祝愿本届会议取得成功，为全球性别平等事业增添新的动力。谢谢主席先生。

三、注释

1 International Day of Families

国际家庭日。1993年2月，联合国社会发展委员会宣布，从1994年起，每年5月15日为“国际家庭日”，以推动所有家庭为社会作贡献。联合国还为每年的“国际家庭日”确立一个主题，以便世界各国围绕这一主题开展各种活动。2009年的主题是“关爱母亲健康，幸福每个家庭”。

2 人口

通常译法是population，但是如果该词作为形容词修饰名词，英文通常用demographic，如“人口红利”就译为demographic dividend。

3 联合国世界妇女大会

为促进全世界妇女事业的发展，联合国迄今已召开过4次世界妇女大会。1975年6月，第一次世界妇女大会在墨西哥城召开。1980年7月，联合国在哥本哈根召开第二次世界妇女大会。1985年7月第三次世界妇女大会在肯尼亚首都内罗毕召开，第四次世界妇女大会于1995年9月4～15日在北京召开。会议的主题是“以行动谋求平等、发展与和平”；次主题是“教育、健康和就业”。

4 词汇扩展

1. 生活费用价格总指数 total price index of living cost
2. 贫困家庭 the needy family
3. 贫困地区 poverty-stricken region
4. 脱贫奔康 to lift off poverty and strive for affluence
5. 就业不足 under employment
6. 充分就业 full employment
7. 安度晚年 to live one's later years in comfort
8. 共同富裕 shared prosperity
9. 人口不足 underpopulation
10. 人口过剩 overpopulation
11. 人口零增长 ZPG/zero population growth
12. 人口调查区 enumeration district
13. 人口漏查 under enumeration
14. 清查 head census
15. 实况调查 field survey
16. 优生优育 to ensure good prenatal and postnatal care
17. 晚婚晚育 late marriage and postponed pregnancy
18. 晚、稀、少 late marriage, spaced and few births
19. 育龄妇女 women of child-bearing age
20. 生育年龄 reproductive age
21. 总生育率 total fertility rate

第14单元

幽默的处理

口译主题：医疗卫生

一、技巧讲解

在口译活动中，有时候讲话人会突然插入一个笑话或开一个玩笑，无论是事前精心准备的还是现场临时发挥的，其目的不外是希望通过幽默活跃现场气氛，带动听众的情绪，从而更好地达到交际目的。然而由于两种语言文化之间的巨大差异，我们往往会看到这样一种情形：听懂笑话的人立刻哈哈大笑，不懂讲话人语言的人急切地想知道讲话人的话语好笑在哪里，而译员却是一脸的尴尬或惊慌，要么是未得幽默的要旨，要么是听懂了却发现很难用目的语去再现，即使勉强进行翻译，听众也大多是一头雾水，不知所云。无怪乎有人说幽默几乎是不可译的。那么，什么是幽默？幽默有哪些具体的表现形式？译员遇到幽默时应当如何应对呢？

1 幽默是什么？

幽默是一种语言（有时也包括非语言）的艺术。讲话人通过运用智慧、知识以及种种技巧，采用曲折、含蓄、有趣和意味深长的方式来表达和再现对生活的领悟，使人一想就能感悟其含义，或哈哈大笑，或啼笑皆非，或笑中带泪。幽默可以使无精打采、昏昏欲睡的人们立刻变得神清气爽、精神陡增，可以使死气沉沉、单调乏味的场合随即变得精彩生动、活泼有趣，甚至可以使激烈争论、剑拔弩张的双方哑然失笑，握手言欢，化干戈为玉帛。从某种意义上说，幽默是一种愉悦身心、有益健康的精神活动，是可以化解矛盾的调和剂，是活跃和丰富人类生活的兴奋剂。俄国文学家契诃夫就说过：不懂得开玩笑的人，是没有希望的人。

2 幽默的表现形式

一个人的幽默可以通过各种不同的形式表现出来，可以通过书面文字，可以通过口头语言，也可以通过肢体语言、漫画等形式。在口译活动中出现的幽默当然主要通过口头语言表达，在本单元中我们主要介绍译员在口译过程中可能遇到的两种幽默形式：笑话和文字游戏。

（一）笑话，即能让人发笑、引人愉悦的讲话、故事等。请看下面两个例子：

1. The critics said that I did the most wonderful Hamlet they'd ever seen. But the trouble was, I was playing Richard III.

2. 两人对话：

甲：不得了，"北京人"距今大约已有50万年的历史了！

乙：哦，那上海人呢？

（二）**文字游戏**，指说话时有意在语言文字上做文章，让别人一时反应不过来，以达到幽默的目的，主要包括双关语（pun）、歧义（semantic ambiguity），以及汉语中某些风趣的歇后语（interesting two-part allegorical saying）等等。

双关语，指在一定的语言环境中，利用一个单词的两个含义，或者利用两个意义不同但发音相同或近似的特定单词，达到一箭双雕、一语双关的目的，使语言活泼有趣，或者借题发挥，旁敲侧击，是一种言在此而意在彼的修辞方式。比如：

1. Ask for me tomorrow and you shall find me a grave man. (From *Romeo and Juliet*)

2. Seven days without water makes one weak (week).

3. 格力空调，机不可失。（格力空调广告词）

4. 东边日出西边雨，道是无晴却有晴（情）。（刘禹锡《竹枝词》）

歧义，指某一语词或句子有不止一种意思和解读的情形，例如：

1. A man falls headlong down a flight of stairs and as he is picking himself up and dusting himself down, a woman rushes over and asks: "Did you miss a step?" "No," the man replies. "I hit every one of them."

2. In a hotel lobby:

A: I want the cheapest suite.

B: But you have to make the bed.

A: That's all right.

So B gives A some wood boards, nails, and a hammer.

3. 一位人才学家正在进行一项人才调查。

人才学家：你们这里出生过什么大人物没有？

医生：从来没有，我们这里出生的都是小孩儿。

4. 母亲与孩子的对话：

妈妈：这次考外语，人家奇奇得了85分，你考了多少？

孩子：我比他多一点。

妈妈：你是说你考了86分？

孩子：不，妈妈，是8.5分。

歇后语，我国民间广为流传的一种特殊语言形式，一般由两个部分构成：前半截是形象的比喻，像谜面；后半截是解释、说明，像谜底，十分自然贴切。它集诙谐幽默于一体，读后往往能令人会心一笑。在一定的语言环境中，通常说出前半截，“歇”去后半截，就可让人领会和猜想出它的本意，所以称它为歇后语。例如，“马尾拴豆腐”省去的是“提不起来”。歇后语主要的特点是谐音、比喻和会意：

1. 谐音：龙王爷搬家——厉害（离海）

2. 比喻：擀面杖吹火——一窍不通

3. 会意：丈二和尚——摸不着头脑

3 口译策略

译员们私下里常常感叹：幽默可以给讲话人的话语添彩，却往往会给译员“添乱”，因为要在极短的时间里将体现智慧与幽默，甚至蕴涵深厚文化内涵的笑话或文字游戏生动准确地再现出来实在不是一件易事，有时甚至是不可能完成的任务。大致来讲，在口译现场对幽默表达的处理可以根据具体情况采取以下几种翻译策略：

（一）直译　有些笑话可以为来自不同语言文化背景的人们所共享，因为这些笑话的产生和理解并不以某一特定语言为基础，只取决于讲话人和听话人自身的幽默感。对这类幽默话语可以采取直译的方式，比如：

1. A man is talking to God.

The man: "God, how long is a million years?"

God: "To me, it's about a minute."

The man: "God, how much is a million dollars?"

God: "To me it's a penny."

The man: "God, may I have a penny?"

God: "Wait a minute."

2. 母亲与孩子的对话：

孩子：妈妈，今天的乒乓球比赛我得了亚军。

妈妈：太好了，孩子！你们有多少人参加比赛？

孩子：两个。

（二）**意译** 有些幽默可以通过意译的方式把讲话人的意思表达出来，但由于两种语言文化的差异，原话中的幽默成分可能大打折扣，甚至荡然无存，这也是不得以而为之的办法。例如，

1. 一位讲话人打趣地数落自己的丈夫："我们那口子以前也是读书人，现在下海做生意，那可真是孔夫子搬家——尽是输（书）。"一旁的中国人善意地笑了起来。译员将其译成My husband used to be an intellectual but has turned to be a businessman later on. However, he's always losing money，意思似乎表达了，但外国人并没觉得这有什么好笑。

2. 曾有一个国际研讨会在青岛召开，闭幕式上一位发言人风趣地说："别人都说青岛是远看一朵花，近看豆腐渣，而在我看来……"，当时在场的中国人都忍俊不禁。译员的翻译是：Many people say that Qingdao looks beautiful from afar but far from beautiful once you are in it. But I believe...（转引自高亮、林郁如，1996: 269）。其实，译员能即席译到这个份上已属不易，但外国代表却觉得这句话没什么好笑的。意象和韵脚在翻译过程中的遗失在所难免。

（三）**直译加解释** 由于两种语言文化之间的差异，对有些幽默的理解需要一定的背景知识，译员可视情况在翻译时适当补充相关知识，以求尽量达到幽默效果。

1. 老板与员工的对话：

员工：老板，这不公平。您把我从纽约派到北京工作，却不给我增加任何待遇。

老板：哪里！对你来说至少有一个好处。

员工：什么好处？

老板：你可以比过去提前半天拿到薪水！

（北京与纽约的时差是13小时）

2. 老师与学生的对话：

Teacher: John, please name the four seasons in a year.

Student: I can name two, football and cricket.

（足球和板球是英国最受欢迎的运动项目，而season也可指体育活动的“赛季”）

3. 老师与学生的对话：

Teacher: Maria, please point to America on the map.

Maria: This is it.

Teacher: Well done. Now class, who found America?

Class: Maria did.

（发现美洲的是西班牙人哥伦布）

（四）不译　有时候两种语言文化之间的差异过大，译员即使加入背景知识的解释也很难把意思讲清楚，而且还费神耗力，耽误宝贵的时间。在这种情况下，译员可以简单告知讲话人和听话人，由于语言文化的差异，此处的笑话不可译，请大家谅解。

1. 老师与学生的对话：

Teacher: Tell me a sentence that starts with an “I”.

Student: I is the…

Teacher: Stop! Never put “is” after an “I”. Always put “am” after an “I”.

Student: OK. I am the ninth letter of the alphabet.

2. John complains to his friend, “My last night’s date was NATO, no action, talk only.”

（NATO是北大西洋公约组织的缩写）

3. 两位朋友的对话：

甲：老子是伟大的思想家……

乙：得了，别瞎吹了，你谦虚点成不？

据说，著名口译家塞莱斯科维奇在一次同传过程中曾遇到一个不可译的笑话，塞莱斯科维奇急中生智，对着话筒说道：“刚才发言人讲了一个笑话，译员无法翻译，为了让发言人高兴，请大家笑一笑吧。”让她如释重负的是，听众们都配合地笑了起来，发言人以为自己的幽默达到了预期的效果而心情大好。当然，这是一个比较极端的例子，译员可以在“走投无路”时借用一下，却不是处理幽默表达的万灵药。译员应当根据现场的具体情况以及笑话的可译程度进行适当处理，尽量采用直译或意译的方式将幽默表达出来，在必要的时候补充相关背景知识；如果由于两种语言文化之间的差异过大，无法保证幽默在另一种语言中的再现，则以达意为主。实在无法翻译时，可简明扼要地向讲话人和听话人进行说明之后放弃。

二、话题练习：医疗卫生

1 热身词汇

1. 英译汉

Passage 1

differentiation of syndromes 辨别病症
zangfu organs 脏腑
tissues 组织（生理）
a network of channels and blood vessels 经络和血管组成的网络
qi (or *chi*) 气
jingluo 经络
pathological 病理的，病态的
dysfunction 机能不良，功能紊乱
pathogenic 致病的
yinyang and five elements theories 阴阳五行学说
information therapy 信息治疗法
hyperactive 活动过度的，活动亢进的
hypoactivity 活动不足
flux 流，涌流
waxing and waning of *yin* and *yang* 阴阳的消长
equilibrium 平衡
visceral organ 内脏
germination 萌生
mutual promoting and mutual restraining 相互为用，相互制约
mutual encroaching and mutual violating 相互侵入，相互干扰
homeostasis 动态平衡
circulation of natural elements 自然元素的循环

Passage 2

Julio Montaner 朱利奥·蒙塔内尔
International AIDS Society (IAS) 国际艾滋病协会
International AIDS Conference 国际艾滋病大会
Global AIDS Response 全球艾滋病防控
Gleneagles （苏格兰）格林尼格斯
Universal Access 普遍可及计划
Global Fund 国际艾滋病基金
President's Emergency Plan for AIDS Relief (PEPFAR) 总统防控艾滋病紧急计划
HAART 鸡尾酒疗法
morbidity 发病率
United Nations Programme on HIV/AIDS (UNAIDS) 联合国艾滋病规划署

vertical transmission 母婴垂直传播
Bill & Melinda Gates Foundation 梅林达・盖茨基金会
The Lancet 《柳叶刀》杂志
sero-discordant 血清不和
index member 病毒携带者
epidemic 疫情
Carla Bruni-Sarkozy 卡拉・布吕尼-萨科齐
Liberation 法国《解放日报》
stigma 羞辱
at risk populations 高危人群

Passage 3

World Health Day 世界卫生日
informal settlements 非正规居住区
refuse 垃圾
squalor 肮脏
physical inactivity 不爱锻炼身体

2. 汉译英

Passage 1

对立因素 opposing forces
失衡 unbalance
相互作用、互为依存 mutually effecting and dependent
对立制约 mutually opposing and constraining
消长平衡 proportionally changing with the decrease of one resulting in, or from, the increasing of the other; balanced increase and decrease of *yin* and *yang*
相互转化 mutually transformational
经络 meridian
阻塞 to block; blockage
疏通经脉 to unblock the flow of *qi* through the meridian pathway
针灸 acupuncture
艾灸 moxibustion
生理和心理的特征 physical and psychological characteristics
问诊、切脉、看舌苔 to ask questions, take pulses, and check the color and texture of the tongue
优柔寡断 indecisive
脏器 internal organs
对症下药 to prescribe a customized treatment
去邪扶正 to soothe over-active organic activities and strengthen weak ones
配方颗粒 extract prescription granule
中成药 ready-made extract granules
药典 pharmacopoeia
火罐 cupping
恶心 nausea

失眠 insomnia
内啡肽 endorphin
天然镇痛剂 natural pain-killer
消毒 to sterilize
一次性针 disposable needle
加重 to exacerbate
执业医师 medical practitioner / licensed doctor

Passage 2

甲型H1N1流感 H1N1 influenza
一般性辩论 general debate
公共卫生事件 public health contingencies
传染病 epidemics
死亡率 mortality rate
经社理事会 Economic and Social Council (ECOSOC)
经社理事会年度部长级审议亚太地区筹备会 Asia-Pacific regional preparatory meeting for the ECOSOC Annual Ministerial Review
流感大流行 influenza pandemics
国家自愿陈述 National Voluntary Presentation (NVP)
新型农村合作医疗 new rural health care cooperative scheme
医药费报销 medical expense reimbursement
财政拨款 government finance

Passage 3

中国驻悉尼总领事 Chinese Consul General in Sydney
中药行业联合会 Chinese Medicine Industry Council (CMIC)
成立大会 inauguration ceremony
中医药 Chinese medicine and medication
系统论 holistic approach
还原论 reductionism
注册管理 registration management
新洲（新南威尔士州）New South Wales
增信释疑 dismiss doubts and reinforce trust

2 英译汉

Passage 1

Introduction to TCM

With a history of 2,000 to 3,000 years, Traditional Chinese Medicine (TCM) has formed a unique system to diagnose and cure illness. The TCM approach is fundamentally different from that of Western medicine. In TCM, the understanding of the human body is based on the holistic understanding of the universe as described in Daoism, and the treatment of illness is based primarily on the diagnosis and differentiation of syndromes.

The TCM approach treats *zangfu* organs as the core of the human body. Tissues and organs are connected through a network of channels and blood vessels inside human body. *Qi* (or *chi*) acts as some kind of carrier of information that is expressed externally through *jingluo* system. Pathologically, a dysfunction of the *zangfu* organs may be reflected on the body surface through the network, and meanwhile, diseases of body surface tissues may also affect their related *zang* or *fu* organs. Affected *zang* or *fu* organs may also influence each other through internal connections. Traditional Chinese Medicine treatment starts with the analysis of the entire system, then focuses on the correction of pathological changes through readjusting the functions of the *zangfu* organs.

Evaluation of a syndrome not only includes the cause, mechanism, location, and nature of the disease, but also the confrontation between the pathogenic factor and body resistance. Treatment is not based only on the symptoms, but differentiation of syndromes. Therefore, those with an identical disease may be treated in different ways, and on the other hand, different diseases may result in the same syndrome and are treated in similar ways.

The clinical diagnosis and treatment in Traditional Chinese Medicine are mainly based on the *yinyang* and five elements theories. These theories apply the phenomena and laws of nature to the study of the physiological activities and pathological changes of the human body and its interrelationships. The typical TCM therapies include acupuncture, herbal medicine, and *qigong* exercises. With acupuncture, treatment is accomplished by stimulating certain areas of the external body. Herbal medicine acts on *zangfu* organs internally, while *qigong* tries to restore the orderly information flow inside the network through the regulation of *qi*. These therapies appear very different in approach yet they all share the same underlying sets of assumptions and insights in the nature of the human body and its place in the universe. Some scientists describe the treatment of diseases through herbal medication, acupuncture, and *qigong* as an "information therapy".

The Theory of *Yin* and *Yang*

The philosophical origins of Chinese medicine have grown out of the tenets of Daoism (also known as Taoism). Daoism bases much of its thinking on observing the natural world and manner in which it operates, so it is no surprise to find that the Chinese medical system draws extensively on natural metaphors. In Chinese medicine, the metaphoric views of the human body based on observations of nature are fully articulated in the theory of *yinyang* and the system of five elements.

The direct meanings of *yin* and *yang* in Chinese are bright and dark sides of an object. Chinese philosophy uses *yin* and *yang* to represent a wider range of opposite properties in the universe: cold and hot, slow and fast, still and moving, masculine and feminine, lower and upper, etc. In general, anything that is moving, ascending, bright, progressing, hyperactive, including functional disease of the body, pertains to *yang*. The characteristics of stillness, descending, darkness, degeneration, hypo-activity, including organic disease, pertain to *yin*.

The function of *yin* and *yang* is guided by the law of unity of the opposites. In other words, *yin* and *yang* are in conflict but at the same time mutually dependent. The nature of *yin* and *yang* is relative, with neither being able to exist in isolation. Without "cold" there would be no "hot"; without "moving" there would be no "still"; without "dark", there would be no "light". The most illustrative example of *yinyang* interdependence is the interrelationship between substance and function. Only with ample substance can the human body function in a healthy way; and only when the functional processes are in good condition, can the essential substances be appropriately refreshed.

The opposites in all objects and phenomena are in constant motion and change: The gain, growth and advance of the one mean the loss, decline and retreat of the other. For example, day is *yang* and night is *yin*, but morning is understood as being *yang* within *yang*, afternoon is *yin* within *yang*, evening before midnight is *yin* within *yin* and the time after midnight is *yang* within *yin*. The seed (*yin*) grows into the plant (*yang*), which itself dies back to the earth (*yin*). This takes place within the changes of the seasons. Winter (*yin*) transforms through the spring into summer (*yang*), which in turn transforms through autumn into winter again. Because natural phenomena are balanced in the constant flux of alternating *yin* and *yang*, the change and transformation of *yinyang* has been taken as a universal law.

Traditional Chinese Medicine holds that human life is a physiological process in constant motion and change. Under normal conditions, the waxing and waning of *yin* and *yang* are kept within certain bounds, reflecting a dynamic equilibrium of the physiological processes. When the balance is broken, disease occurs. Typical cases of disease-related imbalance include excess of *yin*, excess of *yang*, deficiency of *yin*, and deficiency of *yang*.

The Theory of Five Elements

Similar to the theory of *yinyang*, the theory of five elements—wood, fire, earth, metal and water—was an ancient philosophical concept used to explain the composition and phenomena of the physical universe. In Traditional Chinese Medicine the theory of five elements is used to interpret the relationship between the physiology and pathology of the human body and the natural environment. According to the theory, the five elements are in constant move and change, and the interdependence and mutual restraint of the five elements explain the complex connection between material objects as well as the unity between a human body and the natural world.

In Traditional Chinese Medicine, the visceral organs, as well as other organs and tissues, have similar properties to the five elements; they interact physiologically and pathologically as the five elements do. Through similarity comparison, different phenomena are attributed to the categories of the five elements. Based on the characteristics, forms, and functions of different phenomena, the complex links between physiology and pathology as well as the interconnection between the human body and the natural world are explained.

The five elements emerged from an observation of the various groups of dynamic processes, functions and characteristics observed in the natural world. The aspects involved in each of the five elements are follows:

- Fire: draught, heat, flaring, ascendance, movement, etc.
- Wood: germination, extension, softness, harmony, flexibility, etc.
- Metal: strength, firmness, killing, cutting, cleaning up, etc.
- Earth: growing, changing, nourishing, producing, etc.
- Water: moisture, cold, descending, flowing, etc.

Between the five elements there exists close relationships that can be classified as mutual promoting and mutual restraining under physiological conditions, and mutual encroaching and mutual violating under pathological conditions. By mutually promoting and restraining, functions of the various systems are coordinated and homeostasis maintained. By encroaching and violating, pathological changes can be explained and complications predicted.

The order of mutual promoting among the five elements is that wood promotes fire, fire promotes earth, earth promotes metal, metal promotes water, and water promotes wood. In this way each of the five elements has this type of mutual promoting relationship with the other, thus promoting is circular and endless. According to the order of mutual restraining, however, wood restrains earth, earth restrains water, water restrains fire, fire restrains metal and metal restrains wood. Each of the five elements also shares this restraining relationship with the other. Mutual promoting and mutual restraining are two aspects that cannot be separated. If there is no promoting, then there is no birth and growth. If there is no restraining, then there is no change and development for maintaining normal harmonious relations. Thus the movement and change of all things exists through their mutual promoting and restraining relationships. These relationships are the basis of the circulation of natural elements.

Encroaching and violating are the pathological conditions of the normal mutual promoting and restraining relationships. Encroaching denotes that the restraining of one of the five elements to another surpasses the normal level, while violating means that one of the five elements restrains the other opposite to the normal mutual restraining order.

Passage 2

Speech by Julio Montaner, President of International AIDS Society at the Opening Session of the 18th International AIDS Conference (Excerpt)

(July18, 2010)

…

Dear colleagues and friends: As we gather in Vienna today, we find the Global AIDS Response at a crossroads. In 2005 at Gleneagles, the G8 set 2010 as the target for Universal Access to prevention, treatment and care. This represented a bold and visionary objective. In short order, it led to the establishment of one of the most successful ever multilateral and bilateral efforts, including the Global Fund and PEPFAR.

We went from almost no one on HAART in 2005 to nearly five millions today.

This unprecedented roll-out success proved many skeptics wrong.

Having said so, I cannot hide my profound disappointment and deep frustration with the recently concluded G8/G20 meetings in Canada. By failing to take responsibility for the Universal Access pledge, and more importantly for failing to articulate next steps to meet not just the 6th MDG but all of them by 2015, the G8 has, quite simply, failed us.

Some have used the fiscal crisis as an excuse. But we were falling behind in our targets way before then. Let me remind you that over the last year, the same leaders had absolutely no problem finding the money on a moment's notice to bail out their corporate friends, and the greedy Wall Street bankers, yet when it comes to Global Health the purse is always empty. A full 110 billion Euro appeared from nowhere when the Greek economy faltered earlier this year. But, when it comes to Universal Access the G8 chose to ignore their commitments before the crisis, and they are poised to continue to do so today. Let's be clear: It is only a matter of priorities and, friends, their priorities have to change. Therefore, our number one objective here today must be to ensure that AIDS remains at the top of their agenda.

So, where do we go from here, when the cold reality is that today we have not met one half of the original Universal Access target?

Over the last five years, since the original Universal Access pledge, the science has evolved and, rightly embracing these developments, the World Health Organization has put forward new guidelines calling for better HAART regimens and earlier initiation of therapy. Some view this as a problem. They fail to understand that this decision is sound, based on the survival advantage demonstrated in randomized clinical trials conducted both in the North and the South.

In addition, in the last several years, several groups, including our own, have generated a compelling body of evidence demonstrating that HAART is not only highly effective at preventing HIV-related morbidity and mortality, but it also dramatically decreases HIV transmission from all routes. This has now been widely accepted as the way to eliminate vertical transmission of HIV, and in fact WHO and UNAIDS have called for the global elimination of vertical HIV transmission as a result.

More recently a study funded by the Bill & Melinda Gates Foundation in seven African countries published in *The Lancet* last month, showed a greater than 90% reduction in HIV transmission among heterosexual sero-discordant couples when the index member of the couple was started on HAART. Work from Vancouver has added to this, showing the dramatic value of HAART in decreasing HIV incidence among injection drug users. And, today we reported in *The Lancet* the population based impact of the progressive roll out of HAART in British Columbia, leading to a 50% decrease in new HIV diagnoses among injection drug users in the province of British Columbia over the last three years.

It is high time to acknowledge that "Treatment is Prevention". This new understanding represents a true game changer. The impact of HAART on prevention dramatically enhances the return on the investment of the Universal Access pledge. As President Clinton acknowledged already at the IAS Conference in Mexico, until there is a cure or a highly active vaccine, HAART is the best chance we have to control the epidemic. The UK Parliamentary Committee came to the same conclusion in their "Time Bomb" report last year.

More recently, I was extremely pleased when earlier last month, writing in the *Daily Liberation*, France's first lady, Ms Carla Bruni-Sarkozy said "We have a historic opportunity, in a few years we can eradicate AIDS from the surface of the planet." And she added, "Treating everyone means halting transmission of the virus, in other words stopping the epidemic," but she also cautioned, "we must act very quickly", adding that "solutions can be imagined for today and tomorrow," and asking that an "international tax" should be considered to raise the much needed financial support. As you can see, the consensus is building "Treatment is Prevention", and Universal Access is the way forward. As it was announced earlier today by my friend Michel Sidibe, the Executive Director of UNAIDS, Treatment 2.0 represents the best and most efficient way of delivering on the Universal Access pledge. Let's rally behind Michel today to make this a reality!

The theme of AIDS 2010, "Rights Here, Right Now," was chosen to emphasize the critical and fundamental connection between human rights and HIV. There can be no end to the pandemic unless we secure full protection of human rights for those most vulnerable to HIV and AIDS.

Stigma, discrimination, persecution, prosecution and criminalization applied in various ways against infected, affected and at risk populations represent major obstacles to control HIV/AIDS in the world today. These pose huge barriers to HIV testing, care and support and dramatically increase risk of transmission. As we move to enhance efficiencies we must recognize that full protection of human rights represents a fundamental first step to achieve this goal.

Stigma and discrimination also result in misguided policies and misallocated resources, as many governments are averse to implementing scientifically sound programmes for key at-risk groups, including people who inject drugs, sex trade workers and men who have sex with men. Gender discrimination contributes to heightened vulnerability to HIV among women and girls.

For all of these reasons, I urge you to join former presidents, Nobel Laureates, the scientific community, and myself in signing the IAS sponsored Vienna Declaration.

Today, with the start of AIDS 2010, we raise our voices louder, and demand faster action from our political leaders. We can and will overcome stigma and discrimination. This week, engage your fellow presenters and delegates, sign the Vienna Declaration, join us at the Human Rights Rally, and stand up, be heard as we mark Vienna as the beginning of the end of stigma, discrimination, and the global HIV/AIDS epidemic.

Passage 3

Secretary General Ban Ki-moon's Message for World Health Day 2010

(April 4, 2010)

For the first time in history, more people live in cities and towns than in rural areas. In a parallel trend, the burden of world poverty is also shifting from sparsely populated rural areas to densely populated cities. By mid-century, urban dwellers will count for seven out of every ten people. Most of this explosive growth is occurring in developing countries. Rapid, unplanned urbanization is expanding slums and informal settlements, and municipal authorities are struggling to cope.

The disparity in people's incomes, opportunities, living conditions and access to services is most vividly reflected by the mirror of public health. The threats are numerous: inadequate sanitation and refuse collection; industrial and traffic pollution; infectious diseases that thrive on squalor and crowded conditions; high rates of tobacco use; physical inactivity; unhealthy diets; crime, violence and the use of harmful substances.

To a large extent these problems lie beyond the direct control of the health sector. Improving urban health therefore requires sound policies across all areas of government and awareness among all sectors of society. The broad family of UN agencies and programmes is involved in this effort: working to reduce air and noise pollution, traffic congestion and crime; helping to improve housing, sanitation and food and water safety.

Although the threats to health in cities are many, there is also reason for optimism. The root causes of urban health problems are known. So, too, are the methods for dealing with them. On World Health Day 2010, more than 700 cities from around the world will share their success stories. Together, these policies, interventions and best practices show how we make cities healthy places to live.

Many problems can be solved through better planning and more effective use of standards and the legislation needed to enforce them. Actions need not be complex or costly. Interventions with a demonstrated impact range from using urban gardens and farms to promote nutrition education and physical activity to communities working together to reduce crime and violence. On this World Health Day, let us act to make our cities more nurturing for all. Urban health matters!

3 汉译英

Passage 1

中医简介

下午好！首先我对上次课做一个补充。上次课后同学们递了很多纸条，问了很多问题。我将问题整理了一下，整体做答。

中西医的理念是不同的。中医是一个全面的治疗系统，据历史记载已有两千多年的历史。中医构建在《黄帝内经》所提供的框架的基础上，认为可以用自然规律来解释人体内在运行方式。人体是由各种器官和各种功能系统组成的有机整体。一个人的健康与世间万物一样，都受到诸如冷热、悲喜等对立因素的影响。当这些因素平衡时，人体是健康的；失衡时表现为人体内某个器官过分活跃或过分不活跃。

中医上用阴阳失衡来表述这种现象。中医学认为，阴与阳存在于人的体内，相互作用、互为依存。也就是说，阴阳两者对立制约、消长平衡、相互转化。阴阳失衡导致疾病。因此，中医重视调节阴阳以保持平衡。

气是通过经络运行的。 阴阳失调可以引起气的阻塞。中医常用来疏通经脉、使身体恢复平衡、健康的方法有几种，包括中药、针灸、艾灸、推拿按摩、食疗，还有诸如太极和气功这样的健身疗法。

看病时，中医医生关注的是人的整体，将生理和心理的特征看作是健康与否的关键指标。中医一般会问诊、切脉、看舌苔。问诊涉及近来的身体状况，包括情感与精神状况。比如说，了解病人的性格是优柔寡断还是火爆脾气有助于诊断胆囊的问题。切脉会切几次，每次了解不同的脏器的状况。最后医生会以治疗病因与增强体质为出发点对症下药，而不是只治疗某一处感染或损伤。处方的中药通常包括草本植物和其他中药成分，用来去邪扶正，也就是纠正引起疾病的失衡。

通常你会有一个熬药用的药罐。你把中药倒进药罐、再倒进水、把它熬成像浓茶一样的东西。现在也有袋装中药配方颗粒。你把各种中药颗粒放入杯中，一样可以冲成浓茶状，很方便。药丸和中成药颗粒一般是根据药典做的。一包里装的是各种中药的混合物，针对几种症状。袋装中药配方颗粒是医生开处方时选用的，每袋只有一种中药成分。医生根据不同的病情开不同的处方，每个处方要用多袋袋装配方颗粒。

对像肌肉疼痛这样的病情，医生认为经络不通引起疼痛，所以会用针刺疗法来刺激经络上的穴位，以疏通经脉。另外，他也可能会用艾灸、火罐或肌肉按摩来治疗。除了治疗肌肉疼痛外，针灸还可以用来治疗其他病痛，例如胃部不适、恶心、失眠、瘫痪等。最近研究人员正在研究用中药和其他中医技术医治抑郁症、癌症和其他病症，已经有很多成功的例子。西医对此的解释是针刺激发体内内啡肽的释放，内啡肽是一种天然镇痛剂。

关于针灸用的针是否安全的问题。只要给你看病的针灸师使用完全消毒的针或者一次性针就是安全的，就不会感染。如果你正在服用阿斯匹林或其他的镇痛药物，你要告诉针灸师，因为这些药物可能加重针眼的小伤口。

关于同学问到的用药安全的问题。执业医师一定会书写处方，并且把处方给你保存，以便下次看病时带给他看。现在中医医师非常了解中医的新进展，有能力明智地选择用药，避免使用危险的有问题的药物。同样，你最好告知给你看病的医生你正在服用的西药和中药。另外，在中国、日本、澳大利亚、欧洲和北美洲进行的科学实验都正在进一步证实中医的疗效。世界卫生组织也承认中医对很多疾病的治疗都很有帮助。

Passage 2

刘振民大使在第64届联大关于全球卫生和外交政策的发言（节选）

（2009年12月10日）

主席先生：

中国代表团欢迎秘书长在此议题下提交的报告。我们欢迎联大就“全球卫生和外交政策”议题举行辩论会。

过去一年来，国际金融和经济危机给全球公共卫生带来严峻挑战，各国卫生部门面临资金投入减少、供求矛盾加剧等系列困难。与此同时，甲型H1N1流感继续在全球广泛蔓延，直接威胁公众健康和各国经济社会发展。面对纷繁复杂的形势，联大再次围绕“全球卫生和外交政策”展开一般性辩论，具有重要的现实意义。中国代表团愿发表以下看法：

一、坚持合作应对全球公共卫生危机。在经济全球化深入发展的今天，突发严重公共卫生事件的影响也呈现全球化的趋势，任何国家都无法单独应对。国际社会应凝聚力量，携手合作，加强信息、技术和防控经验共享，共同遏制包括甲型H1N1流感在内的重大传染病在全球的传播。

二、加大对发展中国家卫生事业的支持。千年发展目标的三项具体指标与卫生直接相关。目前，发展中国家实现卫生领域千年发展目标进展缓慢，特别是在改善儿童和孕产妇健康方面的情况令人担忧。发达国家应切实保持和增加对发展中国家卫生领域的支持和援助，协助发展中国家开展能力建设，增强抵御金融危机负面影响的能力。

三、建立稳固的公共卫生体系。稳固的公共卫生体系是应对各种新发、突发传染性疫情的有力保障，也是改善民生的内在要求。各国要把公共卫生体系建设作为经济社会发展规划的重点，加大对卫生事业的资金投入，尽量减少危机对贫困家庭和弱势群体的影响。要加强部门间政策协调，积极动员民间力量参与，扩大公共卫生服务体系的覆盖面。

主席先生，中国政府高度重视公共卫生事业发展。新中国成立60年来，中国卫生医疗事业取得长足发展，医疗卫生机构由当初的3,670个增加到今天的27.8万个，人均期望寿命由35岁增加到目前的73岁，孕产妇死亡率由1500/10万降低到34.2/10万，婴儿死亡率由200‰降低到14.9‰，并提前实现了千年发展目标关于降低婴儿和五岁以下儿童死亡率、防治疟疾等方面的指标。

中国政府计划在未来三年内投入85,00亿元人民币，加快推进基本医疗保障制度建设，到2011年实现城镇职工和居民基本医疗保险及新型农村合作医疗参保率提高到90%以上。

主席先生，中国积极参与卫生领域国际合作，与世界各国、有关国际组织建立了多渠道、多层次、广范围的联系。今年，中国先后主办了经社理事会年度部长级审议亚太地区筹备会和甲型H1N1流感应对与准备国际科学研讨会，与会代表分别围绕“促进健康素养”和“流感大流行的公共卫生政策”的主题深入交流了经验。中国还于今年7月参加了经社理事会关于落实全球公共卫生领域的国际目标和承诺的年度部长级审议国家自愿陈述。中国政府还通过培训人才、派遣医疗队、援建医院、无偿提供药品等方式，向广大发展中国家提供力所能及的援助，为促进发展中国家人民健康做出了积极贡献。

主席先生，甲型H1N1流感发生后，中国政府高度重视，积极应对，采取一系列有力、有序、有效的防控措施，最大限度地遏制了疫情的扩散，并抓紧研究和开发疫苗。疫情目前未对经济社会发展造成大的冲击，社会生产和公众生活秩序正常，防控工作得到了公众的支持和国际社会的认同。中国政府在防控过程中与国际社会密切沟通，根据国际惯例适时调整防控策略和方法，并向一些发展中国家提供了力所能及的援助。中国政府将进一步增强公众防护意识，做好应对疫情可能发生变化的充分准备，为维护人民健康、保持经济平稳较快发展提供有力保障。

谢谢主席先生。

Passage 3

中国驻悉尼总领事胡山在澳大利亚中药行业联合会成立大会上的致辞（节选）

（2010年1月29日）

女士们，先生们：

我非常高兴应邀出席今天的澳洲中药行业联合会成立大会。在此，我谨代表中国驻悉尼总领馆，对澳洲中药行业联合会的成立表示热烈的祝贺！

澳洲中药行业联合会是澳洲成立的第一个中药行业专业团体。她的成立必将大大增强澳洲中药行业与政府管理部门之间的沟通和联系，进一步加强澳洲中药行业内部和与中国中药界的交流与合作，这在澳洲中药发展史上翻开了重要的一页。

中医药是中国传统文化的瑰宝，是中华民族灿烂文明的重要代表。在人类文明的历史长河中，建立在中国哲学思想之上、凝聚中国人民聪明才智、经过长期实践检验的中医药，对中华民族的繁衍生息和健康福祉作出了巨大贡献。但是，由于中医药是建立在中国系统论哲学思想之上的科学体系，与建立在以还原论为核心的现代科学体系之上的西方医学体系存在巨大的差别。因此，西方国家在理解和接受中医药方面确实存在一些文化差异和客观困难。但是，我们十分高兴地看到，由于中医药具有独特的魅力和价值，随着中国与西方国家科技文化交流合作的不断深入，西方国家民众对中国哲学思想的了解越来越多，对中医药科学体系的理解也越来越深入，越来越多的西方国家民众被中医药的博大精深和独特魅力所吸引，开始理解和接受中医药，越来越多的西方国家政府也认识到中医药对促进人类文明和健康福祉的重要作用和独特价值。

我也非常高兴地看到，澳洲政府对中医药在澳洲的发展给予了重视、鼓励和支持，决定自2012年7月1日开始，对中医师进行注册管理，标志着中医已经得到澳大利亚政府的法定认可，步入法制化发展的轨道。中国政府赞赏澳洲政府鼓励和支持中医药在澳洲发展的态度和举措。尤其是新洲政府对与中方开展中医药合作的高度重视。经过协商，中国科技部与新洲政府已经达成协议，把中医药作为中国和新洲政府科技合作的优先领域之一，双方共同投资，围绕中医药的一些重大理论和实践问题开展合作研究。这些都为中医药在澳洲的健康发展创造了有利条件。

中医和中药是中医药科学体系的一体两翼，两者相互依存，相互促进，相得益彰，缺一不可，必须协调发展。没有中医理论，中药就失去存在的理论基础，成为无源之水，无本之木；没有中药的发展，中医也成为无米之炊，难以为继。目前，澳洲中医发展势头良好，中药发展相对滞后、薄弱，如果不采取措施进一步促进澳洲中药行业的发展，无疑会制约澳洲整个中医药行业的协调、健康发展。澳洲中药行业联合会的成立，无疑将对澳洲中药行业的发展起到重要的促进作用。希望澳洲中药行业联合会能够切实发挥澳洲中药行业与政府管理部门桥梁和纽带的重要作用，加强与政府管理部门的联系和沟通，增信释疑，协助解决行业发展中出现的新情况和新问题，及时反映行业的呼声和愿望，加强行业自律，提高产品和服务质量，团结广大会员，增强组织凝聚力，为澳洲中药行业健康持续发展作出贡献。

中国驻悉尼总领馆将大力支持澳洲中药行业联合会开展活动，鼓励和支持该会与中国中药专业机构开展交流和合作，进一步促进与澳洲和新洲政府中医药领域的交流与合作，继续把中医药作为双边政府科技合作的优先领域，针对澳洲中药行业出现的新情况和新问题，联合开展专题研究。我们也欢迎澳洲政府管理部门、澳洲中药行业联合会、新闻媒体、中药研究教育机构的代表和专家到中国进行实地考察交流，增进对中医药的了解，深化中医药领域的合作，让中医药更好地造福澳洲人民。

各位来宾，中医药不仅属于中国，也应属于澳洲、属于世界。她为中华民族的繁衍生息和健康福祉作出了巨大贡献，也应为包括澳洲人民在内的全人类的健康福祉和文明作出更大贡献。让我们共同努力，让中医药这个瑰丽的奇葩在澳洲健康成长，枝繁叶茂。

最后，祝澳洲中药行业联合会取得圆满成功！谢谢！

三、注释

1 HAART

鸡尾酒疗法，原指“高效抗逆转录病毒治疗”，由美籍华裔科学家何大一于1996年提出，是通过三种或三种以上的抗病毒药物联合使用来治疗艾滋病。该疗法的应用可以减少单一用药产生的抗药性，最大限度地抑制病毒的复制，使被破坏的机体免疫功能部分甚至全部恢复，从而延缓病程进展，延长患者生命，提高生活质量。该疗法把蛋白酶抑制剂与多种抗病毒的药物混合使用，从而使艾滋病得到有效的控制。

2 中医系统论

中医学认为人体是一个有机的整体，人体的形体组织及五官九窍都可纳入以五脏为中心的藏象系统，通过经络的联系，把人体所有的脏腑、器官、孔窍及皮肉筋骨等组织连接成一个统一的整体，气血津液得以运行畅通。中医学不但认为人体是一个整体，而且认为人与自然环境、人的机体与精神也是一个整体，这就是所谓“天人合一”与“形神合一”。这种整体论以阴阳五行为其基本理论，用阴阳说明其对立统一，用五行说明其相辅相成与相反相成的关系。

3 西医还原论

西医学是在西方哲学及科学的背景下发展起来的。按照西方的主导观点，任何生物学问题是必须在物理化学的层次加以阐明才算是得到根本解释的，也就是必须还原为物理化学问题。这种观点可称为还原论。而根据这种观点，整体由局部组成，高级运动由低级运动组成，可一直追溯到细胞水平、分子水平。因此，自然就会重局部而轻整体，重分析而轻综合，重微细结构而轻相互关联。

第15单元

应急策略

口译主题：中国的少数民族与宗教

一、技巧讲解

无论译员在事前做了怎样精心的准备，依然可能在口译过程中碰到一些意想不到的紧急或意外情况，主要包括两类：语言类和非语言类。语言类的紧急情况主要是指译员没听清或没听懂讲话人的内容，以及听懂了却无法表达或无法回忆起讲话人讲过的部分内容等等。非语言类的紧急情况要复杂得多，除了上述情况之外的其他意外状况几乎都属于这一类。

1 语言类紧急情况产生的原因和应对策略

临场听不懂以及听懂了却译不出来或忘记部分讲话内容的原因有很多，对于经验不足的译员来讲以下几点值得注意：

- 语言水平（听力、词汇量等）问题；
- 翻译技巧问题；
- 不熟悉讲话人的内容；
- 心理准备不充分，情绪不稳定，怯场；
- 精神不够集中，走神了；
- 发言人本身发音不清晰或有口音；
- 发言人语速过快；
- 发言人一口气所讲的内容很多，而由于各种原因译员无法做笔记，比如笔突然没墨水、没带笔记本、处于走动状态等等。

针对不同情况，译员一般可以采取以下应对措施：

1. **询问发言人**　在一般情况下，译员应当实事求是，没有听清或听懂不能装懂，更不能乱译。可礼貌地请求发言人放慢速度或重复刚才没听懂的那个单词、那一句话，甚至那一小节，或者请发言人换一种说法，解释说明等等。

但这个方法不能经常使用，否则会让听众对译员失去信心，产生急躁情绪。这个方法在特别正式的场合也尽量不使用。

2. **询问听众**　如果译员有个别单词或短语不知如何翻译，有时可向听众询问。听众中或许有双语人士，或者即便外语不是太好，但却知道一些专业术语，在某些时候可以为译员提供帮助。译员在获得帮助后应简短致谢。

3. **信息重组和概述归纳**　翻译卡壳的原因往往是译员将注意力集中在词句上而没有把握意义，而逐字逐句推敲措辞更多的是笔译的要求，口译更强调意思的传达。所以可以根据所听上下文进行信息重组以将原文的意思翻译出来，也就是综述性翻译，或合理简约。而概述归纳是指发言人一口气列举了很多同类事物，译员一时无法全部记住或理解时所采取的一种概括性翻译方法。例如，讲话人在发言中提到了“电视机、录音机、微波炉、冰箱、洗衣机、空调”，译员在无法完全记住的情况下可译成electronic apparatus including TV set, tape-recorder, air-conditioner, etc.（包括电视、录音机、空调等在内的电器）；或是将“纽约、芝加哥、洛杉矶、华盛顿、罗马、巴黎、伦敦、柏林、马德里”处理成New York, Los Angeles, Paris, London and other big cities in America and Europe。

4. **鹦鹉学舌，原音模仿**　对于一些没有听清的词，或一时无法翻译的词，特别是一些专业词汇，可以模仿原来的发音，照原样读出来。例如Evidenced-Based Medicine（循证医学），可以照原样重复，也可简约成EBM。而对于人名、缩略语，如Robert McDonald, ICU（intensive care unit）也可照念。

5. **合理猜测**　尽管有时译员可能没有听懂某个（些）单词，但不影响对整体意思，特别是重要意义的表达。这时可根据上下文对这部分不太重要的内容进行合理猜测，对整体内容进行合理调整补充，使译文听上去即使不完全准确也不至于出太大的问题。

6. **略译或放弃**　在没有听懂但又无法向发言人询问时，只有略去这部分不做翻译，这其实是一种不得已而为之的做法。但即便是出现这样的情况，译员也不要表现出焦虑情绪，应该不动声色地继续下文的翻译。译员保持平稳心态才能专注于下文，避免继续出错。同时，这也是译员的一种自我保护方式。

7. **及时调整情绪**　译员在翻译过程中即使出现了一些不好的状况，也不要表现出尴尬的窘态，不要在场上过多自责或致歉，要及时调整心态，集中精神继续工作。要相信大部分听众是为听内容而来，不会吹毛求疵。只要整体内容的翻译没有大的问题就可以得到大部分听众的认可。

8. **及时补救**　有时译员在前面没有弄明白的某个词语、术语或表达法，可能会在稍后的时间随着更多信息的进入而得到解决。只要条件许可，译员就应该采取某些补救措施及时向听众进行解释，尽量做到信息的总体等值。

2 非语言类紧急情况及其应对策略

几乎所有的译员都曾在口译场合遇到过这样那样的意外情况，而对其中有些情况的处理其实很难给出一个如何应对的“标准答案”，因为讲话人不同、听众不同、场合不同、主题不同，译员应该采取的应急措施也会有差异。比如：

1. 如果现场突然有人指出你刚才的某处翻译是错误的，你应当如何应对？首先，你应该确认你是否真的译错了。条件许可时你可以向讲话人再次求证，如果确实是自己的错误，就应简短致歉，但不必为此耗费过多时间。如果条件不许可，或许你可以先说一句“我们下来再核实一下好吗”，然后继续；当然，如果“纠错者”只是一个试图自我表现一下的双语人士，你也可以不予回应。

2. 如果服务对象要求你帮忙处理口译之外的其他事务，你应该答应还是拒绝？如果只是一些举手之劳的小事，而且并不耽误你的正式工作，比如帮忙复印资料、在附近买点工作用品等，大多数译员是乐于帮忙的；但如果要耗费大量的时间和精力，就可以礼貌地进行解释和婉拒。

3. 如果当事一方（而且是雇你的一方）要求你到另一方去打探情况，你会拒绝吗？这关涉译员职业道德问题。一般来讲，译员可能很难对自己的雇主说不，但无论译员由谁雇用，从理论上讲当事双方都拥有使用语言服务的平等权利。即便译员不明确说不，也不能充当“间谍”的角色。

4. 如果当事一方要求你就某件事提出自己的看法或建议，你会如何处理？一般而言，对于经验并不十分丰富的译员来说，如果没有十拿九稳的把握，最好不要盲目发表看法或提出建议。当然，如果你确信你的做法可以帮助双方消除误会，甚至推动双方更好地实现各自的交际目的，那又何乐而不为呢？

5. 如果当事一方口出污言秽语，另一方坚持让你如实翻译，你会照做吗？这种情况其实很少出现，但如果真的发生了，只要讲话人的本意并非要伤害谁、侮辱谁，只是情急之下的发怒方式，在大多数情况下译员都不会“忠实”翻译的，因为这只会让局面进一步恶化。当然，如果这件事已到了有损国格的地步，那就另当别论了。

6. 如果当事一方向你赠送礼品，或给你小费，你会接受吗？如果只是当事人表示友情而赠送的小礼品，或者是对你工作的一种肯定，而且并不贵重，当然可以礼貌地接受并致谢。但如果礼品过于贵重，而且是在工作过程中赠送，你就必须慎重处理了。至于小费，大多数中国人一般并无接受小费的习惯，只要你已经得到或将要得到你应得的劳动报酬，就可以直接向对方解释中国人的习惯，但一定要记得礼貌致谢，因为对方往往也是一番好意，是对你工作的肯定。

在跨文化交际过程中出现的意外情况很多，也很难预测。无论译员采取什么样的行动，其基本出发点是：不危及和牺牲任何一方的利益，有利于推动交际双方顺利达到跨文化交际的目的。

二、话题练习：中国的少数民族及宗教

1 热身词汇

1. 英译汉

Passage 1

Shamanism 萨满教
Eastern Orthodox Christianity 东正教
Dongba religion 东巴教
Hui 回族
Uygur 维吾尔族
Kazak 哈萨克族
Kirgiz 柯尔克孜族
Tatar 塔塔尔族
Uzbek 乌孜别克族
Tajik 塔吉克族
Dongxiang 东乡族
Salar 撒拉族
Bonan 保安族
Mongolian 蒙古族
Lhoba 珞巴族
Monba 门巴族
Yugur 裕固族
Tu 土族
Tibetan Buddhism 藏传佛教
Dai 傣族
Blang 布朗族
Deang 德昂族
Theravada Buddhism 上座部佛教/小乘佛教
Lamaism 喇嘛教
Arab and Persian merchants 阿拉伯和波斯商人
overland 陆路
mosque 清真寺
imam 伊玛目
ahung 阿訇
clergy 教职人员
sorcery 巫术
supernatural belief 鬼神崇拜
Daode Jing (*Classic of the Way and Virtue*) 《道德经》

canon　经典
"Dao" or "Tao" (the Way)　道
self-cultivation　修行
Protestant　新教、新教徒
Buddhist Association of China　中国佛教协会
China Taoist Association　中国道教协会
Islamic Association of China　中国伊斯兰教协会
Chinese Patriotic Catholic Association　中国天主教爱国会
Chinese Catholic Bishops College　中国天主教主教团
The Three-self Patriotic Movement Committee of the Protestant Churches of China　中国基督教三自爱国运动委员会
China Christian Council　中国基督教协会
to institute social welfare undertakings　兴办社会公益事业

Passage 2

The Criminal Law　《刑法》
The General Principles of the Civil Law　《民法通则》
The National Minority Regional Autonomy Law　《民族区域自治法》
The Education Law　《教育法》
The Labor Law　《劳动法》
The Electoral Law of the People's Congresses　《人民代表大会选举法》
The Organic Law Governing Villagers' Committees　《村民委员会组织法》
denomination　教派
The Regulations on the Management of Sites for Religious Activities　《宗教活动场所管理条例》
judicature　司法
scripture hall　经堂
prayer niche　佛龛
Potala Palace　布达拉宫
the Tashilhunpo Monastery　扎什伦布寺
the Jokhang Temple　大昭寺
the Samye Monastery　桑耶寺
The Tripitaka (The Buddhist Canon)　《大藏经》
China Advanced Institute of Tibetan Buddhism　中国藏语系高级佛学院
the Institute of Tibetan Buddhism　西藏佛学院
lot-drawing from a golden urn　金瓶掣签
reincarnation　转世
Panchen Erdeni　班禅额尔德尼
the identification, confirmation and enthronement　寻访、认定和坐床
pilgrimage　朝觐
Mecca　麦加
the Institute of Islamic Theology　伊斯兰教经学院

Passage 3

juncture 关键时刻
to fuel hostility 激起敌意
to perpetrate 犯（罪），作（恶）
a dire tragedy 一个可怕的悲剧
an isolated microcosm 一个与世隔绝的微观世界
reverence for life 尊重生命
inner dimension of peace 内心层面的和平
to discharge duty 履行职责
inherent dignity 固有的尊严
sustainable livelihood 可持续的生计
reforestation 重新造林
universal abolition 广泛废除

2. 汉译英

Passage 1

大杂居、小聚居 living together in one area while still living in individual compact communities in special areas
大民族主义 big-ethnic group chauvinism
民族分裂 splittism
自治机关 autonomous organs of self-government
行使自治权 to exercise autonomous rights

Passage 2

暗流 undercurrent
自我中心主义 egocentricism
隔阂 estrangement
亵渎 to blaspheme
《世界宗教与精神领袖千年和平大会宣言》 The Manifesto of the World Religion and Spiritual Leaders Millennium Peace Convention
台湾灵鹫山佛教社团 Taiwan Lingjiushan Buddhist Society
弱肉强食 jungle law
有机组成部分 organic part
首届世界佛教论坛 The First World Buddhist Forum
宗教多边国际会议 multilateral international religious conference
普陀山 Putuo Mountain (Potalaka Mountain or Potala Mountain)
佛陀 Buddha

Passage 3

国家宗教事务局 State Administration for Religious Affairs
(部级局的)副局长 Vice Minister
布鲁金斯学会 Brookings Institution
世贸中心双子大厦 twin/two towers of the World Trade Center
半旗 half-mast flag, flag flown at half mast
精神源泉 spiritual source
经济转轨、社会转型 economic changes, societal transformation
"海纳百川、有容乃大" "The ocean takes thousands of rivers so that it becomes vast and a man accepts a variety of ideas so that he becomes great."
包容多元 tolerance and plurality

2 英译汉

Passage 1

China's Religion and Ethnic Groups

China is a country with a great diversity of religions and over 100 million believers of various faiths. The main religions are Buddhism, Islam, Christianity, China's indigenous Taoism, along with Shamanism, Eastern Orthodox Christianity and the Naxi people's Dongba religion. The Hui, Uygur, Kazak, Kirgiz, Tatar, Uzbek, Tajik, Dongxiang, Salar and Bonan peoples adhere to Islam; the Tibetan, Mongolian, Lhoba, Monba, Tu and Yugur to Tibetan Buddhism; and the Dai, Blang and Deang to Theravada Buddhism. Quite a few Miao, Yao and Yi are Christians. The religious Han Chinese tend to practice Buddhism, Christianity or Taoism.

Buddhism was introduced into China from India around the first century AD and became increasingly popular after the 4th century. Tibetan Buddhism, or Lamaism as it is sometimes called, is found primarily in Tibet and Inner Mongolia. Now China has more than 13,000 Buddhist temples with about 200,000 monks and nuns.

Islam probably first reached China in the mid-7th century. During the Tang (618–907) and Song (960–1279) dynasties, Arab and Persian merchants of the Islamic faith came overland through Central Asia to northwest China and by sea to the coastal cities in southeastern China, bringing with them the Islamic faith. The Yuan Dynasty (1279–1368) witnessed the zenith of prosperity of Islam. Now China has more than 30,000 mosques and more than 40,000 imams and ahungs.

Catholicism reached China several times after the seventh century, and was introduced to the country on a large scale after the Opium War of 1840. Now there are about four million Catholic believers, 4,000 clergy and more than 4,600 churches and meeting places in China.

Christianity (Protestantism) was introduced to China in the early 19th century, and spread widely after the Opium War. Now China has about 10 million Christians, 18,000 clergy, 12,000 churches and 25,000 other centers of worship.

Taoism probably took form as a religion during the second century, originating from sorcery, pursuit of immortality and other supernatural beliefs in ancient China. Taoists take the philosopher Lao Zi (traditionally said to be born in 604 BC) as their teacher, and his work, *Daode Jing* (*Classic of the Way and Virtue*), as their canon. Sublimating the philosophical concept of "Dao" or "Tao" (the Way) as described in *Daode Jing*, they posit that man can become one with the "Tao" through self-cultivation, and achieve immortality. China now has more than 1,500 Taoist temples, and over 25,000 Taoist monks and nuns.

Buddhists, Moslems, Catholics, Protestants and Taoists have all established their own national and local organizations. The national religious organizations include Buddhist Association of China, China Taoist Association, Islamic Association of China, Chinese Patriotic Catholic Association, Chinese Catholic Bishops College, the Three-self Patriotic Movement Committee of the Protestant Churches of China and China Christian Council. They elect leading organs and leaders in accordance with their own rules, run their own religious affairs independently, set up religious schools, publish religious books and periodicals, print and distribute religious classics and institute social welfare undertakings.

Passage 2

The Policy of Freedom of Religious Belief

The Constitution of China specifies: Citizens of the PRC enjoy the freedom of religious belief. No state organ, public organization or individual may compel citizens to believe in, or not to believe in, any religion; nor may anyone discriminate against citizens who believe in, or do not believe in, any religion.

The Criminal Law of China, the General Principles of the Civil Law, the National Minority Regional Autonomy Law, the Education Law, the Labor Law, the Electoral Law of the People's Congresses, and the Organic Law Governing Villagers' Committees include corresponding articles stipulating that citizens' freedom of religious belief should be protected, and that citizens who believe in, or do not believe in, any religion should not be discriminated against.

The policy of freedom of religious belief adopted by the Chinese government has the following basic contents:

—Respecting and protecting freedom of religious belief. In China, every citizen enjoys the freedom to believe in, or not to believe in, any religion. Within a religion, every Chinese citizen has the freedom to believe in any denomination or division. Each citizen has the freedom to adopt or reject a religious belief. This means that believing in or not believing in religion is a citizen's personal affair, and no state organ, public organization or individual may put pressure on any citizen in this regard. All citizens are completely equal, are entitled to equal rights and at the same time must perform the duties prescribed by law, whether or not they are religious believers.

—Protecting normal religious activities. All normal religious activities held at special sites for religious activities or in believers' homes according to religious custom shall be managed by religious organizations and believers, and shall be protected by the law. No one shall interfere with them. The Regulations on the Management of Sites for Religious Activities promulgated by the Chinese government specify: The site for religious activities shall be managed by the administration organization of the site autonomously. Its lawful rights and interests and normal religious activities held at the site shall be protected by the law. Whoever infringes upon the lawful rights and interests of a site for religious activities shall bear legal responsibility.

—All religions are equal. In China, no religion occupies a privileged position. The Chinese government treats all religions equally, without discrimination. All religions shall respect each other and coexist in harmony. In China, religion is separated from political power and from education too. State power shall not use religion in its own service; and religion shall not interfere with the state's administration, judicature and education.

—All religions adopt the principle of independence and self-management. Chinese religions shall be run solely by the religious organizations, clergy and believers themselves. Chinese religious affairs and organizations shall not be controlled by foreign forces. Chinese religious organizations are willing to conduct friendly exchanges with their counterparts in other countries to strengthen mutual understanding and friendship. But such exchanges must be based on complete equality and mutual respect.

The Chinese government has spared no effort to promote economic, cultural and educational progress in the areas inhabited by minority people, and to improve the material, cultural and living standards of the broad masses of the minority people while attaching great importance to respecting their religious beliefs and customs, and protecting their cultural legacy.

Most Tibetans believe in Tibetan Buddhism. Now Tibet has more than 1,700 places for Buddhist activities, with more than 46,000 lamas resident in monasteries. Almost every Buddhist dwelling has a small scripture hall or prayer niche. Every year, the number of Buddhists going to Lhasa to worship totals more than one million. Since the 1980s, the Central Government has allocated more than 200 million RMB *Yuan* to Tibet for the renovation of the Potala Palace, the Tashilhunpo Monastery, the Jokhang Temple, the Samye Monastery, and other places of worship. In addition, special funds were allocated for the publication of the Tibetan editions of *The Tripitaka* (*The Buddhist Canon*) and other classics, and the China Advanced Institute of Tibetan Buddhism was founded in Beijing, and the Institute of Tibetan Buddhism, in Lhasa. In 1995, in accordance with the religious rituals and historical conventions of Tibetan Buddhism, including lot-drawing from a golden urn, the reincarnation of the 10th Panchen Erdeni was discovered. Thus, China completed the identification, confirmation and enthronement of the 11th Panchen Erdeni.

In Xinjiang and Ningxia, the government provides various services to Moslems for pilgrimages. Since the 1980s, more than 40,000 Chinese Muslims have gone to Mecca. Now Xinjiang has more than 23,000 mosques, and 29,000 clergy to meet the religious needs of Muslims. The Islamic Association of Xinjiang has founded the Institute of Islamic Theology, and published *the Koran* in the Uygur language. The Chinese government respects the dietetic customs and burial rites of the minority peoples who believe in Islam, and has worked out laws and regulations on producing Muslim food and opened Muslim cemeteries.

Passage 3

The Millennium World Peace Summit of Religious and Spiritual Leaders' Commitment to Global Peace

Humanity stands at a critical juncture in history, one that calls for strong moral and spiritual leadership to help set a new direction for society. We, as religious and spiritual leaders, recognize our special responsibility for the well-being of the human family and peace on earth.

Whereas the United Nations and the religions of the world have a common concern for human dignity, justice and peace;

Whereas we accept that men and women are equal partners in all aspects of life and children are the hope of the future;

Whereas religions have contributed to the peace of the world but have also been used to create division and fuel hostilities;

Whereas our world is plagued by violence, war and destruction, which are sometimes perpetrated in the name of religion;

Whereas armed conflict is a dire tragedy for the human lives ruined and lost, for the larger living world, and for the future of our religious and spiritual traditions;

Whereas no individual, group or nation can any longer live as an isolated microcosm in our interdependent world, but rather all must realize that our every action has an impact on others and the emerging global community;

Whereas in an interdependent world peace requires agreement on fundamental ethical values;

Whereas there can be no real peace until all groups and communities acknowledge the cultural and religious diversity of the human family in a spirit of mutual respect and understanding;

Whereas building peace requires an attitude of reverence for life, freedom and justice, the eradication of poverty, and the protection of the environment for present and future generations;

Whereas a true culture of peace must be founded upon the cultivation of the inner dimension of peace, which is the heritage of the religious and spiritual traditions;

Whereas religious and spiritual traditions are a core source of the realization of a better life for the human family and all life on Earth.

In light of the above, and with a view to discharging our duty to the human family, we declare our commitment and determination:

1. To collaborate with the United Nations and all men and women of goodwill locally, regionally and globally in the pursuit of peace in all its dimensions;

2. To lead humanity by word and deed in a renewed commitment to ethical and spiritual values, which include a deep sense of respect for all life and for each person's inherent dignity and right to live in a world free of violence;

3. To manage and resolve nonviolently the conflicts generated by religious and ethnic differences, and to condemn all violence committed in the name of religion while seeking to remove the roots of the violence;

4. To appeal to all religious communities and ethnic and national groups to respect the right to freedom of religion, to seek reconciliation, and to engage in mutual forgiveness and healing;

5. To awaken in all individuals and communities a sense of shared responsibility for the well-being of the human family as a whole and a recognition that all human beings—regardless of religion, race, gender and ethnic origin—have the right to education, health care, and an opportunity to achieve a secure and sustainable livelihood;

6. To promote the equitable distribution of wealth within nations and among nations, eradicating poverty and reversing the current trend toward a widening gap between rich and poor;

7. To educate our communities about the urgent need to care for the earth's ecological systems and all forms of life and to support efforts to make environmental protection and restoration integral to all development planning and activity;

8. To develop and promote a global reforestation campaign as a concrete and practical means for environmental restoration, calling upon others to join us in regional tree planting programs;

9. To join with the United Nations in the call for all nation states to work for the universal abolition of nuclear weapons and other weapons of mass destruction for the safety and security of life on this planet;

10. To combat those commercial practices and applications of technology that degrade the environment and the quality of human life;

11. To practice and promote in our communities the values of the inner dimension of peace, including especially study, prayer, meditation, a sense of the sacred, humility, love, compassion, tolerance and a spirit of service, which are

fundamental to the creation of a peaceful society.

We, as religious and spiritual leaders, pledge our commitment to work together to promote the inner and outer conditions that foster peace and the nonviolent management and resolution of conflict. We appeal to the followers of all religious traditions and to the human community as a whole to cooperate in building peaceful societies, to seek mutual understanding through dialog where there are differences, to refrain from violence, to practice compassion, and to uphold the dignity of all life.

3 汉译英

Passage 1

中国的少数民族

中国是一个统一的多民族国家，由56个民族组成。据2000年第五次全国人口普查资料显示，汉族人口占全国总人口的91.59%，其他55个民族占8.41%。由于汉族人口众多，因此习惯上把其余55个民族统称为少数民族。

汉族分布在全国各地，主要聚居在黄河、长江、珠江三大流域的中下游和东北平原。55个少数民族虽然人口少，但分布的地区却很广，约占全国总面积的64.3%。主要分布在从东北到华北、西北、西南的边疆地区。云南省居住着20多个民族，是中国民族成分最多的一个省份。在全国绝大多数县、市中，都居住有两个以上的民族成分。这种历史上形成的各民族“大杂居、小聚居”的状况，为汉族与各少数民族之间在政治、经济、文化上的广泛交流以及实行民族区域自治制度提供了客观条件。

实现各民族平等、团结、互助和共同繁荣，是中国政府处理民族关系的基本原则。中国宪法规定：各民族一律平等；国家保障各少数民族的合法权利和利益；禁止对任何民族的歧视和压迫，禁止破坏民族团结和制造民族分裂的行为；反对大民族主义，主要是大汉族主义，也反对地方民族主义；各民族都有使用和发展自己的语言文字的自由，都有保持或者改革自己的风俗习惯的自由。

根据这些基本的民族政策，中国实行民族区域自治制度，即在国家统一领导下，以少数民族聚居的地区为基础，建立相应的自治机关，行使自治权，由少数民族自己当家作主，管理本民族内部地方事务。1984年六届全国人大二次会议通过的《民族区域自治法》，是具体保障民族区域自治制度实行的基本法律。现在，全国已建立了五个自治区即内蒙古自治区（1947年5月1日成立）、新疆维吾尔自治区（1955年10月1日成立）、广西壮族自治区（1958年3月5日成立）、宁夏回族自治区（1958年10月25日成立）、西藏自治区（1965年9月9日成立），以及30个自治州、120个自治县（旗）。此外，还建有1,300多个民族乡。民族自治地方的自治机关为自治区、自治州、自治县（旗）的人民代表大会和人民政府。各自治区、自治州、自治县（旗）的人大常委会主任或副主任，以及自治区主席、自治州州长、自治县县长，都由实行区域自治的民族的公民担任。

民族自治地方的自治机关除行使同级地方国家机关的职权外，还享有广泛的自治权利，包括：依照当地民族政治、经济和文化的特点，制定自治条例和单行条例；自主地安排使用属于民族自治地方的财政收入；自主地安排和管理本地方的建设事业和教育、科学、文化、卫生事业。另外，国家还通过普通高等学校、民族大学（学院）、民族干部学校大力培养少数民族干部和专业技术人员；中央政府在财力和物力上给予民族自治地方积极支援，以促进当地经济文化。

Passage 2

国家宗教事务局局长叶小文：世界和谐需要宗教对话

一、世界和平需要宗教对话

当今世界，尽管和平、发展与合作是时代的主流，但主流之外暗流汹涌，波诡浪急。不同国家、民族、宗教之间此起彼伏、愈演愈烈的对立和冲突，正在挑战人类的智慧与文明。

这种挑战，更多地来自“恐怖主义”和“单边主义”的冲突。近百年来，随着西方强势文化的扩张，自我中心主义、西方至上主义的思潮招摇于世，“单边主义”便随之滋长，与之相抗衡的“恐怖主义”也就相伴而来。“单边主义”和“恐怖主义”相与争锋，造成了基督教文明与伊斯兰教文明之间的难以调和的矛盾和冲突，有人将之称为“文明的冲突”。于是地区冲突迭起，恐怖活动猖獗，世界一次又一次被恐怖的声浪所震惊。

在“文明冲突”的噩梦中，主张和平、宽容的宗教不幸被一些人歪曲、利用，他们或是借口宗教问题干涉别国内政，或是打着宗教旗号制造暴力恐怖，进一步挑起隔阂、猜疑和仇视，引发紧张、冲突和对抗。纯洁的宗教也被亵渎，神圣的宗教也遭践踏。2000年《世界宗教与精神领袖千年和平大会宣言》愤慨地说：“我们的世界被暴力、灾难、战争和各种毁灭行为所破坏，而这些行为常常被说成‘以宗教的名义’。”

因此，世界之和平，与宗教问题紧密关联。宗教与和平的关系已成为人们关注的焦点，世界宗教界尤其是宗教领袖对和平的态度及其国际合作乃显得格外重要。正如“全球伦理”和“宗教对话”的倡导者孔汉思（Hans Küng）所言：“没有宗教间的和平，就没有国家间的和平；而没有宗教间的对话，就没有宗教间的和平。”

因此，世界之和平，需要宗教间的对话。我非常欣赏台湾灵鹫山佛教社团与北京大学宗教学系合作举办的这次“回佛对话”研讨会。这是一次宗教学者和宗教领袖的对话。宗教学者思想深邃，对不同的宗教及其精神以至有关的神学、哲学、宗教学、心理学、社会学和社会历史问题有着深刻的理解，在研究宗教和讨论不同宗教关系的问题时，其方法上的客观性和语言上的非宗教性，可以帮助一种宗教的信徒对另一种宗教更不带偏见和更准确客观地理解，可以为不同宗教的相互理解起到铺路架桥的作用。而宗教领袖以其对信仰精神的深刻把握、以其独有的宗教睿智和人格魅力，可以对广大信徒形成强大的感染力和深远的影响，从而可以使宗教的对话变成宗教中人的对话，把宗教间的相互理解和宽容变成宗教信徒间的相互理解和宽容。

二、宗教对话应重视“东方模式”

以宗教和平乃至世界和平为宗旨的宗教对话，应重视研究和总结中国宗教长期和谐共存的独特经验。

中国悠悠五千年历史，从古至今，各种宗教之间，一直能够互相尊重、和睦共处。很少文明之间的相互蔑视、彼此践踏，较多的是互相尊重、彼此欣赏；很少文明之间的以大欺小、弱肉强食，较多的是有容乃大、海纳百川；很少文明之间的区分优劣、生存竞争，较多的是互相平等、和合共生；很少文明之间的孤芳自赏、一花独放，较多的是互补共荣、百花齐放。这种人类弥足珍贵的经验，能否称之为文明的“东方模式”？

这个“东方模式”有深厚的文化作为支撑。中国是一个多民族、多宗教的国家。56个民族平等相待，佛教、道教、伊斯兰教、天主教、基督教各教和谐共处。这是中华民族讲信修睦、崇尚和平的文化传统所决定的。“和”是中国传统文化的特征向量，古代先哲的生命信仰和思维基础。“和”的精神，是一种承认，一种尊重，一种感恩，一种圆融；“和”的内涵，是人心和善，家庭和睦，社会和谐，世界和平；“和”的基础，是和而不同，互相包容，求同存异，共生共长；“和”的佳境，是各美其美，美人之美，美美与共，天下和美。中国传统文化“以和为贵”，成功吸收了印度佛教，容纳了伊斯兰教和基督教，形成了历史上多民族多宗教共生共长的良性文化生态。

这个“东方模式”有着丰富的实践经验。中国传统文化对其他文化一直保持开放和包容的心态。中国现有的五种主要宗教，除道教外，其他各大宗教均在不同时期由国外传入，在中国生根、发展。历史上，各民族和睦共处，各宗教和谐共生是主旋律。

以佛教为例。佛教在公元前后传入中国后，中华文化以开放的姿态迎接来自印度的文化。到公元3世纪，佛教已广为传播，出现了各种学派，到公元7世纪进入鼎盛阶段，形成了诸多具有中国民族特色的宗派。与此同时，佛教与中国本土的儒道思想经过长期融合，创造出丰富多彩的佛教文化，并成为中国传统文化中重要的有机组成部分。值得一提的是，很多年以后，当佛教早已在印度没落时，中国保存的大量佛经“反哺”印度，弥补了印度历史的很多空白。2006年4月，由中国佛教协会和中华宗教文化交流协会联合主办，在浙江杭州和舟山举行了首届世界佛教论坛。这次论坛是新中国成立以来在大陆召开的第一个宗教多边国际会议，主题是“和谐世界，从心开始”，目的是要为世界佛教徒搭建一个平等、多元、开放的高层次对话平台，探讨人类共同关注的问题，宣示佛教的主张，促进佛教界的团结，进一步强化佛教所应承担的社会责任和维护世界和平的使命，以求得人心安宁，促进社会和睦，维护世界和平，增进人类福祉。论坛闭幕时在中国佛教胜地普陀山发表了《普陀山宣言》，呼吁人类遵循佛陀的教导，提出“六个愿景”：

愿培植善心，发乎善行，则人心和善。
愿亲情稳固，爱心充满，则家庭和乐。
愿真诚沟通，平等互助，则人际和顺。
愿各得其所，相安无事，则社会和睦。
愿彼此欣赏，尊重包容，则文明和谐。
愿将心比心，化怨为友，则世界和平。

Passage 3

国家宗教事务局王作安副局长
在美国布鲁金斯学会研讨会上演讲

早上好！布鲁金斯学会作为美国顶级思想库，我早已如雷贯耳。感谢你们的慷慨，邀请我在这里发表演讲，这对我来说是一种荣幸，当然也是一种挑战。

7 年前的今天，无论对于美国人民，还是对于世界上所有爱好和平的人们，都是一个刻骨铭心的日子，恐怖分子劫持民航客机撞向纽约世贸中心双子大厦，还有离这里不远的五角大楼，夺走了数以千计无辜的生命。刚才一路上看到建筑物上的美国国旗都降了半旗，仍然感觉得到心灵深处的颤动。“9·11”事件震惊并改变了世界，还重新引发人们对宗教的关注。

历史和现实都向我们昭示，宗教可能是缔造和平的精神源泉，也可能是产生冲突的深刻根源。正如宗教之间需要进行对话一样，在国与国之间涉及对宗教看法的分歧，也需要用对话的方式进行沟通。在中美两国关系中，宗教已经成为令人关切的一个问题，此次中国各主要宗教的中青年领袖联合组团访美，就是希冀在这方面寻求可行的对话方式和交流途径。

中国改革开放已经30年，这个有着悠久文化的东方大国正在发生深刻变迁。这种变化不仅呈现在经济生活中，还广泛存在于政治、文化领域，甚至深入到了人们的精神生活层面。

一个显著的特征，就是有越来越多的人选择信仰宗教。以基督新教为例，1978年基督徒不到200万，现在至少已经达到1,600万，甚至还要更多。中国其他宗教的情形也大致如此，都处在较快增长之中。

这种情况在过去并不多见，但原因显而易见。社会变革中人们的价值取向趋于多元，宗教作为一种价值体系，成为一部分人的重要选项。更为重要的是，中国政府坚定不移地奉行宗教信仰自由政策，人们对待宗教的态度趋于客观和理性，宗教发展的社会环境越来越宽松。

诸位可能已经注意到，胡锦涛主席不久前明确指出，要发挥宗教人士和信教群众在促进经济社会发展中的积极作用。这说明，中国领导人将更加正面、更加积极地对待宗教。事实上，中国各宗教在指导个人和家庭生活、构建社会道德和价值方面，正在扮演积极的角色，并得到政府和社会各界的鼓励。

可以预见，今后相当长的时期，宗教仍将持续增长。在经济转轨、社会转型和现代化过程中，这是一种正常现象。我们关注的重点不在于宗教信徒的增加，而是希望宗教在促进社会的和谐和进步中发挥积极作用。

在词义上，布鲁金斯（Brookings）与中国成语中“海纳百川，有容乃大”的含义相契合。一国之内需要包容多元，同样国际社会也要包容多元。美利坚合众国的建立，与你们的先民追求宗教自由有着密切关系，对此我们能够理解而且表示尊重。但在这个还在到处冒烟的世界，以宽容的精神，适应变化，学会相处，通过对话和交流消弭仇恨和冲突，是最弥足宝贵的。

谢谢各位，我乐意回答大家提出的任何问题。

三、注释

1 佛教（Buddhism）

世界三大宗教之一，由公元前6世纪到前5世纪古印度的迦毗罗卫国（今尼泊尔境内）王子所创。因为王子属于释迦（Sākya）族，人们称他为释迦牟尼，意思是释迦族的圣人。佛教广泛流传于亚洲的许多国家，与基督教、伊斯兰教并称为世界三大宗教。

2 基督教（Christianity）

是以信仰耶稣基督为救主的宗教。天主教（Roman Catholicism）、新教（Protestant Church）、东正教（Eastern Orthodoxy）等统称基督教。中文中“基督教”往往特指新教（又俗称“耶稣教”），它的经典是《圣经》（The Bible）。

3 伊斯兰教（Islamism）

7世纪初兴起于阿拉伯半岛，由麦加人穆罕默德（约570–632）所创传。主要传播于亚洲、非洲，以西亚、北非、中亚、南亚次大陆和东南亚最为盛行。信奉伊斯兰教的人统称为“穆斯林”（Muslim，意为“顺从者”）。它的经典是《古兰经》（The Koran）。

4 道教（Taoism）

是中国固有的一种宗教，距今已有1,800余年的历史。东汉时形成，到南北朝时盛行起来。道教徒尊称创立者之一张道陵为天师，因而又叫“天师道”。后又分化为许多派别。道教奉老子为教祖，奉《道德经》为主要经典。它的教义与中华本土文化紧密相连，深深扎根于中华沃土之中，具有鲜明的中国特色，并对中华文化的各个层面产生了深远影响。

第16单元

译前准备

口译主题：金融

一、技巧讲解

从内容上分，系统的口译译前准备分三个部分：语言准备、百科知识准备、口译技能准备，以及行前准备；从时间分应该包括长期译前准备与短期译前准备。

口译长期译前准备包括学习口译技能（双语能力及转换技巧）、专题知识、专业知识与词汇，培养文化敏感性和跨文化交际意识，这些都是完成口译任务所必需的能力。上述能力需要在系统的、专业的教育培训过程中获得，也可通过译员的个人实践和继续自我教育来获得，两者都需要较长的时间。本单元主要关注短期译前准备的几个方面。

口译短期译前准备是指译员为某一次交传活动所作出的具体准备。从技术的层面上讲，短期译前准备包括了解口译任务背景、口译主题内容准备、语言准备、心理准备、行前准备、工作开始前的最后准备几个部分。

1 了解口译任务背景

在接受一项口译任务之后，译员需向服务对象了解下列情况：

1. 口译主题内容所属的领域。例如，属于医药行业还是农牧行业，抑或是外事领域。这方面的信息可帮助形成对任务的初步印象，是口译准备工作的基础。

2. 口译任务的性质和基本情况。例如，此次任务是正式程度很高的口译还是非正式场合的口译？是演讲口译、会议口译还是陪同口译？是比较隆重的场合还是一般性的场合？

3. 相关资料的情况。了解事前是否能得到相关资料以供做准备之用。如果事前得到资料，资料是什么形式？是发言者的完整发言稿、简要提纲、PPT，还是所属公司的一般性宣传资料？是打印材料还是电子文本？如果对方无法提供相关材料，自己可否在网上查阅到相关信息？是否可以电话咨询有关人士了解一些情况？

4. 服务对象的情况。具体了解发言人的数量、简单背景信息、听众的大致情况及数量。

5. 服务对象的日程安排及人员名单。日程安排表上通常有活动主题、时间、地点、内容等方面的信息。人员名单上通常有主办方及与会者的基本信息。

2 主题内容准备

在了解上述内容之后，接下来就应为此次任务的主题内容做准备。这里主要是指根据所了解的主题内容做一些案头工作，或桌前调研（desk research）。从一定程度上讲，能否成功完成口译任务的关键在于是否对话题内容进行了充分准备。

1. 相关话题知识准备。首先尽可能多地阅读并了解所得资料的内容，特别是主题知识部分，以把握难易度。其次可以利用互联网、工具书和其他渠道了解更多的背景信息，包括服务对象所属机构的一般情况、所涉领域、当前进展等，并且做些笔记。在得不到主办单位提供的相关资料的情况下，可通过网络查询，或是通过电话、面谈向相关专业人士请教等方式做一些必要的准备。对相关话题和专业知识了解得越充分，就越能做到胸有成竹。

2. 术语准备。通过互联网及其他工具书就相关任务所需要的特别用词和专业词汇做些准备，最好能整理出一份可以随时备查、一目了然的词汇表，在翻译时放在手边。

3. 熟悉口译任务中所要涉及的人员名单、对应职务的称谓、性别等等。通常，与会人员及其职务称谓不会很短，有时甚至不止一个身份，并且在会议/会晤一开始就会以相对较快的速度介绍给大家，如译员不事先熟悉称谓，临场可能手忙脚乱、甚至可能把某位女士介绍为某某先生，这是很不礼貌的事情。

4. 如有可能，事前应与服务对象见面。这么做一是可以进一步了解任务的具体情况，二是可以了解服务对象的语音、语调及个人习惯用语，以帮助消除临场的不适应感，三是可及时咨询自己尚不清楚的专业问题，四是有机会与服务对象沟通并提醒他讲话的合适长度。不少讲话人没有经历过需要翻译的场合，要么讲很长一段话都忘记停顿，要么在一句完整的话尚未结束时（比如从句处）就进行停顿，让译员很难翻译。这些都需要事前沟通。如果译员经验及水平都有限，可在与讲话人沟通并征得其同意的情况下，请对方每隔两三句话就作一下停顿，讲话人通常都乐意配合。

5. 了解服务对象的文化背景及风俗习惯。虽然在大部分场合，文化习俗不是重要的中心话题，但在很多口译的实践中，译员经常会遇到涉及风俗习惯的话题或行为。早做准备，了解相关情况，可以有助于译员在遇到文化冲突时有效地进行文化协调和沟通，使任务完成得更加圆满。

6. 准备并不仅局限于会议开始之前。在结束整个任务之前，译员每天都应整理当天的内容以深化对主题内容的理解，理清所遇新词及其表达法，纠正自己当天所用的非专业词汇，在此基础上为第二天的翻译做进一步的案头准备工作。

3 语言准备

1. 语言准备之一是准备听带有各种口音的英文。虽然英语是国际通用语，但是不同地方的人说的英语都有各自的特点。德国人的英语发音与意大利人的发音会有差异，爱尔兰人的发音与澳大利亚人的发音会很不一样，而印度、巴基斯坦、尼泊尔、菲律宾等国家的人的英语发音更是常常让不少中国译员觉得不适应。口音问题实在是译员们经常遇到的问题，解决的办法一是在平时自我练习时尽量多听不同国家的人说的英语，可以通过Speech Accent Archive （网址为http://accent.gmu.edu）等网络资源寻找不同国家的英语发音样本，熟悉不同的英语发音变体形式；二是提前获知发言人名单，了解讲话人所属国家，通过网络资源有针对性地总结该国英语发音的一些共性；三是在可能的情况下，提前与发言人进行一些交流和沟通，熟悉其发音特点，有备无患。

2. 语言准备之二是准备姓名的读音。由于与会人员经常来自各个国家，他们的姓名并不是常见的英语姓名，德国人、印度人、日本人、韩国人、菲律宾人、肯尼亚人、埃及人等的名字不一定一见到就能读出来。而姓名读不准确是不礼貌的，因此应该向主办方索取与会者名单，再到网上去核实。可供参考的网站有Onelook Dictionaries (网址为http://www.onelook.com) 和人名地点英语发音指南网Inogolo（网址为http://inogolo.com ）。

4 心理准备

1. 准备面对各种不同场合，保持精神集中。大部分口译场合会非常安静，有些场合甚至气氛隆重，众人的目光集中在译员身上，会让译员压力陡增；有时会场上因有各种事情同时进行，给人以混乱的感觉，这容易分散译员的注意力，对于新手来说这些都会成为压力，因此需要事前做好心理准备。对压力感较强的人来说，可以多参加一些在公共场合的演讲、辩论和表演活动，训练自己的心理素质和胆量。另外，常去正式场合观摩别人翻译也是个不错的方法。

2. 准备面对临场的意外情况。有时，讲话人会因为激动、紧张，或时间很紧，或其他原因，导致语速过快、发音含混不清、口音太重，或专业术语用得太多，或者表达不清自己的意思或有意模糊自己的意思，使译员听不清楚，听不明白，这都需要译员镇静判断并作出相应决定，以便集中精力继续翻译。

3. 准备补救错误。对于新手来说，由于经验与水平的问题，出错在所难免。意识到出错以后，临场的正确反应应该是集中精力补救错误，而不是感到难堪或自责，同时要及时调整好心态和情绪，迅速以饱满的精力和热情重新投入到任务当中。

4. 准备应对讲话人的脱稿发言。即使有讲稿，即使讲话人之前与译员交流时介绍了他的讲话范围，译员依然应该随时准备进行临场翻译，因为讲话人也需要临场调整自己的发言内容，从而随时可能出现脱稿现象。

5. 保证充沛的体力和精力。在口译任务开始的头一天保证足够的睡眠，也可以帮助译员精力充沛、情绪饱满、心态轻松地投入工作。

5 行前准备

行前准备并非指临出发前几分钟才开始做的准备，而是指可能提前一两天就要开始的，为顺利完成口译任务所做的其他辅助性准备。

1. 着装准备。译员在绝大多数情况下都需要身着正式的职业装，以样式简洁大方、色彩不过于艳丽抢眼为宜，女性可以化淡妆。在某些特殊场合，如酒会、剧场等，也可以穿设计样式不暴露不夸张的晚礼服，女性适当佩带首饰也未尝不可。在陪同旅游购物时则可穿自己觉得舒适的便服，但在任何情况下最好都不要穿短裤或过短、过于暴露的服装。

2. 文具准备。提前准备好笔、笔记本等文具用品。至少准备两支以上的笔，以按压式（而不是带笔帽式）为宜。笔记本以竖翻式（即前后翻动而不是左右翻动）为佳。如果译员事前了解到需要站立翻译，最好准备封底有一定硬度的笔记本，尺寸既不要过大也不要过小，以便于自己的手掌掌握为宜，因为过大单手难于掌控，过小则导致频繁翻页。有条件的也可带上便携式的电子词典、不太厚重的纸质词典，甚至笔记本电脑，便于在翻译间隙临时查阅单词或其他资料。

3. 文件准备。反复检查是否已将所有的文件资料（活动日程、发言稿及翻译稿、专业词汇表、其他相关资料等）准备好并放进自己随身携带的文件包。发言稿及翻译稿最好按发言顺序依次放好。

4. 交通工具准备。提前确认主办方是否有车来接，否则要提前确定自己使用何种交通工具到达活动现场。参加重大口译活动最好不要自己开车，因为一旦车出问题，或是路上塞车，将束手无策。在计划出发时间时一定要留出足够宽裕的时间，考虑到可能出现的各种意外情况，并争取提前至少30分钟左右抵达活动现场。

5. 饮食准备。 如遇重大活动或是行程密集的活动，则不宜喝水过多，或吃得过饱。但可适当带点巧克力、饼干之类的小点心和小瓶矿泉水以备不时之需。

总之，行前准备听上去似乎都是些琐碎小事，但切不可掉以轻心，其中任何一个细节没处理好都有可能造成不便而给口译任务带来负面的影响。

6 最后准备

提前到达活动现场的好处一是可以使自己平静下来，熟悉一下现场的环境和气氛，及时调整精神状态；二是可以有时间做好工作开始前的最后准备。在抵达工作场地后，译员应首先确认自己的位置，将笔记本、笔、词汇表、活动议程以及其他相关文件按照自己熟悉和方便取用的方式摆放好；检查麦克风（如果有的话）是否正常，音量大小是否合适；与活动组织者核实流程是否有变动、有怎样的变动，是否有增添或取消发言人的情况、是否要增减需要介绍的嘉宾，以及相关嘉宾的性别或职务等等；在可能的情况下，与先期抵达的发言人（特别是外方发言人）略作交谈，主动向他们介绍自己，既可以熟悉他们的发音和讲话特点，又可以就不太清楚的专业问题进行请教，这也是正式工作开始前的“热身运动”；提前一刻钟去一趟洗手间。上述做法有利于舒缓紧张心情，还可以让自己心里更加有底、更为自信从容。当然，有时候在临近活动开始时，译员可能发现自己突然变得非常紧张，这时，不妨尝试一下“紧松法”、“呼吸法”和“心理模拟法”（详见第2单元技巧介绍部分），以便调节心态，给自己减压。而一旦活动正式开始，只要译前准备作得细致，绝大多数译员都可以立即投入到工作状态中，忘却紧张与焦虑。

译前准备虽然发生在口译工作开始之前，但这项准备做得充分与否将直接影响译员的工作状态和最终的口译质量，因此必须认真对待。

二、话题练习：金融

1 热身词汇

1. 英译汉

Passage 1

Treasury Secretary Timothy Geithner （美国）财政部长蒂莫西·盖特纳
to raise equity and issue bonds 筹集资金（股本）、发放债券
credit terms 信贷条件
excess lending 超额借贷
leverage 举债经营
to slam on the brake 猛踩刹车
to over-correct 矫枉过正
viable business 能够生存的公司
credit crunch 信贷紧缩
to amplify 加剧，放大
credit lines 信贷额度
default 坏账，拖欠，违约
counter-productive 起反作用的
after effect 后效应
commercial real estate developer 商业房地产开发商
the Recovery Act 《复苏法案》
tax relief 减税
to write off 减记，冲销
carrying back / carryback 税损退算，移前扣减
Small Business Administration loans/ SBA lending 小企业管理局的贷款
Community Development Financial Institutions (CDFIs) 社区发展金融机构
New Market Tax Credit 新市场税收信贷
securitization market 证券化市场
the TALF program“定期资产支持证券贷款工具”计划（TALF，即 Term Asset-Backed Securities Loan Facility）
asset-backed securities 资产支持证券
spreads 利差
EXIM (Export-Import Bank of the United States) 美国进出口银行
to wind down 收尾
jobs forum 就业论坛

Passage 2

to restore global growth and achieve needed reforms in the world's financial systems 恢复全球经济增长，实现全球金融体系的必要改革
open trade and investment regimes 开放的贸易和投资体制

effectively regulated financial market 受到有效监管的金融市场
to foster the dynamism, innovation, and entrepreneurship 培养活力、创新和创业精神
adequate appreciation of the risks 足够的风险评估
due diligence 尽职调查
weak underwriting standards 脆弱的保险业标准
to take into account the systemic ramifications of domestic regulatory actions 考虑本国监管行为所产生的系统后果
inconsistent and insufficiently coordinated macroeconomic policies 不一致和不够协调的宏观经济政策
unsustainable global macroeconomic outcomes 阻碍了全球宏观经济可持续发展
to strengthen the capital of financial institutions, protect savings and deposits, address regulatory deficiencies, unfreeze credit markets 增强金融机构的资本，保护储蓄存款，弥补监管不力，解冻信贷市场
international financial institutions (IFIs) 国际金融机构
to avoid negative spillovers 避免消极后果
to use fiscal measures to stimulate domestic demand to rapid effect 利用财政措施刺激国内需求，争取快速见效
instruments and facilities 设施和支持工具
multilateral development banks (MDBs) 多边开发银行
trade finance 贸易融资
to protect against adverse cross-border, regional and global developments affecting international financial stability 防止不利的跨边境、跨地区和全球性的变化影响国际性金融稳定
regulatory arbitrage 监管套利行为
cross-border capital flows 跨境资本流动
crisis prevention, management, and resolution 防范危机、加强管理和应对措施
to have greater voice and representation 有更多的话语权和代表权
to identify vulnerabilities, anticipate potential stresses 认识脆弱，预测潜在压力
eminent independent expert 知名独立专家
mitigating against pro-cyclicality in regulatory policy 减小顺周期性波动的调控政策
reviewing and aligning global accounting standards 审核和统一全球会计标准
improving the infrastructure of over-the-counter market 改善场外交易(柜台交易)市场基础设施
complex securities 复杂证券

strengthening the resilience and transparency of credit derivatives markets 增强信用衍生产品市场弹性和透明度

reviewing the mandates, governance, and resource requirements of the IFIs 评估国际金融机构的授权、管理和资源要求

defining the scope of systemically important institutions and determining their appropriate regulation or oversight 界定对系统性重要的机构范围，决定他们适当的管理和监督

barriers to investment or to trade in goods and services 投资或货物及服务贸易壁垒

to undertake commitments consistent with their capacities and roles in the global economy 承担与自己能力和在全球经济发展中扮演角色相适应的义务

2. 汉译英

Passage 1

“重振增长” “Relaunch Growth”

遏制经济增速下滑趋势 to arrest the downturn in economic growth

绩效工资 performance-based salaries

“以旧换新” the program of exchanging used automobiles and home appliances for new ones

小排量、节能环保型汽车 small-engine, energy conserving and environment friendly cars

购置税 purchase taxes

社会商品零售总额 total retail sales of consumer goods

保障性住房 government-subsidized housing

农村民生工程 projects for better rural livelihood

自主创新 independent innovation

节能减排和生态建设 energy conservation, emission reduction and ecological enhancement

产能过剩 excess capacity

财政贴息 government-funded interest discount

银行资产质量和抗风险能力 bank asset quality and ability to fend off risks

兼并重组 merger and reorganization of enterprises

利率和存款准备金率 interest rate and the required reserve ratio

流动性 liquidity

体制性、结构性矛盾 institutional and structural problems

既保增长、又惠民生 both sustain economic growth and improve people's livelihood

新型农村社会养老保险 new rural old-age insurance program

医药卫生体制改革 reform in the pharmaceutical and health care system

缓解城乡居民“看病难、看病贵”问题 to make medical services more accessible and affordable for both urban and rural residents

Passage 2

联合国“世界金融和经济危机及其对发展的影响高级别会议” the United Nations Conference on the World Financial and Economic Crisis and Its Impact on Development

联合国多哈发展筹资后续国际会议 the United Nations Follow-up International Conference on Financing for Development in Doha

布罗克曼主席和协调员以及联合国秘书处 President Brockmann, the facilitator and the UN Secretariat

面临外需下降、贸易萎缩、外资撤离、侨汇减少的困境 find themselves in a difficult situation of falling external demand, contracting trade, withdrawal of foreign investment and declining remittance from overseas

联合国粮农组织 UN Food and Agriculture Organization (FAO)

处于长期饥饿状态的人口 the population in chronic hunger

整体发展严重倒退 suffered a serious setback in overall development

负面的溢出效应 negative spillover effect

“促贸援助” aid-for-trade

蒙特雷共识 the Monterrey Consensus

兑现官方发展援助占国民总收入0.7%的承诺 fulfill the commitment of using 0.7% of their gross national income (GNI) as official development assistance

减免债务 to reduce and cancel the debt

不附加苛刻条件的融资支持 financing support with no harsh conditions attached

按照全面性、均衡性、渐进性、实效性的原则 to act in a comprehensive, balanced, incremental and results-oriented manner

建设公平、公正、包容、有序的国际金融体系 to establish an international financial system that is fair, just, inclusive and orderly

提高发展中国家担任上述机构高级管理人员的比例 to let more people from developing countries assume senior management posts in these institutions

主要储备货币发行经济体 the major reserve currency-issuing economies

保持主要储备货币汇率相对稳定 to keep the exchange rates of major reserve currencies relatively stable

促进国际货币体系多元化、合理化 promote a diversified and rational international monetary system

国际金融公司贸易融资计划 the trade finance program of the International Finance Corporation (IFC)

Passage 3

国际金融危机已从局部发展到全球，从发达国家传导到新兴市场国家，从金融领域扩散到实体经济领域。The international financial crisis has spread from parts of the world to the entire globe, from the developed countries to the emerging markets, and from the financial sector to the real economy.

这场国际金融危机，波及范围之广、影响程度之深、冲击强度之大，为上个世纪30年代以来所罕见。The current crisis has been rarely seen since the 1930s in terms of the scope of repercussions, depth of impacts and strength of shocks.

加强宏观经济政策协调，扩大经济金融信息交流，深化国际金融监管合作 to enhance macroeconomic policy coordination, expand economic and financial information sharing, and deepen cooperation in international financial regulation

财政、货币手段 fiscal and monetary measures

全球性经济衰退 global economic recession

多哈回合谈判 the Doha round of negotiations

全面性、均衡性、渐进性、实效性 comprehensive, balanced, incremental and pragmatic

评级机构行为准则 a code of conduct for rating agencies

最不发达国家 the least developed countries (LDCs)

降低银行存款准备金率、下调存贷款利率、减轻企业税负 to lower the bank reserve requirements, lower the interest rates of savings and loans, and reduce the corporate tax burdens

用于加快民生工程、基础设施、生态环境建设和灾后重建 to accelerate the construction of welfare projects and infrastructure projects, eco-environment construction and post-disaster reconstruction

❷ 英译汉

Passage 1

Treasury Secretary Timothy Geithner's Opening Remarks at the Small Business Conference

(November 19, 2009)

Good morning,

Thank you all for joining us.

Three weeks ago, the President announced a series of new initiatives to help support small businesses. He also announced that Karen and I would be bringing together businesses, lenders, policy officials and legislators to make sure we are doing everything possible to get credit flowing to small businesses that are seeking to expand and create more jobs. That's why we are here today, to explore ways we can strengthen our existing programs and to discuss new ideas.

America's small businesses are critical engines of job growth and have historically led us out of recessions. But to play that role they need access to credit.

Over the past ten months, we have stabilized the financial system and brought down the cost of borrowing for businesses and families. Companies across the country are now able again to raise equity and issue bonds. Credit terms are easing as markets that were once frozen are beginning to open up.

But this process is incomplete. Small businesses, in particular, are still facing a very challenging credit environment.

The basic cycle of financial crises is that credit is cheap and easy to get for a time. Banks relax their standards too much, leading to excess lending and leverage.

When the credit crisis hits, they slam on the brakes and shift into reverse. Banks pull back, not just from those companies that are more at risk of failure, but from all companies. This hurts the prudent and the responsible as well as those who simply borrowed more than they could afford.

Although the demand for credit necessarily falls in a recession, particularly one following a long period of excessive borrowing, the risk is that banks over-correct, forcing viable businesses to lay off workers, reduce wages, close factories, and defer investments. Left to the market, this process can feed on itself.

A credit crunch can amplify the recession, slow recovery, and cause more businesses to fail and unemployment to rise, putting more pressure on banks to cut credit lines for fear of higher defaults. If this seems unfair, unjust and counter-productive to economic recovery and job creation, it is.

That's why it's so important for governments to act aggressively to break financial panics, to make sure that banks are able to fund at reasonable rates and that the overall banking system has enough capital to provide credit. And that's why governments must provide temporary support for private demand and the spark for a recovery in economic growth.

Now, we know that small businesses are more vulnerable to the after effects of financial crises.

They are more reliant on banks and the types of credit that take the most time to come back. Large businesses get only 30 percent of their financing from banks, compared to 90 percent for small businesses. So when banks pull back, small businesses take the hardest hit.

Also, small businesses have fewer resources to tide them over.

They often start on a personal credit card as many in this room can attest and finance expansion, in part, by borrowing against their personal assets and property. But if their bank made a lot of risky loans to commercial real estate developers or less viable companies, their credit lines could be cut and applications for new loans turned down. This is a very hard problem to solve. It's not something we can fix easily. It takes a coordinated mix of different strategies and policies.

Let me briefly describe the critical elements of any successful response, alongside broader efforts to establish economic growth, and alongside the need to constantly evaluate our initiatives to make sure they are working as effectively as possible.

First, we need to provide direct help to small businesses. We've done that through the Recovery Act by establishing targeted tax relief to small businesses, allowing them to write off more of their expenses and to earn an instant refund on their taxes by "carrying back" their losses five years instead of two.

And we've done that by implementing higher guarantees and lower fees for Small Business Administration loans, greatly increasing SBA lending, which Karen will talk more about in a moment.

Second, we need to support those who support small businesses. That's why the President announced a new program last month to provide low-cost capital to community banks that submit a plan to increase their small business lending and to Community Development Financial Institutions that serve the hardest-hit communities.

And that's why the Recovery Act provided $100 million in additional support for CDFIs and an additional $3 billion in New Market Tax Credit investments to support small businesses as they spur growth in those struggling communities.

Third, we need to continue improving the health of securitization markets that provide key channels of credit for small businesses. Since the government launched the TALF program, new issuance of asset-backed securities, including loans that directly help small businesses, has averaged $14 billion per month, compared to less than $1 billion last fall. Spreads have come down substantially.

Fourth, we need to make sure supervisors are providing guidance to their examiners to counter the risk of overcorrection. It is a delicate balance and we need to get it right.

Fifth, we must support expanded exports including through programs like EXIM.

And finally, we need our nation's banks to put the assistance the government provided to work and get back to the business of lending, helping companies raise capital and investing in the promise of American innovation.

We need banks to be working with us, not against recovery. The recovery in earnings across the banking system, which is a necessary part of putting out the financial fire that caused huge losses to the savings of Americans, is not because the surviving banks are particularly smart and clever. It's because the taxpayers of the United States and their elected representatives decided that to save the economy, we had to save the financial system.

All banks, strong and weak, benefited from those actions. Banks bear some responsibility for the extent of the damage caused by the crisis. And you carry a substantial obligation to help our communities get back on their feet.

I encourage Members of Congress to work with us to create the conditions so that small banks in their communities, the banks that do the greatest percentage of their commercial lending to small businesses, participate in our efforts to promote small business lending. That means providing them with the confidence that if they take capital today from our new programs, they will not face a change in the rules tomorrow.

Let me close by saying that we are entering a new phase in our response to this crisis, moving from rescuing the economy towards repairing and rebuilding the foundation for future growth.

As the financial system has stabilized, banks have repaid the government more than $70 billion. We have earned more than $12 billion from those investments. And we are now in the process of winding down and terminating some of the extraordinary government programs put in place last fall.

But even with such progress, even with our economy growing again for the first time in a year, we continue to face a daunting set of challenges, underscored by an unemployment rate now above ten percent. Without increased access to credit for American families and small businesses, growth will be weaker, companies will defer long term investments and we will not be able to create a recovery that is self-sustaining and led by private demand.

That's why, as we wind down programs that help big banks, we are committed to doing more to help small businesses access the credit they need to grow and hire new workers. We have taken positive steps in the past, and aim to take even more in the future.

The President wants to hear the best ideas and this conference feeding into his jobs forum is a critical way to get those ideas from across America and make sure that our recovery is shared by all American working families.

Let me now turn it over to Karen.

Passage 2

Declaration of the G-20 Summit on Financial Markets and the World Economy

1. We, the Leaders of the Group of Twenty, held an initial meeting in Washington on November 15, 2008, amid serious challenges to the world economy and financial markets. We are determined to enhance our cooperation and work together to restore global growth and achieve needed reforms in the world's financial systems.

2. Over the past months our countries have taken urgent and exceptional measures to support the global economy and stabilize financial markets. These efforts must continue. At the same time, we must lay the foundation for reform to help to ensure that a global crisis, such as this one, does not happen again.

Our work will be guided by a shared belief that market principles, open trade and investment regimes, and effectively regulated financial markets foster the dynamism, innovation, and entrepreneurship that are essential for economic growth, employment, and poverty reduction.

Root Causes of the Current Crisis

3. During a period of strong global growth, growing capital flows, and prolonged stability earlier this decade, market participants sought higher yields without an adequate appreciation of the risks and failed to exercise proper due diligence.

At the same time, weak underwriting standards, unsound risk management practices, increasingly complex and opaque financial products, and consequent excessive leverage combined to create vulnerabilities in the system.

Policymakers, regulators and supervisors, in some advanced countries, did not adequately appreciate and address the risks building up in financial markets, keep pace with financial innovation, or take into account the systemic ramifications of domestic regulatory actions.

4. Major underlying factors to the current situation were, among others, inconsistent and insufficiently coordinated macroeconomic policies, inadequate structural reforms, which led to unsustainable global macroeconomic outcomes. These developments, together, contributed to excesses and ultimately resulted in severe market disruption.

Actions Taken and to Be Taken

5. We have taken strong and significant actions to date to stimulate our economies, provide liquidity, strengthen the capital of financial institutions, protect savings and deposits, address regulatory deficiencies, unfreeze credit markets, and are working to ensure that international financial institutions (IFIs) can provide critical support for the global economy.

6. But more needs to be done to stabilize financial markets and support economic growth. Economic momentum is slowing substantially in major economies and the global outlook has weakened. Many emerging market economies, which helped sustain the world economy this decade, are still experiencing good growth but increasingly are being adversely impacted by the worldwide slowdown.

7. Against this background of deteriorating economic conditions worldwide, we agreed that a broader policy response is needed, based on closer macroeconomic co-

operation, to restore growth, avoid negative spillovers and support emerging market economies and developing countries. As immediate steps to achieve these objectives, as well as to address long-term challenges, we will:

- Continue our vigorous efforts and take whatever further actions are necessary to stabilize the financial system.
- Recognize the importance of monetary policy support, as deemed appropriate to domestic conditions.
- Use fiscal measures to stimulate domestic demand to rapid effect, as appropriate, while maintaining a policy framework conducive to fiscal sustainability.
- Help emerging and developing economies gain access to finance in current difficult financial conditions, including through liquidity facilities and program support. We stress the International Monetary Fund's (IMF) important role in crisis response, welcome its new short-term liquidity facility, and urge the ongoing review of its instruments and facilities to ensure flexibility.
- Encourage the World Bank and other multilateral development banks (MDBs) to use their full capacity in support of their development agenda, and we welcome the recent introduction of new facilities by the World Bank in the areas of infrastructure and trade finance.
- Ensure that the IMF, World Bank and other MDBs have sufficient resources to continue playing their role in overcoming the crisis.

Common Principles for Reform of Financial Markets

8. In addition to the actions taken above, we will implement reforms that will strengthen financial markets and regulatory regimes so as to avoid future crises. Regulation is first and foremost the responsibility of national regulators who constitute the first line of defense against market instability.

However, our financial markets are global in scope, therefore, intensified international cooperation among regulators and strengthening of international standards, where necessary, and their consistent implementation is necessary to protect against adverse cross-border, regional and global developments affecting international financial stability.

Regulators must ensure that their actions support market discipline, avoid potentially adverse impacts on other countries, including regulatory arbitrage, and support competition, dynamism and innovation in the marketplace.

Financial institutions must also bear their responsibility for the turmoil and should do their part to overcome it, including by recognizing losses, improving disclosure and strengthening their governance and risk management practices.

9. We commit to implementing policies consistent with the following common principles for reform.

- Strengthening Transparency and Accountability: We will strengthen financial market transparency, including by enhancing required disclosure on complex financial products and ensuring complete and accurate disclosure by firms of their financial conditions. Incentives should be aligned to avoid excessive risk-taking.
- Enhancing Sound Regulation: We pledge to strengthen our regulatory regimes, prudential oversight, and risk management, and ensure that all financial markets, products and participants are regulated or subject to oversight, as appropriate to their circumstances. We will exercise strong oversight over credit rating agencies, consistent with the agreed and strengthened international code of conduct. We will also make regulatory regimes more effective over the economic cycle, while ensuring that regulation is efficient, does not stifle innovation, and encourages expanded trade in financial products and services. We commit to transparent assessments of our national regulatory systems.
- Promoting Integrity in Financial Markets: We commit to protect the integrity of the world's financial markets by bolstering investor and consumer protection, avoiding conflicts of interest, preventing illegal market manipulation, fraudulent activities and abuse, and protecting against illicit financial risks arising from non-cooperative jurisdictions. We will also promote information sharing, including with respect to jurisdictions that have yet to commit to international standards with respect to bank secrecy and transparency.
- Reinforcing International Cooperation: We call upon our national and regional regulators to formulate their regulations and other measures in a consistent manner. Regulators should enhance their coordination and cooperation across all segments of financial markets, including with respect to cross-border capital flows. Regulators and other relevant authorities as a matter of priority should strengthen cooperation on crisis prevention, management, and resolution.

- Reforming International Financial Institutions: We are committed to advancing the reform of the Bretton Woods Institutions so that they can more adequately reflect changing economic weights in the world economy in order to increase their legitimacy and effectiveness. In this respect, emerging and developing economies, including the poorest countries, should have greater voice and representation. The Financial Stability Forum (FSF) must expand urgently to a broader membership of emerging economies, and other major standard setting bodies should promptly review their membership. The IMF, in collaboration with the expanded FSF and other bodies, should work to better identify vulnerabilities, anticipate potential stresses, and act swiftly to play a key role in crisis response.

Tasking of Ministers and Experts

10. We are committed to taking rapid action to implement these principles. We instruct our Finance Ministers, as coordinated by their 2009 G-20 leadership (Brazil, UK, Republic of Korea), to initiate processes and a timeline to do so. An initial list of specific measures is set forth in the attached Action Plan, including high priority actions to be completed prior to March 31, 2009.

In consultation with other economies and existing bodies, drawing upon the recommendations of such eminent independent experts as they may appoint, we request our Finance Ministers to formulate additional recommendations, including in the following specific areas:

- mitigating against pro-cyclicality in regulatory policy;
- reviewing and aligning global accounting standards;
- strengthening the resilience and transparency of credit derivatives markets and reducing their systematic risks, including by improving the infrastructure of over-the-counter markets;
- reviewing compensation practices as they relate to incentives for risk taking and innovation;
- reviewing the mandates, governance, and resource requirements of the IFIs; and
- defining the scope of systematically important institutions and determining their appropriate regulation or oversight.

11. In view of the role of the G-20 in financial systems reform, we will meet again by April 30, 2009, to review the implementation of the principles and decisions agreed today.

3 汉译英

Passage 1

温家宝总理在2009年夏季达沃斯论坛上的讲话（节选）

尊敬的克劳斯·施瓦布主席，尊敬的各位来宾，女士们，先生们：

首先，我对第三届夏季达沃斯论坛的召开，表示热烈祝贺！对各位嘉宾的到来，表示诚挚欢迎！

过去的一年，世界经济经受了上世纪大萧条以来最为严峻的挑战。年初在冬季达沃斯论坛上，许多人忧心忡忡。经过国际社会共同努力，加强合作，同舟共济，积极应对，当前世界经济形势出现一些积极变化，开始缓慢、曲折地复苏。人们看到了曙光。值此关键时刻，各国政要、企业家和专家学者相聚在这里，共同探讨"重振增长"问题，具有十分重要的意义。我衷心祝愿本次论坛获得圆满成功！

这场百年罕见的国际金融危机对中国经济的冲击是巨大的。我们坚定信心，迎难而上，从容应对，已经取得初步成效。

我们遏制住了经济增速下滑趋势，上半年国内生产总值增速达到7.1%，投资增速持续加快，消费稳定较快增长，国内需求对经济增长的拉动作用不断增强；前7个月，城镇新增就业666万人，城乡居民收入增加，社会大局保持稳定。我们有效控制财政和金融风险，财政赤字和国债规模分别控制在国内生产总值的3%和20%左右；银行资产质量和抗风险能力提高，6月末商业银行不良贷款率1.8%，比年初下降0.64个百分点，资本充足率为11.1%。

在世界经济深度衰退的环境下，取得这样的成绩实属不易。这些成绩不是从天上掉下来的，而是中国政府和人民根据自身国情，坚持积极的财政政策和适度宽松的货币政策，实施应对国际金融危机一揽子计划的结果。有人把一揽子计划简单说成是4万亿投资，这是一种误解。

——我们实施的一揽子计划，是以扩大内需为主、消费与投资拉动相结合的计划。新增4万亿元的两年投资计划中，中央政府投资1.18万亿元，主要起四两拨千斤的作用，带动地方和社会资金参与建设。我们大力刺激消费，推动经济增长向内需特别是居民消费需求拉动转变。增加农民补贴，提高粮食最低收购价，实施中小学教师绩效工资，提高城乡低保补助水平，增强城乡居民消费能力。对家电、农机、汽车、摩托车下乡以及汽车、家电"以旧换新"给予财政补贴，对购买小排量、节能环保型汽车减半征收车辆购置税，拉动消费增长。前7个月，累计销售汽车731万辆，社会商品零售总额累计增长15%。

——我们实施的一揽子计划，是当前和长远相结合、保增长与调结构相统一的计划。截至今年7月底，中央下达的投资中，保障性住房、农村民生工程、社会事业投资占52.4%，自主创新和结构调整、节能减排和生态建设投资占24.7%，重大基础设施建设占22.9%。中央扩大投资的方向非常明确，主要用于加强经济社会发展薄弱环节，消除国民经济瓶颈制约，在积极拉动内需的同时，促进结构调整和发展方式转变。我们制定实施10个重点产业调整和振兴规划，既着眼于解决当前困难，又致力于产业的长远发展，特别是加强技术改造和科技创新，抑制产能过剩，支持战略性新兴产业发展，将大大增强中国经济的可持续发展能力。

——我们实施的一揽子计划，是政府与市场作用相统一、发展与改革相促进的计划。政府资金主要投向公共领域，并发挥对社会资金的引导作用；结构性减税约5,500亿元，旨在增强企业的投资能力和居民的消费能力。运用财政贴息、税收等手段，引导企业调整结构，兼并重组。调低利率和存款准备金率，保持银行体系流动性合理充裕。今年重点推进的各项改革，都着眼于消除体制性、结构性矛盾，增强经济发展的活力与动力。

——我们实施的一揽子计划，是既保增长、又惠民生的计划。我们将公共资源配置向民生工程倾斜。在全国10%的县市区试点新型农村社会养老保险，覆盖9,000万人。全面推进医药卫生体制改革，3年各级政府新增投入8,500亿元，缓解城乡居民"看病难、看病贵"问题；中央财政还安排429亿元，解决关闭破产国有企业退休人员的医疗保障问题。千方百计扩大就业，特别是高校毕业生和农民工等重点群体就业。2009年，中央财政安排用于教育、医疗卫生、社会保障和就业、保障性安居工程等民生方面的支出比上年增长29.4%。

总的看，我们应对国际金融危机采取的宏观经济政策和一揽子计划是符合中国实际的，也是及时的、有力的、有效的。但是，中国经济企稳回升的态势还不稳定、不巩固、不平衡。世界经济前景还存在诸多不确定因素，外需下滑的压力仍然很大；扩大内需在短期内受到多方面制约，一些行业、企业经营仍然困难，结构调整的任务十分艰巨；一些刺激政策的效应会递减，一些着眼长远的政策收到成效需要时间。因此，我们不能也不会在不适当的条件下改变政策方向。我们将继续把保持经济平稳较快发展作为首要任务，坚定不移地继续实施积极的财政政策和适度宽松的货币政策，全面落实并不断丰富和完善一揽子计划，及时发现和解决经济运行中的新情况、新问题，提高政策的针对性、有效性和可持续性，同时，警惕和防范包括通胀在内的各种潜在风险，推动中国经济平稳较快发展和社会和谐稳定。

……

Passage 2

外交部长杨洁篪在联合国“世界金融和经济危机及其对发展的影响高级别会议”上的讲话

（2009年6月24日）

主席先生、各位同事、女士们、先生们：

去年底，联合国多哈发展筹资后续国际会议决定举行“世界金融和经济危机及其对发展的影响高级别会议”。半年多来，各方为此会筹备工作做出了积极努力。我谨代表中国政府，对布罗克曼主席和协调员以及联合国秘书处所开展的卓有成效的工作表示肯定，对各会员国体现出的互相理解、彼此合作的精神表示赞赏。

联合国是最具普遍性、代表性和权威性的政府间国际组织，是促进国际经济与发展合作的重要机制。中方支持联合国在应对国际金融危机方面发挥更大作用，希望这次会议能够本着互利共赢的伙伴精神，共商应对国际金融危机、促进全球共同发展之策，发出国际社会团结一致、精诚合作的强烈信号，进一步凝聚国际共识，促进发展合作。

主席先生，各位同事，国际金融危机仍在持续，国际发展合作资源也因此在减少。发展中国家不是这场危机的制造者，却是危机最大的受害者。发展中各国普遍面临外需下降、贸易萎缩、外资撤离、侨汇减少的困境，外部融资难度上升，外部发展环境恶化。

根据世界银行的预测，2009年，发展中国家经济增长率将大幅下滑，新增5,500—9,000万赤贫人口。联合国粮农组织预测，2009年处于长期饥饿状态的人口将从危机前的8.5亿飙升到10亿，占发展中国家人口的比例超过18%。当前，发展中国家整体发展严重倒退已是不争的事实。在金融和经济危机冲击下，我们正面临一场前所未有的发展危机。

如果发展问题进一步恶化，发展中国家发展困境加大，必将进一步压低全球总需求，迟滞全球经济复苏的步伐。国际社会应以更宽广的视野和更宏观的角度审视发展问题，将发展中国家作为应对国际金融危机、实现全球经济复苏的重要力量，将解决发展问题、化解发展危机作为应对金融危机的一个重要环节。为此，我们要深化全球发展伙伴关系，加强发展机构，加大发展投入，确保千年发展目标的实现不受影响。中方建议从以下四方面做出努力：

第一，协调宏观经济政策。各方特别是主要发达经济体出台应对危机的财政、货币、贸易、就业等各项政策措施时，要考虑其对外可能造成的影响，尽量避免对发展中国家带来负面的溢出效应。国际社会要充分照顾发展中国家的国情和实际需要，在推动经济复苏过程中，为发展中国家的发展创造良好的外部环境。

第二，推动国际贸易增长。国际社会要坚定地反对贸易保护主义，对发展中国家特别是最不发达国家开放市场、减免关税，要加大“促贸援助”力度，帮助发展中国家加强能力建设。要积极推动多哈回合谈判根据已有授权，在锁定已取得成果基础上，早日实现发展回合的目标。

第三，推进国际发展合作。发达国家应落实蒙特雷共识，兑现官方发展援助占国民总收入0.7%的承诺，并进一步对发展中国家减免债务。国际金融机构应建立面向发展中国家的快速有效的金融救援机制。各方应切实落实二十国集团伦敦金融峰会共识，确保国际金融机构大幅增加长期发展投入，优先向发展中国家提供不附加苛刻条件的融资支持，其新增资源主要用于帮助发展中国家。

第四，拓展和深化南南合作。外部需求减少是发展中国家面临的共同难题。加强南南合作有助于弥补这一不足。发展中国家之间要扩大贸易和投资合作，相互开放市场，共同培育新的经济增长点。要加强发展经验交流，取长补短，实现优势互补。要不断创新合作模式，扩大合作渠道，提升合作水平。

主席先生，各位同事，国际金融危机充分暴露了现行国际金融体系的缺陷，特别是国际金融机构中发展中国家代表性不足的问题。国际社会应着眼长远，按照全面性、均衡性、渐进性、实效性的原则，建设公平、公正、包容、有序的国际金融体系，改革国际金融机构的治理结构，以塑造有利于世界经济和金融健康稳定发展的体制框架。这也是尊重发展中国家关切、解决发展问题的重要组成部分。

首先，要继续改进国际货币基金组织和世界银行的治理结构，切实提高发展中国家代表性和发言权，提高发展中国家担任上述机构高级管理人员的比例。相关的国际金融标准制定机构应吸收更多发展中国家加入，并使他们以平等身份全面参与讨论和决策。

其次，要确保国际货币基金组织对各成员国宏观经济政策监督的公平性、公正性和平衡性。只盯着发展中国家，无视或忽视主要储备货币发行经济体的做法必须改变。同时，还要建立并完善国际金融监管机制。

第三，要稳定国际金融市场。此次国际金融危机、经济衰退使各国都蒙受了巨大损失。通过反思得出的一个重要共识就是，要保持主要储备货币汇率相对稳定，促进国际货币体系多元化、合理化，让发展中国家拥有更多选择，能更好地规避风险，更有效地利用外部资金促进自身发展。

主席先生，各位同事，中国是国际发展合作的积极推动者和参与者，促进共同发展是中国外交政策的重要支柱。中方愿与国际社会继续共同努力，本着互利共赢的发展伙伴精神，携手合作，应对危机，促进世界经济早日复苏，推动联合国千年发展目标如期实现，建设一个持久和平、共同繁荣的和谐世界。谢谢主席先生！

Passag 3

国家主席胡锦涛在华盛顿举行的二十国集团领导人金融市场和世界经济峰会上发表的题为《通力合作共度时艰》的重要讲话

（2008年11月15日）

尊敬的布什总统，各位同事：

很高兴在华盛顿同各位同事见面。首先，我要感谢布什总统的盛情邀请和周到安排。

当前，国际金融危机已从局部发展到全球，从发达国家传导到新兴市场国家，从金融领域扩散到实体经济领域，给世界各国经济发展和人民生活带来严重影响。值此关键时刻，我们在这里共同探讨维护国际金融稳定、促进世界经济增长的举措，具有十分重要的意义。

我们正在经历的这场国际金融危机，波及范围之广、影响程度之深、冲击强度之大，为上个世纪30年代以来所罕见。造成这场金融危机的原因是多方面的，既有经济体宏观经济政策不当的原因，也有金融监管缺失的原因。对此如果没有正确认识，就难以吸取教训、避免今后发生同样的危机。这场金融危机发生后，国际社会立即行动起来，在不同层面采取了一系列应对措施。我们希望这些措施尽快取得预期效果。为了有效应对这场金融危机，世界各国应该增强信心、加强协调、密切合作。

国际社会的当务之急是继续采取一切必要措施，尽快恢复市场信心，遏制金融危机扩散和蔓延。主要发达经济体应该承担应尽的责任和义务，实施有利于本国和世界经济金融稳定和发展的宏观经济政策，积极稳定自身和国际金融市场，维护投资者利益。同时，各国应该加强宏观经济政策协调，扩大经济金融信息交流，深化国际金融监管合作，为稳定各国和国际金融市场创造必要条件。

当前，世界经济增长放缓，不稳定不确定因素增加，形势严峻复杂。保持经济增长是应对金融危机的重要基础。各国应该调整宏观经济政策，通过必要的财政、货币手段，积极促进经济增长，避免发生全球性经济衰退。应该共同采取措施稳定国际能源、粮食市场，遏制投机行为，为世界经济发展创造良好条件。国际社会尤其应该防止各种形式的贸易和投资保护主义，努力推动多哈回合谈判早日取得积极进展。

国际社会应该认真总结这场金融危机的教训，在所有利益攸关方充分协商的基础上，对国际金融体系进行必要的改革。国际金融体系改革，应该坚持建立公平、公正、包容、有序的国际金融新秩序的方向，努力营造有利于全球经济健康发展的制度环境。国际金融体系改革，应该坚持全面性、均衡性、渐进性、实效性的原则。全面性，就是要总体设计，既要完善国际金融体系、货币体系、金融组织，又要完善国际金融规则和程序，既要反映金融监管的普遍规律和原则，又要考虑不同经济体的发展阶段和特征。均衡性，就是要统筹兼顾，平衡体现各方利益，形成各方更广泛有效参与的决策和管理机制，尤其要体现新兴市场国家和发展中国家利益。渐进性，就是要循序渐进，在保持国际金融市场稳定的前提下，先易后难，分阶段实施，通过持续不断努力最终达到改革目标。实效性，就是要讲求效果，所有改革举措应该有利于维护国际金融稳定、促进世界经济发展，有利于增进世界各国人民福祉。

根据以上考虑，我们主张重点实施以下改革举措。一是加强国际金融监管合作，完善国际监管体系，建立评级机构行为准则，加大全球资本流动监测力度，加强对各类金融机构和中介组织的监管，增强金融市场及其产品透明度。二是推动国际金融组织改革，改革国际金融组织决策层产生机制，提高发展中国家在国际金融组织中的代表性和发言权，尽快建立覆盖全球特别是主要国际金融中心的早期预警系统，改善国际金融组织内部治理结构，建立及时高效的危机应对救助机制，提高国际金融组织切实履行职责的能力。三是鼓励区域金融合作，增强流动性互助能力，加强区域金融基础设施建设，充分发挥地区资金救助机制作用。四是改善国际货币体系，稳步推进国际货币体系多元化，共同支撑国际货币体系稳定。

各位同事！在经济全球化深入发展的条件下，世界各国经济金融关系日益紧密。这场金融危机不仅对发达国家金融市场造成严重冲击，也使广大发展中国家不同程度受到影响，这种影响还有继续扩大的趋势。对此，我们必须有足够认识。发展中国家经济发展水平低，经济结构单一，金融体系抗风险能力弱。国际社会在应对金融危机时，尤其要关注和尽量减少危机对发展中国家特别是最不发达国家造成的损害。

今年以来，中国接连发生重大自然灾害，国际金融危机使中国经济发展也受到了影响。中国根据形势变化及时调整政策，加强宏观调控，保持了经济平稳较快发展的势头，中国经济发展的基本态势没有改变。中国经济平稳较快发展本身就是对维护国际金融稳定、促进世界经济发展的重要贡献。中国政府将继续采取有效措施，加强宏观调控的预见性、针对性、有效性，着力扩大内需特别是消费需求，下大气力转变经济发展方式、调整经济结构，加强农业基础地位、实现农民增收，坚持深化改革、扩大开放，实现经济平稳较快增长，为促进世界经济稳定发挥建设性作用。

为了推动经济发展，中国政府已经采取了降低银行存款准备金率、下调存贷款利率、减轻企业税负等措施，最近又出台了更加有力的扩大国内需求措施，决定今年中央财政增加投资1,000亿元人民币，用于加快民生工程、基础设施、生态环境建设和灾后重建，预计可带动社会总投资规模4,000亿元人民币。从今年第四季度到2010年底，中国仅这些项目的建设就将投资近4万亿元人民币。这些措施的实施，必将有力推动中国经济发展，也有利于促进世界经济发展。

作为国际社会负责任的成员，中国一直积极参与应对金融危机的国际合作，为维护国际金融稳定、促进世界经济发展发挥了积极作用。中国愿继续本着负责任的态度，参与维护国际金融稳定、促进世界经济发展的国际合作，支持国际金融组织根据国际金融市场变化增加融资能力，加大对受这场金融危机影响的发展中国家的支持。我们愿积极参与世界银行国际金融公司贸易融资计划。

各位同事！在前不久举行的第七届亚欧首脑会议期间，东亚领导人就加强区域金融经济合作进行了深入讨论，一致认为应该把加强金融合作、防范和抵御金融危机作为加强区域合作的重点，积极推进灵活多样的区域财经合作；充分利用已签署的双边货币互换协议，积极稳步推进亚洲资本市场发展，推进东亚自由贸易区进程，支持东盟一体化建设，反对和防范贸易保护主义。亚欧领导人也深入讨论了当前国际金融经济形势，同意充分利用亚欧会议等区域合作机制加强金融领域信息沟通、政策交流、监督管理等务实合作，有效监测、防范、应对金融风险，推动世界经济持续稳定健康发展。

各位同事！国际金融市场稳定、世界经济持续发展是关系世界各国和各国人民福祉的大事。让我们共同努力，通力合作、共度时艰，为维护国际金融稳定、促进世界经济发展作出自己应有的贡献！

谢谢各位！

三、注释

1 The Recovery Act

全称是The American Recovery and Reinvestment Act of 2009，即《2009年美国复苏与再投资法案》，简称ARRA或《复苏法案》，是2009年2月美国国会第111次会议通过的刺激经济一揽子计划。此项立法致力于刺激经济复苏，采用的方法包括保留和创造工作机会、帮助失业和无医疗保险人士、为国家预算提供援助，同时加大对基础设施、教育、科技、医疗和能源效益行业的投资力度。

2 国际货币基金组织

International Monetary Fund，简称IMF，于1945年12月27日成立，为世界两大金融机构之一（另一为世界银行），职责是监察货币汇率和各国贸易情况、提供技术和资金协助，确保全球金融制度运作正常；其总部设在华盛顿。国际货币基金组织拥有185个会员国，致力于促进全球金融合作、加强金融稳定、推动国际贸易、增进高就业率、经济稳定增长以及降低贫穷。

3 蒙特雷共识

2002年3月，联合国在墨西哥蒙特雷召开的一次以“会议展望”为主题的发展筹资国际首脑级圆桌会议，共有50多个国家元首、200多个财政部长、外交部长、发展与贸易部长，以及联合国、国际货币基金组织以及世贸组织官员参加。此次会议同意在促使全球共同发展过程中发达国家应承担相应义务，增加官方发展援助，并尽快达到官方发展援助占其国内生产总值0.7%的联合国既定目标。此外，各国还就债务减免、打击腐败和政策连续性等问题达成了一致。人们把这次会议称为“蒙特雷共识”。

参考文献

Atkinson, R., & Shiffrin, R. (1968). Human Memory: A Proposed System and Its Control Processes. In K. Spence & J. Spence (eds.), *The Psychology of Learning and Motivation: Advances in Research and Theory* (Vol. 2). New York: Academic Press.

Carley H. Dodd. (2006). *Dynamics of Intercultural Communication*. Shanghai: Shanghai Foreign Language Education Press.

Craik, F. I. M., & Lockhart, R. S. (1972). Levels of Processing: A Framework for Memory Research. *Journal of Verbal Learning and Verbal Behavior*, 12, 599-607.

Cuddon, J. A. ed. (1998). *The Penguin Dictionary of Literary Terms and Literary Theory.* 4th ed. London: Penguin Books.

Gentile, Adolfo, et al. (1996). *Liaison Interpreting: A Handbook*. Victoria: Melbourne University Press.

Gile, D. (1995). *Basic Concepts and Models for Interpreter and Translator Training*. Amsterdam & Philadelphia: John Benjamins Publishing Company.

Hermann, Alfred. (2002). Interpreting in Antiquity (1956). In Franz Pöchhacker & Miriam Shlesinger (eds.), *The Interpreting Studies Reader*. London/New York: Routledge

Huitt, W. (2003). *The Information Processing Approach to Cognition. Educational Psychology Interactive.* Valdosta, GA: Valdosta State University.

Iris Varner, & Linda Beamer. (2006). *Intercultural Communication in the Global Workplace*. Shanghai: Shanghai Foreign Language Education Press.

Lucas, S. E. (2002). *The Art of Public Speaking*. New York: The McGraw-Hill Companies, Inc.

Miller, G. A. (1956). *The Magical Number Seven, Plus or Minus Two: Some Limits on Our Capacity for Processing Information*. Psychological Review, 63.

Myron W. Lustig, & Jolene Koester. (1999). *Intercultural Competence: Interpersonal Communication across Cultures*. London: Longman Company.

Seleskovitch, D. (1998). *Interpreting for International Conferences*. trans by Dailey, Stephanie & McMillan, Eric N. Washington, D.C.: Pen and Booth.

Seleskovitch, D., & Lederer, M. (1989). *A Systematic Approach to Teaching Interpretation*. trans by J. Harmer. Luxembourg and Diere Erudition: The Office for Official Publications of the European Communities.
白靖宇. 文化与翻译. 北京：中国社会科学出版社，2000.
包惠南. 文化语境与语言翻译. 北京：中国对外翻译出版公司，2001.
鲍刚. 口译理论概述. 北京：旅游教育出版社，1998.
陈福康. 中国译学理论史稿（修订本）. 上海：上海外语教育出版社，2000.
陈治安、李力，刘承宇. 跨文化交际学理论与实践研究. 重庆：重庆大学出版社，2005.
成昭伟. 简明翻译教程. 北京：国防工业出版社，2006.
范仲英编. 实用翻译教程. 北京：外语教学与研究出版社，1997.
冯建忠. 实用英语口译教程. 南京：译林出版社，2002.
盖兆泉编译. 外国领导人看中国. 北京：外语教学与研究出版社，2001.
盖兆泉等编译. 外商看中国. 北京：外语教学与研究出版社，2004.
高亮、林郁如主编. 英汉/汉英口译教程. 福州：福建人民出版社，1996.
关世杰. 跨文化交流学：提高涉外交流能力的学问. 北京：北京大学出版社，1995.
胡超编著. 跨文化交际实用教程. 北京：外语教学与研究出版社，2006.
胡文仲. 跨文化交际学概论. 北京：外语教学与研究出版社，1999.
胡文仲主编. 跨文化交际面面观. 北京：外语教学与研究出版社，1999.
教育大辞典. 第三卷. 上海：上海教育出版社，1990.
朗文当代高级英语辞典. 北京：外语教学与研究出版社，2005.
黎难秋编. 中国口译史. 青岛：青岛出版社，2002.
林宝煊. 谈“名从主人”与“约定俗成”. 外语学刊. 1998年第4期.
林超伦（英）编著. 实战口译. 北京：外语教学与研究出版社，2004.
林郁如、雷天放等. 口译教程. 上海：上海外语教育出版社，2007.
林郁如、雷天放等主编. 新编英语口译教程. 上海：上海外语教育出版社，2003.
刘毅编译. 中文成语英译辞典. 北京：世界图书出版公司，1995.
陆扬、王毅. 文化研究导论. 上海：复旦大学出版社，2006.
罗国青. 零翻译概念辨证. 上海翻译. 2005（翻译学词典与翻译理论专辑）.

梅德明编著.高级口译教程.上海：上海外语教育出版社，2002.
牛津高阶英汉双解词典.北京：商务印书馆，牛津大学出版社，2000.
邱懋如.可译性与零翻译.中国翻译.2001年第四期.
全面素质教育手册.第一版.北京：中国物资出版社，1997.
任文.中西人名口译谈.天府新论.2006年第5期.
任文.联络口译过程中译员的主体性意识研究.北京：外语教学与研究出版社，2010.
斯莱文（Slavin, R. E.）.教育心理学：理论与实践.北京：北京大学出版社，2004.
田惠刚.中西人际称谓系统.北京：外语教学与研究出版社，1998.
王斌华.口译：理论·技巧·实践.武汉：武汉大学出版社，2006.
王秉钦.论中西人名文化比较与翻译.外语与外语教学.1994年第5期.
王秉钦.中国翻译思想史.天津：南开大学出版社，2004.
王逢振、王晓路、张中载编.文化研究选读.北京：外语教学与研究出版社，2007.
王燕主编.英语口译实务（二级）.北京：外文出版社，2004.
温家宝.政府工作报告（第十、十一届全国人民代表大会第四次会议）.
吴冰主编.现代汉译英口译教程.北京：外语教学与研究出版社，2004.
厦门大学外语系中英英语合作项目小组.新编英语口译教程.上海：上海外语教育出版社，2006.
徐行言主编.中西文化比较.北京：北京大学出版社，2004.
许建中.评介医学翻译论集.中国科技翻译.第16卷第3期.2003年8月.
尹富林、阮玉会.英汉互译：理论与实践.合肥：中国科学技术大学出版社，2007.
英语学习编辑部.国外风情面面观.北京：外语教学与研究出版社，2002.
张治英、朱勤芹.零翻译再议.语言与翻译.2007年第1期.
中国国家发展和改革委员会组织编制.中国应对气候变化国家方案.2007.
中华人民共和国国家标准GB/T 19363.2-2006翻译服务规范第二部分：口译。
仲伟合.专业口译教学的原则与方法.广东外语外贸大学学报.2007年5月第18卷第3期.

参考网址：

http://clinton4.nara.gov
http://corner.youth.cn
http://en.wikipedia.org
http://finance.sina.com.cn
http://jpubhealth.oxfordjournals.org
http://money.163.com
http://news.sohu.com
http://news.xinhuanet.com
http://nobelprize.org
http://portal.unesco.org
http://tr.hjenglish.com
http://usa.usembassy.
http://web.worldbank.org
http://webcast.china.com.cn
http://wiki.mbalib.com/wiki
http://www.answers.com
http://www.beijing2008.cn
http://www.ccc.org.cn
http://www.china.org.cn
http://www.chinacity.com
http://www.chinadaily.com.cn
http://www.chinaelections.org
http://www.chinapop.gov.cn
http://www.fanyi.ccit.edu.cn
http://www.federalreserve.gov
http://www.fmprc.gov.cn
http://www.focac.org
http://www.gov.cn
http://www.gov.mo
http://www.holidayshub.com
http://www.hsl.unc.edu.
http://www.humanrights.cn
http://www.info.gov.hk
http://www.medtrans.cn
http://www.moe.edu.cn
http://www.people.com.cn
http://www.sara.gov.cn
http://www.sciencemag.org
http://www.tcmpage.com
http://www.tid.gov.hk
http://www.tup.tsinghua.edu.cn
http://www.unfpa.org
http://www.usa.gov
http://www.usatourist.com
http://www.usembassy-china.org.cn
http://www.veryabc.cn
http://www.xinhuanet.com
http://www.zhuhai.gov.cn
http://zh.wikipedia.org
http://zhidao.baidu.com